아름다운 삶을 위한
풍수지리

자연은 자연스러워서 아름답습니다.

산줄기가 뻗어 내리다가 물을 만나 그 발길을 멈춥니다.
물줄기가 산줄기를 감싸 안아 줍니다.

떠날 때를 알고서는 떠나고
머물 때를 알고서는 머뭅니다.

산은 일어섰다가는 엎드리고
왼쪽으로 돌다가는 어느새 오른쪽으로 돌고
나는 듯이 달리다가는 어느 듯 멈추고
미끄러지듯 흐르다가는 높이 솟아 자랑삼고
홀연히 나타났다가는 홀연히 자취를 감춥니다.
변화하기가 이루 말할 수 없습니다.

흐르는 세월에 인생행로가 변화를 맞이하는 것인지
변화에 인생행로가 따라가는 것인지는 몰라도
너나 나나 할 것 없이 우리 모두 변화를 가집니다.

변화는 발전입니다.
때로는 열악한 환경으로, 때로는 좋은 환경으로 변화하지만
이 모두가 발전하는 모습입니다.

변화는 마디입니다.
작은 마디가 모여 큰 마디가 됩니다.
작은 마디의 불행이 큰 마디의 불행은 아닙니다.
작은 마디의 어려움이 큰 마디의 행복의 씨앗입니다.

변화는 의미입니다.
변화는 우리에게 무언가를 가져다줍니다.

변화는 시간과의 동행입니다.
즐겁고 화려한 변화도
지쳐 쓰러질 것 같은 어려움과 함께하는 변화도
물이 흘러가듯 그렇게 지나갑니다.

산은 봄, 여름, 가을, 겨울을 겪으면서도 꿋꿋합니다.
물은 흘러 흘러 바다로 갑니다.

자연은 포기하지 않습니다.
힘들어도 참고 견딥니다.
어떠한 고난과 역경이라도 이겨냅니다.
자기의 맡은 일을 이루어냅니다.

고난과 역경을 참고 견디고, 포기하지 않는 것은
자기의 맡은 일을 알기에 그렇습니다.

산은 머나먼 길을 달려 와서는
물을 만나 혈(穴)을 만들어 냅니다.
뒤로는 주산이 든든히 받쳐주고
좌우는 청룡백호가 바람을 막아주고
휘돌아 감싸는 물은 경계를 이루어 줍니다.
혈은 안산과 조산을 굽어봅니다.

주산처럼 뒤를 든든히 받쳐주는
변화와 자기 발전을 통한 능력을 갖추었는지를,
바람을 막아주는 청룡백호처럼
함께 할 수 있는 이가 있는지를,
경계를 이루어주는 물처럼
정신과 마음의 지침이 있는가를,
굽어 볼 안산과 조산같은
이상(理想)과 희망(希望)을 가졌는지를 돌아보게 합니다.

청산(青山)은 어찌하여 만고(萬古)에 푸르르며
유수(流水)는 어찌하여 주야(晝夜)에 그치지 않는고
우리도 그치지 말아 만고상청(萬古常青)하리라.

- 퇴계 이황 -

2015년 1월
전순조 올림

차 례

풍수(風水)란
생기(生氣)가 뭉쳐진 땅에,
주택(住宅)을 짓거나, 시신(屍身)을 안장(安葬)하여,
직접적으로 또는 간접적으로 생기(生氣)를 받아,
우리 인간에게 이롭게 하려는 것이다.

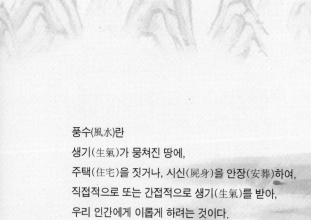

제1부

풍수(風水)란 무엇인가

1. 생기(生氣)란 무엇인가?

동양철학(東洋哲學)의 시작점은 무극(無極)입니다. 다시 말하면, 우주(宇宙)의 본질(本質)은 무극(無極)이라는 말입니다.

우주(宇宙)는 고요하고 아무것도 없는 상태에서부터 태어났습니다. 최초(最初)의 우주(宇宙)는 적막무짐(寂寞無朕)하여서 아무런 물체도 없었던 것입니다. 다만 연기 같기도 하여서 무엇이 있는듯하기도 한 진공(眞空) 아닌 허공(虛空)이었던 것입니다. 이 상태가 바로 불이라고 생각하면 불같기도 하고, 물이라고 생각하면 물같기도 한 상태였던 것입니다. 이러한 상태를 '상(象)'이라 합니다.

그러나 그렇다고 그것이 바로 우리들의 촉각이나 시각에 느껴질 수 있는 형(形)은 아닙니다. 그러므로 무극(無極)의 성질을 엄격하게 따진다면 형(形)의 분열(分列)이 극미세(極微細)하게 분화(分化)하여서 조금만 더 응고(凝固)하면 형(形)이 될 수 있는 직전의 상태에 있는 것입니다.

무극(無極)이 운동 상태를 나타내기 시작할 때에, 즉 변화(變化)가 생기기 시작할 때에 거기에는 서로 상반되는 기운(氣運)이 나타나게 되었는데, 경청지기(輕淸之氣)와 중탁지기(重濁之氣)입니다. 이것들의 성질(性質)에서 상(象)을 취하여 음양(陰陽)이란 이름을 붙였습니다.

중탁지기(重濁之氣)가 경청지기(輕淸之氣)를 감싸면서 포위하기 시작하여, 중성적(中性的)인 성질을 변화시키면서 음도(陰道)의 세력권(勢力圈)을 형성(形成)합니다.

무극(無極)에서 태극(太極)으로의 과정은 중탁지기(重濁之氣)인 음(陰)이 주도(主導)하는 정적세계(靜的世界)입니다. 무극(無極)에서는 음작용(陰作用)을 주(主)로 하기 때문에 그 목적(目的)이 기(氣)의 종합(綜合)이며, 무극(無極) 이후는 기(氣)를 통일(統一)하고, 물(物)을 성숙(成熟)시키는 길입니다. 이를 내변작용(內變作用)이라 합니다.

탁기(濁氣)가 청기(淸氣)를 완전히 포위하면, 즉 내변작용(內變作用)

을 통하여, 기(氣)의 통일(統一)을 완수(完遂)하여 음(陰)이 양(陽)을 둘러싸면, 태극(太極)으로 변(變)하게 됩니다. 이로서 상(象)인 무극(無極)에서 유(有)인 태극(太極)이 창조(創造)되게 됩니다.

태극(太極) 속에 내포되었던 양(陽)은 표면을 포위하였던 음(陰)인 형(形)을 확장부연(擴張敷衍)하면서 양도(陽道)의 세력권(勢力圈)을 형성(形成)합니다. 즉, 세계는 양(陽)의 주도권 하에 들어갑니다.

태극(太極)에서 무극(無極)으로의 과정은 경청지기(輕淸之氣)인 양(陽)이 주도(主導)하는 동적세계(動的世界)입니다. 태극(太極)에서는 양작용(陽作用)을 주(主)로 하기 때문에 그 목적(目的)이 형(形)의 분산(分散)이며, 태극(太極) 이후는 형(形)을 분열(分列)시키고, 물(物)을 생장(生長)시키는 길입니다. 이를 외화작용(外化作用)이라 합니다.

양(陽)의 압박(壓迫)으로 인하여 분열(分列)되는 음기(陰氣)는, 계속 분열(分列)을 하여, 분열(分列)의 극(極)에 이르면, 그 성질은 도리어 순화(純化)되어서 음양(陰陽)을 구별(區別)할 수 없는 경지까지 이르게 됩니다. 음양(陰陽)을 구별(區別)할 수 없는 경지란, 유(有)가 아닌 상(象)을 말하는 것이므로 무극(無極)입니다. 이렇게 하여 무극(無極)에서 태극(太極)으로 태극(太極)에서 무극(無極)으로의 순환반복(循環反復)이 일어나게 됩니다.

무극(無極)에서 태극(太極)으로의 음도(陰道)의 정적세계(靜的世界)와 태극(太極)에서 무극(無極)으로의 양도(陽道)의 동적세계(動的世界)를 합쳐서 음양세계(陰陽世界)라 하며, 음양세계(陰陽世界)의 운동(運動)을 음양동정(陰陽動靜)이라 합니다. 기(氣)를 통일(統一)하고 물(物)을 성숙(成熟)시키는 내변작용(內變作用)과, 형(形)을 분열(分列)시키고 물(物)을 생장(生長)기키는 외화작용(外化作用)을 일러 음양작용(陰陽作用)이라 합니다.

한 번은 음운동(陰運動)을 하고 한 번은 양운동(陽運動)을 쉬지 않고 끊임없이 순환반복(循環反復)하는 것을 우주운동(宇宙運動)이라 합니다.

이 우주운동(宇宙運動) 즉, 음양동정(陰陽動靜)이 영원(永遠)한 순환반복(循環反復)함으로 인해, 음양작용(陰陽作用)인 내변작용(內變作用)과 외화작용(外化作用)이 무한(無限) 순환반복(循環反復)이 되며, 그럼으로 인해서 기(氣)가 모였다 흩어지기를 반복(反復)하고, 만물(萬物)이 생장(生長)하고 소멸(消滅)되기를 반복하는 것입니다.

위에서 살펴 본 바와 같이, 기(氣)는 크게는 음양(陰陽)의 두 개의 기(氣)로 나누어집니다. 이 음양(陰陽), 두 종류의 기(氣)가 상호작용(相互作用)하는 과정에서, 세계의 기초를 이루는 다섯 가지 물질(物質) 즉, 목화토금수(木火土金水)의 오행(五行)이 생기게 됩니다. 이 음양오행(陰陽五行)이 조화(造化)되어 천지(天地)가 생겨나고, 천지(天地)의 기(氣)로써 만물(萬物)이 생겨납니다.

상(象)인 무극(無極)에서 변화(變化)가 일어나기 시작하여, 음도(陰道)의 세력권(勢力圈)을 형성하고, 기(氣)를 통일(統一)하는 내변작용(內變作用)을 거쳐, 형(形)인 태극(太極)이 나타나게 되었는데, 태극(太極)이 수(水)입니다. 태극(太極)의 형(形)이 분열(分列)을 하여 상(象)인 무극(無極)으로 외화작용(外化作用)을 하는데 이 분열하는 상(象)을 화(火)라고 합니다.

수(水)에서 화(火)로 형(形)이 분열(分列)하는 과정에서 생긴 것이 목(木)이요, 화(火)에서 수(水)로 기(氣)가 통일(統一)하는 과정에서 생긴 것이 금(金)입니다. 화(火)의 분열(分列)이 최고조에 이른 상태 즉, 더 이상 분열(分列)을 할 수 없는 상태를 일러 토(土)라 합니다.

이렇게 나타난 오행(五行)은 달리 보면 우주운동(宇宙運動)인 음양운동(陰陽運動)의 세분화 된 과정이고, 태극(太極)인 수(水)에서 화(火)로, 화(火)에서 수(水)로의 운동(運動)인 수화운동(水火運動)인 것이고, 엄밀히 말하면 오행(五行)이란 수(水)의 변화과정(變化科程)인 것입니다. 그러므로 목화토금수(木火土金水)의 오행운동(五行運動)은 음양운동(陰陽運動)이라 말할 수 있는 것입니다.

우주만물(宇宙萬物)은, 이 오행(五行)이 떨어져 나뉘고 합치고, 모이고, 흩어지고, 많고 적고, 있고 없음에 따라 그 성정(性情)이 다르게 나타나며, 상생(相生)과 상극(相剋)에 의해 생장(生長)하고 소멸(消滅)하게 됩니다.

우주(宇宙)의 기(氣)로서의 음양오행(陰陽五行)인 천기(天氣)가, 땅으로 내려와 지기(地氣)를 이루게 됩니다. 지기(地氣)는 땅 속에 골고루 퍼져 있으며, 땅속을 흘러 다니며 만물(萬物)에 생명을 베풀어 주고 있습니다. 그러나 이러한 지기(地氣)가 홀로이 만물(萬物)을 생(生)할 수는 없는 것이며, 천기(天氣)가 홀로이 만물(萬物)을 성(成)하게 하지는 못합니다. 음양(陰陽)의 두 기(氣)가 서로 감응(感應)해야 생성(生成)이 이루어 질 수 있는 것입니다.

인간을 포함한 지구상의 만물(萬物)이 천지조화(天地造化)로 생겨나고, 그 영향을 받습니다. 즉 천기(天氣)와 지기(地氣)의 영향을 받는데, 이 천지(天地)의 기운(氣運)들은 서로 창조하거나 파괴하며 부단(不斷)한 상호작용(相互作用)을 거듭하게 됩니다.

우주(宇宙)가 무극(無極)의 상태에서 태극(太極)으로, 음운동(陰運動)과 양운동(陽運動)의 영원(永遠)히 계속되는 순환반복(循環反復), 오행(五行)으로의 분화(分化)와 상생(相生), 상극(相剋)에 의한 우주만물(宇宙萬物)의 생성(生成)과 소멸(消滅), 천기(天氣)와 지기(地氣)에 의한 지구상의 만물(萬物)의 생성(生成)을 이루게 하는 주체(主體)인 '기(氣)란 무엇인가'에 대하여 알아보자면 다음과 같습니다.

기(氣)란, 우주만물(宇宙萬物)을 구성하는 기본요소이고, 오행(五行) 즉, 세계의 기초를 이루는 다섯 가지 물질(物質)의 근원(根源)이며, 또한 모든 존재현상(存在現狀)이 기(氣)가 모이고 흩어지는데 따라 생겨나고 없어지는 것이므로, 모든 생명(生命)의 근원(根源)입니다. 항상 움직이는 기(氣)의 다양한 작용으로 해와 달과 별의 움직임, 계절의 변화, 기상의 변화, 등등 모든 자연 현상과 대우주의 천태만상이 변화와

운동, 성장, 발전, 소멸이 일어나므로, 우주만물(宇宙萬物)을 변화(變化)시키는 작용력의 근원(根源)입니다.

쉽게 말해서 '눈에는 보이지 않고, 손에도 만져지지 않지만, 우주만물(宇宙萬物)에 작용(作用)하여, 천지만물(天地萬物)을 창조(創造)하고 생육(生育)하며 소멸(消滅)시키는 즉, 변화(變化)시키는 것이 바로 기(氣)입니다.

그럼 '생기(生氣)란 무엇인가?' 생기(生氣)란 천지음양(天地陰陽)의 부단한 상호작용(相互作用)에서 음양(陰陽)이 조화(調和)되어 만물(萬物)을 창조(創造)하고 생육(生育)하는 기운(氣運)을 말합니다. 생기(生氣)는 천지음양(天地陰陽)의 조화(調和)가 이루어져야만 하는 것이며, 어느 한쪽으로 치우친다면 또는 어느 하나만 존재한다면 생명(生命)을 창조할 수 없습니다.

'풍수지리(風水地理)에서 말하는 생기(生氣)란 무엇을 말하는가?'를 알아 볼 필요가 있습니다.

생기(生氣)란 음양(陰陽)이 조화(造化)된 기운(氣運)을 말하므로, 풍수지리(風水地理)에서의 생기(生氣)는 음기(陰氣)인 지기(地氣)와 양기(陽氣)인 천기(天氣)가 조화(造化)되어 만물(萬物)을 창조(創造), 생육(生育)하는 기운(氣運)을 말합니다.

엄밀히 살펴자면, 음기(陰氣)는 지기(地氣)로써 땅 속에서 취하며 만물의 탄생을 주관하고, 양기(陽氣)는 천기(天氣)로써 땅 위로 흘러 다니며 만물의 성장과 결실을 주관하므로, 지기(地氣)는 만물을 생(生)하는 생기(生氣)이고, 천기(天氣)는 만물을 길러내는 육기(育氣)입니다.

다시 말하면, 지기(地氣)는 땅 속에 널리 골고루 퍼져 있으며, 땅을 따라서 흘러 다니게 되는데, 천기(天氣)인 물과 바람을 만나 변화하고 갈무리되어, 생명(生命)을 창조할 수 있는 기(氣)가 생성되어 땅속에 머물게 되는데, 이를 생기(生氣)라 할 수 있습니다.

풍수지리에서의 음기(陰氣)와 양기(陽氣)를 살펴보겠습니다.

먼저 『장경(葬經)』을 살펴보면, 음양(陰陽)의 기(氣)가 있어 서로 어울리면 바람이 생기고, 온기와 냉기가 합쳐지면 물이 생긴다. 물을 품은 바람은 하늘로 올라가면 구름이 되고, 떨어지면 비가 된다. 비는 곧 물로 이것은 기(氣)의 작용에 의해 만들어져 기(氣)가 있는 곳에 곧 물이 있으니 기(氣)는 물의 근본이 되는 것이다.

물이 지상(地上)으로 가면 외기(外氣)이며 수(水)를 말하고, 지중(地中)으로 가면 내기(內氣)이며 오행(五行)의 기(氣)를 말한다.

기(氣)는 형체가 없는 것으로 흙 속에 갈무리 되어 있다. 그러므로 흙이 있으면 기(氣)가 있게 되는 것이다. 그러므로 흙은 기(氣)의 몸이 되는 것이다. 기(氣)는 흙에 의지하여 옮겨 다니는 것이다. 물을 만나야만 산이 움직임을 멈추고 땅 속에 흐르는 기(氣)도 멈추어 더 전진하지 못한 채 응집(凝集)된다. 그래야만 만물을 키워 내는 생기(生氣)의 역할을 할 수 있다.

결론부터 말하자면, 음기(陰氣)는 땅속에 있는 물을 말하고, 양기(陽氣)는 지상에 있는 물과 바람을 말합니다.

음기(陰氣)는 땅 속에서 받는 기(氣)로 물, 온도, 양분을 말하는데, 양분은 물에 녹아 있고, 온도는 자연 상태에서 사시사철 기온의 변화에 순응할 뿐이므로, 땅 속의 음기(陰氣) 중에서 사람이 임의대로 좋고 나쁨을 선택할 수 있는 것은 오직 물의 양(量)입니다.

지질적으로 살펴보면 물을 함유할 수 있는 것은 흙이고, 바위나 자갈이나 모래는 적당량의 물을 품지 못하므로. 땅 속이 바위나 모래로 구성된 곳은 음기(陰氣)가 적당치 못한 흉지(凶地)입니다.

땅속의 물은 너무 많아서도 너무 적어서도 안 됩니다. 현상적으로 볼 때, 물이 너무 많으면 씨앗이 겨울에 얼어 버리거나 썩어 버리고, 물의 양이 너무 적다면 싹조차 틔우지 못할 것이기 때문입니다.

따라서 만물을 생(生)할 정도의 물을 품고 있는 흙이라야 생기(生氣) 있는 지기(地氣)이며 음기(陰氣)인 것입니다.

양기(陽氣)는 땅 위에서 받는 기(氣)로, 바람, 온도, 햇빛을 말합니다. 온도는 사시사철 기온의 변화에 순응해야 하니, 선택에서 길흉을 논할 수 없고, 햇빛은 남향과 북향에 따라 일조량의 차이는 있지만 생물이 살아가는데 필요한 일조량은 기본적으로 제공됨으로써 굳이 구별할 필요는 없습니다. 하지만 땅 위를 흘러 다니는 바람은 다릅니다. 풍수학에서는 움직이는 바람과 물을 함께 수(水)라고 부릅니다. 즉, 수(水)는 양기(陽氣)인 바람과 물을 통칭한 개념입니다.

바람과 물은 자연조건에 따라 일정한 법칙을 가지며, 만물의 생성소멸과정에 영향을 끼칩니다. 흙이 멈추어야 지기(地氣)가 뭉치게 되는데, 흙이 멈추도록 하는 것이 바로 수(水)입니다. 또 바람은 자연의 순환을 돕는 생명의 기운이긴 하지만, 한 방향에서 계속 불어온다면 바람으로 인해 흙과 초목의 수분이 증발해 말라죽으며, 사람 역시 공기 중에 포함된 다량의 산소로 인해 각종 풍병(風病)을 앓게 됩니다.

그러므로 흙을 멈출 수 있는 물이어야 하고, 만물(萬物)이 생(生)할 수 있는 적당하고 알맞은 양(量)의 바람이어야 생기(生氣)있는 천기(天氣)이며 양기(陽氣)인 것입니다.

2. 생기(生氣)가 어디에 뭉쳐지는가?

산(山)은 음(陰)이요, 바람과 물은 양(陽)입니다. 산과 바람과 물이 잘 조화된 지기(地氣)가 생기(生氣)란 말이 됩니다. 다시 말하면, 지기(地氣)는 땅 속에 널리 골고루 퍼져 있으며, 땅을 따라서 흘러 다니게 되는데, 물과 바람을 만나 변화하고 갈무리되어, 생명(生命)을 창조할 수 있는 지기(地氣)를 생기(生氣)라 할 수 있습니다.

그럼 이 생기(生氣)가 있는 땅, 생기(生氣)가 뭉쳐진 곳이 어디인가를 알아야 하겠습니다. 이 생기(生氣)가 뭉쳐 있는 땅을 혈(穴)이라 하는데, 이 혈(穴)을 찾는 것이 풍수(風水)의 주목적입니다.

　풍수지리(風水地理)는 산을 바탕으로 삼고, 물과 바람의 영향을 파악하는 것입니다. 생왕(生旺)한 용세(龍勢)를 가진 용(龍)이 용진처(龍盡處)에 이르러 생기(生氣)를 응집시킨 혈(穴)을 맺으면, 생기(生氣)가 바람에 흩어지지 않도록 하는 것은 혈(穴)을 에워싸고 있는 주변의 산들인 사(砂)이며, 용(龍)을 멈추게 하고, 생기(生氣)가 설기(洩氣)되는 것을 막아 주는 것은 물입니다.

　지기(地氣)는 땅을 따라 흘러 다니기 때문에, 땅이 일어서면 지기(地氣)도 따라 일어나고, 땅이 달려 나가면 지기(地氣)도 달려가고, 땅이 멈추면 따라서 지기(地氣)도 멈춥니다. 땅이 일어선 것을 산이라 하고, 산줄기가 이어짐을 용(龍)이라 하며, 산줄기를 따라 지기(地氣)가 흐르고, 지기(地氣)가 흐르는 통로를 맥(脈)이라 하니, 지기(地氣)는 용맥(龍脈)을 따라 흐릅니다.

　용(龍)의 기세(氣勢)가 일어섰다가 움크리고, 앞으로 미끄러지듯이 나아갔다고 옆으로 돌아서고, 꿈틀거리며 내려오는 모습이 변화무쌍(變化無雙)하고 생동감(生動感)이 있는 것을, 용(龍)의 기세(氣勢)가 생왕(生旺)하다고 보며, 용(龍)의 기세(氣勢)가 생왕(生旺)하면 맥(脈)은 자연히 왕성(旺盛)해지고, 맥(脈)이 왕성(旺盛)하다면 맥(脈)을 타고 흐르는 기(氣)는 충만(充滿)할 것이기에, 이러한 용세(龍勢)에는 생기(生氣)가 있다고 봅니다.

　산은 물을 건너지 못하고 물은 산을 넘지 못합니다. 그러므로 산은 물은 만나면 멈추게 됩니다. 물을 만나 용(龍)이 멈추는 곳을 용진처(龍盡處)라 합니다. 생왕(生旺)한 기세(氣勢)로 생기(生氣)를 품고 내달리던 용(龍)이 물을 만나 그 발걸음을 멈추는 이 용진처(龍盡處)에, 지기(地氣)는 더 나아가지 못하고 뭉치게 되는 것인데, 이 지기(地氣)가 뭉친 곳이 혈(穴)이며, 혈(穴)에 맺힌 기(氣)는 생기(生氣)입니다. 산이 시작할 때의 위세(威勢)는 높고 웅장하며 때로 험하기도 하고 거칠기

도 하여, 용맥(龍脈)을 따라 흐르는 기(氣)의 성정(性情)은 산(山)의 형
세(形勢)와 같아, 크고 강(强)하며, 억세고 거칠고 험합니다. 그러나 수
천리 수 백리를 여러 산들을 거치고, 수많은 변화를 거쳐, 용(龍)이 끝
나는 용진처(龍盡處)에 다다르면, 용(龍)은 작아지고 낮아지며 순하고
가지런하게 되며, 기(氣)는 정제(整齊)되고 순화(純化)되어 순수(純粹)
한 생기(生氣)를 가지게 됩니다.

혈(穴)은, 뒤로는 입수(入首)가 있고, 좌우(左右)에는 선익(蟬翼)이 있
으며, 앞으로는 전순(氈脣)이 있고, 혈처(穴處)의 흙인 혈토(穴土) 또한
홍황자윤(紅黃紫潤)하여 용(龍)으로부터 받은 생기(生氣)를 가두고 보
호(保護)를 합니다.

생기(生氣)는 바람을 타면 흩어지는 것이니, 흉살(凶殺)을 가진 바람
을 막고, 따스한 훈풍(薰風)이 불어 들어오게끔 주변의 산(山)들이 감
싸 주어야 합니다. 혈장(穴場)을 둘러싸고 있는 주변의 모든 산을 사
(砂)라고 합니다. 이러한 사(砂)는, 혈장(穴場)에서 가깝게 또는 멀리서
모든 산들이 혈(穴)을 호종(護從)하고 있는데, 이는 혈(穴)의 본신(本身)
지기(地氣)를 보호(保護)하고, 외부의 바람과 살기(殺氣)를 제어해 주어,
혈장(穴場)에 응결된 생기(生氣)를 보호(保護)합니다. 아울러 혈(穴) 주
변의 산들도 나름대로의 기(氣)를 지니고 있어 혈(穴)을 향해 기(氣)를
보내주게 됩니다.

혈장(穴場)을 감싸고 있는 모든 사격(砂格)들이 형성하는 기맥(氣脈)
과 외형적 짜임새를 '국세(局勢)'라 합니다. 이상적인 국세(局勢)가 되
려면, 혈(穴) 주변의 사(砂)들이, 혈(穴)을 중심으로 둘러 싸여 있어야
하며, 상호간의 높낮이, 원근(遠近) 등에 있어서 균형(均衡)과 조화(調
和)를 유지해서 전체적인 아름다움이 갖춰져야 합니다.

물은 기(氣)를 멈추게 하여 기(氣)를 응결(凝結)시키기도 하고, 또한
혈장(穴場)을 잘 감싸고돌아, 혈장(穴場)에 응결(凝結)된 생기(生氣)를
설기(洩氣)되지 않도록 보호(保護)를 합니다.

물은 깊고 맑으며, 혈장(穴場)을 좌우로 감싸면서 구불구불하게 천천히 흘러야 하며, 혈장(穴場) 앞을 빠져 나갈 때는 아쉬운 듯이 서서히 흘러야 하고, 또한 산이 흘러내려온 방향과 반대방향으로 물이 흘러, 혈장(穴場)을 향하여 들어오는 물이 혈(穴)의 생기(生氣)를 보호(保護)할 수 있는 좋은 물입니다.

3. 생기(生氣)는 어떻게 받는가?

생기(生氣)란 무엇이며, 생기(生氣) 있는 땅은 어디인가를 알아보았습니다. 그러면 이 생기(生氣)있는 땅을 어떻게 이용(利用)하고, 생기(生氣)를 어떻게 받는가를 알아보아야 합니다.

생기(生氣)가 모여 있는 땅에 주택(住宅)을 지어 거주하면서 직접적(直接的)으로 받는 경우와 조상(祖上)의 시신(屍身)을 매장(埋葬)하여, 시신(屍身)이 소골(消骨)되는 과정에서 받는 생기(生氣)가, 같은 기운(氣運)을 가진 후손(後孫)에게 전달(傳達)되도록 하여 간접적(間接的)으로 받는 경우가 있습니다.

1) 양택론(陽宅論)과 음택론(陰宅論)

먼저 생기(生氣)있는 땅을 어떠한 방법으로 이용(利用)하는가를 알아보자면, 풍수학은 세 가지로 나눕니다.

★ 양기론(陽基論) : 사람들이 집단적으로 거주하는 마을이나 도읍지를 지표로 삼는다.
★ 양택론(陽宅論) : 산 사람에게 보다 쾌적한 생활환경을 제공한다.
★ 음택론(陰宅論) : 죽은 사람의 기를 통해 후손의 발복을 추구한다.

먼저 나라의 도읍지나 마을, 도시 등 주거 환경을 거시적인 관점에서 보고 찾고 길흉(吉凶)을 판단하는 것을 양기풍수(陽基風水)라고 하며, 집이나 사무실, 기타 인간이 거주하는 주거공간과 거주자의 상관관계, 기타 길흉(吉凶)을 판단하는 것을 양택풍수(陽宅風水)하고 하며, 조상(祖上)의 유골을 편히 모시려는 효심과 후손들의 번영과 안녕을 추구할 목적으로 땅의 길흉(吉凶)을 판단하는 것을 음택풍수(陰宅風水)라고 합니다.

크게는 양택론(陽宅論)과 음택론(陰宅論)의 두 가지로 구분됩니다.

양택풍수(陽宅風水)는 음택풍수(陰宅風水)와 크게 다르지 않습니다. 둘 다 좋은 터를 고르는 이론이나 방법은 똑같습니다. 산줄기인 용맥(龍脈)을 통하여 지기를 전달하는 용(龍), 용맥(龍脈)으로 부터 전달받은 지기(地氣)를 한곳에 모아놓은 혈(穴), 지기(地氣)가 바람으로부터 흩어지지 않도록 주변 산들이 감싸주는 사(砂), 지기(地氣)를 멈추게 하고, 모여진 생기(生氣)를 보호(保護)하는 수(水), 좋은 천기(天氣)를 받을 수 있도록 좌향(坐向)을 결정하는 향(向) 등 풍수지리 이론은 전혀 다르지 않습니다.

음택풍수(陰宅風水)는 용혈사수향(龍穴砂水向)으로 생기(生氣)있는 땅과 방향(方向)을 결정한 다음에 지하 광중(壙中)에 시신(屍身)을 묻는 것이고, 양택풍수(陽宅風水)는 양택가상학(陽宅家相學)이라고도 하는데, 명당길지(明堂吉地)의 터를 잡아 사람이 생활하는 건물을 짓는 것으로 건물 터에 관계되는 것을 양택학(陽宅學)이라고 하고, 건물의 형태(形態)와 구조(構造), 실내 공간(室內空間) 배치에 관한 것을 가상학(家相学)이라고 합니다.

다만 보국(保局)과 혈(穴)의 크기에 따라 음택지(陰宅地)와 양택지(陽宅地)가 구분됩니다. 보국(保局)이란, 주변의 산들이 사방을 감싸준 안쪽 공간을 말하는데, 판국(板局) 또는 국세(局勢)라고도 합니다. 보국(保局)이 크면 양택지(陽宅地), 보국(保局)이 작으면 음택지(陰宅地)가 됨니다. 도시가 들어 설만한 큰 보국(保局)에 일개 개인의 묘(墓) 자리는 적합하지 않고, 반대로 묘(墓) 자리로나 적합할 작은 보국(保局)에 큰 공공건물이나 주택은 적당하지 않습니다.

2) 동기감응(同氣感應)

생기(生氣)가 뭉쳐있는 땅을 이용(利用)하는 방법에 따라 생기(生氣)를 받는 방법의 차이가 생겼습니다.

양택풍수(陽宅風水)에서는 생기(生氣)가 뭉쳐진 땅 위에 주택(住宅)을 짓고 살면서, 땅으로부터 뿜어지는 생기(生氣)를 직접 받는 것이고, 음택풍수(陰宅風水)에서는 생기(生氣)가 뭉쳐진 땅에 조상(祖上)의 시신(屍身)을 매장(埋葬)하고, 시신(屍身)이 소골(消骨)되는 과정에서 받는 생기(生氣)가, 같은 기운(氣運)을 가진 후손(後孫)에게 전달(傳達)되는 간접적(間接的)으로 받는 것입니다.

음택풍수(陰宅風水)를 이루게 하는 이론적 바탕은 동기감응(同氣感應)에 있습니다. 동기감응(同氣感應)이란 같은 기(氣)는 서로 감응(感應)을 일으킨다는 말입니다.

자식의 몸은 부모로부터 물려받은 것이니, 부모와 자식 간에는 같은 기(氣)를 갖게 되며, 부모의 시신이 땅 속에서 생기(生氣)를 받게 되면, 같은 기(氣)를 가진 자식도 감응(感應)하여 생기(生氣)를 받는다는 것을 말합니다.

4. 생기(生氣)를 잘 받는 방향은?

우리는 생기(生氣)가 모여 있는 땅에 주택(住宅)을 짓거나, 시신(屍身)을 매장(埋葬)하여 생기(生氣)를 받고자 합니다. 생기(生氣)를 올바르게 받기 위해서는 방향(方向)을 옳게 정해야 합니다.

풍수에서 방향(方向)을 정하는데 있어서 배산임수(背山臨水)를 말하고, 전저후고(前底後高)를 말합니다.

배산(背山)이란 생왕(生旺)한 용세(龍勢)로 머나 먼 길을 달려온 내룡(來龍)이, 그 걸음을 멈추고 용진처(龍盡處)에 혈(穴)을 결지(結地)하므로, 뒤에는 현무봉(玄武峯)이나 주산(主山)이 받쳐주고 있고, 물은 용(龍)이 달리는 것을 멈추게 하여 혈처(穴處)에 생기(生氣)가 맺히게 하고, 또 생기(生氣)가 누설(漏泄)되지 않도록 앞에서 보호(保護)해 주니 임수(臨水)입니다. 이런 배산임수(背山臨水)의 형태는 대개 뒤가 높고 앞이 낮은 전저후고(前底後高)의 형태가 됩니다.

양택(陽宅)의 경우는, 산세(山勢)의 흐름 즉 용맥(龍脈)의 흐름을 보고 주택의 방향(方向)을 정하게 됩니다. 또한 후천팔괘(後天八卦)의 구궁도(九宮圖)에 의한 가주(家主)의 본명궁(本命宮)과의 상관관계를 살펴, 대문, 안방, 부엌 등 주택 구조의 방위(方位)를 정하게 됩니다.

음택(陰宅)의 경우에는, 망자(亡者)의 생년(生年)과의 관계와 산세(山勢)의 흐름 즉 용맥(龍脈)의 흐름을 보고 향(向)을 정하고, 회두극좌(回頭剋坐)를 피하고, 매장일(埋葬日)과 하관시(下棺時)를 정하고, 혈(穴)의 깊이를 찾아 천광(穿壙)하여 매장(埋葬)을 합니다.

5. 생기(生氣)가 미치는 영향

생왕(生旺)한 용세(龍勢)를 가진 내룡(來龍)이 먼 길을 달려, 물을 만나 멈춘 용진처(龍盡處)에 제대로 된 혈(穴)을 맺어 생기(生氣)를 품고, 혈(穴) 주변의 산들은 혈(穴)에 모여 진 생기(生氣)가 바람에 흩어지지 않도록 잘 감싸주고, 혈(穴) 앞의 물은 혈(穴)의 생기(生氣)가 누설(漏泄)되지 않도록 보호(保護)를 잘하고 있다면, 이 혈(穴)은 주변 산들과 물의 보호(保護)를 받으면서, 좋은 생기(生氣)를 잘 간직하고 있는 것이 됩니다.

사람들이 이런 생기(生氣)가 응결(凝結)되고 잘 보호(保護)된 땅을 찾는 것은, 집을 짓거나, 조상(祖上)의 시신(屍身)을 매장(埋葬)하여 직접 또는 간접적으로 좋은 생기(生氣)를 얻고자 하는 것입니다.

이러한 좋은 기(氣)가 흐르는 땅 위에 집을 짓고 살면, 그 기(氣)를 받는 사람에게 좋은 일들이 생기고, 이러한 생기(生氣)가 있는 곳에 조상(祖上)의 시신(屍身)을 매장(埋葬)하면, 시신(屍身)이 소골(消骨)되는 과정에서 받는 생기(生氣)가, 같은 기운(氣運)을 가진 후손(後孫)에게 전달(傳達)되어 후손(後孫) 또한 좋은 기운(氣運)을 받게 되어 좋은 일들이 생기는데, 건강하고 매사가 원활하게 잘 풀리고 재산상의 이득을 얻게 됩니다.

좋지 않은 기(氣)가 흐르는 곳에 집을 짓거나 조상(祖上)의 시신(屍身)을 매장(埋葬)하면, 좋지 않은 기(氣)의 영향으로 안 좋은 일들이 계속 발생하는데, 다치거나 병이 들거나 재산상의 손실을 가져오게 됩니다.

6. 풍수(風水)란 말의 유래

풍수(風水)는 '장풍득수(藏風得水)'란 말에서 유래하였습니다. 먼저 고전(古典)을 살펴보면 다음과 같습니다.

★ 청오경(靑烏經) - 청오선생(靑烏先生)
   기승풍산 맥우수지 [氣乘風山 脈遇水止]
      기(氣)는 바람을 타면 흩어지고, 맥(脈)은 물을 만나면 멈춘다.

★ 장서[葬書] - 장경(葬經) 또는 금낭경(錦囊經)이라고 불림
   동진(東晉)의 곽박(郭璞)

기승풍즉산 계수즉지 [氣乘風則散 界水則止]

  기(氣)란 바람을 타면 흩어지고, 물에 닿으면 멈춘다.

고인 취지사불산 행지사유지 고위지풍수

[古人 聚之使不散 行之使有止 故謂之風水]

  고인(古人)이 말하기를, 기(氣)를 모아 흩어지지 않게 하고, 기(氣)가

행(行)하는 것을 멈추게 하는 것이므로 풍수(風水)라 한다.

풍수지법 득수위상 장풍차지[風水之法 得水爲上 藏風次之]

  풍수는 득수(得水)가 먼저요, 장풍(藏風)은 그 다음이다.

살펴 본 바와 같이 풍수(風水)는 장풍득수(藏風得水)란 말에서 유래가 되었습니다.

산세(山勢)가 일어섰다가 웅크리고, 숨었다가 나타나고, 미끄러지듯이 나아가다 돌연 돌아서고 변화막측(變化莫測)한 움직임이 전설상의 용(龍)을 닮았다하여 산을 용(龍)이라 합니다. 형체(形體)에는 기(氣)가 있다고 보며, 산을 따라 기(氣)가 움직이는데, 기(氣)가 흐르는 길을 맥(脈)이라 하여, 산줄기를 용맥(龍脈)이라 부릅니다.

따라서 생왕(生旺)한 용(龍)의 기세(氣勢)에는 생왕(生旺)한 용맥(龍脈)이 자리 잡고 있고, 생왕(生旺)한 용맥(龍脈)으로 흐르는 기(氣)는 생왕(生旺)한 기(氣)가 됩니다.

생왕(生旺)한 용(龍)이 수천리 수백리 달려오다가 물을 만나 발걸음을 멈추는 용진처(龍盡處)에 이르러 혈(穴)을 결지(結地)하고, 생왕(生旺)한 기(氣)를 머금고 있게 됩니다.

이 생왕(生旺)한 기(氣)는 바람을 타면 흩어지기 때문에 주변의 산들이 바람을 막아주어야 하니 이것이 장풍(藏風)입니다. 물은 용(龍)의 발걸음을 멈추게 하고, 뭉친 기(氣)가 새어 나가지 못하도록 보호(保護)를 하니 이것이 득수(得水)입니다.

이것을 달리 살펴보면, 혈(穴)을 맺어 생왕(生旺)한 기(氣)를 품고 있는 것은 용(龍)이고, 혈(穴)에 응결(凝結)된 생기(生氣)를 잘 보호(保護)하는 것이 주변의 산들과 물로써, 그 보호(保護)하는 방법이 장풍(藏風)과 득수(得水)입니다.

풍수(風水)에서는 생기(生氣)가 주된 목적이므로, 용혈(龍穴)을 살피는 것이 장풍(藏風)과 득수(得水)를 살피는 것보다 우선시됩니다.

7. 풍수(風水)의 요소

풍수(風水)를 구성하는 요소를 살펴보겠습니다.
첫째, 자연(自然)과 방위와 사람입니다.
둘째, 자연(自然)에는 산과 물이 있습니다.
셋째, 산(山)에는 용(龍), 혈(穴), 사(砂)로 구분할 수 있습니다.

풍수의 구성요소로서 산, 물, 방위, 사람으로 봅니다.
산수(山水)는 자연(自然)을 나타내며, 풍수지리상으로 땅의 형세를 가리키는 지형(地形) 혹은 형국(形局)이라고 표현되기도 하는데, 천기(天氣)가 땅으로 내려와 지기(地氣)가 되었으므로, 이런 형국(形局)은 천기(天氣)가 땅에 뿜어져 나타난 것입니다. 그러므로 땅의 형세(形勢)는 천기(天氣)와 연결되어 있는 것이 됩니다. 땅의 형세(形勢)와 천기(天氣)를 연결시켜 주는 것이 방위(方位)입니다.
풍수지리(風水地理)는 하늘과 땅 사이에 존재하는 인간과 자연환경과의 조화를 추구하므로, 산, 물, 방위와 사람이 서로 유기적(有機的)으로 연결된 것이며, 산과 물의 자연환경과 방향을 살피고, 이를 이용(利用)하는 주체(主體)가 사람입니다. 따라서 산, 물, 방위, 사람이 풍수(風水)의 구성요소가 됩니다.

명당(明堂)의 4대 요소로써 용(龍), 혈(穴), 사(砂), 수(水)를 말합니다. 생기(生氣)가 있는 땅을 찾는 것이 풍수(風水)의 주목적입니다. 명당(明堂)의 4대 요소인 용(龍), 혈(穴), 사(砂), 수(水)는 생기(生氣)가 어디에 뭉쳐 있으며, 잘 보호(保護)되고 있는가를 알아보는데 없어서는 안 될 요소입니다. 생왕(生旺)한 기(氣)를 가진 용(龍)이 혈(穴)을 맺고, 혈(穴)에 뭉친 생기(生氣)를 주변의 사(砂)들이 장풍(藏風)하여 바람에 흩어지는 것을 막고, 앞쪽의 수(水)가 달리는 용(龍)을 멈춰 서게 하고, 혈(穴)에 뭉친 생기(生氣)를 새어 나가지 못하도록 막아주며 보호(保護)를 합니다.

그래서 용(龍), 혈(穴), 사(砂), 수(水)가 제대로 갖춰진 땅은 좋은 생기(生氣)를 모아서 지니고 있으므로 명당(明堂)으로 불리는 것입니다.

이 명당(明堂)에 방위(方位)를 정하고, 집을 짓거나, 시신(屍身)을 매장하여 좋은 기(氣)를 받고자 하는 것이 풍수(風水)입니다.

8. 풍수(風水)의 세 유파

풍수(風水)란 생기(生氣)가 뭉쳐진 땅을 찾아 인간(人間)의 삶에 이용(利用)하여 인간(人間)이 유익함을 얻고자 하는 것입니다. 그러므로 생기(生氣)가 뭉쳐진 땅을 찾는 것이 선결조건(先決條件)이 됩니다. 이 생기(生氣)가 뭉쳐진 땅 즉 혈(穴)을 찾는 방법에 따라 세 가지의 흐름이 있는데 이것이 곧 물형론(物形論), 형기론(形氣論), 이기론(理氣論)입니다.

[풍수(風水)를 바라보는 세 가지의 관점]

1. 형기론(形氣論) 혹은 형상론(形象論)
2. 물형론(物形論) 혹은 형국론(形局論)
3. 이기론(理氣論)

1) 형기론 (形氣論)

형기론(形氣論)은 산을 비롯한 지형에는 기(氣)가 있다고 보며, 산줄기의 흐름을 중요시하여 산세(山勢)의 모양이나 형세상의 아름다움을 유추하고 산줄기를 타고 흐르는 기(氣)가 어디에서 맺혔는지, 응결(凝結)되었는지 아닌지의 여부 등을 가리는 유파로써, 산의 흐름이나 특징을 보므로 형세론(形勢論)이라고도 합니다.

형기론(形氣論)은 사람의 눈으로 산세(山勢)의 모양을 보고 형세(形勢)를 판단하여 혈(穴)자리를 찾는 방법론으로, 대체로 뒤로는 산이 있고, 앞에 시내물이 흐르는 배산임수(背山臨水)의 지형을 갖게 되고, 뒤는 높고 앞은 낮은 전저후고(前低後高)의 지형이 됩니다.

기(氣)는 형(形)을 따르므로, 산세(山勢)가 활발하고 생동감이 있고 아름다워야 기(氣) 또한 생기왕성(生氣旺盛)하다고 봅니다. 지기(地氣)는 땅 속에는 널리 퍼져 있고, 땅을 통해 두루 흘러 다닙니다. 그러므로 산세가 끝나는 자락에 한 자리를 만들어 기(氣)가 뭉치게 되니 이를 혈(穴)이라 합니다. 생기왕성(生氣旺盛)한 기(氣)를 가진 산세(山勢)가 생기왕성(生氣旺盛)한 기(氣)를 가진 혈(穴)을 맺습니다.

기(氣)는 바람을 타면 흩어지니, 혈(穴)의 생기(生氣)가 바람에 흩어지지 않도록 주변의 산들이 혈(穴)을 잘 감싸주어야 합니다. 그 모습 또한 균형이 갖춰지고 아름다워야 합니다.

산은 물을 건너지 못하므로 물이 산을 가로 막아서서, 산이 혈(穴)을 맺을 수 있도록 도와주기도 하고, 혈 앞으로 기(氣)가 새어 나가지 못하도록 하여, 기(氣)를 보호(保護)하기도 합니다. 이 물도 마찬가지로 굽이굽이 돌아들고 깨끗하고 맑으며, 그 모양이 혈(穴)을 감싸고 안아주는 다정한 모습이어야 합니다.

이러한 형세(形勢)를 갖춘 혈(穴)이야 말로 참으로 참된 혈(穴)이라 하겠으며, 이런 형세를 찾는 것이 형기론(形氣論)인 것입니다.

형기론(形氣論)에서 혈(穴)을 찾는 방법으로 먼저 산을 형세(形勢)를 살피고, 혈(穴)의 모양(模樣)을 살피게 됩니다. 그리고 이 혈(穴)을 주변의 산과 물이 잘 감싸주고 있는가를 살피는 것이 순서입니다.

2) 물형론(物形論) - 형국론(形局論)

땅위의 산천형세(山川形勢)의 겉모양에 따라 그 속에 내재된 정기(精氣)는 서로 통한다고 봅니다. 따라서 보거나 잡을 수 없는 지기(地氣)가 담긴 산세(山勢)를 사람, 짐승, 새 등의 모양에 비유하고, 비유물의 구체적인 형상을 사실화하여 지기(地氣)가 뭉친 혈(穴)을 찾고, 나아가 그것의 길흉(吉凶)까지도 판단하는 방법론(方法論)입니다.

외형 물체는 그 모양에 상응하는 기(氣)가 각기 내재돼 있다고 보기 때문에, 굳이 따지자면 형기론(形氣論)의 한 범주에 넣을 수 있을 것입니다.

『장경(葬經)』에는,〈땅은 사람, 호랑이, 뱀, 거북이 모양 등 무수한 형체를 가지고 있는데, 기(氣)는 이러한 여러 가지 모양을 이룬 땅을, 흘러 다니면서 만물을 생성시키는 중요한 역할을 한다(토형기행 물인이생 : 土形氣行 物因以生)〉라 하였습니다.

『설심부 (雪心賦)』에도, 물체의 유형으로 추측하고, 혈(穴)은 형체에 연유하여 취한다(물이유추 혈유형취 : 物以類推 穴由形取)〉라 하여, 산천(山川)을 물형(物形)에 비유해 설명한 구절이 있습니다.

3) 이기론(理氣論)

이기론(理氣論)은 별자리의 모양 등에 따른 천기(天氣), 주역(周易), 음양오행이론(陰陽五行理論), 포태법(胞胎法) 등을 풍수(風水)에 도입시킵니다.

의수입향(依水入向)하는 88향법(向法)은 나경(羅經)으로 측정한 수구(水口)의 방향으로 혈(穴)의 사국(四局)을 정한 다음, 사국(四局)에 따라 내룡(來龍)과 수구(水口)의 이기(理氣)를 격정(格定)하여 좌향(坐向)을 잡는 풍수 이론입니다. 물을 중시하기에 일명 득수론(得水論)이라 하며, 향법(向法)을 중요시하기에 좌향론(坐向論)이라고도 합니다. 좌향(坐向)을 측정하기 위해서는 나경(羅經)이 필수품이 됩니다.

　물을 중시한다는 말은, 물 자체가 중요하다는 것이 아니라, 물의 양기(陽氣)가 음기(陰氣)인 땅을 변화시키는 주체이고, 자연의 순환에 중요한 위치를 차지하기 때문입니다. 즉, 움직이지 않는 산은 물과 바람에 따라 풍화가 일어나서 변화하므로, 물의 아주 민감한 영향도 중요하게 생각하지 않을 수 없는 것입니다. 또한, 물과 바람이 아무렇게나 움직이는 것이 아니라 일정한 궤도를 순환하기 때문에, 물의 흘러들고 흘러나가는 방위(方位)를 중시하게 됩니다.

4) 형기론(形氣論)과 이기론(理氣論)

　결론적으로 말하자면, 풍수지리(風水地理)는 산수(山水)의 형세(形勢)를 체(體)로 정한 다음에, 이기(理氣)를 용(用)하는 법(法)입니다. 즉 형기론(形氣論)을 기본으로 하고, 이기론(理氣論)으로 활용(活用)을 한다는 말입니다. 다시 말하면, 용혈사수(龍穴砂水)가 형기(形氣)에 합당한 혈(穴)을 얻은 연후에, 비로서 나경법(羅經法)을 활용하여 천성이기(天星理氣)에 부합하도록 선용(善用)하는 것입니다.

　풍수는 기본인 형기(形氣)와 그 활용인 이기(理氣)가 하나인 기(氣)에서 비롯된 것이며, 지기(地氣)와 천기(天氣)를 아우르며, 생기(生氣)있는 혈(穴)을 찾는 것을 목적으로 삼으니, 풍수가는 마땅히 형기(形氣)에 밝아야 하고, 이기(理氣)를 능용(能用)할 줄 알아야 합니다.

풍수(風水)란
생기(生氣)가 뭉쳐진 땅에,
주택(住宅)을 짓거나, 시신(屍身)을 안장(安葬)하여,
직접적으로 또는 간접적으로 생기(生氣)를 받아,
우리 인간에게 이롭게 하려는 것이다.

음택풍수
(陰宅風水)

아름다운 삶을 위한
풍수지리

제1장

형기론
(形氣論)

제1절 산(山)에 대하여

1. 산이란

풍수지리(風水地理)는 땅속으로 흐르는 생기(生氣)를 찾고 이를 이용하고자 함인데, 산(山)은 땅속을 흐르는 지기(地氣)의 주체(主體)이자 발생(發生)의 근원(根源)으로써 자연(自然)의 만상(萬象)에 기(氣)를 보급시키고, 생성(生成)하며 유지(維持)하게 합니다. 그러므로 산(山)을 먼저 아는 것이 풍수(風水)의 첫 걸음인 것입니다. '산을 본다, 파악한다.'는 의미로서 간산(看山)이라 합니다.

풍수지리(風水地理)는 산을 근원(根源)으로 하며, 물과 바람 그리고 방위(方位)의 영향으로 인하여 지상(地上)에서 일어나는 생성(生成)과 변화(變化)의 이치(理致)를 파악하여 우리의 실생활에 이용하고자 하는 것입니다.

산(山)이라고 하면 백두산, 설악산, 태백산, 지리산 등 큰 산만을 의미하는 것이 아닙니다. 낮은 언덕배기나 구릉도 하나의 맥(脈)을 이루면서 흐르고 있는 산줄기라면 이 또한 산(山)이 됩니다.

오히려 이런 낮은 언덕배기나 구릉이 우리의 실생활과 밀접한 관련이 있습니다. 음택풍수(陰宅風水)에서 무덤이나 양택풍수(陽宅風水)에서의 주택에서의 산천(山川)의 정기(正氣)는, 바로 이 구릉이나 낮은 산들의 맥(脈)을 통해 흘러서 용맥(龍脈)의 끝에 생기(生氣)가 멈추어 응결(凝結)된 혈(穴)을 맺습니다. 혈(穴)에 맺힌 산천(山川)의 정기(精氣)를 우리의 실생활과 접목시킨 것이 바로 풍수(風水)인 것입니다.

산맥과 물을 살펴보면 '산은 강을 건너지 못하고, 강은 산을 넘지 못한다.'는 말을 실감할 수 있습니다. 또한 '한 치만 높아도 산이요, 한 치만 낮아도 물이다(高一寸爲山 低一寸爲水).'라는 말처럼 물이 있는 곳에 다다르면 산은 멈추어 서서 혈(穴)을 맺으므로, 구릉이나 낮은 언덕배기에 맺은 혈(穴)이 우리의 실생활에 도움이 되는 것입니다.

높은 명산(名山)의 기(氣)는 강(强)하고 순화(純化)되지 않은 거칠고 투박한 기(氣)이므로, 수도(修道)하는 도인(道人)들에게는 맞을는지는 모르나, 일반인(一般人)에게는 그 효용(效用)에 폐해(弊害)가 있을 수 있습니다.

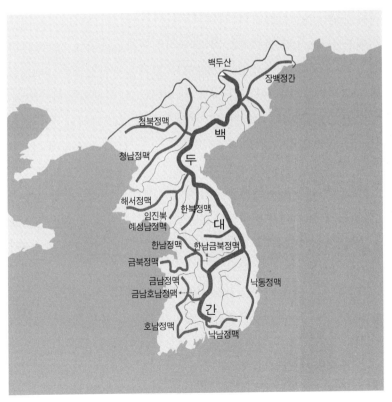

[산경표]

2. 산의 흐름

산(山)은 조종산(祖宗山)인 태조산(太祖山)에서 출발하여, 중조산(中祖山), 소조산(小祖山)을 거쳐, 혈(穴)로 이어집니다.

1) 태조산(太祖山)

모든 산은 반드시 그 뿌리인 종산(宗山)이 있고, 그로부터 수만 리에 이르는 큰 산맥들을 이룹니다. 모든 산의 종산(宗山)을 태조산(太祖山)이라 합니다.

태조산(太祖山)은 산맥(山脈)의 출발이며 근원(根源)이고, 혈(穴)의 발원(發源)이 됩니다. 마치 불이 타오르는 것처럼 뾰쪽뾰쪽한 바위산들이 하늘 높이 솟아있어, 위용(威容)이 빼어나고, 기세(氣勢)가 장중(莊重)하며, 구름을 산허리에 걸치고 우뚝 솟아 수려(秀麗)하고 신비(神秘)하지만, 험준한 기암괴석(奇巖怪石)들이 살기등등(殺氣騰騰)하게 서있어 감히 접근하기는 어렵습니다.

태조산(太祖山)을 이루는 봉우리 중에서 제일 높은 최고봉을 제성(帝星) 또는 용루(龍樓)라고 부르고, 그 밖의 횡렬로 서 있는 첨봉(尖峰)들은 보전(寶殿)이라고 합니다. 용루(龍樓)의 산허리 부분에서 산줄기가 나오게 됩니다.

태조산(太祖山)을 취강산(聚講山)이라고도 하는데, 이는 왕이 신하들을 모아 놓고 조회를 하는듯한 모습이기 때문입니다. 태조산(太祖山)의 제일 높은 봉우리가 예하의 모든 산들을 모아 놓고 강론(講論)을 하고, 강론(講論)이 끝나면 예하의 산들은 동서남북(東西南北)으로 흩어져 멀고 먼 여행의 길을 떠납니다.

태조산(太祖山)은 높고 크며, 멀리 수 백리를 뻗어 나가므로, 산세(山

勢)는 높고 웅장하여 산줄기가 무성하게 뻗어 내릴수록 좋습니다.

우리나라의 태조산(太祖山)은 백두산(白頭山)입니다.

2) 중조산(中祖山)

중조산(中祖山)은 기세충천(氣勢衝天)한 태조산(太祖山)에서 뻗어 내린 산줄기가 혈(穴)쪽으로 내려오면서, 태조산(太祖山) 다음으로 웅장함을 갖춘 산입니다. 중조산(中祖山)의 형세(形勢)는 태조산(太祖山)과는 비교할 수 없지만, 기세(氣勢) 있게 높이 솟아 장엄(莊嚴)하고 장중(莊重)합니다.

중조산(中祖山)은 태조산(太祖山)으로부터 흘러 온 기맥(氣脈)을 이어받아 중간에서 그 태조산(太祖山)의 기(氣)를 소조산(小祖山), 즉 주산(主山)까지 끊임없이 잘 흐르게 해줘야 좋습니다. 국립공원이 들어선 명산(名山)은 대개가 중조산(中祖山)에 해당하며, 주변의 모든 산악(山岳)을 지배할 만한 위용(威容)을 갖추고 있습니다.

3) 소조산(小祖山), 주산(主山)

중조산(中祖山)에서 다시 출발한 산줄기는 많은 변화를 통해 환골탈퇴(換骨脫退)를 하면서 수 백리 혹은 수 십리를 더 달려와, 어느 정도 기세(氣勢)가 정제(整齊)되면 혈(穴)을 맺기 위해 단정하고 수려한 산봉우리를 일으켜 세우는데, 이를 소조산(小祖山) 또는 주산(主山) 이라고 합니다. 생기(生氣)를 응결(凝結)시키는 입수(入首)가 있기 직전에 생기(生氣)가 모인 산입니다.

소조산(小祖山)은 양쪽으로 날개를 뻗어 청룡(靑龍)과 백호(白虎) 능선을 만들어 장막(帳幕)을 두르고, 중간으로는 중심맥을 출맥(出脈)시키는데, 이것이 중출맥(中出脈)으로 주룡(主龍)이 되고, 개장(開帳)한 청룡(靑龍)과 백호(白虎) 능선은 중출맥을 보호하는 역할을 합니다.

소조산(小祖山)은 태조산(太祖山)과 중조산(中祖山)에서 뻗어 내린 기(氣)를 잘 갈무리하여 혈(穴)을 맺게 하는데 주목적이 있으므로, 태조산(太祖山)이나 중조산(中祖山)이 거느린 여러 개의 절(節)에 비해 두세마디 내에서 혈(穴)을 응결(凝結)시키는 것을 길격(吉格)으로 여깁니다.

태조산(太祖山)에서 출발(出發)한 산맥(山脈)이 중조산(中祖山)을 거쳐 소조산(小祖山)에 이르고, 몇 마디를 내려와 혈(穴)을 맺으므로, 조산(祖山)을 논하는 것은 소조산(小祖山) 즉 주산(主山)을 말하는 것이 주(主)가 됩니다. 혈(穴)에 가까이 있는 것은 화복(禍福)관계가 가깝고, 먼 것은 화복(禍福)관계가 멀기 때문입니다.

★ 주산(主山) : 혈을 맺게 해주는 혈 뒤쪽에 높게 솟은 산을 일컫는다. 마을이나 도읍지를 보는 양기론(陽基論) 풍수(風水)에서는 진산(鎭山), 후산(後山)이라 부른다.

★ 현무(玄武) : 주산(主山)을 말하며, 거북이처럼 원만한 산세로 혈(穴)을 향해 예를 표하듯이 고개를 숙인 것을 제일로 친다. 산의 형상이 머리를 숙인 것과 같은 모양을 수두(垂頭)라 말한다.

[산의 흐름] 태조산(太祖山), 중조산(中祖山), 소조산(小祖山)

3. 명산(明山)과 흉산(凶山)

땅속을 흐르는 지기(地氣)를 품은 산(山)은 자연의 만상(萬象)에 기(氣)를 나누어 주는데 그침이 없어 만물(萬物)을 낳고 자라게 하고 유지(維持)하는데, 크고 작은 산들이 일정한 기복(起伏)으로 맥(脈)을 싣고 흐를 때의 모습이 마치 용(龍)이 꿈틀거리듯 생동(生動)하는 듯합니다.

이런 생동감(生動感)이 있게 꿈틀거리고, 일어섰다 엎드리기를 반복하며 흘러 내려온 산을 살아 있는 산이라 하며, 이를 명산(明山)이라 합니다. 살아 있는 느낌을 주는 명산(明山)과 달리 생동감(生動感)이 없고 기복(起伏)의 변화가 없는 산을 흉산(凶山)이라 말합니다.

흉산(凶山)에는 동산(童山), 과산(過山), 독산(獨山), 단산(斷山), 석산(石山), 핍산(乏山), 측산(側山)이 있습니다.

지기(地氣)는 흙을 따라 생(生)하고 흐르기 때문에, 흙이 없는 석산(石山)에는 지기(地氣)가 없으며, 흙이 있다한들 바위는 흘러내리고, 산은 부서지고, 초목(草木)은 시들어 살지 못하는 동산(童山)은 음양(陰陽)의 조화(造化)가 이루어지지 않아 생기(生氣)가 없는 것이며, 산줄기가 끊어져 버린 단산(斷山)은 지기(地氣)도 끊어져 이어지지 않기에 이 또한 지기(地氣)가 없으며, 홀로이 떨어져 있는 독산(獨山)은 어찌 음양의 조화를 갖추어 지기(地氣)를 품을 수 있겠으며, 흘러 지나가는 과산(過山)은 지기(地氣)도 따라 흘러가니 생기(生氣)가 맺힐 수 없습니다. 또한 산세가 기울어져 안정감이 없는 측산(側山), 힘이 빠져 축 늘어진 듯 밋밋한 핍산(乏山)에도 생기발랄(生氣潑剌)한 지기(地氣)가 없음은 당연한 것입니다.

4. 오행산(五行山)

산을 오행(五行)의 성정(性情)을 따라 모양을 구분하여 오행산(五行山)으로 분류하였습니다. 목산(木山), 화산(火山), 토산(土山), 금산(金山), 화산(火山)이 그것입니다. 이를 달리 목형산(木形山), 화형산(火形山), 토형산(土形山), 금형산(金形山), 수형산(水形山)이라 부르며, 또한 하늘에 있는 성신(星辰)의 기운(氣運)이 산(山)의 형태(形態)를 이룬다 하여 목성(木星), 화성(火星), 토성(土星), 금성(金星), 수성(水星)으로 부르기도 합니다.

1) 목형산(木形山)

산(山)의 형세(形勢)가 세로로 길쭉한 직사각형과 비슷한 모양이며, 봉우리가 우뚝 솟아서 힘차고 곧은 느낌을 줍니다. 정상이 모나지 않고 평평한 산입니다. 형기론(形氣論)에서 목산(木山)은 귀(貴)를 주관하며, 정직성과 덕성, 관운이나 발전에 관여하는 산으로 여깁니다. 고귀한 인물이 탄생하나 재물에는 약(弱)하다고 봅니다. 물형론(物形論)에서는 귀인형(貴人形), 선인형(仙人形), 거문고형 등으로 불립니다.

2) 화형산(火形山)

산(山)이 마치 타오르는 형상이거나 불꽃모양의 산으로, 문필봉(文筆峰)이라 불리기도 합니다. 속성속패(速成速敗)의 기질이 있습니다. 화산(火山)은 강건하며 혁명, 개혁, 진취, 의리를 나타내고, 문필봉(文筆峰)이 특출하고 잘생기면 명문장가(名文章家)를 배출하는 운기(運氣)에도 영향을 미칩니다.

3) 토형산(土形山)

산(山)의 정상이 금고나 상자모양으로 평평하고 반듯하고 넓고, 장방형을 이루고 있습니다. 일자문성(一字文星)이라고도 지칭합니다. 일자(一字) 모양의 정상부나 가운데가 약간 들어간 요(凹)자 형태, 정상의 중앙부는 평평하되 양쪽 끝이 뿔이 난 것처럼 솟은 형태 등이 있습니다. 토산(土山)은 귀인(貴人)이나 덕이 높은 위인, 포용, 존엄, 부귀(富貴)를 상징하며, 산세가 크고 후덕할수록 그 덕성이나 부귀(富貴)도 풍성(豊盛)하다고 봅니다. 물형론(物形論)으로는 갈마음수형(渴馬飮水形), 옥금형(玉琴形), 우면형(牛眠形) 등이 있습니다.

4) 금형산(金形山)

둥근 종이나 가마솥을 엎어 놓은 것과 같은, 반달모양의 둥그런 형태의 산을 말합니다. 둥근산이므로 노적봉(露積峯), 부봉사(富峰砂)로 부(富)를 상징합니다. 또한 금성(金星)은 군대와 의리를 뜻하므로, 금성산(金星山)이 잘생기면 군인(軍人)이나 장군(將軍)이 나온다고 봅니다. 물형론(物形論)으로는 장군대좌형(將軍對坐形), 금계포란형(金鷄抱卵形), 옥녀등천형(玉女登天形) 등이 있습니다.

5) 수형산(水形山)

산봉우리가 큰 기복(起伏)이 없이 물 흐르듯 이어지는 모습의 산(山)을 말합니다. 산이 마치 물결치듯 볼록볼록하게 보입니다. 지혜로운 사람, 예술적 재능, 청렴결백한 선비가 태어난다고 봅니다.

여여(如如)한 산을 여여(如如)하여야만 여여(如如)할 수 있습니다. 원래 생겨있는 모습 그대로를, 보는 곳에서 보이는 그대로를 보는 것입니다. 이리 보면 이렇고 저리 보면 저렇고, 산은 하나의 형태만을 가지고 있지는 않습니다. 대체로 복합적인 모습을 가지고 있으므로, 오행산(五行山)의 구분으로 딱히 딱 맞지는 않습니다. 그렇지만 대체로 평야지(平野地)에는 주로 토형산(土形山)이나 금형산(金形山)이 많고, 고산지(高山地)에는 목형산(木形山)과 화형산(火形山)이 많고, 수형산(水形山)은 혼합의 형태로는 가끔 있는데 독립적 산에서는 매우 드뭅니다.

5. 산이란

땅속을 흐르는 지기(地氣)를 품은 산은, 자연의 만상(萬象)에 그침이 없이 지기(地氣)를 나누어 줌으로써, 만물(萬物)이 나고 자라고 유지하게 됩니다.

태조산(太祖山)에서 발원하여 중조산(中祖山)을 거쳐 소조산(小祖山)까지 내려오는 그 형상(形象)은 웅장하고 신비하며 수려한 위용과 아름다운 자태를 뽐내면서, 무성한 산줄기를 내리 뻗으며, 일어섰다가는 엎드리고, 이리 저리 돌고 꿈틀거리면서 지기(地氣)를 품고 내달리는 모습이 변화무쌍(變化無雙)하며 활발(活潑)하고 생기(生氣)가 있어야 좋은 산이라 할 수 있습니다.

반면에, 흙이 없는 석산(石山), 초목(草木)이 자라지 않는 동산(童山), 산이 끊어진 단산(斷山), 홀로이 있는 독산(獨山), 지나쳐가는 과산(過山), 밋밋한 핍산(乏山), 기울어진 측산(側山) 등은 지기(地氣)가 맺히지 못하는 흉산(凶山)입니다.

제2절　용(龍)에 대하여

1. 용(龍)이란?

✎ 용(龍)

　풍수(風水)에서 산이나 산줄기를 용(龍)이라 부릅니다. 결혈(結穴)의 근원(根源)이 되는 태조산(太祖山)에서부터 중조산(中祖山)과 소조산(小祖山)을 거쳐 혈장(穴場)에 이르는 산줄기를 내룡(來龍)이라 합니다.

　산의 변화(變化)와 형태(形態)가 천태만상(千態萬象)으로 크고 작고, 일어나기도 하고 엎드리기도 하며, 동서남북(東西南北)으로 돌고 숨고 나타나기도 하는 그 변화막측(變化莫測)한 것이 마치 신비스러운 용(龍)과 같다하여 산을 용(龍)이라고 부릅니다.

　옛 글에 다음과 같이 표현하였습니다.

龍者何山脈也	용을 왜 산맥이라 부르고
山脈何以龍名	산맥을 왜 용이라 이름 하는가 하면
蓋因龍夭矯活潑	대개 용은 요상하고 교묘하고 활발하기 때문이다.
變化莫測	변화를 측정하기가 막연하고
忽隱忽現	갑자기 숨었다가 갑자기 나타나고
忽大忽小	갑자기 크다가 갑자기 작아지고
忽東忽西	갑자기 동에 있다가 갑자기 서에 있고
忽而潛藏深淵	갑자기 깊은 연못 속에 숨어 있다가
忽而飛騰雲所	갑자기 하늘의 구름 위를 날아다닌다.
忽而現首不現尾	갑자기 머리는 나타나고 꼬리는 나타나지 않다가
忽而興雲而佈雨	갑자기 구름을 일으켜 비를 뿌린다.
而山脈亦然	이와 같이 산맥 역시 그러하기 때문이다.

용맥(龍脈)

산이 일어나니 기(氣)가 따라서 일어나고, 산이 움직여 내달리니 기(氣)도 따라 달리고, 산이 멈추면 기(氣)도 또한 멈추어 섭니다. 산을 용(龍)이라 하고, 달려 온 산줄기를 내룡(來龍)이라고 하는데, 내룡(來龍)을 따라서 기(氣)가 흐릅니다. 기(氣)가 흐르는 통로를 맥(脈)이라 하므로 용(龍)을 따라 기(氣)가 흐르는 길을 용맥(龍脈)이라 합니다. 용맥(龍脈)을 따라서 흐르는 것이 바로 지기(地氣)입니다.

조종산(祖宗山)인 태조산(太祖山)에서 발원(發源)한 용맥(龍脈)이 변화무쌍한 내룡(來龍)의 흐름을 타고 뻗어서 중조산(中祖山)과 소조산[小祖山 또는 주산(主山)]을 관통하고, 현무봉(玄武峯)을 거쳐 혈(穴)까지 내려오게 됩니다. 용맥(龍脈)을 통하여 지기(地氣)가 흐르니, 용(龍)은 지기(地氣)를 보호(保護)하고 인도(引導)하는 것이기도 합니다.

용(龍)의 기세(氣勢)가 생왕(生旺)하면 맥(脈)은 자연히 왕성(旺盛)해지고, 맥(脈)이 왕성(旺盛)하다면 맥(脈)을 타고 흐르는 기(氣)는 충만(充滿)할 것입니다. 반대로 용의 기세(氣勢)가 빈약(貧弱)하다면 맥(脈)도 자연히 빈약(貧弱)하고, 맥(脈)을 타고 흐르는 기(氣) 또한 빈약(貧弱)할 것입니다.

주필산(駐蹕山)

태조산(太祖山)에서 중출맥(中出脈)한 간룡(幹龍)이 먼 거리를 행룡(行龍)하면서 중간에 잠시 쉬어 가기 위해서 산을 만드는데, 이처럼 주룡(主龍)이 잠시 머무르는 산을 주필산(駐蹕山)이라고 합니다. 주필산(駐蹕山)은 중조산(中祖山)과 같은 큰 산도 있고 작은 봉우리로 된 산도 있습니다. 주로 억세고 험한 용(龍)의 정기(精氣)를 정제(整齊)하고 순화(純化)시키는 역할을 하며, 또 용(龍)의 방향 전환과 분맥(分脈)하는 역할을 합니다.

주필산(駐驛山)의 최고봉에서 중출맥(中出脈)으로 출맥(出脈)한 용(龍)은 간룡(幹龍)이 되고, 그 밖에 다른 봉우리에서 낙맥(落脈)한 용(龍)들은 지룡(枝龍)이 됩니다. 이 때 간룡(幹龍)에서 보면 주필산(駐驛山)은 중조산(中祖山)이지만, 지룡(枝龍)에서 보면 주필산(駐驛山)은 태조산(太祖山)이 됩니다.

✍ 용(龍)의 면배(面背)

우주만물(宇宙萬物)에는 음양(陰陽)이 있고 면(面)과 배(背)가 있듯이, 조종산(祖宗山)을 비롯한 모든 산에도 면(面)과 배(背)가 있습니다.

산의 앞쪽(面)은 경사가 완만하고 기맥(氣脈)의 흐름이 자연스럽고 부드러우면서 포근한 느낌을 주는 쪽으로 유정(有情)합니다. 뒤(背)는 깎아지른 절벽처럼 경사가 급하고 험준하면서 사람을 배척하는 것 같은 위협감과 무정(無情)함을 주는 쪽입니다.

용(龍)이 행도(行道)하는 동안에는 배면(背面)의 구분이 없으나, 혈(穴)을 맺을 즈음에 이르면 앞뒤의 구분이 있습니다.

면(面)쪽은 기세(氣勢)가 생동(生動)하면서 양명수려(陽明秀麗)하고 유정(有情)하며 산수(山水)가 취합(聚合)하여, 넓고 평탄하여 보국(保局)이 안정감(安定感)이 있어 혈(穴)을 결지(結地)할 수 있는 조건을 갖추고 있습니다.

배(背) 쪽은 어둡고 험하고 추악(醜惡)하고 깎아지른 듯한 절벽(絶壁)으로 겁살(劫煞)을 띠어 산수(山水)가 취합(聚合)이 되지 않아서, 바람을 타거나 물의 침범을 받으므로 보국(保局)이 안정감이 없어 결지(結地)하기가 어렵습니다.

☞ 용(龍)의 행지(行止)

용(龍)의 주목적(主目的)은 혈(穴)을 맺기 위함입니다. 용(龍)이 일어나면서 기(氣)도 따라 일어나고, 용(龍)이 달려 내달으니 기(氣)도 따라 흐르고, 용이 멈춰선 곳에 맥(龍脈)도 끝나고, 따라서 기(氣)가 뭉치게 됩니다.

따라서 혈(穴)은 용(龍)이 멈추지 않고 행룡(行龍)하는, 과룡(過龍)에서는 맺어질 수 없습니다. 생기(生氣)가 한 곳에 모이지 않고 흘러가기 때문입니다. 행룡(行龍)하는 과룡(過龍)에서는 산들이 분주히 달아나고 물이 급하게 흐릅니다. 산과 물이 서로 멈추어 음양조화(陰陽造化)를 하지 못하기 때문에 생기(生氣)를 응결(凝結)할 수 없습니다.

혈(穴)은 용(龍)이 멈춘 곳 즉 용진처(龍盡處)에서 결지(結地)합니다. 주룡(主龍)이 행룡(行龍)을 다하고 멈추어 서면 호종(護從)하던 방룡(傍龍)도 멈추어, 주룡(主龍)에 생기(生氣)가 엉키어 뭉친 곳을 유정(有情)하게 감싸 안아 주고, 용(龍)을 따라 동행(同行)하던 물도 환포(環抱) 즉, 둥글게 감싸 안아주어, 자연히 음양조화(陰陽調和)가 이루어져 생기(生氣)가 응결(凝結)됩니다.

☞ 용세(龍勢)

용맥(龍脈)을 따라, 태조산(太祖山)에서 중조산(中祖山)을 거쳐 소조산(小祖山)에 이르고, 현무봉(玄武峯)을 거쳐 혈(穴)까지 지기(地氣)가 전달됩니다. 이 때 나타나는 용맥(龍脈)의 세력(勢力)의 강약변화(强弱變化)를 용세(龍勢)라 말합니다. 용(龍)의 기세(氣勢)가 위용이 힘차고 빼어날수록, 용진처(龍盡處)에서 맺는 혈(穴)의 생기(生氣)도 힘차고 크며, 집안이 번창하고 부귀영화를 누리게 되며, 용맥(龍脈)이 끊기거나 파손되어 부실(不實)하면 진혈(眞穴)을 맺을 수 없습니다.

용(龍)의 분벽(分壁)

용(龍)을 따라 맥(脈)이 이어져 내려와, 용(龍)의 기세(氣勢)가 생동(生動)하고 활달해야 하는데, 기세(氣勢)가 나약(懦弱)한 용(龍)이 다시 나뉘고 쪼개어져 더욱 허약(虛弱)하게 파열작용(破裂作用)이 심한 것을 분벽(粉壁)이라 합니다. 그러므로 이러한 용은 용신(龍身)과 기세(氣勢)가 분산(分散)되고 생기(生氣)가 쇠진(衰盡)하여, 혈지(穴地)를 응결(凝結)할 수 없는 매우 나약(懦弱)하고 설기(洩氣 -- 힘이 빠져 버린)된 단정(端正)하지 못한 험하고 난잡한 용(龍)이 됩니다.

용(龍)의 여기(餘氣)

행룡(行龍)하던 용(龍)이 멈추어 용진처(龍盡處)에서 하나의 혈(穴)을 응결(凝結)하고 남은 기운을 여기(餘氣)라고 합니다. 기세(氣勢)가 왕성(旺盛)한 용(龍)은 여기(餘氣)가 다시 응취(凝聚)하여, 작은 혈(穴)을 만들기도 하고, 혈(穴)의 생기(生氣)를 보호해주는 하수사(下水砂)나 수구사(水口砂) 등이 되기도 합니다.

용(龍)에서 일룡일혈(一龍一穴)이나 일룡수혈(一龍數穴)이라는 원칙(原則)은 없습니다. 용세(龍勢)에 따라 혈(穴)을 많이 맺기도 하고, 하나의 혈(穴)도 맺지 못할 수도 있다. 즉 기세왕성(氣勢旺盛)한 용(龍)은 여러 개의 혈(穴)을 맺을 수도 있고, 기(氣)가 없거나 약한 사룡(死龍)은 단 하나의 혈(穴)도 맺지 못합니다.

2. 용(龍)의 형태적 분류(分類)

1) 간룡(幹龍)과 지룡(支龍)

혈장(穴場)을 형성한 내룡(來龍)이 후덕하고 주변 산세들 가운데 주된 산세를 타고 흐르는 산줄기를 간룡(幹龍)이라 합니다. 줄기가 큰 산을 대간룡(大幹龍), 줄기가 작은 산을 소간룡(小幹龍)이라 합니다.

그렇지 않고 곁가지에 불과한 산줄기로서 그 위세가 힘차게 뻗지 못하고 약하다면 지룡(支龍)이라 합니다. 큰 가지의 산을 대지룡(大支龍), 작은 가지의 산을 소지룡(小地龍)이라고 합니다.

대간룡(大幹龍)은 큰 강이나 큰 하천이 같이 따르고, 소간룡(小幹龍)은 큰 시냇물이 따르고, 대지룡(大支龍)은 시냇물이 따르고, 소지룡(小地龍)은 밭도랑이나 작은 개천이 함께 따릅니다.

대간룡(大幹龍)은 하나의 산맥을 지배하는 태조산(太祖山)에서 출발한 용(龍)이 수백리를 행룡(行龍)하면서도 계속 중출맥(中出脈)으로만 행룡(行龍)한 용(龍)입니다. 따라서 대간룡(大幹龍)이 행룡(行龍)을 마치고 용진(龍盡)하여 개국(開局)하는 곳은 대지(大地)가 됩니다. 이를 원국(垣局)이라 하며 최상의 명혈(名穴)을 결지(結地)합니다. 만약 양택(陽宅)으로 혈(穴)을 맺으면 도읍지(都邑地)가 되고, 음택(陰宅)으로 결혈(結穴)하면 제왕지지(帝王之地)가 되는 것입니다.

태조산(太祖山)으로부터 출맥(出脈)한 간룡(幹龍)이 수백리 혹은 수십리를 행룡(行龍)하면서 중조산(中祖山)과 소조산(小祖山)을 비롯하여 중간 중간에 수많은 크고 작은 산을 만듭니다. 산이 이루어지면 이 산에서 여러 갈래로 산줄기가 나누어지는데 대간룡(大幹龍)을 제외하고 나머지 용맥(龍脈)을 지룡(支龍)이라고 합니다.

그러나 간룡(幹龍)과 지룡(支龍)의 구분은 절대적(絶對的)이 아니라 상대적(相對的)임을 알아야 합니다. 대간룡(大幹龍)에서 갈라질 때는 지룡(支龍)이었다 할지라도 여기서 다시 새로운 지룡(支龍)을 분맥(分脈)하면 상대적으로 간룡(幹龍)이 됩니다. 갈라진 맥은 지룡(支龍)입니다. 이러한 분맥(分脈)은 끊임이 없습니다.

우리나라는 백두산에서 내려오는 백두대간과 백두대간에서 뻗어내려가는 13정맥처럼 큰 줄기의 산맥을 간룡(幹龍)이라 부르고, 13정맥에서 각 지방이나 마을 뒷산으로 뻗어 내려가는 작은 산맥을 지룡(支龍)이라 부릅니다.

2) 정룡(正龍)과 방룡(傍龍)

조종산(祖宗山)에서 출발한 용맥(龍脈)은 정룡(正龍)과 방룡(傍龍)이 있습니다. 태조산(太祖山)에서 낙맥(落脈)한 용(龍)은 수백리 혹은 수십리를 개장천심(開帳穿心)하고, 기복(起伏)을 하며, 과협결인(過峽結咽)하고, 기세(氣勢) 있고 활달하게 행룡(行龍)하면서 좌우(左右) 양쪽에서 방룡(傍龍)의 호종(護從)을 받습니다.

정룡(正龍)은 조종산(祖宗山)의 중출맥(中出脈)에서 몸을 솟구쳐 나와서 좌우 치우침이 없이 균형(均衡)을 잡으며 진출하면서, 기세(氣勢)가 활발하여 생동감(生動感)이 있고 단정수려(端正秀麗)하여 진혈(眞穴)을 결지(結地)할 수 있습니다.

방룡(傍龍)은 정룡(正龍)의 곁에 붙어 정룡(正龍)을 보호(保護)하면서 따라가는 독립성이 없는 능선으로 기세(氣勢) 변화가 없이 경직(硬直)되어 있는 것이 보통으로 진혈(眞穴)을 결지(結地)하기가 어려우나, 기세(氣勢)가 있고 좌우(左右)의 보호(保護)를 받아 보국(保局)이 안정(安定)되면 결지(結地)할 수 있습니다.

3) 농룡(巃龍)과 평룡(平龍)

농룡(巃龍)은 높은 산인 고산(高山)의 용(龍)을 말하고, 평룡(平龍)은 평지(平地)의 용(龍)을 말합니다.

고산(高山)의 용(龍)인 농룡(巃龍)은 산기슭에 혈(穴)을 맺고, 평지(平地)의 용(龍)인 평룡(平龍)은 산꼭대기에 혈(穴)을 맺습니다. 또한 평지(平地)에 있는 평룡(平龍)에 혈(穴)을 쓸 때는 머리 부분에 하고, 고산(高山)에 있는 농룡(巃龍)에 혈(穴)을 쓸 때는 발 부분에 합니다.

또한 평지(平地)의 용(龍)인 평룡(平龍)의 맥(脈)은 '한 치, 한 자의 차이로도 산이 되고 물이 된다(高一寸爲山 低一寸爲水)'고 했으므로 낮은 가운데서 비교적 완만한 맥(脈)이 이어지고 있는 것입니다.

4) 진룡(眞龍)과 가룡(假龍)

진룡(眞龍)은 조종산(祖宗山)이 분명하게 힘차게 뻗어 내리고 있으며, 그 형세(形勢)가 장엄하고 위세가 웅대하며, 장막(帳幕)을 열어 제치고 그 중심(中心)으로 뻗어 나오며[개장천심(開帳穿心)], 봉우리가 수려하며 지각(支脚)과 요도(橈棹)가 용(龍)을 잘 받쳐주고 이끌어 주어 굴곡하여 일어나고 엎드리고 멈추고 미끄러지듯 나아가며 바뀌고 변화되며, 박환(剝換)이 잘 되어 있고, 과협(過峽)이 봉요학슬(蜂腰鶴膝)의 형태를 가지며, 좌우 지각(支脚)이나 지룡(支龍)의 곁가지도 균형(均衡)을 이루고 있고, 내룡(來龍) 전체가 혈장(穴場)을 향하여 하나의 장막(帳幕)처럼 잘 감싸 안고 있다면 진혈(眞穴)을 응결(凝結)시킬 수 있다고 보아 이것을 진룡(眞龍)으로 여깁니다.

가룡(假龍)은 진룡(眞龍)처럼 보이기는 하지만, 산세의 수려함과 위용이 없어서 아름다움을 얻지 못한 경우, 높고 험하게 중첩되어 살기

(殺氣)를 띠고 있는 경우, 내룡(來龍)의 중간에 단절된 부분이 있거나 패였다거나, 좌우대칭의 균형(均衡)을 이루지 못한 경우, 주변 국세(局勢)들과 조화를 이루지 못한 경우, 먼 용(龍)이 비록 아름다우나 혈(穴)로 들어오는 몇 마디 이내가 불길(不吉)한 경우로 혈(穴)을 맺지 못하며, 진룡(眞龍)과 대별하여 가룡(假龍)이라 합니다.

5) 귀룡(貴龍)과 천룡(賤龍)

귀룡(貴龍)이란, 조종산(祖宗山)의 산세가 웅장하고 힘이 넘쳐나고 수려하며, 용맥(龍脈)이 겹겹으로 가지를 치며 흘러 뻗어 호종사(護從砂)가 겹겹이 에워싸고, 내룡(來龍)이 웅장(雄壯)하면서 생동감(生動感) 있게 꿈틀거리며 부드럽게 행룡(行龍)하며, 귀(貴)한 모습의 수구사(水口砂)가 물길을 막아주는 용세(龍勢)와 보국(保局)에 혈(穴)을 결지하고, 귀(貴)한 사격(砂格)이 조안(朝案)에서 배알(拜謁)하는 용(龍)을 말합니다.

특히 혈(穴)과 가장 가까운 주산(主山)의 산세가 도톰하고 후덕한 인상을 주면서 아름다움이 뛰어나다면 이를 귀룡(貴龍)이라 하고, 이 귀룡(貴龍)에 혈장(穴場)이 이루어지게 되면 집안의 명예를 널리 떨치게 된다고 여깁니다.

천룡(賤龍)이란, 귀룡(貴龍)을 호종(護從)하는 용(龍)으로서, 용맥(龍脈)이 질서가 없고, 변화(變化)가 다양하지 않고, 사격(砂格)과 물이 등을 돌리고[사수반궁(砂水反弓)], 안산과 조산이 배반한[조안배반(朝案背反)] 용세(龍勢)와 보국(保局)에 사방이 파이고 부서지고, 바람소리 물소리 요란한 용(龍)을 말합니다. 이런 곳에 무덤을 쓰게 된다면 가문의 명예가 급락하고 빈천(貧賤)해지게 된다고 봅니다.

6) 부룡(富龍)과 빈룡(貧龍)

부룡(富龍)이란 용맥(龍脈)이 웅장하면서 살이 찐 듯 통통하고[용체비만(容體肥滿)], 곁가지를 겹겹으로 뻗어 기운을 보호하고[중중개장(重重開帳)], 기(氣)를 모아 거주어 들이고[수기장풍(收氣藏風)], 물이 감싸 안아주고[금성수요(金城水遶)], 수구(水口)가 배 한척 지나갈 수 없을 정도로 관쇄(關鎖)되어 있고[불능통주(不能通舟)], 금성(禽星)이 수구를 막고 있는[금성색수구(禽星塞水口)] 용세(龍勢)와 보국(保局)에 결지(結地)한 생기(生氣)가 왕성(旺盛)한 내룡(來龍)입니다.

빈룡(貧龍)이란 용맥(龍脈)이 아름답지 못하고[용체추악(龍體醜惡)], 곁가지가 없이 밋밋하게 뻗은 모양 즉 빈약(貧弱)하고[출신빈약(出身貧弱)], 사격과 물이 달아나고[사비수주(砂飛水走)], 물이 막힘이 없이 빠져 나가는[무관류파(無關流破)] 용세(龍勢)와 보국(保局)으로 기운(氣運)을 가두어 들이지 못하여[불능수기(不能收氣)] 바람에 혈(穴)이 노출된[풍취혈지(風吹穴地)] 용(龍)을 말합니다.

3. 주룡(主龍)의 기세적(氣勢的) 분류(分類)

용(龍)의 움직임은 개장천심(開帳穿心)하고, 기복(起伏)하며, 과협(過峽)이 뚜렷하며, 박환(剝換)이 잘 되어 있고, 요도(橈棹)와 지각(支脚)이 받쳐주고, 호종(護從)하는 산세가 아름답고, 굴곡(屈曲)하고 꿈틀거리며 변화(變化)를 이루게 됩니다.

용(龍)의 변화(變化)하는 기세(氣勢)가 왕성(旺盛)하고 생동감(生動感)이 넘치는 용(龍)을 생왕룡(生旺龍)이라 하는데, 좋은 성질의 기(氣)를 발산하여 길룡(吉龍)이라고도 하며, 이러한 생왕룡(生旺龍), 길룡(吉龍)은 그 기(氣)를 받은 혈장(穴場)을 이롭게 하여 자손들에게 부귀공명과

장수를 가져다준다고 하여 선룡(善龍)이라고도 합니다.

용(龍)의 변화(變化)하는 기세(氣勢)가 추악(醜惡)하고, 깨지고 상처입고, 기울어 졌거나 맥세(脈勢)가 뻗지 못하고, 단절(斷絶)되고 나약(懦弱)한 용(龍)을 사절룡(死絶龍)이라 하며, 나쁜 성질의 기(氣)를 발산하므로 흉룡(凶龍)이라 하는데, 이러한 사절룡(死絶龍), 흉룡(凶龍)은 그 기(氣)를 받은 혈장(穴場)을 해롭게 하여 집안에 흉(凶) 작용을 미치어 각종의 재난(災難)이나 질병(疾病) 등의 좋지 않은 일이 발생하게 된다고 하여 악룡(惡龍)이라고도 합니다.

용(龍)의 위세(威勢)나 아름다움, 주변 산세들과의 조화 여부 등에 따라 12격으로 분류합니다.

5가지 형태의 생왕룡(生旺龍), 길룡(吉龍)에는, 생룡(生龍), 강룡(强龍), 순룡(順龍), 진룡(進龍), 복룡(福龍)이 있습니다.

7가지 형상의 사절룡(死絶龍), 흉룡(凶龍)에는, 사룡(死龍), 약룡(弱龍), 병룡(病龍), 살룡(殺龍), 퇴룡(退龍), 역룡(逆龍), 겁룡(劫龍)이 그것입니다.

1) 생왕룡(生旺龍) = 길룡(吉龍), 선룡(善龍) 5격(格)

태조산(太祖山)에서 일어 선 용(龍)이 중조산(中祖山), 소조산(小祖山)을 거쳐 혈지(穴地)까지 기세(氣勢)있게 내려오면서, 개장천심(開帳穿心)하고, 기복(起伏), 박환(剝換), 과협(過峽), 위이(委迤), 결인속기(結咽束氣) 등 기세(氣勢)있고 활발하게 변화하는 용(龍)을 청룡백호(靑龍白虎)를 비롯해서 주변의 호종보호사(護從保護砂)가 겹겹이 둘러싸고, 여러 골짜기에서 나온 청정한 물이 이중삼중으로 보호하는 가운데 행룡(行龍)하는 용(龍)을 생왕룡(生旺龍)이라 합니다.

(1) 생룡(生龍)

내룡(來龍)의 변화가 생기발랄(生氣潑剌)하여 기복(起伏) 즉 산세(山勢)가 엎드렸다가 솟구쳐 일어섬이 자연스럽게 반복되면서 용(龍)이 꿈틀거리듯 생동감(生動感)을 느끼게 합니다. 아울러 태조산(太祖山)으로부터 뻗어 내린 용맥(龍脈)이 마치 뱀이 물을 건너가는 듯한 형국(形局)을 하고 있으며, 혈장(穴場)을 다정하게 감싸주는 안산(案山)이나 주작(朱雀)이 있어서 혈(穴)이 확실하게 결혈(結穴)됨을 보여줍니다. 이 생룡(生龍)은 부귀(富貴)를 가져다준다고 하므로 집안이 번창(繁昌)하게 됩니다.

(2) 강룡(强龍)

용신(龍身)이 웅장(雄壯)하고 힘차게 뻗어 기세(氣勢)가 수려하고 힘찬 기운을 느끼게 합니다. 지각(支脚)이 힘차게 뻗어 마치 호랑이가 숲속에서 나오는 것 같이 위풍당당(威風堂堂)한 모습입니다. 장대(長大)한 용(龍)의 모습이 그대로 반영되어 집안에 복록과 명성을 가져다줍니다. 강룡(强龍)은 흔히 맹호출림형(猛虎出林形)이나 목마른 용(龍)이 강을 건너는 형상에 비유됩니다. 결혈(結穴)하면 부귀공명(富貴功名)이 한 세상을 진동할 만하게 발복(發福)합니다.

생룡(生龍)

강룡(强龍)

(3) 순룡(順龍)

산봉우리가 수려하면서도 모나지 않고 단정할 뿐만 아니라 혈장(穴場)을 향해 흐르는 산세(山勢)의 높낮이도 일정한 순서를 가지고 모여들고 있으며 주변의 사신사[四神砂 : 주변 국세(局勢)]들도 혈(穴)을 다정하게 감싸고 있습니다. 순룡(順龍)은 부귀(富貴)가 오래가고 가족애와 충효, 건강을 가져다준다고 여깁니다.

(4) 진룡(進龍)

용(龍)이 흐르는 모양이 매우 진취적(進取的)인 기상(氣象)을 느끼게 합니다. 산봉우리가 모두 높고 요도지각(橈棹支脚)이 고르게 발달되어 있습니다. 생동감(生動感)을 느끼게 하면서도 움직임에도 질서가 잡혀 있고, 거칠고 험준한 석산(石山)이 점차 곱고 유연한 토산(土山)으로 박환(剝換)하고, 용(龍)의 진행방향도 곧고 가지런하여 관직(官職)으로의 출세(出世)나 부귀공명(富貴功名)을 가져온다고 봅니다.

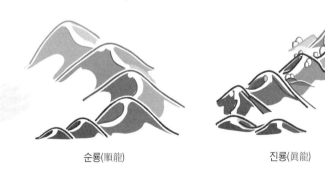

순룡(順龍)   진룡(眞龍)

(5) 복룡(伏龍)

주산(主山)뿐만 아니라 태조산(太祖山), 중조산(中祖山)에서부터 용세(龍勢)가 수려하고 호위하는 산이 많아 후덕(厚德)해 보입니다. 주산(主

山)은 혈(穴)을 잘 감싸고 있으며 주변 국세(局勢)뿐만 아니라 각종의 보호사(保護砂)들이 혈(穴)을 병풍처럼 둘러싸고 있고, 창고사(倉庫砂) 나 금궤사(金櫃砂)가 옆에 붙어 있거나 맞이하고, 안산(案山)과 조산(朝 山)이 뚜렷하여 조응(朝應-혈 앞에서의 응대)이 좋습니다. 이런 복룡(福 龍)은 뜻 그대로 복록(福祿)과 부귀(富貴), 장수(長壽)를 가져다주는 길 룡(吉龍) 중의 길룡(吉龍)이라고 할 수 있습니다.

복룡(福龍)

2) 사절룡(死絶龍) = 흉룡(凶龍), 악룡(惡龍) 7격(格)

형상적으로 조종산(祖宗山)이 모호하고, 용체(龍體)가 상하고, 병들 고, 나약하고 단절되고, 몰골이 추악하며, 기울어지고 맥세(脈勢)가 이 어지지 않는 용(龍)을 말합니다.

(1) 사룡(死龍)

산봉우리가 있는 듯, 없는 듯하여 구분이 모호하고 산세의 용신(龍 身) 자체가 특별한 변화를 보이지 않은 채로 경직되어 내룡(來龍)이 주 는 생동감(生動感)이나 생기(生氣)를 찾아볼 수 없습니다. 밋밋한 용세

(龍勢)로서 볼품이 없는 이 사룡(死龍)은 자손(子孫)이 끊긴다는 절손(絶孫)의 흉화(凶禍)를 가져오며 재산상으로도 빈곤(貧困)을 초래한다고 여깁니다.

(2) 약룡(弱龍)

내룡(來龍)의 형세(形勢)가 약(弱)하고 힘이 없으며 본체가 축 늘어지고 지각(支脚)이 짧은 형상을 하고 있습니다. 산봉우리 또한 미미(微微)하여 빈약(貧弱)한 형세(形勢)이고, 용(龍)의 진행방향도 일정한 질서를 이루지 못하고 있습니다. 용(龍)의 중간 중간이 깎이거나 꺼져서 용(龍)의 흐름도 순조롭지 못합니다. 이와 같은 약룡(弱龍)의 기(氣)가 이어진 혈장(穴場)은 고독(孤獨)과 병약(病弱), 가난(家難)을 가져온다고 여깁니다.

(3) 병룡(病龍)

생기(生氣)가 있고 유정(有情)해 보이나 상처(傷處)와 하자(瑕疵)가 많은 용(龍)을 말합니다. 산줄기를 좌우 대칭균형으로 생각할 때, 어느 한 쪽의 산줄기가 힘차고 수려하면 반대쪽의 산줄기는 아예 끊기거나 모습이 단정하지 않은 것이 병룡(病龍)입니다. 아울러 용신(龍身)의 본체(本體)가 파절(破絶)되었거나 사당(祠堂)이 지어져 있거나 개발로 인해 큰 길이 생긴 것도 병룡(病龍)에 속합니다.

이러한 병룡(病龍) 또한 혈장(穴場)으로 써서는 안 될 흉룡(凶龍)이므로 무덤을 써서는 안 됩니다. 병룡(病龍)의 혈장(穴場)은 불구자(不具者)와 병자(病者)를 속출하게 하고 단명(短命)을 초래하며 조실부모(早失父母)되거나 고아(孤兒), 과부(寡婦)가 많이 나오게 됩니다.

(4) 살룡(殺龍)

용신(龍身)의 본체(本體)가 새의 날개처럼 좌우로 뻗은 산줄기의 봉우리들이 지나치게 예리하고 날카롭습니다. 또한 혈(穴)을 둘러싼 주변 국세(局勢)나 보호사(保護砂)들이 있어도 다정하고 후덕한 느낌을 주지 않고, 절벽이 되었거나 용(龍)이 박환(剝換 : 험준하고 강한 기를 가진 봉우리가 깎이어 부드럽게 바뀌는 것)되지 못하고 바위로 뭉쳐 있거나 합니다.

지룡(支龍)이나 지각(支脚) 또한 뾰족뾰족하고 험준한 인상만 주므로 몹시 꺼리는 흉룡(凶龍) 중의 흉룡(凶龍)인데 이 살룡(殺龍)의 기(氣)를 받은 혈장(穴場)에 유골(遺骨)을 안장(安葬)하면 집안에 다툼이 끊이지 않게 되고 난폭한 기질을 갖게 함으로써 시비(是非)를 벌이다가 살상(殺傷)을 초래하는 불상사(不祥事)를 유도한다고 봅니다.

(5) 퇴룡(退龍)

용(龍)의 흐름이 일정하지 않은 채 산줄기가 혈장(穴場)을 향하여 힘 있게 진행하지 않고 오히려 뒤로 물러앉아 있는 것처럼 보이는 것을 말합니다. 또 용신(龍身)의 본체(本體)가 혈(穴)을 둘러싸면서 다가오는 것인지 아닌지의 모양도 구분하기 힘듭니다. 아울러 용맥(龍脈)이 질서가 없으며 처음(태조산, 중조산)엔 낮고 나중의 주산(主山)에선 갑자기 높아져서 날개를 활짝 편 새가 점점 멀리 날아가는듯 한 느낌만을 줍니다. 혈장(穴場)으로 써서는 안 되는 대흉룡(大凶龍)이라고 하겠습니다.

(6) 역룡(逆龍)

용(龍)의 본체(本體)가 기울어지고 지각(支脚)이 거꾸로 뻗어 올라갔으므로 내룡(來龍) 전체가 혈(穴)을 보호하여 기(氣)를 응결(凝結)시키기는 커녕 밖으로 뱉어내는 형세(形勢)를 취하고 있습니다. 이 역룡(逆

龍) 또한 악룡(惡龍) 중의 악룡(惡龍)으로서 반역(反逆)의 성정(性情)을 잉태하므로 역신(逆臣)이나 반역자, 반골(反骨) 성향의 사람을 배출하게 만든다고 여깁니다.

(7) 겁룡(劫龍)

주룡(主龍)이 행룡(行龍)하다가 간룡(幹龍)과 방룡(傍龍) 혹은 지룡(支龍)으로 나뉘는데, 이 나눔이 너무 심하고, 고만 고만한 용맥(龍脈)이 너무 많아서 기세(氣勢)가 모두 흩어져 생기(生氣)가 모이지 못하고 맥세(脈勢)가 약(弱)한 용을 말합니다. 따라서 용맥(龍脈)의 본체(本體)가 정룡(正龍)인지 아니면 곁가지에 불과한 방룡(傍龍)인지 그 상하(上下), 주종(主從)관계가 불분명합니다.

4. 용(龍)의 출맥(出脈)에 의한 분류

1) 좌출맥(左出脈), 중출맥(中出脈), 우출맥(右出脈)

출맥(出脈)이란 산줄기를 타고 흐르던 용맥(龍脈)이 어느 산봉우리에서 강력한 기맥(氣脈)으로 뭉쳐져서 위로 뚫고 나온 것을 말하는데, 혈장(穴場)을 형성한 주산(主山)에서 보았을 때, 출맥(出脈)의 발원지를 보아 좌출맥(左出脈), 중출맥(中出脈), 우출맥(右出脈)으로 봅니다.

2) 천맥(天脈), 인맥(人脈), 지맥(地脈)

출맥(出脈) 지점이 주산(主山) 혹은 조종산(祖宗山)의 최정상의 산정(山頂)이면 천맥(天脈), 주산(主山)이나 조종산(祖宗山)의 허리에 해당하는 중간 부위를 뚫고 올랐다면 인맥(人脈), 산의 아래쪽인 각하(脚下)를 뚫고 출맥(出脈)했다면 지맥(地脈)이라 합니다.

5. 혈(穴)을 맺는 위치에 따른 용분삼락(龍分三落)

조종산(祖宗山)에서 출맥(出脈)한 용(龍)이 처음 맺는 혈처(穴處)를 초락처(初落處)라하고, 다시 행룡(行龍)한 용(龍)이 중간에서 혈(穴)을 맺는 혈처(穴處)를 중락처(中落處)라하며, 다시 행룡(行龍)한 용(龍)이 마지막에 혈(穴)을 맺는 혈처(穴處)를 말락처(末落處)라 합니다. 이를 용분삼락(龍分三落)이라 합니다.

1) 초락용(初落龍)

조산(祖山)으로부터 내려와 떠난 지 멀지 않아서 곧 이마(頂)를 맺고 세(勢)를 내리어 나간 줄기가 주산(主山)을 일으켜 혈(穴)을 맺는 것을 말합니다. 조산(祖山)을 떠난 지 얼마 안 되므로 이름하여 초락(初落)이라 합니다.

2) 중락용(中落龍)

조산(祖山)으로부터 멀리 나와 홀연히 크게 솟아 소조산(小祖山)이 되는데 이 소조산(小祖山)으로부터 6-7마디나 수십 마디에 다시 주산(主山)을 일으키어 이마(頂)를 맺고 세(勢)를 내리어 나온 맥(脈)이 국(局)에 떨어져 기(氣)를 묶어 응결(凝結)하고, 그 큰 본룡(本龍)은 스스로 세(勢)를 지어 멀리 가고 나뉜 줄기는 소조산(小祖山) 앞에 있는 것

이니, 이곳에 국(局)을 이루나 용(龍)이 끝난 것이 아니므로 중락(中落)
이라 합니다.

3) 말락용(末樂龍)

조산(祖山)으로부터 아주 멀리 떠나 산세(山勢)가 다 되어 더 이상
갈 곳이 없을 즈음에 큰 강이나 큰 하천에 임(臨)하거나, 큰 시내나 큰
호수에 임(臨)하거나 혹은 들판이나 작은 시내에 임(臨)하기 얼마 전
에 홀연 높은 산을 일으켜 소조산(小祖山)을 만듭니다. 이 소조산(小祖
山)으로부터 아래로 몇 마디에 곧 이마를 맺고 세(勢)를 내려 기(氣)를
묶어 혈(穴)을 만드는데, 이것을 말락(末落)이라 합니다.

6. 용(龍)의 세력(勢力)에 의한 용분삼세(龍分三勢)

옛글에 이르기를 다섯 가지 기운(氣運)이 땅 속으로 다니고 그 기운
(氣運)이 발동(發動)하면 만물(萬物)을 태어나게 한다고 하였습니다. 또
한 오기(五氣)의 흐름은 땅의 형세(形勢)에 따르고, 그 기(氣)가 모이는
것은 형세(形勢)가 머무는 곳에 따른다 하였습니다. 그러므로 기운(氣
運)은 형상(形象)에 구애됩니다.

태조산(太祖山)에서 낙맥(落脈)한 용(龍)은 먼 거리를 무수한 변화(變
化)를 거치면서 행룡(行龍)합니다. 때로는 고산(高山)지역을 행룡(行龍)
하고, 때로는 야산(野山)이나 작은 구릉을 행룡(行龍)합니다. 그리고 평
지(平地)를 행룡(行龍)하기도 합니다. 이처럼 용(龍)이 행룡(行龍)하는
곳에 따라 산룡세(山龍勢), 평강세(平岡勢), 평지세(平地勢) 세 가지로 분
류합니다.

1) 산룡(山龍)의 세(勢) = 기복격(起伏格)

그 용(龍)이 뛰고 분주히 달리고, 일어나고 엎드리며 꾸벅거리다가 미끄러지고, 돌무더기로 첩첩이 내려오고 얕고 높고 한 형세를 말합니다. 옛글에서는 엎드린 듯하고 하늘로부터 그 근원(根源)이 이어진 듯하며 물결 같고 말이 달리는 것 같다고 하였습니다. 이름하여 기복맥(起伏脈)이라 합니다.

다시 말하면, 한번 일어나고 한번 엎드리며 크게 솟아 멈추어 수그렸다가 조금 미끄러져 나가고 끊어졌다가 다시 일어나고, 일어났다가 다시 끊어지고, 혹은 높고 혹은 낮아 높낮이가 있는 것을 기복격(起伏格)이라 말합니다.

2) 평강(平岡)의 세(勢) = 선대격(仙帶格)

용(龍)이 비틀거리며 분주히 굴곡하고 헤쳐 벌리고 접어 재끼며 동으로 가고 서로 달리어 활동하고 변화하는 모양입니다. 비유하면 살아있는 뱀이 몸을 좌우로 움직이며 밖으로 나가는 것과 같습니다. 이를 선대맥(仙帶脈)이라 합니다.

다시 말하면, 이리저리 굽어 꺾이고 헤쳐 벌리고 접어 재끼며 비틀거리고 하여 활발히 움직이는 것 같이 마치 살아 있는 뱀과 같고, 널어놓은 포목이 바람에 날리는 것 같으며 갈지(之)자, 검을현(玄)자 같고 바람에 날리는 허리띠와 같은 것을 말합니다. 맥(脈)이 만약 띠를 이어 놓은 것 같으면 높이 드러난 언덕이 아니더라도 상관없이 선대격(仙帶格)이 됩니다.

3) 평지(平地)의 세(勢) = 평수격(平受格)

용(龍)이 평탄하고 넓고 서로 끌고 연결하니 거미줄 같고 말 발굽 자욱 같고 끊어진 연뿌리가 실로 이어진 것 같고 평평한 가운데 하나의 돌출된 것을 말합니다. 장서(藏書)에서 희미하여 분명치 않은가 하면 두둑하게 나타나고 미묘하고 아득히 통하니 길함이 그 중에 있다 하였습니다. 또한 땅에는 좋은 기운(氣運)이 있어 흙을 따라 일어나며, 나뉜 곳에는 강이 있어 굽은 물을 따라 나온다고 하였습니다. 비유하면 풀 속의 뱀과 같다 하겠습니다. 이를 평수맥(平受脈)이라 합니다.

다시 말하면, 맥(脈)이 끝이 보이지 않는 광활한 들판으로 떨어져 서로 이끌고 서로 이어져 미약(微弱)한 형세(形勢)가 있으니 한 치가 높으면 산이 되고 한 치만 낮아도 물이 됩니다. 세(勢)가 물결치는 것 같으며 평평한 가운데 튀어나온 곳이 있으면 평수격(平受格)이 됩니다.

산골에서는 기복격(起伏格)이 많고, 평강(平岡)에서는 선대격(先代格)이 많으며, 평지(平地)에서는 평수격(平水格)이 많습니다. 고산(高山)의 산룡(山龍)이라 하여 대발(大發)하고, 평강룡(平岡龍)이나 평지룡(平地龍)이라 하여 소발(小發)하는 것은 아닙니다. 평지룡(平地龍)에서도 용(龍)의 변화(變化)가 기세 활발하고 여러 가지 혈(穴)의 결지조건을 모두 갖추었다면 대귀대부혈(大貴大富穴)을 결지(結地)할 수 있습니다.

7. 용(龍)의 변화(變化)

1) 용(龍)의 개장(開帳)과 천심(穿心)

산줄기가 마치 새가 날개를 편 듯이 혹은 병풍을 펼친 듯이 좌우로 겹겹이 뻗어 내린 형세를 가리켜 장막(帳幕)이라 하며, 이 장막(帳幕)을 여는 것을 개장(開帳)이라 합니다. 개장(開帳)의 중심(中心)을 과협(過峽)의 형태로, 뚫고 흐르는 산줄기를 천심(穿心)이라 합니다.

따라서 개장천심(開帳穿心)은 용(龍)의 양변이 어깨처럼 일어나 그 끝이 활의 끝과 같이 펼쳐지고 그 중심으로 줄기가 뻗어 나온 형태를 말합니다.

개장천심(開帳穿心)은 매우 귀하며, 개장(開帳)한 상태가 넓은 것은 10리 혹은 5, 6리가 되며, 좁은 것은 1, 2리 정도가 됩니다. 큰 산은 백리 혹은 2, 3백리 펼쳐진 것이 있지만, 이것은 개장천심(開帳穿心)으로 보지 않습니다. 이 개장천심(開帳穿心)은 흔하지 않으며 간혹 3-5절에서 볼 수 있고 혹은 1-2절에 그칩니다.

개장천심(開帳穿心))이 좋으면 내룡(來龍)의 생기(生氣)가 건강(健康)한 것으로 봅니다.

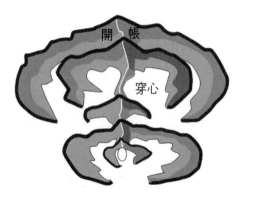

개장(開帳), 천심(穿心)

2) 용(龍)의 기복(起伏)

행룡(行龍)의 변화 과정중의 하나가 기복(起伏)입니다. 높고 큰 산에서부터 행룡(行龍)은 하늘 높이 솟구쳐 솟았다가 다시 밑으로 내려가 엎드리기를 반복합니다. 이때 솟구쳐 솟은 산봉우리를 기(起)라 하고, 내려가 과협(過峽) 또는 결인(結咽)하여 엎드린 고개를 복(伏)이라 합니다.

행룡(行龍)이 질서정연(秩序整然)하고 수려하면서 유연하게 기복(起伏)을 반복하는 것은 생동(生動)하는 길(吉)한 용(龍)입니다. 기복(起伏)과 같은 변화 없이 아래로 가파르게 쭉 뻗은 용(龍)은 사절룡(死絶龍)이라 하고, 흉(凶)한 용(龍)입니다.

용(龍)은 기(起)한 곳에서 개장(開帳)하여 청룡(靑龍)과 백호(白虎)를 만들어 주룡(主龍)과 혈(穴)을 보호(保護)하고, 복(伏)한 곳에서는 용맥(龍脈)의 생기(生氣)를 보호하면서 따라 온 물을 나눕니다. 또 용맥(龍脈)의 생기(生氣)를 결속(結束)시켜 줍니다.

3) 용(龍)의 박환(剝換)과 과협(過峽)

(1) 박환(剝換)

박환(剝換)은 용(龍)의 변화(變化)를 말합니다. 그 형체(形體)가 늙은 것에서 어린 것으로, 거친 것이 세밀한 것으로, 굵은 것이 가느다란 것으로, 큰 것이 작은 것으로, 흉(凶)한 것이 길(吉)한 것으로 변화는 것을 말합니다.

다시 말하면, 암석(巖石)이 물과 바람에 의해 풍화(風化)되어 흙으로 변해가는 것을 가리키는 것으로, 태조산(太祖山)에서 발원(發源)한 용맥(龍脈)이 기(氣)를 품고, 중조산(中祖山)을 거쳐 소조산(小祖山)으로 내려오는 내룡(來龍)의 변화(變化)를 말하는 것이며, 태조산(太祖山)의 강하고 억세고 거친 기(氣)가 순화(純化)되고 정제(整齊)되는 것을 말합니다. 그래서 박환(剝換)은 좋은 의상(衣裳)으로 바꾸는 것과 같고, 누에와 매미가 껍질을 벗는 것과 같다고 하는 것이고, 박환(剝換)이 잘된 내룡(來龍)이어야 생기(生氣)가 왕성(旺盛)한 것으로 봅니다.

(2) 과협(過峽)

산봉우리와 봉우리를 이어 주는 산줄기를 과협(過峽)이라고 합니다. 보통 '고개'라고 부르는 곳입니다. 그 모양이 벌의 허리와 학의 무릎처럼[봉요학슬(蜂腰鶴膝)] 잘록한 것을 좋은 것으로 봅니다.

용(龍)의 맥(脈)이 짧으면 잘록하게 묶여 모여 벌의 허리[봉요(蜂腰)]와 같고, 맥(脈)이 길면 학의 무릎[학슬(鶴膝)]같이 마디를 일으켜 뭉친 형상을 이루면 그곳은 기운(氣運)이 왕성(旺盛)하여 가까이에 혈(穴)을 맺을 수 있는 것입니다.

좋은 땅을 알아보려면 용(龍)을 보아야 하고, 용(龍)을 보는 법은 과협(過峽)을 살피는 것이 중요합니다. 과협(過峽)은 용(龍)의 참 뜻[진정(眞情)]이 나타나는 곳이기 때문입니다.

과협(過峽)이 아름다우면 길지(吉地)를 맺는 법이고, 좋은 용(龍)은 아름다운 과협(過峽)이 있고 아름다운 과협(過峽)이 있으면 좋은 혈(穴)을 맺습니다.

과협(過峽)의 맥(脈)은 비틀거리며 부드러우며, 숨어 있는듯하나 활동을 하고 있어, 산봉우리와 봉우리 사이의 생기(生氣)를 이어주며, 과협(過峽)이 좋으면 내룡(來龍)의 생기(生氣)가 충만(充滿)하다고 봅니다.

4) 용의 지각(支脚)과 요도(橈棹)

지각(支脚)이란 용(龍)이 나아갈 때, 용(龍)의 몸에서 좌우(左右) 계곡 쪽으로 뻗어내려 버팀목 역할을 하는 다리를 말합니다.

요도(橈棹)는 지각(支脚) 중에서, 노를 저어 배를 방향을 바꾸며 나아가듯이, 뻗어 가는 용(龍)의 몸통을 왼쪽에서 오른쪽으로, 오른쪽에서 왼쪽으로 방향을 틀어주는 역할을 합니다.

용(龍)의 다리인 지각(支脚)은 그저 용(龍)을 받쳐주는 역할을 하는데 반해, 요도(橈棹)는 직접 용(龍)의 방향(方向)을 변화(變化)시킵니다. 이처럼 지각(支脚)과 요도(橈棹)는 진행하는 용(龍)을 지탱해주고 받쳐주기 때문에 용(龍)을 보호(保護)하고 인도(引導)하는 역할을 합니다.

따라서 용(龍)의 귀천(貴賤)과 좋고 나쁨이 각각 다르니 용(龍)의 지각(支脚)과 요도(橈棹)를 보면 알 수가 있습니다. 지각요도(支脚橈棹)가 없는 용(龍)을 노(奴)라 하고, 지각(支脚)은 있으나 솟지 못한 것을 약(弱)이라 하며, 산만(散漫)하고 약하여 수습(收拾)하지 못한 것을 허(虛)라 하고, 등을 돌려 무정(無情)하여 본신(本身)을 돌보지 않는 것을 역(逆)이라고 하며, 흉악하게 뾰족하여 본신(本身)을 찌르는 것을 살(殺)이라 하고, 끌어당김이 심하여 동서로 분주(奔走)한 것을 겁(刦)이라 하며, 좌우(左右)가 고르지 못한 것을 병(病)이라고 합니다.

그러므로 지각(支脚)과 요도(橈棹)가 용(龍)이 나아가는데 잘 받쳐주고, 방향(方向)을 변화(變化)하는데 있어서 잘 이끌어 주어야, 그 용(龍)이 생기(生氣)가 잘 이어지고 왕성(旺盛)한 것으로 봅니다.

5) 용(龍)의 위이(委迤)

위이(委迤)는 주산현무(主山玄武)와 혈장(穴場)사이를, 마치 뱀이 구불구불하게 기어가는 모습의 한줄기 순화(純化)된 용맥(龍脈)을 말합니다. 좌우(左右)로 굴곡(屈曲)하는 모습으로 작은 언덕이나 야산을 행룡(行龍)할 때 주로 나타납니다.

주룡(主龍)은 태조산(太祖山)에서 출맥(出脈)하여 개장천심(開帳穿心), 기복(起伏), 과협(過峽), 박환(剝換), 요도(橈棹)와 지각(支脚)을 뻗는 등 여러 변화를 합니다. 모두 험한 살기(殺氣)를 탈살(脫殺)하고 기(氣)를 정제(整齊) 순화(純化)시키는 행룡과정(行龍科程)입니다. 이러한 변화를 거치면서 중조산(中祖山), 소조산(小祖山), 현무봉(玄武峯)까지 기세(氣勢) 있게 행룡(行龍)하여 왔습니다.

현무봉(玄武峯)에서 혈장(穴場)까지는 거리도 얼마 되지 않을 뿐만 아니라 용(龍)의 정기(精氣)도 대부분 순화(純化)된 상태이므로, 큰 변화가 필요한 것은 아니며, 이제 얼마 남지 않은 살기(殺氣)를 모두 털어 버리고, 완전히 순화(純化)된 기(氣)만 입수(入首)에 공급하여 주는 것만 남았습니다. 용(龍)의 마지막 변화단계로 그러한 역할을 해주는 것이 위이(委迤)입니다. 그렇기 때문에 위이(委迤)와 굴곡(屈曲)하는 용(龍)은 질서정연(秩序整然)하고 맑고 밝고 부드러워야합니다.

만약 위이(委迤)하는 용맥(龍脈)에 악석(惡石)과 같은 흉(凶)한 바위가 있거나, 깨지고 찢어지고 지저분하다면 혈(穴)을 결지(結地)할 수 없습니다. 아직 탈살(脫殺)되지 않은 용맥(龍脈)이기 때문입니다. 그러나 위이(委迤)하는 용맥(龍脈)에 귀(貴)하게 생긴 작은 암석이 붙어 있으면 인각(麟角)이라 하여 매우 길(吉)하게 여깁니다. 대귀(大貴)를 보장하는 것입니다.

6) 용(龍)의 호종보호사(護從保護砂)

태조산(太祖山)에서 출발한 주룡(主龍)이 혈(穴)까지 수 백리 혹은 수십리를 행룡(行龍)할 때에, 이때 주위에서 보호해 주는 호종보호사(護從保護砂)가 없다면 결코 귀(貴)한 용(龍)이 될 수 없습니다. 기세생왕(氣勢生旺)한 귀(貴)한 용(龍)일수록 호종(護從)하는 산이 많이 있으며, 반면에 천(賤)한 용(龍)은 호종(護從)하는 산이 없습니다.

호종보호사(護從保護砂)의 크고 작음은 주룡(主龍)의 크기에 따라 형평(衡平)이 맞아야 하며, 주룡(主龍)보다 강(强)하면 안 좋습니다. 주룡(主龍)과 호종보호사(護從保護砂)의 대소원근(大小遠近)이 적절(適切)하게 조화(調和)를 이루어야 합니다. 용(龍)이 크면 호종(護從)하는 산(山)도 커야 하고, 용(龍)이 작으면 호종산(護從山)도 작아야 합니다. 또 용(龍)이 길면 호종보호사(護從保護砂)도 길어야 하고, 용(龍)이 짧으면 호종보호사(護從保護砂) 역시 짧아야 합니다.

  태조산(太祖山)에서부터 혈(穴)까지 이어지는 주룡(主龍)을 귀한 사격(砂格)들이 여러 겹으로 감싸주며 호종(護從)하면, 그 용(龍)은 더욱 귀(貴)하게 됩니다. 귀한 사격(砂格)으로는 어병사(禦屛砂), 좌기우고(左旗右鼓), 금인홀규(金印笏圭), 고궤(庫櫃), 문필(文筆), 천마(天馬), 고축(誥軸), 귀사부봉(貴砂富峰) 등 공협호종(拱夾護從)하는 것들입니다. 또 앞에는 수려하고 양명한 면궁(眠弓), 아미(蛾眉), 귀인옥녀(貴人玉女) 등이 다정하게 맞아 주면 더욱 좋습니다.

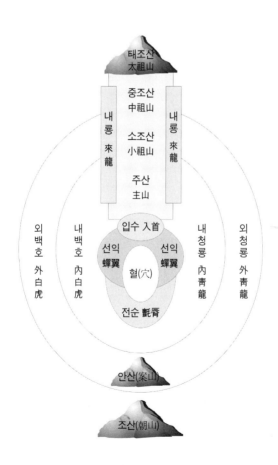

여기에 여러 골짜기에서 나온 구곡청류(九谷淸流)의 맑은 물이 이중 삼중으로 겹겹이 감싸 용맥(龍脈)을 보호(保護)하면 더욱 길(吉)합니다. 이러한 호종보호사(護從保護砂)의 형태와 기세(氣勢)를 보고 혈(穴)의 발복(發福) 정도를 가늠할 수 있습니다.

8. 용맥(龍脈)과 결지(結地)

1) 입수(入首)

태조산(太祖山)에서 발원(發源)하여 중조산(中祖山)을 거쳐 소조산(小祖山)에 이르기까지 몇 천리를 달려 온 용(龍)은, 개장(開帳), 천심(穿心), 기복(起伏), 지각(支脚), 요도(橈棹), 박환(剝換), 과협(過峽), 위이(委迤) 등 수많은 변화를 통하여 억세고 거친 기(氣)를 정제(整齊)하고 순화(純化)시켜 만든 생기(生氣)를 품고 있습니다.

이 생기(生氣)가 혈(穴)에 이르기 전에 입수(入首)를 거치게 됩니다. 먼저 입수(入首)란 무엇인가를 알아보도록 하겠습니다.

입수(入首)를 달리 칭하는 말로는 입수도두(入首倒頭), 혈두(穴頭), 두뇌(頭腦), 만두(巒頭), 승금(乘金)이라는 말이 있습니다.

내룡(來龍)을 타고 내려온 기(氣)가, 혈(穴)을 만들기 위해 최종적으로 생기(生氣)를 응결(凝結)시킨 곳 즉, 산천정기(山川精氣)의 취결처(聚結處)로서, 혈(穴)에 공급되는 생기(生氣)가 저장(貯藏)되는 곳이며, 생기(生氣)를 혈(穴)로 전달(傳達)해주는 통로입니다.

내룡(來龍)의 용맥(龍脈)이 혈장(穴場) 뒤의 주산(主山) 혹은 현무(玄武)로부터 혈장(穴場)까지 들어 올 때 관통하는 혈장(穴場) 뒤쪽의 볼록한 부분(둥글게 조금 솟아 올라와 있는 부분)을 말하는데, 무덤의 뒤쪽 중앙을 가리킵니다. 보통은 무덤을 감싼 성벽(城壁)의 중심이며 위치가 가장 높습니다.

입수(入首)는 용(龍)과 혈(穴)을 연결시켜 접맥하는 부분입니다. 그러므로 깨끗하면서도 유연해야 하며 손상되거나 단절된 상처가 있어서는 안 됩니다. 만약 입수맥(入首脈)이 손상(損傷)되었거나 단절(斷絕)되었다면 혈(穴)을 맺을 수 없습니다.

풍수(風水)에서 입수(入首)는 자손(子孫)에게 바로 영향을 미치는 장소(場所)로 보고 있습니다. 입수(入首)는 흙이 단단한 것이 특색이므로, 입수(入首)가 단단하면서도 유연하고, 두툼하게 뭉쳐진 형태이면 자손(子孫)이 번창(繁昌)하고, 부귀(富貴)하게 살아가지만, 깨지고, 지저분하고 희미한 형상이면 후손이 현명하지 못하고 가난하게 살아가게 됩니다. 또한 흉(凶)하게 생긴 바위가 있거나 푸석푸석하게 부서지는 돌이 많다면 후손(後孫)에게 재앙(災殃)이 따르고, 입수맥(入首脈)이 손상(損傷)되었거나 단절(斷絕)된 곳에 무리하게 묘를 쓴다면 자손(子孫)이 끊긴다고 봅니다.

2) 입수(入首) 6격(格)

용맥(龍脈)이 기(氣)를 품고 태조산(太祖山)에서 내달리어, 중조산(中祖山), 소조산(小祖山)에 이르러, 혈(穴)에 생기(生氣)를 전달하기 위해 마지막으로 응결(凝結)시킨 곳인 입수(入首)로 들어가는 모습은 천태만상(千態萬象)입니다만, 편의상 6격을 살펴보도록 하겠습니다.

직룡입수(直龍入首), 횡룡입수(橫龍入首), 비룡입수(飛龍入首)
회룡입수(廻龍入首), 섬룡입수(閃龍入首), 잠룡입수(潛龍入首)

용맥(龍脈)의 형태에 따라서, 정입수(正入首), 편입수(偏入首), 대입수(大入首), 소입수(小入首), 장입수(長入首), 단입수(短入首), 고입수(高入

首), 저입수(低入首), 곡입수(曲入首), 직입수(直入首), 단입수(斷入首), 속
입수(續入首)의 입수십이격(入首十二格)으로 분류하기도 합니다.

(1) 직룡입수(直龍入首)

용(龍)이 원래의 진행방향으로 등을 밀면서 뻗어 와서 좌우(左右)의
선익(蟬翼)을 형성하고 혈장(穴場)을 맺은 후에, 최후로 기운(氣運)이
표출된 전순(氈脣)을 형성(形成)합니다.

따라서 직룡입수(直龍入首)는 용맥(龍脈)의 기세(氣勢)가 곧고 강직하
므로 발복(發福)이 되는 시기도 빠르고, 발복(發福)의 강도(强度)도 그
만큼 높다고 봅니다. 입수(入首) 6격(格) 중에서 최고(最高)의 길격(格)
으로 여깁니다.

다만 직룡입수(直龍入首)에서는 반드시 혈장(穴場) 앞에 전순(氈脣)
이 있어야 그 기맥(氣脈)의 발현(發現)을 올바로 받쳐주고 도와주므로
전순(氈脣)의 유무(有無)에 따라 직룡입수(直龍入首)의 길흉격(吉凶格)에
대한 구분도 달라집니다. 전순(氈脣)이 없는 혈장(穴場)에 직룡입수격
(直龍入首格)이 되었다면 진혈처(眞穴處)로서 적당하지 않으므로 세심
한 주의가 필요합니다.

(2) 횡룡입수(橫龍入首)

행룡(行龍)하는 주룡(主龍)의 측면에서 나와 혈(穴)을 결지(結地)하는
형태입니다. 주산(主山)에서 출발한 주룡(主龍)이 행룡(行龍)해 가다가
옆구리에서 입수맥(入首脈)이 나와 서너 절 굴곡(屈曲)이나 위이(委迤)
의 변화를 거쳐 혈(穴)을 맺으며, 결지(結地)의 4요건인 입수(入首), 선
익(蟬翼), 전순(氈脣), 혈토(穴土)가 분명하고, 혈(穴) 뒤에서 귀성(鬼星)
이 밀어주고 낙산(樂山)이 받쳐주어야 하며 전순(氈脣)이 분명해야 진
혈(眞穴)이 됩니다.

횡룡입수(橫龍入首)의 발현(發現) 내용은 다처(多妻), 다손(多孫)입
니다.

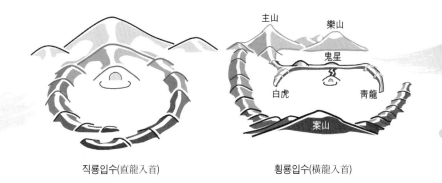

직룡입수(直龍入首)   횡룡입수(橫龍入首)

(3) 비룡입수(飛龍入首)

행룡(行龍)의 기맥(氣脈)이 위로 치솟아 날아가는 맥세(脈勢)를 취한
채 입수(入首)되는 경우이며, 입수(入首)의 지세(地勢)는 사방이 높게
솟아 빼어난 위용을 나타냅니다.

비룡입수(飛龍入首)에서 중요한 것은 비룡입수(飛龍入首)의 형세(形
勢)가 위로 높이 솟아 국(局)을 이룬 만큼, 그것을 둘러싸고 있는 주변
의 사신사(四神砂)들도 입수(入首)의 높낮이에 대한 적절한 균형(均衡)
을 나타내야 한다는 것입니다. 즉 혈(穴)이 높은 곳에 결지(結地)되기
때문에, 주변의 호종사(護從砂)도 같이 높아서 사방에서 불어오는 바
람을 막아주고, 혈장은 넓어서 안정감이 있고, 비록 혈이 높지만 혈
(穴)에서 주변을 살폈을 때 높다는 생각이 들지 않아야 하며, 수구(水
口)는 잘 닫혀서 혈(穴)을 감싸고 돌아 음양(陰陽)의 조화(調和)가 이루
어진 곳이라야 진혈(眞穴)입니다.

비룡입수(飛龍入首)의 발현(發現) 내용은 귀(貴)로서 명예(名譽)와 인
덕(人德) 등과 관련이 있습니다.

(4) 회룡입수(廻龍入首)

내룡(來龍)이 어느 방향으로 진행하다가 왼쪽이나 오른쪽으로 똬리처럼 회전(回轉)을 하면서 진행하는데 최후 결실인 혈장(穴場)을 맺기 직전, 입수(入首)에서부터 자신의 처음 출발지였던 조종산(祖宗山)을 향(向)하고 있는 경우입니다. 조종산(祖宗山)이 안산(案山)이 됩니다.

용(龍)이 한 바퀴 회전(回轉)한다는 것은 그만큼 기세(氣勢)가 생동(生動)하다는 뜻으로, 변화(變化)가 활발하지 못한 용맥(龍脈)에서는 회룡입수혈(廻龍入首穴)을 맺기 힘듭니다.

일반적으로 혈(穴)은 안산(案山)이 낮고 수려하고 유정(有情)해야 하지만, 회룡입수(廻龍入首)에서는 안산(案山)이 크고 험할지라도 문제가 되지를 않습니다. 마치 손자가 할아버지를 바라보고 있는 형상으로 아무리 엄한 할아버지라도 친손자에게는 자상한 법이니 말입니다.

물형론(物形論)으로는 돌아서서 조상을 돌아본다는 뜻을 가진 회룡고조혈(廻龍顧祖穴)이라 하며, 또 뱀이 똬리를 틀고 있는 모양을 닮았다고 해서 반사형(盤蛇形), 똬리를 틀어 명당 산세에 숨기도 있는 형국이라는 뜻으로 반룡은산혈(盤龍隱山穴)이라고도 불리웁니다.

회룡입수(廻龍入首)의 발현(發現) 내용은 형세가 나타내는 것처럼, 배역을 모르는 충신(忠臣)이나, 섬기는 성정을 대표하는 효자(孝子) 등입니다.

비룡입수(飛龍入首)

회룡입수(回龍入首)

(5) 섬룡입수(閃龍入首)

보통의 혈(穴)은 용맥(龍脈)의 마지막 부분인 용진처(龍盡處)에 맺습니다만, 섬룡입수(閃龍入首)는 행룡(行龍)하던 용맥(龍脈)이 곧게 내려오면서, 잠시 머뭇거리다 언뜻 옆으로 비켜 부쳐 입맥(入脈)하여 결지(結地)한 입수(入首)를 말합니다. 그리고 용맥(龍脈)은 다시 진행방향으로 행룡(行龍)해 나갑니다. 번갯불에 콩 구워먹듯 순식간에 일어나므로 이를 섬룡입수(閃龍入首)라 합니다.

혈(穴)을 찾기가 매우 어려운 입수룡(入首龍)으로 반드시 결지(結地)의 4요건인 입수(入首), 선익(蟬翼), 전순(氈脣), 혈토(穴土)가 뚜렷한지 여부를 확인해야 합니다. 그렇지 않으면 자칫 잘못하여 과룡처(過龍處)를 섬룡입수(閃龍入首)로 착각할 수 있습니다. '과룡지장 삼대내절향화(過龍之葬 三代內絶香火)'라 할 만큼 흉(凶)한 곳입니다.

섬룡입수(閃龍入首)하여 결지(結地)한 혈(穴)을 기룡혈(騎龍穴)이라고도 합니다. 섬룡입수혈(閃龍入首穴)도 엄밀히 따지고 보면 용진처(龍盡處)라 할 수 있습니다. 용(龍)인 산 능선을 살펴보면 하나의 맥(脈)으로 형성된 것이 대부분이긴 하지만, 능선에 따라서는 여러 맥(脈)이 상하로 겹쳐있는 경우도 있습니다. 상층에 있는 맥(脈)은 멈추어 혈(穴)을 맺고, 하층에 있는 맥(脈)은 계속 행룡(行龍)해 나갑니다. 외견상 하나의 능선으로 보이기 때문에 찾기가 어렵습니다.

(6) 잠룡입수(潛龍入首)

주산(主山)에서 흐르던 내룡(來龍)의 용맥(龍脈)이, 평지(平地)를 숨어 흐르듯 관통(貫通)한 후에 입수결혈(入首結穴)하는 경우를 말합니다. 용맥(龍脈)이 논밭을 뚫고 지난다 하여 천전과협(穿田過峽)이라고도 부르고, 또 평수혈(平受穴)이라는 별칭도 있습니다.

잠룡입수(潛龍入首)의 용(龍)은 비산비야(非山非野) 즉 산도 아니고 들도 아닌 듯 보이는 땅을 관통(貫通)하고 있으므로 한 치의 차이로도 산이 되고 물이 된다(高一寸爲山 低一寸爲水)는 것을 인식하여야 하며, 넓게 흩어져 언뜻 찾아보기 힘든 용맥의 척주(脊柱-등성이)를 자세히 살펴보아야 합니다.

용(龍)의 기맥(氣脈)이 평지(平地)를 뚫고 지나가기 때문에 육안(肉眼)으로 쉽게 식별할 수 없으나, 평지보다 약간 높게 지나가기 때문에, 말발굽같은 흔적이나, 뱀이 기어가는 것 같은 초사회선(草蛇回線)의 작은 선이 나타나 용맥(龍脈)이 지나가는 흔적을 곳곳에서 발견할 수 있는데, 잠룡(潛龍)의 양편으로 용(龍)의 생기(生氣)를 보호(保護)하는 도랑물이 흐르므로, 땅속으로 숨어 행룡(行龍)하는 기맥(氣脈)을 짐작할 수 있습니다.

용맥(龍脈)을 사이에 두고 두 물이 평행(平行)으로 흐르면 용(龍)이 행룡(行龍)하는 중이고, 두 물이 합쳐지면 용(龍)이 멈추었다는 뜻입니다. 행룡(行龍)을 멈춘 곳에 기(氣)가 모이기 때문에 땅위로 볼록하게 돌출(突出)됩니다. 그 곳이 혈(穴)이며, 기(氣)가 뭉쳐있기 때문에 단단합니다.

따라서 잠룡입수(潛龍入首)하는 혈(穴)은 평지(平地)의 약간 돌출(突出)된 부분에서 찾되, 용맥(龍脈)을 호위(護衛)하면서 따라 온 물이 상분하합(上分下合)하는지를 살펴보아야 합니다. 즉, 혈(穴) 뒤에서는 물이 두 갈래이지만, 앞에서는 두 물이 합쳐져야 진혈(眞穴)이 됩니다.

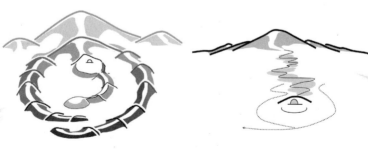

섬룡입수(閃龍入首)   잠룡입수(潛龍入首)

3) 부모태식잉육(父母胎息孕育) 입수법(入首法)

태조산(太祖山)을 출발한 기세생왕(氣勢生旺)항 용(龍)이 천리행룡(千里行龍)을 하면서 개장천심(開帳穿心), 기복(起伏), 지각요도(支脚橈棹), 박환(剝換), 과협(過峽), 위이(委迤)를 가지면서, 기(氣)를 정제순화(整齊純化)하면서 주산(主山)에 이르러, 혈(穴)을 결지(結地)하기 위한 방법 중의 하나가 부모태식잉육법(父母胎息孕育法)입니다.

주산(主山)에서 생기(生氣)를 결집(結集)하고 조절(調節)하기 위해서 과협(過峽)이나 결인속기(結咽束氣)를 맺고, 혈장(穴場)에 이르러서는 입수(入首)에다가 생기(生氣)를 비축(備蓄)하고, 그 아래에 혈(穴)을 맺습니다.

주산(主山)에서 혈장(穴場)에 이르는 내룡(來龍)의 산세 모양을, 부모(父母), 태(胎), 식(息), 잉(孕), 육(育)의 과정을 거치며 주밀(周密)하여야 좋은 것으로 봅니다.

부모(父母)는 소조산(小祖山) 또는 주산(主山)에서 아래로 1~2절 내려온 산줄기가 약간 도톰해지며 강한 기운을 맺은 산봉우리를 현무봉(玄武峯)이라고 하는데, 이를 말합니다. 현무봉(玄武峯)이 없을 경우에는 주산(主山)을 부모(父母)로 봅니다. 태(胎)는 부모산(父母山)에서 산줄기의 맥(脈)이 아래로 뻗어 낙맥(落脈)된 곳을 말하며, 식(息)은 태산(胎山)이 아래로 흐르면서 생기(生氣)가 잠시 묶여 있는 곳입니다. 잉

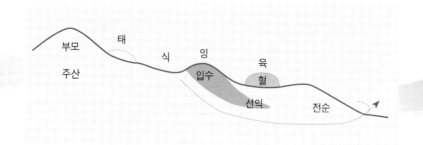

(孕)은 식(息)을 지나 산줄기가 다시 살짝 솟아올라 하나의 정점(頂點)을 이룬 곳으로 입수(入首)를 나타내며, 육(育)은 내룡(來龍)의 생기(生氣)가 응집(凝集)된 혈(穴)을 뜻합니다.

4) 용(龍)의 결인(結咽)과 속기(束氣)

태조산(太祖山)을 출발한 용맥(龍脈)이 여러 생동작용(生動作用)을 거쳐 최종적으로 혈장(穴場) 뒤에서 외적결인(外的結咽) 내적속기(內的束氣)로 기맥(氣脈)을 잘록하게 모아 묶어 혈장(穴場)에 입맥통기(入脈通氣)하는 작용을 결인속기(結咽束氣)라 합니다.

용(龍)의 행룡(行龍)과정에서 결인(結咽)과 속기(束氣)는 내룡(來龍)의 최종적 생동작용(生動作用)이며, 용(龍)이 진혈(眞穴)의 맺는 표식이 됩니다. 결인(結咽)은 용맥(龍脈)의 외적(外的) 취결(聚結)표상이고, 속기(束氣)는 내적(內的) 생기(生氣)의 취결(聚結) 관통(貫通)입니다.

결인속기처(結咽束氣處)의 위치는 혈장(穴場)의 입수(入首) 뒤에 있으며, 용(龍)의 마지막 잘록한 부분입니다. 아름다운 미인의 목처럼 가늘고 부드럽고 깨끗합니다. 또 힘차면서 상처가 없어야 좋은 결인속기처(結咽束氣處)가 됩니다. 만약 이 부분이 파상되었거나 경직되었거나 너무 길면 기(氣)를 단속하지 못하며, 그렇게 되면 생기(生氣)를 제대로 공급할 수 없어 혈(穴)을 결지(結地)할 수 없습니다.

5) 용두좌우선법(龍頭左右旋法)

주산(主山)에서 출발(出發)한 용(龍)이 혈장(穴場)에 이르러 용맥(龍脈) 끝이 좌측(左側) 또는 우측(右側)으로 돌아 멈추는 것을 선룡(旋龍)이라 말합니다. 이때 용맥(龍脈)을 따라 온 생기(生氣)는 더 이상 나아가지 못하고 용(龍)이 멈추는 용진처(龍盡處)에 모이게 됩니다. 이처럼 용맥(龍脈)의 끝이 좌측(左側)이나 우측(右側)으로 돌아 내룡(來龍)의 생기(生氣)가 혈(穴)에 응축(凝縮)되도록 하는 것을 용두좌우선법(龍頭左右旋法)이라 합니다.

✿ 용어(用語)의 정립(正立)

① '좌선(左旋)'과 '우선(右旋)'이라는 말에서, '선(旋)'이라는 글자는 '돌다', '회전하다'의 뜻입니다. 그러므로 '좌선(左旋)'이란 말은 '왼쪽으로 돌다'라는 말이며, '우선(右旋)'이란 말은 '오른쪽으로 돌다'라는 뜻입니다.

따라서 좌선수(左旋水)란 오른쪽에서 왼쪽으로 돌아 흐르는 물이고, 우선수(右旋水)는 왼쪽에서 오른쪽으로 돌아 흐르는 물입니다. 좌선룡(左旋龍)은 산줄기가 오른쪽에서 시작(始作)하여 왼쪽으로 돌아 내려 간 산의 줄기를 말하며, 우선룡(右旋龍)이란 산줄기가 왼쪽에서 시작(始作)하여 오른쪽으로 돌아 내려 간 산 줄기를 말합니다.

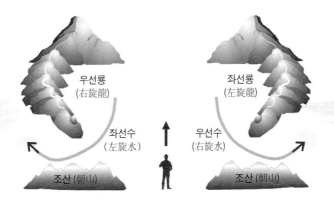

우선룡
(右旋龍)

좌선룡
(左旋龍)

좌선수
(左旋水)

우선수
(右旋水)

조산(朝山)

조산(朝山)

② 그러나 지리오결(地理五訣)을 비롯한 많은 책들이 달리 설명을 합니다. 지리오결(地理五訣)에서는 '지리의 도(地理之道)는 음양

(陰陽)의 이치(理致)를 벗어나지 않는다. 물과 바람은 움직이니
양(陽)이며, 좌측에서 나와 우측으로 빠지면 좌선수(左旋水)이
고, 우측에서 나와 좌측으로 빠지면 우선수(右旋水)이다. 용(龍,
산줄기)은 움직임이 없으니 음(陰)이고, 우측에서 좌측으로 휘어
지면 우선룡(右旋龍), 좌측에서 우측으로 휘어지면 좌선룡(左旋
龍)이다. 그런데 좌선룡(左旋龍)은 우선수(右旋水)와 짝이 되고,
우선룡(右旋龍)은 좌선수(左旋水)와 배필이 됨이 마땅하다.'라고
설명하고 있습니다.

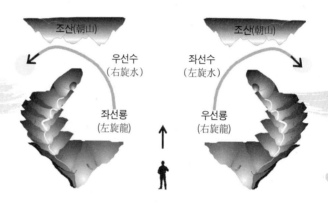

③ 결론적(結論的)으로, 용어(用語)와 풀이가 일치(一致)하는가? 일
치(一致)하지 않는가를 살펴볼 때 ①의 설명이 타당합니다. 좌
선(左旋)은 왼쪽으로 도는 것이고, 우선(右旋)은 오른쪽으로 도
는 것이니 말입니다.

그러나 많은 책에서는 ②번과 같이 풀이를 하고 있습니다. 그래
서 ②번의 입장에서 그려본 그림을 살펴보면, 혈(穴) 뒤에서 바
라보았을 때의 모습이 나타나게 됩니다.

군이 ②의 관점에서 풀이를 한다면, 말을 덧붙여야 정확한 표현이
된다고 보겠습니다. 좌선수(左旋水)의 예를 보겠습니다.

★ 지리오결(地理五訣)의 좌선수(左旋水) 풀이 : 좌측에서 나와 우측
   으로 빠지면 좌선수(左旋水)이다.

★ 정확한 풀이 : 혈(穴)에서 볼 때, 혈(穴)의 좌측에서 나와 혈(穴)의
   우측으로 빠지는 것은, 이것을 혈(穴) 앞에서 혈(穴) 쪽을 바라보
   면, 혈(穴)의 우측에서 나와 좌측으로 빠지는 것이므로 좌선수(左
   旋水)이다.

'이름에 상응하는 실질(實質)의 존재(存在)'를 정명(正名)이라고 합
니다. 쉽게 말해서 좌선수(左旋水)라는 이름은 왼쪽으로 도는 물이라
는 실체(實體)를 가지는 것이라는 겁니다.

그러나 지리오결(地理五訣)이나 기타 책들의 '우측에서 나와 좌측
으로 빠지는 물을 우선수(右旋水)라 한다.'라고 표현을 하고 있습니
다. 이것은 용어(用語)와 풀이가 일치(一致)하지 않는다는 점을 유의
하셔야 합니다.

踏雪野中去　눈 덮힌 들판을 걸어갈 때
不須胡亂行　모름지기 발걸음 하나라도 어지럽게 가지 말라.
今日我行跡　오늘 내가 걸어가는 발자취는
遂作後人程　다른 사람의 이정표다 될 것이다.

서산대사

혈(穴)은 항상 음(陰)인 주룡(主龍)과 양(陽)인 물이 만나서 음양화합
(陰陽和合)을 이루어야 결지(結地)를 하게 됩니다.

혈(穴) 앞으로 흐르는 물이, 혈(穴)에서 볼 때 혈(穴)의 좌측에서 득
수(得水)하고, 혈(穴) 앞을 지나 혈(穴) 우측(右側)으로 돌아 나가는 좌
선수(左旋水)이면, 이때 용(龍)은 우선(右旋)하는 우선룡(右旋龍)이어야
음양화합(陰陽和合)이 되어 혈(穴)을 결지(結地)할 수 있는 것입니다. 반
대로 혈(穴) 앞으로 흐르는 물이, 혈(穴)에서 볼 때 혈(穴)의 우측에서

득수(得水)하고, 혈(穴) 앞을 지나 혈(穴) 좌측(左側)으로 돌아 나가는 우선수(右旋水)이면, 이때 용(龍)은 좌선(左旋)하는 좌선룡(左旋龍)이어야 음양화합(陰陽和合)이 되어 혈(穴)을 결지(結地)할 수 있는 것입니다.

6) 물형결지론(物形結地論)

혈(穴)의 결지(結地)는 용맥(龍脈)이 생왕(生旺)한 기세(氣勢)로 행룡(行龍)하다가, 결지(結地)할 수 있는 제반여건이 형성되고 여기에 생기(生氣)가 응결(凝結)되면 결지(結地)한다고 봅니다.

국세(局勢)를 이루는 산의 모양과 주룡(主龍)이 안산(案山)을 대하고 있는 모습을, 어느 물체(物體)의 형상(形象)에 비유(比喩)하여 그 중요한 핵심처(核心處)에 혈지(穴地)를 맺는다는 물형(物形)에 의한 결지법(結地法)도 있습니다.

산과 룡(龍)을 구름을 일으켜 비를 뿌리는 흥운포우(興雲佈雨)하는 천룡(天龍)이나 혹은 허공으로 날아오르는 등공비상(登空飛翔)하는 청학(青鶴) 혹은 알을 품고 있는 닭 등 각 체위(體位)와 보국(保局)의 형상(形象)을 바탕으로 결지(結地)하여 혈(穴)을 맺는 것을 말합니다.

9. 좋은 용(龍)이란?

조종산(祖宗山)에서 출발(出發)한 산은 중조산(中祖山)과 소조산(小祖山)을 거쳐 입수를 거쳐 혈지(穴地)에 이르게 됩니다. 이러한 산의 흐름이 변화막측(變化莫測)하여 용(龍)이라 하는데, 입수(入首)까지 내달리는 용(龍)을 내룡(來龍)이라 합니다.

용(龍)이 일어남으로 기(氣)도 따라 일어나고, 용(龍)을 따라 기(氣)도 흐르며, 용(龍)이 멈추면 기(氣)도 멈추게 됩니다. 용(龍)을 따라 흐르는 기(氣)의 통로(通路)를 맥(脈)이라 하니, 이를 용맥(龍脈)이라 합니다.

용(龍)을 따라 이어져 있는 맥(脈) 즉 용맥(龍脈)이 생왕(生旺)하다면, 용맥(龍脈)을 흐르는 기(氣) 또한 왕성(旺盛)하게 됩니다. 용(龍)의 정신(精神)은 혈(穴)을 결지(結地)하는데 있으므로, 생왕(生旺)한 용맥(龍脈)을 갖춘 용(龍)이어야 참다운 혈(穴)을 맺을 수 있습니다.

출맥(出脈)의 위치로 보자면, 좌출맥(左出脈), 중출맥(中出脈), 우출맥(右出脈)으로 나눌 수 있고, 출맥(出脈) 높낮이로 보아, 천맥(天脈), 인맥(人脈), 지맥(地脈)이 있습니다.

또한 기복(起伏)이 강하게 나타나는 기복격(起伏格)인 산룡(山壟)의 기세(氣勢)가 있고, 굴곡(屈曲)과 위이(委迤)가 좋은 선대격(仙帶格)인 평강(平岡格)의 기세(氣勢)가 있으며, 평지(平地)를 숨어 달리는 평수격(平受格)인 평지(平地)의 기세(氣勢)가 있습니다.

조종산(祖宗山)에 출발한 용(龍)이 처음 맺는 혈(穴)을 초락(初落)이라 하고, 두 번째 맺는 혈(穴)을 중락(中落)이라 하고, 마지막에 맺는 혈(穴)을 말락(末落)이라 하여, 이런 용(龍)들을 일컬어 초락룡(初落龍), 중락룡(中落龍), 말락룡(末落龍)이라고 합니다.

좌출맥(左出脈)이든 중출맥(中出脈)이든 우출맥(右出脈)이든, 천맥(天脈)이든 인맥(人脈)이든 지맥(地脈)이든, 기복격(起伏格)이든, 선대격(仙帶格)이든 평수격(平受格)이든 또한 초락룡(初落龍), 중락룡(中落龍), 말락룡(末落龍)이든, 생왕(生旺)한 혈(穴)을 맺는 것을 그 목적으로 합니다.

용(龍)을 달리 구분하여, 용(龍)을 출맥(出脈)으로 보자면, 간룡(幹龍)이며 정룡(正龍)이어야 하며, 그 형태(形態)로는 진룡(進龍)이어야 하며, 귀룡(貴龍)이나, 부룡(富龍)이어야 합니다.

용(龍)을 기세적(氣勢的)으로 볼 때는 생왕룡(生旺龍)이어야 하는데, 생왕룡(生旺龍)에는 생룡(生龍), 강룡(强龍), 순룡(順龍), 진룡(進龍), 복룡(福龍)이 있습니다.

용(龍)은 조종산(祖宗山)에서 혈(穴)에 이르기까지 변화(變化)를 거치는데, 개장천심(開帳穿心)하고, 기복(起伏)이 있으며, 박환(剝換)이 잘 되어 있고, 과협(過峽)이 아름다우며, 지각요도(支脚橈棹)가 용(龍)을 잘 받쳐주며 이끌고, 굴곡(屈曲)과 위이(委迤)가 생동감(生動感)이 있으며, 각종 보호사(保護砂)가 잘 에워싸 주어야 합니다.

용(龍)이 혈(穴)을 맺을 즈음에 이르면 앞뒤의 구분이 있는데, 기세(氣勢)가 생동(生動)하면서 양명수려(陽明秀麗)하고 유정(有情)하며 산수(山水)가 취합(聚合)하여, 넓고 평탄하여 보국(保局)이 안정감(安定感)이 있는 산의 앞쪽이어야 합니다.

주산(主山)에서 혈장(穴場)에 이르는 모양새가 부모태식잉육(父母胎息孕育)의 모양새를 갖추어야 하며, 입수(入首) 뒤의 결인속기처(結咽束氣處)가 아름다운 미인의 목처럼 가늘고 부드럽고 깨끗하고, 또 힘차면서 상처가 없어야 합니다.

용두(龍頭)가 좌선룡(左旋龍)이면 물은 우선수(右旋水)이어야 하고, 용두(龍頭)가 우선룡(右旋龍)이면 물은 좌선수(左旋水)이어야 합니다.

입수(入首)에 이르는 모양으로는, 직룡입수(直龍入首), 회룡입수(廻龍入首), 비룡입수(飛龍入首), 횡룡입수(橫龍入首), 잠룡입수(潛龍入首), 섬룡입수(閃龍入首)의 방법이 있는데, 이런 입수맥(入首脈)이 손상(損傷)되거나 단절(斷絶)되지 말아야 합니다.

음래양수(陰來陽受)하고 양래음수(陽來陰受)하여, 음룡(陰龍)은 양혈(陽穴)을, 양룡(陽龍)은 음혈(陰穴)을 맺어야 하며, 입수(入首)가 확실하여야 합니다.

용(龍)이 행룡(行龍)을 멈추는 용진처(龍盡處)는 산수(山水)가 서로 교합(交合)하여, 음양화합(陰陽和合)이 이루어져, 혈(穴)의 생기(生氣)를 응결(凝結)시킬 수 있습니다.

제3절 혈(穴)에 대하여

1. 혈(穴)이란

혈(穴)이란 지기(地氣)가 응집(凝集)된 장소

태조산(太祖山)에서 발원한 용(龍)이 중조산(中祖山)과 소조산(小祖山), 주산(主山)을 거쳐 수 천리 수 백리를 개장천심(開帳穿心)하고, 기복(起伏), 박환(剝換), 과협(過峽), 지각요도(支脚橈棹), 굴곡(屈曲), 위이(委迤)의 변화를 거치면서 달려와, 물을 만나 더 이상 나아가지 못하고 멈추게 됩니다. 용맥(龍脈)이 일어나는 곳에 기(氣)가 따라서 일어나고, 기(氣) 또한 수 천리 수 백리를 달려와 용맥(龍脈)이 멈추는 곳에서 지기(地氣)도 흐르지 못하고 같이 멈추어, 지기(地氣)가 모이고 엉키게 됩니다.

혈(穴)에 응취(凝聚)된 지기(地氣)는 생기(生氣)

태조산(太祖山)의 위세는 높고 웅장하며 때로 험하기도 하고 거칠기도 하지만, 중조산(中祖山)과 소조산(小祖山), 주산(主山)을 거쳐 수 천리 수 백리를 거쳐 용(龍)이 끝나는 용진처(龍盡處)에 다다르면, 용(龍)은 작아지고 낮아지며 순하고 가지런하게 됩니다.

태조산(太祖山)에서 발원(發源)한 용맥(龍脈)을 따라 흐르는 기(氣)는 그 성정(性情)이 산의 형세(形勢)와 같아, 크고 강하며, 억세고 거칠고 험한데, 수천리 수백리를 개장천심(開帳穿心)하고, 기복(起伏), 박환(剝換), 과협(過峽), 지각요도(支脚橈棹), 굴곡(屈曲), 위이(委迤)을 거쳐 용맥

(龍脈)이 발길을 멈춘 용진처(龍盡處)에 다다르면, 정제순화(整齊純化)되어 순수(純粹)한 생기(生氣)를 가지게 됩니다.

ꙮ 혈(穴)은 용(龍)으로부터 받은 생기(生氣)를 가두고 보존

용(龍)이 수 천리 수 백리를 달려와 물을 만나 멈추니, 뒤로는 용(龍)의 생기(生氣)를 전달하는 능선이 있고, 앞으로는 물이 있으니, 배산임수(背山臨水)을 지형을 갖습니다.

뒤로는 입수(入首)가 있고, 좌우(左右)에는 선익(蟬翼)이 있으며, 앞으로는 전순(氈脣)이 있고, 혈처(穴處)의 흙인 혈토(穴土) 또한 홍황자윤(紅黃紫潤)하여 생기(生氣)를 가두고 보호(保護)를 합니다.

2. 혈(穴)의 개요(概要)

혈(穴)은 풍수지리(風水地理)에서 용(龍)과 함께 가장 중요한 곳입니다. 이를 혈지(穴地), 혈판(穴版), 당판(堂版)이라고도 합니다.

태조산(太祖山)을 출발한 용(龍)이 수 백리 혹은 수 십리를 수많은 변화과정을 거치면서 행룡(行龍)하는 것은 이 혈(穴) 하나를 결지(結地)하기 위해서입니다.

천리내룡 근유일석지지[千里來龍 僅有一席之地]
천리를 달려 온 용(龍)도 겨우 한자리 혈(穴)을 맺을 따름이다.

용(龍)이 다한 용진처(龍盡處)에 진혈(眞穴)을 찾는 것은, 그리 쉬운 일이 아닙니다.

삼년심룡 십년점혈[三年尋龍 十年點穴]
용을 찾는 것은 3년, 혈을 찾는 것은 10년 걸린다.

　용(龍)을 찾는 것도 어려운 일이지만, 그 용(龍)이 결지(結地)하는 혈(穴)을 점지하는 것은 더욱 어렵다는 것을 나타내는 글입니다. 그렇기 때문에 진혈(眞穴)이 있는 대지(大地)는 천장지비(天藏地秘)라 하였습니다. 하늘이 감추고 땅이 숨기기 때문에 찾아 쓰기가 어렵다는 뜻입니다. 혈(穴)은 천지(天地)와 동행(同行)하는 것이기 때문입니다.

　혈(穴)을 찾는 것은, 인간의 생활에 이로움을 가지기 위함입니다.

　음택(陰宅)의 경우에는 시신(屍身)을 매장(埋葬)하는 장소(場所)이며, 유골(遺骨)을 편안하게 하고, 거기서 파장된 기(氣)가 유전인자(遺傳因子)가 같은 자손(子孫)에게 전파되어 자손(子孫)의 부귀빈천(富貴貧賤)을 관장하게 됩니다. 풍수지리(風水地理)의 고전(古典)이라 할 수 있는 금낭경(錦囊經)은 '장자승생기야[葬者乘生氣也]'라 하였습니다. 즉 장사(葬事)는 반드시 생기(生氣)가 있는 땅에 지내야 한다고 하였으니, 생기(生氣)가 모여 있는 혈(穴)에 지내야 한다는 말입니다.

　양택(陽宅)의 경우에는 건물(建物)이 들어서는 곳이며, 혈(穴)에서 발생한 훈풍화기(薰風和氣 - 첫여름에 부는 훈훈한 바람과 같은 조화로운 기운)가 거주자의 건강과 생체리듬을 향상시켜 생활의 활력을 증대시킵니다.

명당(明堂)과 혈(穴)

　혈(穴)은 생기(生氣)가 응집(凝集)된 혈장(穴場) 중에서 생기(生氣)가 최대한도로 응집(凝集)된 지점(地點)을 말합니다. 보통 내룡(來龍)의 끝부분에 위치하며 명당(明堂) 외의 땅보다 약간 도톰하고 후덕한 모습입니다. 시신(屍身)이 묻히는 공간을 말합니다.

　혈장(穴場)은 혈(穴)을 간직하고 있는 땅을 말합니다. 혈장(穴場)은 입수(入首)와 선익(蟬翼)과 전순(氈脣)을 포함하고 있습니다. 명당(明堂)보다는 좀 더 좁은 개념입니다.

　명당(明堂)은 혈(穴)앞의 넓고 평탄한 땅을 말하며, 내청룡(內靑龍),

81

내백호(內白虎)가 감싸준 내명당(內明堂)과 외청룡(外青龍), 외백호(外白虎), 조산(朝山)이 감싸준 외명당(外明堂)이 있습니다. 내명당(內明堂)을 소명당(小明堂) 또는 내당(內堂)이라고 하며, 외명당(外明堂)을 대명당(大明堂), 외당(外堂)이라고 부릅니다.

3. 혈(穴)의 결지(結地) 조건(條件)

혈(穴)은 기세(氣勢)가 생왕(生旺)한 용(龍)이 행룡(行龍)을 멈춘 곳인 용진처(龍盡處)에 맺습니다. 용(龍)이 변화(變化)해야 지기(地氣)가 생동(生動)하고, 용(龍)이 멈추어야 지기(地氣)가 응결(凝結)될 수 있기 때문입니다. 즉 용진(龍盡)해야 혈(穴)을 맺는 것이 풍수지리(風水地理)의 원칙(原則)입니다. 그러나 깨지고 절단된 사룡(死龍)이나 절룡(絶龍)에서는 혈(穴)의 응결(凝結)이 불가능합니다.

혈지(穴地)는 항상 양기(陽氣) 바르고 수려하며, 또 견고하면서 유연합니다. 왜냐하면 혈지(穴地)는 깨끗한 생기(生氣)가 뭉쳐있기 때문에 흙이 밝고 부드러우면서 단단하게 됩니다.

맑은 물은 여러 골짜기에서 나와 혈(穴)을 감싸고돌아 환포(環抱)해 주어야 합니다. 물이 생기(生氣)를 가두고 보호해 주어야 하기 때문입니다.

혈(穴) 주변의 산들인 사격(砂格)은 아름답고 귀한 형상으로 혈(穴)을 감싸 보호해 주어야 합니다. 바람으로부터 혈(穴)의 생기(生氣)가 흩어지지 않도록 하기 위해서입니다.

또 용혈사수(龍穴砂水)의 음양(陰陽) 이법(理法)이 모두 합법(合法)하여야 합니다. 만약 음양오행(陰陽五行)의 이법(理法)이 맞지 않으면 재앙(災殃)이 따른다고 봅니다. 생왕(生旺)한 용혈(龍穴)인데 이법(理法)이 좋지 않으면, 발복(發福)은 한다 할지라도 이법(理法)이 맞지 않는 만큼의 흉화(凶禍)를 받게 된다고 봅니다.

4. 혈장(穴場)의 4 요건(要件)

혈장(穴場)은 혈(穴)이 있는 장소로, 용(龍)의 정제(整齊)되고 순화(純化)된 생기(生氣)가 최종적으로 모여 응결(凝結)된 곳입니다. 혈장(穴場)은 입수(入首), 선익(蟬翼), 전순(氈脣), 혈토(穴土)의 4가지 요소로 구성되어 있습니다.

입수(入首)는 용(龍)에서 공급된 생기(生氣)를 저장해 놓았다가 혈(穴)에서 필요한 만큼의 기(氣)를 공급(供給)해 주는 역할을 합니다.

선익(蟬翼)은 혈장(穴場)을 좌우(左右)에서 지탱(支撐)해 주고, 생기(生氣)가 옆으로 빠져 나가지 않도록 해주는 역할을 합니다.

전순(氈脣)은 혈장(穴場)을 앞에서 받쳐주고, 생기(生氣)가 앞으로 설기(洩氣 – 생기가 빠져 나가는 것)되지 않도록 해줍니다.

혈토(穴土)는 생기(生氣)가 최종적으로 응결(凝結)된 곳의 흙입니다. 돌도 아니고 흙도 아닌 비석비토(非石非土)로, 여러 색이 어울려 윤기(潤氣)가 흐르는 홍황자윤(紅黃紫潤)한 것이어야 합니다.

입수(入首)는 이마에 해당하고, 좌우(左右) 양 선익(蟬翼)은 양볼 위의 광대뼈에 해당하며, 전순(氈脣)은 턱에 해당되며, 혈(穴)은 얼굴의 중심인 코끝에 해당됩니다. 이마, 광대뼈, 턱이 전체적인 얼굴 골격을 만들듯이, 혈장(穴場)도 입수(入首), 선익(蟬翼), 전순(氈脣)이 구조를 만들고, 얼굴 중심에 코끝에 있듯이 혈장(穴場) 중심에 혈(穴)이 있습니다.

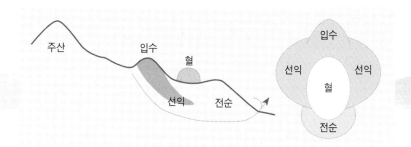

제2부 | 음택풍수(陰宅風水)

1) 입수(入首)

입수(入首)를 달리 칭하는 말로는 입수도두(入首倒頭), 혈두(穴頭), 두뇌(頭腦), 만두(巒頭), 승금(乘金)이라는 말이 있습니다.

태조산(太祖山)에서 출발한 용(龍)이 행룡(行龍)하여, 수많은 변화 과정을 거치면서 달려온 것은, 험한 기(氣)를 정제(整齊)하고 순화(純化)시켜 깨끗한 생기(生氣)를 얻기 위해서입니다. 이렇게 하여 얻어 진 생기(生氣)를 바로 혈(穴)에 공급하기에 앞서 입수(入首)에 저장(貯藏)을 합니다. 그러므로 입수(入首)는 산천정기(山川精氣)의 취결처(聚結處)로서, 혈(穴)에 공급되는 생기(生氣)가 저장(貯藏)되는 곳이며, 생기(生氣)를 혈(穴)로 전달(傳達)해주는 통로입니다.

입수(入首)는 내룡(來龍)의 용맥(龍脈)이 혈장(穴場) 뒤의 주산(主山) 혹은 현무(玄武)로부터 혈장(穴場)까지 들어 올 때 관통하는 혈장(穴場) 뒤쪽의 볼록한 부분(둥글게 조금 솟아 올라와 있는 부분)을 말하는데, 무덤의 뒤쪽 중앙을 가리킵니다. 보통은 무덤을 감싼 성벽(城壁)의 중심이며 위치가 가장 높습니다.

입수(入首)는 용(龍)과 혈(穴)을 연결시켜 접맥하는 부분이므로, 밝고 깨끗하며 풍만해야 길격(吉格)입니다. 깨지고 부서지고 단절(斷絶)되고, 흉한 암석이 있으면 흉격(凶格)이 되고 혈(穴)을 맺을 수 없습니다.

용맥(龍脈)을 좌우(左右) 양쪽에서 호위(護衛)하며 따라온 원진수(元辰水)가 입수(入首) 뒤에서 갈라져, 좌우 선익(蟬翼)을 따라 흐르면서 혈(穴)의 생기(生氣)가 흩어지지 않도록 보호(保護)해주고, 전순(氈脣) 앞에서 다시 합수(合水)하여 혈(穴)을 완전하게 둘러 감싸서[환포(環抱)], 생기(生氣)가 설기(洩氣)되는 것을 막습니다.

생기(生氣)가 용(龍)을 따라 흘러서, 흩어지지 않고 혈(穴)까지 이를 수 있는 것은 물의 보호(保護)와 인도(引導)를 받기 때문이며, 원진수(元辰水)는 눈에 보이지 않지만 용맥(龍脈) 양쪽에 있습니다. 원진수(元

辰水)가 혈(穴)에 스며들지 않는 것은 입수(入首)가 있기 때문입니다. 입수(入首)에서 좌우로 분리된 물은 혈(穴) 앞 전순(氈脣) 아래에서 만나 혈(穴)의 생기(生氣)가 응결(凝結)되도록 해 줍니다.

풍수(風水)에서 입수(入首)는 자손(子孫)에게 바로 영향을 미치는 장소(場所)로 보고 있습니다. 입수(入首)는 생기(生氣)가 응결(凝結)되었기 때문에 흙이 단단하면서도 유연하고, 두툼하게 뭉쳐진 형태이면 자손(子孫)이 번창(繁昌)하고, 부귀(富貴)하게 살아가지만, 깨지고, 지저분하고 희미한 형상이면 후손이 현명하지 못하고 가난하게 살아가게 됩니다. 또한 흉(凶)하게 생긴 바위가 있거나 푸석푸석하게 부서지는 돌이 많다면 후손(後孫)에게 재앙(災殃)이 따르고, 입수맥(入首脈)이 손상(損傷)되었거나 단절(斷絶)된 곳에 무리하게 묘를 쓴다면 자손(子孫)이 끊긴다고 봅니다.

2) 선익(蟬翼)

선익(蟬翼)은 마치 매미의 날개와 같이 생겼다하여 붙여진 이름입니다. 좌우(左右)에서 혈장(穴場)을 받쳐주는 역할과 혈(穴)에 응결(凝結)된 생기(生氣)를 옆으로 새지 않도록 보호(保護)해 줍니다. 혈장(穴場)에는 내선익(內蟬翼)과 외선익(外蟬翼)이 있는데, 외선익(外蟬翼)을 연익(燕翼)이라고 합니다.

혈(穴)의 중심은 선익(蟬翼) 양 끝을 직선으로 연결한 부분이 됩니다. 집을 짓거나 장사(葬事)를 지낼 때, 혈(穴)의 중심을 선익(蟬翼) 끝으로 가늠합니다. 선익(蟬翼)은 용맥(龍脈)을 보호(保護)하면서 따라온 물인 상수(相水)를 양쪽으로 분리시킵니다.

좌측(左側) 선익(蟬翼)이 발달해 있으면 남자 자손 특히 장손(長孫)이 잘 된다고 보며, 우측(右側) 선익(蟬翼)이 발달해 있으면 여자자손과 지손(支孫)이 잘 된다고 합니다.

3) 전순(氈脣)

　전순(氈脣)은 혈(穴) 앞에 약간 두툼하게 생긴 흙덩어리를 말합니다. 혈(穴)을 응결(凝結)하고 남은 여기(餘氣)가 혈(穴) 앞에 뭉쳐져 있으므로 단단합니다. 전순(氈脣)은 혈(穴)의 생기(生氣)가 새어 나가지 않도록 하며, 혈장(穴場)의 아래에서 지탱해주는 역할을 합니다.

　입수(入首) 뒤에서 분수(分手)하여 양 선익(蟬翼)을 따라 온 원진수(元辰水)는 전순(氈脣) 밑에서 다시 합수(合水)하게 됩니다. 물이 혈장(穴場)을 한 바퀴 둘러 감싸 환포(環抱)하여 생기(生氣)가 응결(凝結)되도록 하기 때문에, 전순(氈脣)은 두툼하고 견고해야 합니다. 기울고 깨지고 오목하게 패여 있다면 혈(穴)의 생기(生氣)가 상처 난 부분으로 새어 나가기 때문에, 생기(生氣)를 보호(保護)하지 못합니다. 전순(氈脣)이 혈(穴)에 비해 지나치게 큰 것도 흉(凶)입니다. 혈(穴)의 기운이 설기(洩氣)되었다는 증거이기 때문입니다.

4) 혈토(穴土)

　혈토(穴土)는 혈(穴)을 덮고 있는 흙을 말하는데, 비석비토(非石非土)이며, 홍황자윤(紅黃紫潤)해야 합니다. 돌도 아니고 흙도 아닌, 돌처럼 보이지만 돌이 아니고, 돌처럼 단단하나 손으로 비비면 고운 분가루처럼 미세하게 분해되는 흙입니다. 혈토(穴土)의 색깔은 홍(紅), 황(黃), 자(紫), 백(白), 흑(黑) 등 오색(五色) 이상이며, 밝고 윤기(潤氣)가 있는 특색(特色)이 있습니다.

　태조산(太祖山)에서 출발한 용(龍)이 행룡(行龍)하여 수많은 변화 과정을 거치면서 달려온 것은 혈토(穴土)가 있는 혈(穴)을 응결(凝結)하기 위해서입니다. 혈토(穴土)는 혈장(穴場)에서 핵심(核心)에 해당합니다. 혈토(穴土)에는 둥근 테두리 모양의 혈운(穴暈)이 나타나는데, 마치 해무리나 달무리처럼 생겼다하여 태극운(太極運)이라고도 합니다.

혈토(穴土)는 최종적으로 혈(穴)의 진가(眞假) 여부를 가리는 것입니다. 혈토(穴土)가 나오지 않고, 퇴적된 잡토(雜土)나 버석버석한 기(氣)가 없는 허토(虛土), 질퍽질퍽한 점토(粘土), 모래나 자갈이 나오면 진혈(眞穴)이 아니라고 보시면 됩니다.

5. 혈(穴)의 와겸유돌(窩鉗乳突)과 사상혈(四象穴)

천지만물(天地萬物)이 음양(陰陽)에서 나와 오행(五行)의 기운을 얻었으니, 모두 음양(陰陽) 아닌 것이 없습니다. 하늘은 양(陽)으로써, 땅은 음(陰)으로써 만물(萬物)을 낳고 기릅니다. 그러므로 만물(萬物)은 천기(天氣)와 지기(地氣)를 받아 생장렴장(生長斂藏)을 하게 됩니다. 이것은 천도(天道)와 지도(地道)의 크나 큰 공덕입니다. 만물(萬物)을 생(生)하기 위해 천도(天道)는 지도(地道)를 찾고, 지도(地道)는 천도(天道)를 구하는 것이 바로 음양운동(陰陽運動)이고 우주운동(宇宙運動)인 것입니다.

천도(天道)와 지도(地道)가 다시 음양(陰陽)으로 구분되어, 사상(四象)이 생겼으니, 태양(太陽), 소양(少陽), 소음(少陰), 태음(太陰)이 바로 그것입니다. 혈(穴)의 형태는 다양함이 그 수를 헤아릴 수 없이 많으나, 사상(四象)에 의거하여 혈(穴)을 구분하였으니, 이것이 사상혈(四象穴)입니다.

주역(周易)의 이치(理致)는 생동(生動)하면 양(陽)이요, 정지(靜止)하면 음(陰)이나, 풍수지리(風水地理)에서는 음(陰)을 근본(根本)으로 삼기 때문에, 오목한 혈(穴)은 양혈(陽穴)이요, 볼록한 것은 음혈(陰穴)입니다.

양혈(陽穴)에는 태양(太陽)인 와혈(窩穴)과 소양(少陽)인 겸혈(鉗穴), 음혈(陰穴)에서는 소음(少陰)인 유혈(乳穴)과 태음(太陰)인 돌혈(突穴)이 있습니다.

정확한 혈심(穴心)은, 오목한 양혈(陽穴)인 와혈(窩穴)과 겸혈(鉗穴)에서는 약간 돌출된 부분(微突)에 있고, 볼록한 음혈(陰穴)인 유혈(乳穴)과 돌혈(突穴)에서는 약간 오목한 부분(微窩)에 있습니다.

용(龍)에서도 볼록하여 혈장(穴場)보다 높은 능선을 음룡(陰龍)이라 하고, 평평하여 혈장(穴場)보다 낮은 능선을 양룡(陽龍)이라 합니다. 양룡(陽龍)에서는 음혈(陰穴)을, 음룡(陰龍)에서는 양혈(陽穴)을 맺는 것이 풍수지리(風水地理)의 원칙(原則)이며, '음래양수 양래음수(陰來陽水 陽來陰水)'라고 표현합니다.

1) 와혈(窩穴)

와혈(窩穴)은 태양(太陽)에 속하며, 둥지나 소쿠리처럼 오목한 혈장(穴場)이며, 입수룡(入首龍)보다 낮은 위치에 동그랗게 원을 그리듯 있습니다. 마치 하늘을 향해 입을 벌리고 있는 듯하여 개구혈(開口穴), 손바닥 가운데 동그랗게 움푹한 곳과 같다하여 장심혈(掌心穴)이라고도 합니다. 와혈(窩穴)은 평지에도 있으나 주로 높은 산에 많습니다.

주룡(主龍)은 볼록한 음룡(陰龍)으로서, 입수(入首)한 다음 오목한 양혈(陽穴)을 맺습니다. 오목하므로 사방에서 불어오는 바람에도 지기(地氣)가 흩어지지 않고 아늑합니다.

와혈(窩穴)은 입수(入首)에서 비교적 크고 두꺼운 선익(蟬翼)이 양팔을 벌려 혈(穴)을 품 안에 안듯이 둥글게 뻗습니다. 혈(穴)은 와중미돌(窩中微突) 즉 오목한 부분 중에서도 약간 볼록한 곳에 있습니다.

❧ 와혈(窩穴)의 구분

오목하게 들어간 부분이 깊고, 낮고, 넓고, 좁음에 따라
　　심와(深窩) 오목하게 들어간 부분이 깊은 경우
　　천와(淺窩) 오목하게 들어간 부분이 얕은 경우
　　활와(闊窩) 오목하게 들어간 부분이 넓은 경우
　　협와(狹窩) 오목하게 들어간 부분이 좁은 경우

혈(穴)을 둘러 안은 두 선익(蟬翼)의 끝 모양에 따라
　　장구와(藏口窩) 두 선익(蟬翼)의 끝이 좁아 입구를 잘 가둔 경우
　　장구와(長口窩) 두 선익(蟬翼) 끝이 넓어 틔여 진 경우

　와혈(窩穴)은 주산(主山)이 무곡(武曲) 금성체(金星體)이거나 염정(廉貞) 화성체(火星體), 문곡(文曲) 수성체(水星體), 좌보(左輔) 복두산(幞頭山)에서 출맥(出脈)한 용(龍)에서 주로 결지(結地)합니다. 와(窩)가 한쪽으로 기울거나 비탈지거나 깨지고 부서지면 진혈(眞穴)을 결지(結地)할 수 없습니다.

2) 겸혈(鉗穴)

　겸혈(鉗穴)은 소양(少陽)에 속하고, 죄인의 목에 씌우는 큰 칼 같다 하여 붙여진 이름이고, 와혈(窩穴)과 같이 입수룡(入首龍)보다 낮은 곳에 있는 혈장(穴場)입니다. 겸혈(鉗穴)은 양쪽 선익(蟬翼)이 직선으로 평행하게 뻗었으며, 여인이 두 다리를 쭉 뻗은 모양이라 하여 개각혈(開脚穴)이라고도 합니다.
　겸혈(鉗穴)의 혈(穴)은 여인의 음부(陰部)에 해당하는 곳에 있는데, 겸중미돌(鉗中微突) 즉 오목한 혈장(穴場)에서 약간 볼록한 부분에 있습니다.

혈(穴)이 입수(入首)나 선익(蟬翼)보다 낮으므로 사방에서 불어오는 바람을 피하기에 유리합니다. 길쭉하게 뻗은 선익(蟬翼) 끝은 혈(穴) 쪽으로 굽어야 하며, 혈(穴) 앞은 낮아야 합니다. 이 때 용맥(龍脈)을 따라온 원진수(元辰水)가 직거(直去)하지 않도록 하수사(下水砂)가 있어야 길(吉)합니다.

✎ 겸혈(鉗穴)의 구분

★ 정격(正格) : 양 선익(蟬翼)의 길이가 같습니다.

- 직겸(直鉗) : 두 선익(蟬翼)이 곧게 뻗은 것입니다. 너무 길거나 짧지 않고, 길이가 적당해야 길(吉)한 형상입니다.

- 곡겸(曲鉗) : 두 선익(蟬翼)의 다리가 활처럼 구부러져 혈(穴)을 안아 주는 형태입니다. 좌우(左右)가 서로 균형(均衡)있고 다정(多情)해야 길(吉)합니다.

- 단겸(短鉗) : 두 선익(蟬翼)의 다리가 짧은 것입니다. 너무 짧으면 바람으로부터 혈(穴)을 보호하지 못해 흉(凶)합니다. 그러나 선익(蟬翼) 밖 산들이 조밀하게 혈(穴)을 잘 감싸주면 무방합니다.

- 장겸(長鉗) : 두 선익(蟬翼)의 다리가 긴 것입니다.

★ 변격(變格) : 양 선익(蟬翼)의 길이가 다릅니다.

- 선궁겸(仙宮鉗) : 한쪽 선익(蟬翼)은 길고, 한쪽 선익(蟬翼)은 짧은 것입니다. 짧은 쪽에는 혈(穴)을 가까이에서 보호(保護)하는 사격(砂格)이 있어야 합니다.

- 단제겸(單提鉗) : 한쪽 선익(蟬翼)은 혈(穴)을 감아 주었는데 한쪽 선익(蟬翼)은 아예 없는 경우입니다. 선익(蟬翼)이 없는 쪽에는 반드시 혈(穴)을 가까이에서 보호(保護)하는 사격(砂格)이 있어야 합니다. 만약 보호사(保護砂) 없으면, 혈(穴)은 결지(結地)하지 못합니다.

- 첩지겸(疊指鉗) : 두 선익(蟬翼)중 한쪽이 이중 삼중으로 겹쳐 있
  는 것을 말합니다. 혈(穴)을 이중 삼중으로 보호(保護)하기 때문
  에 길(吉)한 형상입니다.

겸혈(鉗穴)은 주산(主山)이 거문(巨門) 토성(土星)이거나 녹존(祿存)
토성(土星)에서 낙맥(落脈)한 용(龍)에서 주로 많이 결지(結地)합니다.
입수(入首)가 단정하고 물의 상분하합(上分下合)이 분명해야 합니다. 만
약 계수(界水)가 안 되어 물이 혈(穴)로 들어오면 임두수(淋頭水)가 되
어 흉(凶)합니다. 또 선익(蟬翼)이 깨지고 부서지고 파손되어 있으면
흉(凶)합니다.

3) 유혈(乳穴)

유혈(乳穴)은 소음(少陰)에 속하며, 풍만한 여인의 유방처럼 혈장(穴
場)이 약간 볼록한 형태입니다. 유두혈(乳頭穴), 현유혈(縣乳穴), 수유혈
(垂乳穴)이라고도 합니다.
주룡(主龍)은 평평하고 낮은 양룡(陽龍)으로 입수(入首)하여 볼록한
혈장(穴場)을 만듭니다. 혈(穴)은 약간 오목한 곳 즉 유중미와(乳中微窩)
한 곳에 있습니다. 유혈(乳穴)은 평지나 높은 산 모두에 있어 가장 많
은 혈(穴)입니다. 약간 볼록하게 돌출(突出)되어 있어서 바람으로부터
돌출(突出)되어 있습니다. 따라서 혈(穴) 주위의 보호사(保護砂)가 조밀
(稠密)하게 감싸주고 있어야 합니다.

유혈(乳穴)의 종류(種類)

선익(蟬翼)의 형태에 따라
- 뉴회격(紐會格) : 선익(蟬翼)이 두 팔을 벌려 혈을 꺼안은 형태입니다.

- 불유회격(不紐會格) : 선익(蟬翼)이 좌우로 벌렸으나, 혈(穴)을 껴안 지 못한 팔자(八字)모양입니다. 이들 모두 분명한 형태로 있는 것 이 길합니다.

혈장(穴場)의 형태에 따라
- 장유(長乳) : 혈장(穴場)이 긴 것입니다.
- 단유(短乳) : 혈장(穴場)이 짧은 것입니다.
- 대유(大乳) : 혈장(穴場)이 큰 것입니다.
- 소유(小乳) : 혈장(穴場)이 작은 것입니다.
- 쌍유(雙乳) : 혈장(穴場) 두 개가 나란히 있는 것입니다.
- 삼유(三乳) : 혈장(穴場) 세 개가 나란히 있는 것입니다.

유혈(乳穴)은 주산(主山)이 탐랑(貪狼) 목성체(木星體)인 용맥(龍脈)에 서 많이 결지(結地)합니다. 탐랑성(貪狼星)을 출발한 주룡(主龍)이 용진 처(龍盡處)에 이르러서는 수평으로 평평하게 생긴 혈장(穴場)을 만듭니 다. 혈장(穴場) 상단에는 가늘다가 하부로 내려갈수록 점점 두꺼워집 니다. 혈(穴)은 가장 넓은 부분인 육후처(肉厚處)에 결지(結地)합니다. 이 모양이 여인의 풍만한 유방과 흡사하여 유혈(乳穴)이라고 한 것입 니다. 유방에서 제일 중요한 곳은 젖꼭지 부분인 유두(乳頭)입니다. 따 라서 유혈(乳穴)도 혈장(穴場)의 끝부분에서 혈(穴)을 찾아야합니다. 볼 록한 능선 끝에서 약간 오목한 지점이 혈(穴)입니다.

4) 돌혈(突穴)

돌혈(突穴)은 태음(太陰)에 속하며, 혈장(穴場)이 동종(銅鐘)이나 가마 솥을 엎어놓은 것처럼 볼록하게 생긴 형태를 말하는데, 유혈(乳穴)에 비해 혈장(穴場)이 짧고 높습니다. 동종(同宗)을 엎어놓은 것처럼 생긴 돌혈(突穴)을 복종형(伏鐘形), 가마솥을 엎어놓은 것처럼 생긴 돌형(形)을 복부형(伏釜形)이라고 합니다. 혈(穴)은 볼록한 부분에서 약간 오목한 곳에 있습니다. 이를 돌중미와(突中微窩)라고 합니다.

돌혈(突穴)은 높은 산에도 있지만 낮은 평지에도 많이 있습니다. 평지(平地)보다 약간만 높아도 돌(突)로 보기 때문입니다. 실제로 높은 산에 있는 것 보다 평지에 있는 돌혈(突穴)이 길(吉)한 것이 많습니다.

☙ 돌혈(突穴)의 종류

혈장(穴場)의 위치에 따라
- 산곡돌(山谷突) : 높은 산에 있는 돌혈(突穴)입니다.
- 평지돌(平地突) : 평지에 있는 돌혈(突穴)입니다.

혈장(穴場)의 크기와 형태에 따라
- 대돌(大突) : 혈장(穴場)이 큰 돌혈(突穴)을 말합니다.
- 소돌(小突) : 혈장(穴場)이 작은 돌혈(突穴)을 말합니다.
- 쌍돌(雙突) : 혈장(穴場)이 두 개인 돌혈

돌혈(突穴)을 맺는 주룡(主龍)은 혈장(穴場)보다 낮은 양룡(陽龍)으로 입수(入首)합니다. 입수룡(入首龍)이 낮은 곳에서 높은 곳으로 올라오기 때문에 이를 비룡입수(飛龍入首)라 합니다. 볼록한 혈장(穴場)위에도 입수(入首), 선익(蟬翼), 전순(氈脣) 등이 분명하게 있습니다. 또 볼록하게 솟은 혈장(穴場)을 지탱해주기 위해서, 삼발이처럼 생긴 작은 능선이 혈장(穴場) 아래에 균형(均衡)있게 붙어있습니다.

돌혈(突穴)이 높은 산에서 결지(結地)할 때는 바람을 받기 쉽습니다. 그러므로 청룡(靑龍)과 백호(白虎)를 비롯한 안산(案山)과 조산(朝山) 등 주변의 산들도 똑 같이 높아야 합니다. 높은 곳임에도 혈장(穴場)에 서

면 전혀 높다는 느낌이 들지 않아야 합니다. 사격(砂格)들이 겹겹이 혈
(穴)을 감싸주어 보국(保國)을 안정(安定)시키고 장풍(藏風)을 잘하기
때문입니다.

　돌혈(突穴)이 평지(平地)에 맺을 때는 사실상 장풍(藏風)이 어렵습니
다. 평지(平地)이므로 주변에 바람을 막아줄 수 있는 사격(砂格)이 없
습니다. 그러나 이는 염려하지 않아도 됩니다. 왜냐하면 평야(平野)에
서 불어오는 바람은 퍼져오기 때문에 강한 영향을 미치지 않습니다.
바람 중에서도 가장 무서운 것은 골짜기처럼 한쪽으로 몰아쳐서 부는
바람입니다. 이런 바람을 받으면 아무리 좋은 혈(穴)이라도 지기(地氣)
가 흩어지고 맙니다. 그러나 넓게 퍼져오는 바람은 힘이 분산(分散)되
었기 때문에, 혈(穴)의 지기(地氣)를 흩어지게 할 만큼 강한 힘이 없습
니다.

　다만 평지(平地) 돌혈(突穴)에서 중요한 것은 물의 영향입니다. 입수
(入首) 뒤에서 분수(分水)한 물이 혈(穴) 앞 전순(氈脣) 밑에서 합수(合
水)해야 합니다. 그래서 물이 혈(穴)을 완전히 감싸주어야 길한 돌혈
(突穴)이 됩니다. 평지(平地) 돌혈(突穴)은 우필성(右弼星)이 은맥(隱脈)
으로 행룡(行龍)하다가 맺은 경우가 많습니다.

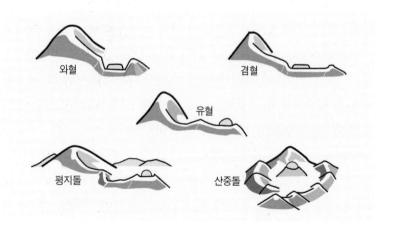

와혈　　겸혈

유혈

평지돌　　산중돌

6. 명당조건의 예외적인 경우, 괴혈(怪穴)

괴혈(怪穴)이란 명당(明堂)이 갖추어야 할 제반 자연조건을 갖추지 못하였음에도 불구하고 생기(生氣)가 응결(凝結)된 장소를 말합니다. 그러나 괴혈(怪穴)도 지기(地氣)가 응결(凝結)된 곳이기에 비석비토(非石非土)이고 홍황자윤(紅黃紫潤)한 혈토(穴土)를 가집니다.

혈(穴)은 기세생왕(氣勢生旺)한 용(龍)이 길국명당(吉局明堂)에 음양이법(陰陽理法)이 합국(合局)함으로서 결지(結地)되는 것입니다. 그러나 괴혈(怪穴)은 혈(穴)이 완전하지 않고 괴이하고 교묘하여, 기(氣)의 응결(凝結)이 의심되는 혈지(穴地)로써, 외적형상(外的形象)은 비록 괴이하고 기교하나 내적생기(內的生氣)의 취결(聚結)은 정상적인 방법에 의해 결지(結地)된 혈(穴)과 조금도 다를 바 없는 혈(穴)을 말합니다.

괴혈(怪穴)은 발복(發福)이 빠르고 강력하여 어떤 풍수가는 괴혈(怪穴)만 찾아 산 속을 헤매기도 한다고 하나, 부덕(不德)한 사람에게는 보일 리가 없고, 착한 일을 많이 하여 덕을 쌓은 사람에게만 돌아간다는 천장지비(天藏地秘)라고 하니 과욕(過慾)은 금물(禁物)인 것입니다.

괴혈(怪穴)로는 천교혈(天巧穴), 천풍혈(天風穴), 독산혈(獨山穴), 석산혈(石山穴), 기룡혈(騎龍穴), 회룡고조혈(廻龍顧祖穴), 부아혈(附蛾穴), 괘등혈(掛燈穴), 무보장혈(無保障穴), 천평혈(天平穴), 몰니혈(沒泥穴), 배토혈(培土穴), 왕양혈(汪洋穴), 수중혈(水中穴), 수충혈(水沖穴) 등이 있습니다.

☙ 천교혈(天巧穴)

첩첩산중의 산봉우리에 갑자기 평지(平地)가 나타나 혈장(穴場)을 형성하는 경우입니다.

구름위로 솟은 높고 큰 영산(靈山)의 기세(氣勢)가 첩첩산중의 산봉우리나 혹은 그 분지에 응결(凝結)되는, 기이하고 장엄한 혈(穴)로써, 사방팔방의 산봉우리가 서로 비등하게 솟아 주위를 둘러싸고 있고, 안으로는 용호(龍虎)가 갖춰져 있고 국세(局勢)가 이루어져 있으며, 산 위에는 샘이 있어 사철 마르지 않는 혈(穴)을 말합니다.

이러한 천교혈(天巧穴)을 얻으면, 상격지(上格地)는 지극히 귀한 인물이 나고, 중격지(中格地)는 장상(將相)이 연이어 나오게 됩니다.

☙ 천풍혈(天風穴)

팔풍취혈(八風吹穴) 혹은 고로혈(孤露穴)로도 불리 우는 천풍혈(天風穴)은 사방에서 바람이 불어오는 홀로 노출된 곳 또는 산정(山頂)에 노출된 혈(穴)을 말합니다. 멀리서 바라다보면 바람이 거침없이 사방팔방에서 불어 올 것 같아 혈(穴)을 결지(結地)할 수 없을 것 같으나, 혈(穴)에 올라보면 용세(龍勢)가 생왕(生旺)하고 와혈(窩穴)로 취결(聚結)하고, 주변에 놓인 밋밋한 능선이 있어 바람을 막아 온화(溫和)한 기운이 도는 기이한 혈장(穴場)입니다. 이 땅이 진결(眞結)이면 출중(出衆)한 자손(子孫)이 나와 가문(家門)을 빛낼 것입니다.

☙ 독산혈(獨山穴)

연고(緣故) 없는 독산(獨山)은 혈(穴)을 맺지 못하나, 간혹 독산(獨山)에서도 혈(穴)을 맺을 수 있습니다. 독산혈(獨山穴)은 비록 주룡(主龍)의 낙맥(落脈)이 얕고 모호하나, 혈지(穴地) 뒤에서 나성(羅城)이 둘러 감싸고 있으며, 전후좌우(前後左右)에서는 강과 호수가 두르고 있고, 강 건너 안산(案山)이 수려(秀麗)하고 유정(有情)하고, 국세(局勢)가 안정(安定)되어 따뜻한 기운이 국세(局勢) 가득하면 부귀왕정(富貴旺丁)의 귀혈(貴穴)이 됩니다. 그러나 독산혈(獨山穴)의 결지(結地)에는 독산(獨

山) 자체 내에서 분명한 용맥(龍脈)의 변화(變化)와 기타 결지요건(結地要件)이 확실한 응결지(凝結地)가 있어야 하고, 수세(水勢) 또한 맑은 물이 감싸고 돌아야 합니다.

🔖 석산혈(石山穴)

석산(石山)에서 바위나 굵은 돌멩이로 내룡(來龍)이 이어져 내려오다가 갑자기 시신 한 구를 안장할 정도의 흙으로 된 곳이 나타나 혈(穴)을 맺은 경우로서, 지상(地上)이나 지하(地下)에 크고 작은 암석이 널리 흩뜨려져 있습니다.

기이하게도 돌무더기 속에 생기(生氣)가 응결(凝結)되어 있기도 하고, 천광(穿壙)중 땅속에 바위가 있고 홍황자윤(紅黃紫潤)한 혈토(穴土)가 응결(凝結)된 혈(穴)도 있습니다. 천광(穿壙) 중 빛이 나고 윤기 있는 연하고 평평한 바위인 연반석(軟盤石)이 나오면, 반석(盤石) 위에 장례를 하고 봉토(封土)를 합니다.

용(龍)이 혈지(穴地)를 맺는데 있어서 뿌리가 없는 돌은 파내고 흙으로 메우면 되나, 뿌리가 있는 흉(凶)한 돌의 제거는 용(龍)을 상(傷)하게 하고 혈(穴)을 파괴(破壞)하는 것이므로, 쓸 수가 없는 혈(穴)이 됩니다.

🔖 기룡혈(騎龍穴)

기룡혈(騎龍穴)은 기세(氣勢)가 생왕(生旺)한 용맥(龍脈)의 등 위에 기이하게 결지된 대귀혈(大貴穴)입니다.

기룡혈(騎龍穴)도 정상적 결지요건과 다를 바 없으므로, 주산(主山), 현무(玄武)는 수려(秀麗)하고, 용호(龍虎)는 겹겹이 감싸주고, 조산(朝山)과 안산(案山)이 앞에서 응대(應待)하며, 수세(水勢)와 수구(水口) 모두 격(格)에 맞는데, 용진처(龍盡處)가 아닌 행룡(行龍)의 밋밋한 등마루 위에 기맥(氣脈)이 응결(凝結)되어 하나의 혈(穴)을 결지(結地)하고, 왕성(旺盛)한 기세(氣勢)의 용(龍)의 여기(餘氣)가 다시 전진하여 용진처(龍盡處)에 이르러, 용(龍)이 여의주를 토하듯 용두(龍頭)를 힘차게 들어 올린 기이한 혈(穴)을 말합니다.

백자천손(百子千孫) 만대영화(萬代榮華)에 헤아릴 수 없이 귀(貴)를 가진 대귀혈(大貴穴)입니다.

⚬ 회룡고조혈(廻龍顧祖穴)

회룡고조혈(廻龍顧祖穴)은 주산(主山)을 출발한 주룡(主龍)이 변화하기를 수차례 하여 몸을 돌려 출발한 주산(主山)을, 안산(案山)이나 조산(朝山)으로 삼아 응결(凝結)하는 혈(穴)을 말합니다.

주산(主山)이 조안(朝案)이 되므로, 조안(朝案)이 혈지(穴地)에 비해 월등히 높아 능히 압도(壓倒)할 수 있으나, 엄한 할아버지도 손자에게는 너그럽듯이 회룡고조혈지(廻龍顧祖穴地)에서의 조안(朝案)의 고압(高壓)은 무서운 압도(壓倒)가 아닙니다. 다만 조안(朝案)이 높이 솟아있되, 거칠고 험악하지 않고 수려하고 장중해야합니다.

⚬ 부아혈(附蛾穴)

높고 험하고 가파른 내룡(來龍)의 중간이나 상층에 맺는 혈상(穴相)은 마치 나비가 벽에 붙은 것 같은 모양의 기이한 형태입니다.

부아혈(附蛾穴)의 응결지(凝結地)는 대개 오목한 곳에 볼록한 돌혈(突穴)의 형상을 가지고 있습니다. 나비가 날아다니다가 잠시 머물러 있다 다시 날아가므로 단발속패(單發速敗)합니다.

※ 괘등혈(掛燈穴)

산봉(山峰)의 오목한 곳 혹은 산 중간 툭 튀어나온 입처럼 생긴 곳에 응결(凝結)이 되며, 그 형상(形象)이 마치 등잔(燈盞)과 같습니다.

괘등혈(掛燈穴)의 화복(禍福)도 속발속패(速發速敗)이나, 참된 혈(穴)은 옥촉조천혈(玉燭照天穴)이 되어 천년(千年)을 발(發)하는 대발복지(大發福地)가 됩니다. 그러나 등잔의 기름이 소진되면 하루아침에 패망(敗亡)하게 됩니다.

※ 무보장혈(無保障穴)

결지의 필수요건인 청룡(靑龍), 백호(白虎)와 안산(案山)이 없이 응결되는 기이한 혈(穴)을 말합니다.

길지(吉地)의 진혈(眞穴)은 기세충천(氣勢衝天)한 내룡(來龍)에 붙어있고 앞으로는 휘장(揮帳)을 두른 듯하여야 하고[후고전장(後靠前帳)], 용호(龍虎)의 좌우호종(左右護從)이 있어야 합니다.

진혈(眞穴)의 결지(結地)는, 사절룡(死絶龍)은 길격(吉格), 용호(龍虎), 안대(案對)가 모두 쓸모가 없으므로 생왕룡(生旺龍)이어야 하며, 용진처(龍盡處)이며, 또한 기세(氣勢)가 생왕(生旺)한 용맥(龍脈)이 결인속기(結咽束氣)가 아름답고, 와겸유돌(窩鉗乳突)의 혈상(穴相)과 입수(入首), 선익(蟬翼), 혈토(穴土), 전순(氈脣)이 분명하고 명당(明堂)이 양명(陽明)하고, 수구(水口)의 관쇄(關鎖)가 잘 되어 있으면 비록 청룡(靑龍) 백호(白虎)와 안산(案山)이 없어도 진혈(眞穴)이 응결(凝結)될 수 있으나, 물이 반드시 둥글게 감싸 돌아주어야 합니다.

❧ 천평혈(天平穴)

용맥(龍脈)이 평지(平地)로 낙맥(落脈)하여 평탄하게 행룡(行龍)하다가 결지(結地)하는 혈(穴)입니다. 결지(結地)는 양래음수(陽來陰受)하고 음래양수(陰來陽受)하는 것이 원칙인 바, 천평혈(天平穴) 역시 평탄한 양맥(洋麥)에서는 유돌음혈(乳突陰穴)이 결지(結地)되고, 높은 음맥(陰脈)에서는 와겸양혈(窩鉗陽穴)이 결지(結地)됩니다.

진흙 속에 맺은 몰니혈(沒泥穴) 역시 일종의 천평혈(天平穴)입니다. 이런 기이한 천평몰니혈(天平沒泥穴)은 재산을 얻어 부(富)를 이루나, 오판하여 수침함몰지(水沈陷沒地)를 취하는 일이 많으므로 함부로 취할 일이 아닙니다.

❧ 몰니혈(沒泥穴)

땅이 갑자기 푹 꺼져 있는 진흙밭과 같은 평지에는 원래 정혈(定穴)할 수 없으나, 몰니혈(沒泥穴)은 주변보다 약간 들어간 부분에 기맥(氣脈)이 뭉쳐 진혈처(眞穴處)를 이룬 경우입니다. 몰니혈(沒泥穴)은 내룡(來龍)과 혈장(穴場) 사이에 간간이 돌멩이 등을 돌출시키면서 용맥(龍脈)이 이어지고 있음을 나타냅니다.

❧ 배토혈(培土穴)

혈(穴)의 결지(結地)는 땅 속 깊숙이 흐르는 생기(生氣)를 이어받아 이루어짐이 원칙이나, 배토혈(培土穴)은 지표 가까이에 얕게 흐르는 기맥(氣脈)에서 기(氣)를 받아 결지(結地)하는 기이(奇異)한 혈(穴)입니다.

배토혈(培土穴)을 깊게 파면, 파혈(破穴)의 우려가 있으므로 관(棺)이 겨우 묻힐 정도로 얕게 파고, 외토(外土)로 배토(培土)를 해야 하는 혈(穴)입니다. 배토혈(培土穴)의 화복(禍福)은 속발속패(速發速敗)입니다.

🐚 왕양혈(汪洋穴)

바다 가운데 떠 있는 섬에서 응결(凝結)하는 기이한 혈(穴)입니다. 육지(陸地)나 모도(母島)에서 출발한 용맥(龍脈)이 바다 밑으로 이어져, 바다 가운데 솟아올라 결지(結地)하는 혈(穴)로서, 결지(結地) 요건을 갖추면 대부대귀(大富大貴)가 이루어집니다.

🐚 수중혈(水中穴)

큰 연못이나 호수 가운데에는 혈(穴)을 결지(結地)할 수 없으나, 바다의 섬처럼 주변은 모두 물에 잠겨 있으나 중앙에 솟아 오른 땅이 있어 혈장(穴場)을 형성한 경우를 말합니다. 수저혈(水底穴), 수교혈(水巧穴)이라 부르기도 합니다. 선부후귀(先富後貴)의 혈(穴)이 됩니다.

🐚 수충혈(水沖穴) 또는 사협혈(射脅穴)

경사가 급박하고 폭이 좁아 첨예하게 보이는 물길이, 혈장(穴場)의 좌우로 활을 쏘듯이 흐르고 있는 것은 파혈(破穴)의 우려가 있지만, 실제로는 혈장(穴場)의 전후, 좌우로 바위 등의 요성(曜星)과 보호사(保護砂)가 있어서 물길이 내리치는 모습을 감추어 혈장(穴場)을 이루고 있는 경우로, 오히려 속발부귀(速發富貴)의 기이(奇異)한 혈(穴)을 맺을 수 있습니다.

7. 혈(穴)의 결지론(結地論)

혈(穴)에서 결지(結地)하고 생기(生氣)가 응결(凝結)되기 위해서는, 생기(生氣) 왕성(旺盛)한 진룡(眞龍)이어야 합니다. 용맥(龍脈)과 혈(穴)

의 모양은 음양조화(陰陽造化)를 이루는데, 음래양수 양래음수(陰來陽受 陽來陰受)가 그것이며, 혈장(穴場)의 모양은 기부포전(肌附舖氈)하며 취기포토(聚氣飽土)해야 합니다.

입수(入首), 선익(蟬翼), 혈토(穴土), 전순(氈脣)의 결지(結地) 4요건이 확연해야 하며, 혈운(穴暈)이 은은하게 나타나야 하며, 물이 상분하합(上分下合)하고, 혈(穴) 아래에서 금어수(金魚水)가 있어 옷깃을 여민 듯한 모습의 합수(合水)가 되는 합금(合襟)을 이루어야 혈(穴)의 생기(生氣)를 보호(保護)할 수 있습니다.

혈(穴) 앞에 하수사(下水砂)가 있어서, 전순(氈脣) 앞에서 이루어진 합수(合水)가 직거(直去)하지 않도록 해 주어, 혈(穴)에 응력(應力)된 생기(生氣)를 보호(保護)해 주어야 합니다.

이런 곳에 이루어진 혈(穴)이야 말로 진혈(眞穴)인 것입니다.

1) 양래음수 음래양수(陽來陰受 陰來陽受)

용맥(龍脈)과 혈상(穴象)과의 음양조화(陰陽造化)의 관계를 말하는 것입니다. 즉, 양룡(陽龍)이 입맥(入脈)하면 음혈(陰穴)을 취하고, 음룡(陰龍)이 입맥(入脈)하면 양혈(陽穴)을 취하는 것을 말합니다.

용맥(龍脈)이 평평하고 오목하면 양룡맥(陽龍脈)이고, 용맥(龍脈)이 높고 일어서 있으면 음룡맥(陰龍脈)이며, 또 손바닥이 하늘을 향해 있는 것처럼 오목한 혈[앙장요철(仰掌凹穴)]은 양수혈(陽受穴), 손을 엎은 것처럼 볼록한 혈[복장철혈(覆掌凸穴)]은 음수혈(陰受穴)입니다.

2) 기부포전(肌附舖氈)과 취기포토(聚氣飽土)

혈장(穴場)의 모습을 말하는 것으로서, 기부포전(肌附舖氈)이란 말은, 혈장(穴場)은 혈체(穴體)에 기부(肌附)하고 좌지(座地)에 포전(鋪氈)해야 한다는 말입니다. 즉, 혈장(穴場)은 용(龍)의 몸에 붙어 혈체(穴體)가 살이 붙어 있어야 하며, 혈(穴)이 앉은 자리는 그 모양이 방석을 여러 개 쌓은 것처럼 도톰해야 한다는 말입니다. 취기포토(聚氣飽土)란 기(氣)가 모인 곳은 흙이 도톰하다는 말입니다. 평지(平地)에서의 혈(穴)의 응결(凝結)은 잇닿아 이어진 숨은 용맥(龍脈)[연면은맥(連綿隱脈)]이 취기포토(聚氣飽土)가 분명해야 진혈(眞穴)입니다.

3) 물의 분합(分合)과 혈운(穴暈)

물의 분합(分合)이란, 생기(生氣)를 보호하면서 용맥(龍脈) 양쪽에서 나란히 따라온 물인 원진수(元辰水)가, 혈장(穴場) 뒤에서는 갈라지고, 앞에서는 다시 합수(合水)하는 것을 말합니다. 지기(地氣)는 물에 의해서 가두어지고 보호를 받습니다. 혈(穴)의 생기(生氣)가 흩어지지 않기 위해서는 물이 사방을 감싸고 있어야 합니다. 이를 물의 상분하합(上分下合) 또는 계합(界合)이라고도 합니다. 물의 분합(分合)이 여러 번 중첩(重疊)되면 혈(穴)의 생기(生氣)가 잘 보호됩니다.

첫째 분합(分合)은, 입수(入首)와 선익(蟬翼)과 전순(氈脣)이 감싸 준 혈장(穴場) 안에서 이루어집니다. 해무리나 달무리처럼 생긴 원형의 테두리가 은은하게 혈(穴)을 감싸 준 혈운(穴暈)을 말합니다. 혈(穴) 위쪽에서 분수(分水)했다가 혈(穴)을 한 바퀴 감싸준 후, 아래에서 다시 합수(合水)합니다. 혈(穴)의 생기(生氣)를 가장 가까이서 보호하는 물입니다. 육안으로 구별이 어렵습니다.

둘째 분합(分合)은, 용맥(龍脈) 양쪽에서 따라온 원진수(元辰水)가 혈장(穴場) 위에서 나누어 졌다가 다시 합쳐지는 것을 말합니다. 원진수(元辰水)는 혈장(穴場)의 입수(入首) 뒤에서 분수(分水)했다가 양 선익(蟬翼)을 따라 양분된 다음, 전순(氈脣) 앞에서 합수(合水)합니다. 혈운(穴

暈) 다음으로 혈(穴)의 생기(生氣)를 가까이에서 보호해주는 물로, 육안으로 구별이 어렵습니다.

셋째 분합(分合)은, 주산(主山)이나 현무봉(玄武峰)에서 용(龍)을 사이에 두고 나누어 졌다가 수구(手具)에서 합쳐지는 물을 말합니다. 분수(分水)한 물은 양변으로 개장(開帳)한 청룡(靑龍)과 백호(白虎)를 따라 혈장(穴場) 전체를 감싸 보호해 주고[혈장포만수(穴場抱灣水)], 혈장(穴場) 앞에 명당(明堂)을 형성하고, 청룡(靑龍)과 백호(白虎) 끝이 서로 만나거나 교차하는 수구(水口)에서 합수(合水)가 이루어집니다. 합수(合水)가 옷깃을 여미 듯 한 모양으로 이루어지므로, 이를 합금(合襟)이라고도 합니다.

이처럼 물이 1차 분합(分合), 2차 분합(分合), 3차 분합(分合)을 하여야 생기(生氣)가 보전되어 혈(穴)을 결지(結地)할 수 있는 것입니다. 물이 위에서 분수(分水)하였는데 아래에서 합수(合水)하지 못하면 혈(穴)의 결지(結地)는 어렵습니다. 반대로 위에서 분수(分水)를 못하고 아래에서 합수(合水)하는 물도 혈(穴)을 결지(結地)할 수 없습니다. 물이 혈(穴)을 완전히 감싸주지 못해 생기(生氣)를 보존할 수 없기 때문입니다.

★ **임두할각(淋頭割脚)**

혈(穴) 뒤에서 혈(穴)로 바로 들어오는 물을 임두수(淋頭水)라고 하는데, 임두할각(淋頭割脚)이란 혈(穴) 뒤에서, 물이 바로 혈(穴)로 들어와서 아래로 흘러 퍼지는 것을 말합니다. 혈(穴)의 위아래가 입수(入首)도 형성(形成)되지 못하고, 전순(氈脣)도 없는 경우로서 기(氣)가 없고, 산만한 땅으로 경사지고 넓게 퍼진 용미(龍尾) 뒤쪽에서 스며든 혈(穴)중의 흉수(凶水)가 아래쪽으로 흘러 퍼지는 극히 흉(凶)한 땅을 말합니다.

물의 1차 분합(分合)때 나타나는 혈운(穴暈)은 혈(穴)의 결지(結地) 여부를 나타내는 가장 중요한 요소입니다. 동그랗게 생겨 태극운(太極

量)으로 불리기도 하는데, 그 형태는 제 각각입니다.

혈장(穴場)이 오목하게 들어 간 와혈(窩穴)이나 겸혈(鉗穴)의 혈심에, 약간 볼록하게 은은한 원을 그리며 생기(生氣)를 보호하는 혈운(穴暈)의 모양이 마치 게의 눈과 같다하여 해안수(蟹眼水)라 합니다.

혈장(穴場)이 볼록하게 나온 유혈(乳穴)과 돌혈(突穴)의 혈심에, 약간 오목하게 은은한 원을 그리며 생기(生氣)를 보호하는 혈운(穴暈)의 모양이 마치 새우의 수염 같다 하여 하수수(蝦鬚水)라고 합니다.

입수(入首)를 통해 생왕(生旺)한 생기(生氣)가 혈심에서 응결하고, 혈(穴) 위에는 흔적이 없고 아래에서만 반원(半圓)같은 혈운(穴暈)이, 혈(穴)의 응결(凝結)을 돕는 것을 금어수(金魚水)라고 합니다.

이때 해안수(蟹眼水)처럼 볼록하든, 하수수(蝦鬚水)처럼 오목하든 상관이 없습니다. 혈(穴) 아래에서 생기(生氣)의 응결(凝結)을 잘 돕는 것이 최고입니다. 그리고 해안수(蟹眼水)나 하수수(蝦鬚水), 금어수(金魚水)의 정확한 구분은 사실상 어렵습니다. 아주 미미한 흔적으로 육안으로 혈운(穴暈)을 찾는 것도 어려운데, 그것의 정확한 구분은 더욱 어려운 일입니다. 또 그 역할이 똑같기 때문에 굳이 구분할 필요도 없습니다. 이 때문에 옛날부터 이들의 종류에 상관없이 혈운(穴暈), 태극운(太極暈), 해안수(蟹眼水), 하수수(蝦鬚水), 금어수(金魚水) 등으로 불렀습니다. 중요한 것은 혈장(穴場)안의 혈(穴) 주위를 해무리나 달무리처럼 둥그렇게 감싸고 있는 물 기운이 있는가 하는 점입니다. 이러한 흔적이 있으면 진혈(眞穴)이라는 증거입니다.

4) 하수사(下水砂)

하수사(下水砂)는 기부포전(肌附舖氈)한 혈장(穴場) 아래에 작고 가늘게 붙어있는 귀(貴)한 능선이며, 혈장(穴場) 아래에 팔처럼 붙어 혈(穴)

을 감아주기 때문에, 하비사(下臂砂) 또는 역관사(逆關砂)라고도 부릅니다. 하수사(下水砂)는 혈장(穴場) 아래에 있는 작고 미미한 능선입니다. 얼핏보면 확실하게 구분하기 어려우나, 세심한 주의력으로 살펴보면 육안(肉眼)으로 뚜렷하게 보입니다.

하수사(下水砂)는 혈장(穴場)을 지탱(支撑)해주고, 혈(穴)의 생기(生氣)가 앞으로 새어 나가지 못하게 할 뿐만 아니라 1차와 2차에 걸쳐 분합(分合)된 물이 직선으로 나가지 않고 역수(逆水)하도록 합니다. 특히 전순(前脣)아래서 합수(合水)한 원진수(元辰水)가 곧바로 흘러나가지 못하도록, 물을 걷어주는 역할을 합니다.

용맥(龍脈)을 호위하면서 따라온 원진수(元辰水)는 혈장(穴場) 뒤에서 분수(分水)하고, 선익(蟬翼)을 따라 갈라진 다음, 다시 전순(氈脣) 앞에서 합수(合水)해야 하며, 합수(合水)한 원진수(元辰水)가 곧장 흘러나가게 되면, 혈(穴)의 생기(生氣)도 따라 나가게 되므로 매우 흉(凶)합니다.

혈 앞을 흐르는 물이 오른쪽에서 득수(得水)하여 왼쪽으로 흘러가면, 하수사(下水砂)는 왼쪽에서 뻗어 나와 오른쪽으로 가고, 물이 왼쪽에서 득수(得水)하여 오른쪽으로 흘러가면, 하수사(下水砂)는 오른쪽에서 뻗어 나와 왼쪽으로 머리를 돌려야 물을 역수(逆水)시킬 수 있어 길격(吉格)이 됩니다. 만약 하수사(下水砂)가 짧거나 물 흐르는 방향으로 같이 뻗어 물을 거두어들이지 못하고 순수(順水)하면 흉격(凶格)이 됩니다.

하수사(下水砂)의 순역(順逆)을 살필 때, 혈(穴) 앞을 지나는 물이 큰 물과 작은 물이 있으면 큰물을 거두어 주는 하수사(下水砂)를 평가하고, 먼 곳에 있는 하수사(下水砂)보다 가까이 있는 하수사(下水砂)를 중시해야 합니다.

　하수사(下水砂)는 혈(穴)의 결지(結地)에 결정적 역할을 할 뿐만 아니라 자손(子孫)의 빈부(貧富)를 가늠하는 재사(財砂)이며 부사(富砂)이기도 합니다. 이는 물은 수관재물(水管財物)이라 하여 부(富)를 관장(管掌)하기 때문입니다. 하수사(下水砂)가 겹겹이 중첩되어 물을 잘 거두어들이면 그만큼 재물이 모인다는 뜻에서 말하는 것입니다. 하수사(下水砂)가 짧거나 순수(順水)하면 빈곤하게 됩니다.

제4절 사(砂)에 대하여

1. 사(砂)의 개요

1) 사(砂)란?

사(砂)란 혈장(穴場)을 둘러싸고 있는 주변의 모든 산을 가르킵니다. 넓은 의미로는, 혈(穴)을 호종(護從)하는 모든 산과 돌, 물을 말하고, 좁은 의미로는, 물을 제외한 모든 형태의 산이나 물체를 의미합니다. 물을 따로 떼어서 수격(水格), 물을 판단하는 기준을 정하고 수세론(水勢論)이라 부르기도 합니다.

2) 사(砂)의 역할

혈장(穴場)에서 가깝게 또는 멀리서 모든 산들이 혈(穴)을 호종(護從)하고 있는데, 이는 혈(穴)의 본신(本身) 지기(地氣)를 보호(保護)하고, 외부의 바람과 살기(殺氣)를 제어해 주어, 혈장(穴場)에 응결된 생기(生氣)를 보호(保護)합니다. 아울러 혈(穴) 주변의 산들도 나름대로의 기(氣)를 지니고 있어 혈(穴)을 향해 기(氣)를 보내주게 됩니다.

3) 사(砂)의 종류(種類)

모든 호종사(護從砂)들이 사(砂)에 포함됩니다. 혈(穴) 뒤에 있는 산을 현무(玄武)라 하며 주산(主山)이 있고, 혈(穴) 앞에 있는 산을 주작(朱雀)이라 하며, 안산(案山)과 조산(朝山)이 있으며, 혈(穴) 좌우에는 청룡(靑

108

龍)과 백호(白虎)가 있습니다. 또 외곽을 둘러싸고 있는 나성(羅城)이 있습니다. 혈(穴)의 전후좌우(前後左右)에 있는 청룡(靑龍), 백호(白虎), 주작(朱雀), 현무(玄武)를 사신사(四神砂)라 하며 사격(砂格)을 대표합니다.

혈장(穴場) 앞으로는 하수사(下水砂)가 있고, 왕성(旺盛)한 기(氣)의 여력으로 이루어진 귀성(鬼星)과 요성(曜星)과 관성(官星)이 있으며, 수구(水口)에는 수구사(水口砂)가 있습니다. 수구사(水口砂)로는 한문(捍門), 화표(華表), 북신(北辰), 나성(羅星)이 있습니다. 그 밖에 낙산(樂山)과 탁산(托山)이 있습니다.

4) 사(砂)가 만들어 내는 국세(局勢)

혈장(穴場)을 감싸고 있는 모든 사격(砂格)들이 형성하는 기맥(氣脈)과 외형적 짜임새를 '국세(局勢)'라 합니다.

국세(局勢)가 좋다는 말은 혈장(穴場) 주변의 보호사(保護砂)들이 확연히 들어나고, 그 산의 모양 또한 아름다움을 느끼게 한다는 뜻으로서, 이는 결혈(結穴)의 필수적인 조건이 되기도 하는 것입니다.

따라서 이상적인 국세(局勢)가 되려면, 혈(穴) 주변의 사(砂)들이, 혈(穴)을 중심으로 둘러 싸여 있어야 하며, 상호간의 높낮이, 원근(遠近) 등에 있어서 균형(均衡)과 조화(調和)를 유지해서 전체적인 아름다움이 갖춰져야 합니다. 이러한 이상적인 국세(局勢)는 장풍득수(藏風得水)가 자연스럽게 잘 이뤄져서 혈장(穴場)이 머금고 있는 생기(生氣)에 대해 적극적인 동조작용(同調作用)을 하게 됩니다.

5) 사격(砂格)의 길흉(吉凶)

사격(砂格)은 물과 함께 혈(穴)의 결지(結地)를 도와주면서, 혈(穴)의 길흉화복(吉凶禍福)을 결정(決定)하는데 중요한 역할을 합니다. 사격(砂

格)이 반듯하고 깨끗하고 수려하면 귀격(貴格)이고, 둥글고 두툼하게 살이 찐 것이면 부격(富格)입니다.

풍수지리(風水地理)의 기본은 '용혈(龍穴)이 위주(爲主)고, 사수(砂水)는 차지(次之)'입니다. 용(龍)과 혈(穴)이 먼저이고 사격(砂格)과 물은 그 다음이라는 말입니다. 따라서 혈처(穴處)가 형성되지 않으면, 주변의 사격(砂格)이 아무리 귀(貴)하다 한 들 쓸모도 없고 이로움도 없는 무용무익(無用無益)한 사격(砂格)이 됩니다. 혈장(穴場)은 내 몸이고, 사격(砂格)은 팔 다리와 같은 것이기 때문입니다.

사격(砂格)이 이상적인 국세(局勢)를 이루지 못하고 배역(背逆)하고 있거나, 한쪽이 다른 쪽보다 너무 높거나 웅장해서 기맥(氣脈)의 균형(均衡)이 깨지는 경우, 사격(砂格)들 중의 일부가 훼손(毁損)되어 있는 경우 등은 혈장(穴場)을 돕고 보호해야 할 제 기능을 올바르게 수행할 수 없으므로, 혈장(穴場)은 바람과 물에 쉽게 노출되어 생기(生氣)를 잃게 되므로 흉(凶)한 사격(砂格)이 됩니다.

혈장(穴場) 주변의 사(砂)가 골고루 갖춰져 있고 국세(局勢)가 수려하면, 그 후손(後孫)들이 사회적으로 큰 인덕(人德)을 입게 되거나 무리를 이끌어갈 지도자가 배출되는 것으로 여기게 됩니다.

2. 호종사(護從砂)

호종사(護從砂)는 혈(穴)을 따르며 호위(護衛)하는 모든 사격(砂格)을 말합니다. 태조산(太祖山)에서 출발한 주룡(主龍)은 중조산(中祖山)과 소조산(小祖山)을 거쳐 혈(穴)에 도달할 때까지 많게는 수백리 혹은 수십리를 행룡(行龍)합니다. 이때 주위에서 따라오며 좌우(左右)에서 보호(保護)해주는 각종 사격(砂格)을 호종사(護從砂), 보호사(保護砂), 호종보호사(護從保護砂) 등으로 부릅니다.

호종사(護從砂)가 없다면 충(沖)을 받거나 살기(殺氣)를 받아 무너지고 잘려지고 때로는 피폐해지기 때문에 결코 귀한 용(龍)이 될 수 없습니다. 기세왕성(氣勢旺盛)한 귀(貴)한 용(龍)일수록 호종(護從)하는 산이 많습니다. 호종사(護從砂)가 없다고 해서 반드시 천한 용(龍)은 아니지만 기(氣)가 약해질 가능성이 많습니다.

혈(穴)이 형성되면 용맥(龍脈)과 혈(穴)을 보호(保護)하기 위해 호위(護衛)하는 산이 좌우로 나뉘어 뒤따르며, 나쁜 기운(氣運)의 영향을 받지 않도록 주변을 막고 쌓아주며 바람을 타지 않도록 차단하여, 혈장(穴場)의 기(氣)가 빠져 나가는 것을 막아줍니다.

호종사(護從砂)가 좌우에서 혈(穴)을 보호(保護)하며 행룡(行龍)을 수행한다고 해도 호종사(護從砂)의 크고 작음은 주룡(主龍)의 크기에 따라 형평(衡平)에 맞아야 합니다. 호종사(護從砂)가 주룡(主龍)과 비교해 지나치게 크면, 주룡(主龍)을 억압하고, 지나치게 작으면 왜소하여 주룡(主龍)을 호종(護從)을 할 수 없습니다. 용(龍)이 크면 호종산(護從山)도 커야하고, 용(龍)이 작으면 호종산(護從山)도 작아야 합니다. 또 용(龍)이 길면 호종보호사(護從保護砂)도 길어야 하고, 용(龍)이 짧으면 호종사(護從砂) 역시 짧아야 합니다.

호종사(護從砂)는 혈(穴)을 호위(護衛)하는 사격(砂格)이므로 조화(調和)와 균형(均衡)을 갖추어야 그 가치를 지닙니다. 혈(穴)이 높은 곳에 위치하고 있으면 호종사(護從砂)도 높고, 혈(穴)이 낮은 곳에 위치하면 호종사(護從砂)도 낮아야 하며, 혈(穴)이 크면 호종사(護從砂)도 커야 하고 혈(穴)이 작으면 호종사(護從砂)도 작아야 합니다. 호종사(護從砂)는 혈(穴)과 조화(調和)를 이루어야 합니다.

호종사(護從砂)는 가까이 있어서 혈(穴)을 모셔야 하고, 배반(背盤)하지 않아야 합니다. 지나치게 먼 곳에 있거나 시야를 벗어 난 곳, 가까운 호종사(護從砂)의 뒤쪽에 있어 보이지 않는 사격(砂格)은 호종사(護從砂)가 아니고 하나의 바람막이일 뿐입니다.

태조산(太祖山)에서 혈(穴)까지 이어지는 주룡(主龍)을 귀한 사격(砂格)들이 여러 겹으로 감싸주며 호종(護從)하면 그 용(龍)은 더욱 귀(貴)하게 됩니다. 호종(護從)하는 사격(砂格) 중에 귀(貴)한 것들이 많을수록 귀한 혈(穴)을 결지(結地)합니다. 어병사(御屛砂), 좌기우고(左旗右鼓), 금인홀규(金印笏圭), 고궤(庫櫃), 문필(文筆), 천마(天馬), 고축(誥軸), 귀사부봉(貴砂富峯) 등 공협호종(供夾護從)하는 것들입니다.

안산(案山)으로 수려양명(秀麗陽明)한 면궁(眠弓), 아미(蛾眉), 귀인옥녀(貴人玉女) 등이 다정하게 맞아주면 더욱 좋습니다. 여기에 호종사(護從砂) 사이의 여러 골짜기에서 나온 구곡청류(九曲淸流)의 맑은 물이 이중삼중으로 겹겹이 감싸 용맥(龍脈)을 보호하면 더욱 길(吉)합니다. 그러나 호종사(護從砂) 사이의 지각에서 흘러내린 물이 혈장(穴場)을 직충(直沖)하면 좋지 않으며, 지각(支脚)이 혈장으로 내달려 직충(直沖)하는 것도 아주 나쁩니다. 이러한 호종보호사(護從保護砂)의 형태와 기세를 보고 혈(穴)의 발복정도를 가늠할 수 있습니다.

3. 사신사(四神砂)

사격(砂格)에서 가장 대표적인 것이 사신사(四神砂)로서, 청룡(靑龍), 백호(白虎), 주작(朱雀), 현무(玄武)를 일컫는 말입니다.

사신사(四神砂)는 외부(外部)에서 침범(侵犯)하는 흉기(凶氣)를 차단할 수 있어야 하고, 또 한편으로는 혈장(穴場)에 응결(凝結)된 생기(生氣)가 사방으로 분산(分散)되지 않도록 취기(聚氣)를 돕는 역할을 수행할 수 있어야 합니다.

사신사(四神砂)중 에서도 청룡(靑龍)과 백호(白虎)가 혈장(穴場)의 규모와 조화를 이루며 2-3겹 이상으로 혈장(穴場)을 세밀하게 감싸게 되면 혈장(穴場)을 향해 불어오던 외풍(外風)이나 흉기(凶氣)는 안전하게 차단되어 장풍(藏風)이 이루어집니다.

　청룡(靑龍)과 백호(白虎)의 끝 부분은 마치 좌우 팔의 끝인 양손을 마주잡고 있는 듯이 양끝이 마주 닿아 있어야 길(吉)합니다. 용호(龍虎)의 한 쪽의 끝이 다른 쪽보다 약간 길게 뻗어, 끝머리를 살짝 안아 싸고 있는 산세(山勢)를 이루면 용호(龍虎)가 '관쇄(關鎖)'되었다고 하여 매우 좋게 여깁니다.

　청룡(靑龍)과 백호(白虎) 중에서 어느 한쪽이 결여(缺如) 되어 있는 경우엔, 대신할 물길이 있어 사(砂)의 기능을 대체할 수 있어야합니다.

1) 현무(玄武) [주산(主山), 소조산(小祖山)]

　현무(玄武)가 되는 산은 소조산(小祖山)이나 주산(主山)이 됩니다. 대부분 현무(玄武)는 주산(主山)에 해당하나, 주산(主山)이 낮은 경우는 소조산(小祖山)이 현무(玄武)가 됩니다. 때로는 벌판과 같은 곳에서 취기(聚氣) 입수(入首)가 이루어지면 입수(入首)가 현무(玄武)가 되기도 하나 흔한 경우는 아닙니다.

　현무(玄武)는 혈장(穴場) 뒤에 있는 산으로서 내룡(來龍)의 용맥(龍脈)이 혈장(穴場)으로 흐를 때 가장 중요한 역할을 하게 됩니다. 혈장(穴場)에 응결(凝結)되는 기맥(氣脈)은 용맥(龍脈)의 발원지인 태조산(太祖山)에서 여러 산들을 거치며 먼 거리를 달려와 현무(玄武)에 이르고, 입수(入首)를 거쳐 혈장(穴場)에 다다르게 됩니다.

　현무(玄武)는 그 형세(形勢)가 수두(垂頭)해야 길(吉)한 것으로 보는데, 수두(垂頭)란 산정(山頂)을 드리우는 것으로 주산(主山)이나 소조산(小祖山)이 머리를 드리우듯 앞으로 쏠려 있는 것을 말합니다. 마치 어미가 아이를 안고 고개를 숙여 잠자는 모습을 바라보는 것과 같은 모양입니다.

현무(玄武)는 혈(穴)을 형성하는 주산(主山)으로서 외형적인 느낌이 웅장하고 수려하면서 최후 결실인 혈(穴)을 향해 머리를 조아리고 있는 수두(垂頭)의 산세여야 길격(吉格)입니다. 그렇지 않고 입수(入首)와 멀리 떨어져 있거나, 위용(威容)이 초라하거나, 수두(垂頭)의 산세를 보이지 않고 뒤로 젖혀져서 마치 배산(背山)인 듯이 보이면 혈장(穴場)에 전달되는 기맥(氣脈)이 사기맥(死氣脈)이나 허기맥(虛氣脈)이 되므로 좋지 않습니다.

2) 주작(朱雀 = 案山)

주작(朱雀)은 혈장(穴場) 앞쪽의 산을 말합니다. 흔히 안산(案山)을 의미하지만 조산(朝山)을 포함하기도 합니다.

혈장(穴場)과 가까울수록, 혈장(穴場)이 보다 강력한 기맥(氣脈)을 발현하도록 보조할 수 있으므로, 길격(吉格)으로 봅니다. 또한 혈장(穴場)의 크기와 높이에 대해 조화(調和)와 균형(均衡)을 이뤄야만 혈(穴)을 돕는 사격(砂格)으로서의 기능을 수행할 수 있습니다.

주작(朱雀)이 혈장(穴場)의 규모(規模)에 조화(調和)를 이루면서 단정하게 마주하고 있으면, 자식들의 효(孝)가 커서 부모(父母)를 공경(恭敬)함은 물론 집안에서 우애(友愛)가 돈독(敦篤)하여 화목(和睦)한 환경을 이루는 것으로 봅니다. 또 사회적으로도 주변 사람들의 신임을 두텁게 얻어 큰 인물이 배출되는 것으로 간주합니다.

혈장(穴場)의 규모나 높이에 비해 주작(朱雀)이 지나치게 높거나 웅장하다면, 왕성(旺盛)한 주작(朱雀)의 기맥(氣脈)이 오히려 혈장(穴場)의 생기(生氣)를 눌러 흉작용(凶作用)을 미치게 됩니다. 주작(朱雀)이 혈장(穴場)에 대해 배역(背逆)하고 있는 듯하면, 자손(子孫)끼리의 반목(反目)과 불신(不信)이 증폭되고, 사회에서는 타인(他人)에게 배신(背信)을 당하는 일이 자주 발생하게 되며, 주작(朱雀)의 결여(缺如)나 파손(破損)은 절손(絶孫)이나 자손(子孫) 가운데 불구자(不具者)를 배출하게 되는 것으로 여깁니다.

3) 청룡(靑龍)과 백호(白虎)

청룡(靑龍)과 백호(白虎)는 혈장(穴場)에서 가장 가까이 있는 좌우 양쪽의 산으로서 현무(玄武)나 주작(朱雀)보다 혈장(穴場)에 작용하는 영향력이 크고 중요합니다.

청룡백호(靑龍白虎)의 역할은 두 가지인데, 혈장(穴場)으로 침범(侵犯)하는 외부(外部)의 거친 바람과 모든 흉기(凶氣)를 막아주고, 또 자신이 품고 있는 기(氣)를 혈(穴)을 향해 뿜어 주는 것입니다.

청룡백호(靑龍白虎)는 주산(主山)에서 나온 것도 있고, 객산(客山)에서 나와서 생겨난 것도 있습니다. 또 혈(穴) 바로 옆에 있는 내청룡(內靑龍). 내백호(內白虎)가 있는가 하면, 그 뒤쪽으로 외청룡(外靑龍), 외백호(外白虎)가 있습니다.

혈(穴)에 응결(凝結)된 내룡(來龍)의 용맥(龍脈)이 제 아무리 생기(生氣)라고 해도 좌청룡(左靑龍), 우백호(右白虎)의 보호작용 및 기맥강화의 작용을 받을 수 없는 혈장(穴場)이라면 진혈(眞穴)이 맺어질 수 없는 것입니다. 그러나 혈(穴)을 맺는데 반드시 청룡백호(靑龍白虎)가 필요한 것은 아닙니다. 평야지대에 응결(凝結)되는 혈(穴)의 경우나, 주산이나 주변의 산이 너무 멀리 있는 경우처럼 무용호무안산혈(無龍虎無案山穴)도 있습니다. 생기보호(生氣保護)를 대신하는 것이 있으면 청룡백호(靑龍白虎)에 구애받지 않아도 됩니다. 산으로 이루어진 보호사격이 없을 때에는 물이 대신하기도 합니다.

용호(龍虎)는 좌우에서 완만한 곡선 형태로써 담장을 치듯이 차단

(遮斷)해내는 듯한 산세(山勢)를 나타내고 있어야 하며, 혈장(穴場)과 가까운 곳에 있어서 혈장(穴場)을 충분히 감싸고 있어야 합니다. 청룡 (青龍)이나 백호(白虎)가 혈장(穴場)과 가까운 곳에 위치해야 혈장(穴場) 에 보다 더 강력한 보호 작용을 발현할 수 있으므로, 현무(玄武) 정도 의 산세(山勢)에서 뻗어 나가 이루어져야 길격(吉格)이 됩니다. 현무(玄武) 뒤쪽의 산에서 청룡(青龍)과 백호(白虎)가 이루어진다면 그 아래에 서 맺어지는 입수(入首)와 좌우(左右) 선익(蟬翼)의 생기맥(生氣脈)이 약 화(弱化)됩니다.

청룡(青龍)과 백호(白虎)는 혈장(穴場)을 안고 유정(有情)하게 흘러내 리되 혈장(穴場)보다 높아선 안 되고, 도중에 단절(斷絶)되거나 훼손(毀損)됨이 없어야 하며, 2-3겹 이상으로 혈(穴)을 감싸고 장풍(藏風)이 극대화 되어야만 하며, 또한 등을 돌리고 있는 듯이 느껴지는 배역(背逆)의 산세(山勢)를 나타내지 않아야 길격(吉格)으로 여깁니다.

청룡(青龍)은 남자와 귀(貴)를 관장하고, 백호(白虎)는 여자와 부(富) 를 관장합니다.

(1) 좌청룡(左青龍)

혈장(穴場)과 가장 가까이 있는 청룡(青龍)을 내청룡(內青龍), 그 외의 왼쪽 산줄기들을 모두 외청룡(外青龍)이라 합니다. 청룡(青龍)은 남자 자손의 건강(健康)과 관운(官運), 성공운(成功運)을 상징합니다.

장풍(藏風)을 위해 청룡(青龍)은 여러 겹의 팔로 감싸지는 것이 좋은 데 청룡(青龍)의 맥세(脈勢)가 확실하지 못하고, 중간에 끊긴 부분이 있 거나, 훼손(毀損)되어 허약해져 있는 경우, 등을 지고 있는 듯이 보이 는 배역(背域)의 경우, 혈장(穴場)의 높이나 크기와 조화(調和)를 이루 지 못하고 있는 경우 등은 혈장(穴場)의 생기(生氣)를 보호(保護)하기는 커녕 기맥(氣脈)의 손실(損失)을 초래한다고 봅니다.

청룡(靑龍)의 단절(斷絶)은 집안에 절손(絶孫)을 가져오며, 짧거나 부실(不實)하면 남자쪽 자손(子孫)이 단명(短命)하거나 병약(病弱)하게 되고, 혈장(穴場)을 등지는 듯 보이면 부모(父母)를 배신(背信)하고 불효(不孝)할 뿐만 아니라, 사회적으로도 배신(背信)을 일삼아 신임을 잃게 되는 자손(子孫)이 속출합니다.

만약 청룡(靑龍)보다 백호(白虎)가 그 위용(偉容)이 수려하고 생동감(生動感)이 넘치며 토색(土色)이 양명(陽明)한 경우, 집안에 청상과부(靑裳寡婦)가 생기고 여운(如雲)이 남운(男運)을 극(剋)하여 딸이나 며느리 등의 주장(主張)으로 집안을 이끌어 간다고 봅니다.

(2) 우백호(右白虎)

혈장(穴場)과 가장 가까이 있는 백호(白虎)를 내백호(內白虎), 그 외의 오른쪽 산줄기들을 모두 외백호(外白虎)이라 합니다. 백호(白虎)는 여자(女子) 자손의 운세 및 재물운(財物運)을 관장합니다.

백호(白虎)가 길격(吉格)이면 집안의 여손들 가운데 재색(材色)을 겸비(兼備)하여 출세할 인물이 나타나고, 백호(白虎)는 재물운(財物運)을 관장하므로 집안에 큰 재산을 축적하여 부(富)를 누릴 수 있다 봅니다.

백호(白虎)가 혈(穴)과 멀리 떨어져 있거나 부실(不實)한 경우, 단절(斷絶)된 경우 등은 사격(砂格)의 보호기능을 수행하기 힘들므로 혈장(穴場)의 기맥(氣脈)이 유실(幽室)될 뿐만 아니라 여자쪽 자손들의 운세(運勢)와 건강운(健康運)이 나빠서 홀아비가 속출하고 재산을 축적하기 어렵다고 봅니다.

백호(白虎)가 혈장(穴場)을 배역(背逆)하고, 그 모습이 험준해 보이거나 단정치 않아 보이면, 집안의 여자들이 지아비나 부친을 배신(背信)하는 일이 생깁니다. 또한 딸이나 며느리의 불효(不孝), 아내의 부정(不

淨)으로 화목을 누릴 수 없게 되고, 재산상으로도 적지 않은 곤란을 겪
게 됩니다.

　백호(白虎)의 높이가 혈장(穴場)에 비해 너무 높은 경우, 혈장(穴場)
의 생기(生氣)를 누를 뿐만 아니라 여자쪽 자손의 성정이 소위 '드센
기질'이 되어 극부(剋夫)의 결과를 낳기도 합니다.

(3) 용호(龍虎)는 관쇄(關鎖)된 모습이어야 좋다.

　용호(龍虎)란 청룡(靑龍)과 백호(白虎)를 뜻하는 말로써, 혈장(穴場)을
동그랗게 감싸 안으면서 좌우로 뻗어, 끝머리 부분에서는 용호(龍虎)
가 상호 양쪽 대문을 걸어 잠그듯이 되어야, 사신사(四神砂)로서의 기
능(機能)을 다할 수 있다고 봅니다.

　이렇게 청룡(靑龍)과 백호(白虎)의 용맥(龍脈)이 좌우에서 서로 끝 부
분을 맞잡거나 한쪽이 다른 쪽을 감싸 안아 물이 빠지는 곳이 좁아진
상태를 '용호(龍虎)가 관쇄(關鎖)되었다'고 말하는데, 배 한 척이 지나
가지 못할 정도로, 즉 불능통주(不能通舟)로 관쇄(關鎖)가 되면 매우 길
(吉)하다고 합니다.

　용호(龍虎)의 관쇄(關鎖)는 그 자체로 혈장(穴場)의 기맥(氣脈)을 보
호(保護)할 뿐만 아니라, 혈장(穴場)을 원만한 타원형으로 감싸며 흐르
는 두 줄기의 물길이 그 발원지인 득수(得水) 지점 혹은 '분(分)'지점에
서 각각 흘러서 혈장(穴場) 앞에서 유정(有情)하게 만나 '합(合)'을 이
루게 도와줌으로써 이중(二重)으로 혈장(穴場)의 생기맥(生氣脈)을 보
호(保護)하는 역할을 합니다.

　관쇄(關鎖)된 용호(龍虎)의 모습은 내청룡(內靑龍)과 내백호(內白虎)를
기본적으로 갖춘 후에 2-3겹 혹은 그 이상으로 여러 겹 둘러싼 산세
(山勢)가 좋습니다.

　그러나 혈장(穴場)의 주변을 둘러싼 사신사(四神砂)의 국세(局勢)를

보았을 때 용호(龍虎)가 관쇄(關鎖)된 것만 있는 것은 아닙니다. 청룡(靑龍)과 백호(白虎)의 끝머리가 자물쇠를 채우듯 잠겨있는 모습이 아니라 두 줄로 늘어선 모습을 나타내는 것도 있고[상부(相符)], 청룡(靑龍)이나 백호(白虎) 둘 중에서 어느 하나가 다른 하나를 찌르는 듯하게 맞물린 모습도 있고[충(沖)]. 길이와 꼬리가 같아 서로 바라보며 겨루는 듯한 형상[상박(相搏)]도 있습니다.

　상부(相符)는 청룡(靑龍)과 백호(白虎)의 끝머리가 두 줄로 늘어선 듯하여 관쇄(關鎖)를 이루지 못한 것인데, 이렇게 되면 용호(龍虎)와 혈장(穴場) 주변을 돌아 앞으로 빠져 흐르는 물길에 혈장(穴場)의 생기맥(生氣脈)이 함께 빠져 외부(外部)로 유실(幽室)되므로 혈장(穴場)의 기맥(氣脈)은 극도로 약해지게 됩니다.

　또한 용호(龍虎)의 상부(相符)는 혈장(穴場) 생기맥(生氣脈)의 유실(流失)뿐만 아니라 상부(相符)된 용호(龍虎)를 거슬러 오는 외풍(外風)과 상부(相符)된 용호(龍虎)의 수구[水口 - 산이 끝나는 지점과 물이 만나는 지점, 파구(破口)] 지점에 발생하는 수구풍(水口風)의 침입을 피할 수 없게 되므로 혈장(穴場)에 대해서는 가장 결정적인 흉작용(凶作用)을 미치게 됩니다. 이런 곳은 결코 정혈(精穴)이 될 수 없습니다.

　용호(龍虎)가 상부(相符)되면, 후손들 간에 우애가 없고 다툼이 잦을 뿐만 아니라 부모나 윗사람을 능멸하는 등으로 집안의 법도가 무너지고 경제적으로 점점 곤궁해져서 절손(絶孫)되거나 집안의 식솔들이 제각기 흩어져 살게 된다고 합니다.

　충(沖)이란 청룡(靑龍)과 백호(白虎), 두 사(砂)의 끝머리가 어느 하나를 찔러 단절(斷絶)시키는 듯한 국세(局勢)를 나타내는 것을 말하는데, 이 또한 매우 좋지 않은 흉격(凶格)의 용호(龍虎)로서 혈장(穴場) 자체의 기맥(氣脈)을 해치지는 않지만 용호(龍虎)가 의미하는 후손(後孫)들의 길흉사(吉凶事)에 영향력을 나타내므로 이런 곳에 무덤을 써서는 안 됩니다. 즉 정혈처(定穴處)로 삼아서는 안 되는 것입니다.

충(沖)을 당한 용호(龍虎)의 내용이 후손들에게 발현된다고 하는데, 예를 들어 백호(白虎)의 끝머리가 청룡(靑龍)의 끝머리를 찔러 단절시키는 듯한 국세(局勢)라면 청룡(靑龍)을 뜻하는 '남자 쪽의 자손'이 요절(夭折)하거나 사고를 당한다고 여기는 것입니다.

상박(相搏)은 서로 마주서서 서로를 노려보며 겨루려는 모습입니다. 이 또한 좋지 않은 형세로서 관쇄(關鎖)되지 못하여 흉격(凶格)입니다. 혈장(穴場) 자체의 기맥(氣脈)을 해치지는 않지만, 용호(龍虎)가 의미하는 후손(後孫)들의 길흉사(吉凶事)에 영향력을 나타내므로 정혈처(定穴處)로 삼아서는 안 되는 것입니다.

(4) 용호(龍虎)의 길흉격(吉凶格)

위에서 설명한 용호(龍虎)의 관쇄(關鎖), 상부(相符), 충(沖) 외에도 백호(白虎)의 길격(吉格)과 흉격(凶格)을 분류하는 기준이나 방법은 많이 있습니다. 풍수가들의 입에서 입으로 전수해 준 내용들을 10가지 정도로 간추리면 다음과 같습니다.

① 백호(白虎) 주변으로 백호(白虎)의 몸체를 호위하며 깃발처럼 솟아오른 귀사(貴砂)가 여러 개 있거나, 단정하고 수려한 봉우리가 백호(白虎)가 뻗어 내리는 도중에 3개 정도 있으면 사회의 저명인사나 인재를 배출하게 된다.

② 백호(白虎)쪽으로 넘겨보는 규봉(窺峰)이 있으면 자손 가운데 도적질을 하여 형무소를 들락거리는 이가 나타난다.

③ 백호(白虎)를 향하여 지각(支脚)이 양쪽으로 난 형상의 양족사(兩足砂)가 있으면 여자 후손들 중에서 정부(情夫)를 두는 이가 생긴다.

④ 백호(白虎)의 전체적인 외형이 왜소하고 허약하면 자손 중에서 아사자(餓死者)가 나온다.

⑤ 백호(白虎) 주변의 솟은 봉우리 가운데 그 산세가 혈장(穴場)을 향해 찌르듯이 솟아 있고, 또 그 끝이 툭 끊겨지듯 뭉툭하게 되어 있으면 자손(子孫)이 끊이게 되거나 과부(寡婦)가 생긴다.

⑥ 청룡(靑龍)이 2-3겹으로 되어 있고 그 사이에 작은 연못이나 우물이 있으면 후손들이 부귀(富貴)를 누리게 된다.

⑦ 청룡(靑龍)의 끝머리가 끊어져 있거나 미약(微弱)해 보이면 자손들이 변고를 겪게 되거나 객사(客死)하게 된다.

⑧ 청룡(靑龍)의 산세가 생동감이 넘치면서 그 끝머리에 돋보이는 암석이 돌출되어 있으면 자손 가운데 인재(人才)가 나오게 된다.

⑨ 청룡(靑龍)이 혈장(穴場) 앞에서 마무리를 짓지 못하고, 혈장(穴場) 앞으로 한 없이 흘러 결말이 없는 듯하면 자손들의 거주지가 일정치 못하게 되고 평생에 걸쳐 이사를 자주 다니게 된다.

⑩ 청룡(靑龍)이 길게 뻗어 있는 가운데, 백호(白虎)의 머리가 혈장(穴場)을 누르는 듯한 국세(局勢)라면 자손 가운데 정부(情婦)에 의해 살상(殺傷)을 당하는 이가 나타난다.

4. 기타 사격(砂格)

혈장(穴場) 주변에서 혈(穴)의 기맥(氣脈)을 보호(保護)하고 받쳐주는 보호사(保護砂)들은 위의 사신사(四神砂)들 외에도 여러 가지가 있지만 그 중에서도 대표적인 것을 들자면 낙산(樂山)과 조산(朝山), 안산(案山), 탁산(托山)을 들 수 있습니다.

유의할 점은 이러한 기타 사격(砂格)들은, 혈장(穴場)을 배역(背逆)하여서는 아니 되며, 혈장(穴場)을 압도(壓倒)해서는 아니 됩니다. 높이나 산세가 혈장(穴場)과 조화(調和)를 이루어야 길격(吉格)입니다.

1) 안산(案山) 과 조산(朝山)

　안산(案山)과 조산(祖山)은 혈(穴) 앞에 있는 산입니다. 혈(穴)과 정면으로 있는 가장 가까이 있는 산을 안산(案山)이라 하고, 안산(案山) 뒤로 있는 산들은 모두 조산(朝山)입니다. 비유하자면, 안산(案山)은 귀인(貴人)앞에 놓인 책상과 같습니다. 조산(朝山)은 귀인(貴人)을 찾아 온 손님으로 책상 건너편에서 주인에게 예를 드리는 것과 같습니다.

　안산(案山)과 조산(朝山)의 역할은 혈(穴) 앞에서 불어오는 바람을 막아 혈(穴)의 생기(生氣)를 보호(保護)하고, 또 자신이 품고 있는 기운(氣運)을 혈(穴)에 뿜어 보냅니다.

　안산(案山)과 조산(祖山)이 단정하고 아름답게 혈(穴)을 향해 있으면 좋은 보국(保局)을 이룹니다. 장풍(藏風)은 물론 용맥(龍脈)을 호위하면서 따라온 원진수(元辰水)의 직거(直去)를 막습니다. 그리고 명당(明堂)을 주밀하게 하여 혈지(穴地)의 생기(生氣)를 흩어지지 않게 보호해줍니다.

　생왕(生旺)한 용혈(龍穴)에 청룡(靑龍), 백호(白虎)를 비롯하여 안산(案山)과 조산(祖山)이 혈(穴)을 향해 수려양명(秀麗陽明)하게 있으면 매우 길(吉)한 혈(穴)이 됩니다. 안산(案山)과 조산(朝山)이 허(虛)하고 산만(散漫)하면 생기(生氣)가 흩어져 혈(穴)의 결지(結地)가 불가능합니다. 그러나 안산(案山)과 조산(祖山)이 아무리 좋아도 용혈(龍穴)이 부실하면 쓸모가 없습니다. 다시 말하면, 사격(砂格)이나 수세(水勢)보다는 용혈(龍穴)이 더 중요하다는 말입니다.

(1) 안산(案山)

　안산(案山)이란 혈(穴)앞에 낮게 엎드린 작은 산으로, 주인이 손님과 마주앉은 책상과 같은 역할을 합니다. 혈 뒤의 주산(主山) 현무봉(玄武

峯)이 남편이라면 안산(案山)은 아내 격입니다. 이들 부부(夫婦)가 서로 다정하게 마주보고 있는 형상입니다.

안산(案山)의 종류(種類)에는 본신안산(本身案山)과 외래안산(外來案山)이 있습니다. 본신안산(本身案山)은 주산(主山)에서 뻗어 나온 청룡백호(靑龍白虎)가 혈(穴) 앞으로 기봉(起峰)하여 이루어진 것입니다. 외래안산(外來案山)은 외부에서 온 산이 혈(穴)과 정면으로 조응(照應)하여 이루어진 것입니다.

안산(案山)이 없을 경우 호수나 큰 강 같은 물이 안산(案山)을 대신할 수 있습니다. 수이대지(水而代之)라고 합니다. 또 평야에서는 산이 없기 때문에 혈지(穴地)보다 약간 높은 밭 언덕이나 구릉이 안산(案山)을 대신하는 경우도 있습니다. 한 치만 높아도 산이요, 한 치만 낮아도 물이기 때문입니다[高一村爲山, 低一村爲水]. 그러므로 비록 작은 언덕이나 구릉이지만 혈(穴)의 생기(生氣)를 머물게 할 수 있습니다.

안산(案山)의 길흉(吉凶)을 살펴보면, 어떠한 안산(案山)이 되었던지 유정하고 아름답게 혈(穴) 앞에 있어야 합니다. 아내가 남편에게 순응하듯, 신하가 임금을 알현하듯 바르게 있어야 합니다. 생김새가 깨끗하고 안정되어 있어야 좋은 기운을 뿜어주게 됩니다.

안산(案山)은 혈(穴)과 너무 멀지도 가깝지도 않은 거리에 있어야 좋습니다. 너무 멀면 바람을 막지 못하고, 용맥(龍脈)을 호위하면서 따라온 원진수(元辰水)의 직류(直流)를 막을 수 없고, 너무 가까우면 혈(穴)을 압박(壓迫)하여 생기(生氣)가 보호(保護)되지 않으므로 흉(凶)하게 됩니다. 적당한 높이와 적당한 거리로 보국명당(保局明堂)을 주밀하게 감싸는 안산(案山)이어야 합니다.

안산(案山)은 너무 낮지도 높지도 않아야 합니다. 너무 낮으면 앞에서 오는 흉(凶)함을 가려주지 못하여 흠이 있는 안산(案山)이 되고, 너무 높으면 혈(穴)을 압박(壓迫)하게 됩니다.

안산(案山)이 비탈지거나 배반(杯盤)하여 혈(穴)을 등지고 달아나는 모습이거나, 뾰족한 능선이나 깊고 험한 계곡이 있거나, 추악한 모습이거나. 깎아지른 듯 높고 험한 절벽이 있거나, 흉한 모양의 바위가 있거나, 조잡하고 거칠게 보이면, 이들이 혈(穴)을 향해 내뿜는 기(氣) 또한 그러하기에 재앙(災殃)을 초래하므로 흉(凶)합니다.

안산(案山)의 길흉화복(吉凶禍福)은, 안산(案山)이 가까이 있으면 발복(發福)이 빠르고, 멀리 있으면 그 만큼 영향력이 늦게 나타납니다. 주로 부인궁(婦人宮)과 재산궁(財産宮)을 관장합니다. 생왕(生旺)한 용진처(龍盡處)에 맺은 혈(穴)이, 수려하고 반듯한 안산(案山)이 정면으로 조응(照應)하고 있으면. 아내는 어질고 자식은 효도(孝道)합니다. 또 재물과 곡식이 앞마당에 가득하게 쌓일 정도로 부자(富者)가 된다고 합니다.

안산(案山)의 형태(形態)는 다양합니다. 안산(案山)의 생김새가 옥궤(玉櫃), 횡금(橫琴), 면궁(眠弓), 아미(蛾眉), 옥대(玉帶), 관모(官帽), 삼태(三台), 천마(天馬), 귀사(龜蛇), 금상(金箱), 옥인(玉印), 서통(書筒) 등과 비슷하면 매우 길(吉)합니다.

안산(案山)은 특별한 형상에 구애받지 않습니다만, 주산(主山)의 형국에 따라서 그에 상응(相應)하는 모습을 취하고 있으면 발복(發福)이 큽니다. 예컨대, 주산(主山)이 비룡승천(飛龍昇天)이면 여의주(如意珠)와 같고, 주산(主山)이 옥녀봉(玉女峯)이면 거울이나 거문고, 베틀과 같은 모습이고, 주산(主山)이 호랑이면 개와 같은 형국이어야 하고, 주산(主山)이 봉황이면 알처럼 생겨야 좋습니다.

(2) 조산(朝山)

조산(朝山)이란 안산(案山) 뒤로 서 있는 여러 산을 말합니다. 주산(主山) 현무(玄武)가 주인(主人)이라면 안산(案山)은 책상과 같고, 조산(朝山)은 손님과 같습니다.

조산(朝山)의 역할은 혈(穴) 앞을 성곽처럼 둘러싸 외부로부터 들어오는 바람을 막아주고, 보국(保局)을 안정시켜 혈(穴)의 생기(生氣)가 흩어지지 않도록 도와줍니다.

또 조산(朝山)은 혈(穴)의 길흉화복(吉凶禍福)을 구체적으로 가늠하는데 중요한 역할을 합니다. 즉 혈(穴)이 어떻게 발복(發福)할 것인가의 판단은 안산(案山)과 조산(朝山)에 달려있습니다. 발복(發福)의 크기는 용(龍)과 혈(穴)의 역량에 따라 결정되지만, 구체적으로는 무엇으로 발복할 것인가는 안산(案山)과 조산(朝山)에 따릅니다.

예를 들어, 기세(氣勢)가 장엄한 용(龍)이 대혈(大穴)을 맺었다면 큰 인물이 배출되는데, 그 인물이 어떤 분야로 유명해 지느냐는 안산(案山)과 조산(朝山)에 달려 있는 것입니다. 만약 문필봉(文筆峯)이 있으면 대문장가가 나올 것이요, 귀인봉(貴人峰)이 있다면 대귀인(大貴人)이 나옵니다. 노적봉(露積峯)이 있으면 큰 부자가 나오고, 정승사(政丞砂)가 있으면 정승이 나옵니다. 만약 중혈(中穴)인데 그와 같은 안산(案山)과 조산(朝山)이 있다면 그 분야의 중진인사가 나오고, 소혈(小穴)이면 역시 그 분야의 하급인사가 배출됩니다. 그러나 경우에 따라서는 혈(穴)의 발복(發福)을 더욱 크게 할 수도 있고, 작게 할 수도 있습니다.

조산(朝山)의 종류(種類)는 특조산(特朝山), 횡조산(橫朝山), 위조산(僞朝山), 수조(水朝)로 나눌 수 있습니다.

특조산(特朝山)은 수려양명(秀麗陽明)한 산이 먼 곳에서부터 혈(穴) 쪽으로 와서 엎드려 절하는 모습입니다. 이때 물도 같이 따라와 명당에 모입니다. 큰 보국(保局)의 기운이 모두 명당에 모여 당전취합(堂前聚合)하므로 매우 길(吉)한 조산(朝山)입니다.

횡조산(橫朝山)은 조산(朝山)이 혈(穴) 앞에서 가로로 서 있는 것입니다. 마치 장막을 친 것 같은 모습으로 길(吉)합니다.

위조산(僞朝山)은 언뜻 보기에는 산세가 수려하고 아름다워 보입니다. 그러나 자세히 보면, 혈(穴)을 등지고 배반(背盤)하여 달아나고 있다거나, 산봉우리가 머리를 돌려 혈(穴)을 외면하므로 흉(凶)한 조산(朝山)입니다.

수조(水朝)는 용(龍)이 용진처(龍盡處)에 혈(穴)을 맺었는데, 안산(案山)과 조산(朝山)이 없을 때 물이 대신하는 것을 말합니다. 큰 하천이나 연못, 호수가 수이대지(水而代之)합니다.

조산(朝山)의 길흉(吉凶)을 살펴보면, 깨끗하고 단정한 조산(朝山)이 광채와 서기를 내뿜으면 매우 길(吉)합니다. 조산(朝山)의 모양이 귀인(貴人), 문필(文筆), 문성(文星), 천마(天馬), 고축(誥軸), 삼태(三台) 등이면 매우 좋은 조응지산(照應之山)이 됩니다.

그러나 조산(朝山)이 부서지고 깨지고 흉한 암석과 골짜기가 많은 것은 흉합니다. 또 혈(穴)을 배반(杯盤)하고 달아나거나, 한쪽이 푹 꺼졌거나, 뾰족하고 날카로운 면을 혈(穴)을 향해 충사(衝射)하면 흉(凶)합니다. 이러한 것들은 혈(穴)의 결지(結地)를 방해(妨害)할 뿐만 아니라, 발복(發福)에도 막대한 지장을 줍니다.

조산(朝山)의 길흉화복(吉凶禍福)은 산의 형태가 귀인사(貴人砂), 문필사(文筆砂), 천마사(天馬砂), 고축사(誥軸砂), 관모사(官帽砂), 옥인사(玉印砂), 화개사(華蓋砂), 삼태사(三台砂) 등은 귀(貴)한 형상으로 등과급제(登科及第)하여 귀(貴)한 발현이 기대됩니다.

조산(朝山)의 형태가 금상(金箱), 고궤(庫櫃), 복종(伏鐘), 은병(銀瓶) 등은 부격(富格)으로 치산부귀(治産富貴)가 기약됩니다. 또 깨끗하고 단정한 아미사(蛾眉砂), 옥녀사(玉女砂)와 경대사(鏡臺砂)가 있으면 여자가 더욱 발복하여 왕비(王妃)나 귀인(貴人)이 됩니다.

반면에 조산(朝山)이 무너지고 깨지고 흉한 암석이 험상하게 있으면 인명손상(人命損傷)과 크고 작은 재앙(災殃)이 있습니다. 조산(朝山)이 비틀어지고 혈(穴)을 등지고 배반(杯盤)하고 있으면 손재(損財)하여 가난해지고, 오역(忤逆)하는 자손이 나온다고 봅니다.

★ 빈주(賓主)

빈주(賓主)란 혈(穴)이 있는 주인산(主人山)과 주인산을 향하여 응하는 손님산을 말합니다. 따라서 주빈(主賓)의 형세가 서로 비등하고, 믿음직해야 합니다. 손님산이 주인산보다 높아 주인산을 업신여기면 꺼리는 것이 됩니다.

주객(主客)을 분별함에는 혈(穴)이 있는 곳은 주인(主人)이 되고 상대하는 산은 객(客)이 됩니다. 주인산은 반드시 기복하고 굴곡이 있어야 하며 손님산은 첩첩이 쌓여 아름답게 조응(朝應)하여야 합니다.

대개 주산(主山)은 자연이 특이하고, 객산(山)은 비록 주산(主山)과 비슷한 형상이나 자세히 살펴보면 부족한 곳이 있습니다. 또한 양변의 물이 나가는 것을 자세히 살펴보면 알 수가 있습니다. 만약 남쪽산이 주인(主人)이라면 물길은 반드시 남쪽을 환포(環抱)하여 안고 돌아 나가고 있으며, 북쪽산이 주산(主山)이라면 물길은 반드시 북쪽을 안고 돌아 나가고 있습니다.

2) 낙산(樂山)

낙산(樂山)이란 행룡(行龍)하는 주룡(主龍)의 측면에서 나와 혈(穴)을 결지(結地)하는 횡룡입수(橫龍入首)일 경우에, 혈(穴) 뒤에서 불어오는 바람을 막아주고 허(虛)함을 보충하여, 혈(穴)의 생기(生氣)를 받쳐주는 산입니다. 횡룡입수(橫龍入首)일 때에는 낙산(樂山)은 베개와 같은 산으로써 반드시 있어야 합니다. 이 낙산(樂山)이 드러나지 않을 경우 진혈(眞穴)로 보기 어렵습니다.

낙산(樂山)과 귀성(鬼星)을 비교 설명하면, 낙산(樂山)은 혈장(穴場) 뒤에서 혈(穴)의 기맥(氣脈)을 받쳐 주고 강화하는 귀성(鬼星)과 유사하지만, 귀성(鬼星)은 반드시 주룡(主龍)에 붙어 있어야 합니다. 그렇지만 낙산(樂山)은 주룡(主龍)의 본산(本山)에서 나온 산이든, 외부에서 온 객산(客山)이든 상관이 없습니다. 어느 것이든 혈(穴) 뒤에 가깝고 단정하게 잘 보호해주면 됩니다.

제2부 | 음택풍수(陰宅風水)

127

낙산(樂山)의 길흉(吉凶)을 살펴보면, 낙산(樂山)은 혈(穴)의 뒤에서 혈(穴)을 향해 다정하게 감싼 산세를 나타내고, 혈(穴)에 가깝고, 그 높이도 조화(調和)를 이룰 수 있는 것이어야 하며, 그 모양이 단정(端正)하고, 혈(穴)을 향해 등을 지지 않는 것을 길격(吉格)으로 여깁니다.

너무 멀거나 낮으면 뒤를 받쳐주지 못하게 됩니다. 낙산(樂山)은 혈(穴)에서 뒤를 돌아다보았을 때 보여야 하며, 혈(穴)에서는 보이지 않더라도 내명당(內明堂)에 내려와 보았을 때 보여야 낙산(樂山)이라 말할 수 있습니다. 혈장(穴場)이나 내명당(內明堂)에서 보이지 않으면 낙산(樂山)이라 말할 수 없으므로 흉(凶)이 됩니다.

그렇다고 너무 높은 산이 가깝게 있으면, 주인의 입장인 혈(穴)을 압도(壓倒)하여 화(禍)를 부르게 되는데, 혈(穴)을 압도(壓倒)하는 웅장한 낙산(樂山)의 산세(山勢)는, 혈(穴)의 생기맥(生氣脈)이 순조롭게 후손들에게 영향력을 미치게 되는 것을 막고, 단정하지 못한 위용(威容) 또한 혈(穴)의 기맥(氣脈)을 해치게 되므로 흉(凶)하게 됩니다.

또한 낙산(樂山)에서 득수(得水)한 물이 혈(穴)뒤쪽을 감아주고 돌아나와, 다시 혈(穴)앞으로 가로질러 흘러가면 매우 귀(貴)한 것입니다.

낙산(樂山)의 종류(種類)를 살펴보면, 특락(特樂)은 멀리서부터 온 객산(客山)이 혈(穴) 뒤쪽을 겹겹이 중첩되게 감싸 준 것으로, 이는 부귀왕정(富貴旺丁)하는 최고(最高)로 길(吉)한 낙산(樂山)입니다.

차락(次樂)은 본신룡(本身龍)에서 나온 산이든, 객산(客山)이든 상관없이 혈(穴) 뒤쪽에 횡(橫)으로 서 있는 산입니다. 마치 병풍을 두른 것처럼 보입니다. 특락(特樂)보다는 못하지만 부귀왕정(富貴旺丁)하는 길(吉)한 낙산(樂山)입니다.

허락(虛樂)은 낙산(樂山)이 작고 낮으며, 산만(散漫)하게 흩어져 있는 것을 말합니다. 혈(穴) 뒤쪽을 보호해주지 못하므로 흉(凶)하게 됩니다. 뒤쪽이 낮으면 바람이 혈(穴)을 충사(衝射)하게 됩니다. 이를 음곡살풍(陰谷殺風)이라 하여 인망손재(人亡損財) 당한다고 봅니다.

3) 탁산(托山)

　탁산(托山)이란 자신의 앞쪽으로 뻗어 흐르는 산의 용맥(龍脈)을 밀어서 그 앞산의 행룡방향(行龍方向)을 변화(變化)시키는 산입니다.

　요도(橈棹) 역시 진행하는 용(龍)의 방향(方向)을 변화(變化)시킨다는 점은 탁산(托山)과 같으나, 요도(橈棹)는 본신룡(本身龍)이나 지룡(支龍)에 닿아있고, 탁산(托山)은 용(龍)과는 다소 떨어져 있으면서 용(龍)의 진행방향(進行方向)을 바꿉니다.

　탁산(托山)은 좌우로 뻗어 내린 외백호(外白虎)와 외청룡(外青龍)이 관쇄(關鎖)가 되도록, 끝 부분을 밀어 방향(方向)을 변화(變化)시켜 주는 산입니다. 혈장(穴場)을 보호(保護)하고 기맥(氣脈)의 손실(損失)을 막아 주는 역할을 하므로, 그래서 사격(砂格)으로 간주합니다.

4) 하수사(下水砂)

　하수사(下水砂)는 기부포전(肌附舖氈)한 혈장아래에 작고 가늘게 붙어있는 귀(貴)한 능선입니다. 혈장(穴場)을 지탱(支撐)해주고, 혈(穴)의 생기(生氣)가 흩어지지 않도록 보호(保護)해 줍니다. 특히 전순(氈脣) 아래서 합수(合水)한, 용맥(龍脈)을 호위하면서 따라온 원진수(元辰水)가 직거(直去)하지 않도록 물을 걷어주는 역할을 합니다.

> ★ **기부포전(肌附舖氈), 취기포토(聚氣飽土)**
> 혈장(穴場)의 모습을 말하는 것으로서, 기부포전(肌附舖氈)이란, 혈장(穴場)은 용(龍)의 몸에 붙어 혈체(穴體)가 살이 붙어 있고, 혈(穴)이 앉은 자리는 그 모양이 방석을 여러 개 쌓은 것처럼 도톰해야 한다는 말이고, 취기포토(聚氣飽土)란 기(氣)가 모인 곳은 흙이 도톰하다는 말입니다. 평지(平地)에서의 혈(穴)의 응결(凝結)은 잇닿아 이어진 숨은 용맥(龍脈)[연면은맥(連綿隱脈)]이 취기포토(聚氣飽土)가 분명해야 진혈(眞穴)입니다.

용맥(龍脈)을 호위하면서 따라온 원진수(元辰水)는 혈장(穴場) 뒤에서 분수(分水)하고, 선익(蟬翼)을 따라 갈라진 다음, 다시 전순(氈脣) 앞에서 합수(合水)해야 하며, 합수(合水)한 원진수(元辰水)가 곧장 흘러나가게 되면, 혈(穴)의 생기(生氣)도 따라 나가므로 매우 흉(凶)합니다.

하수사(下水砂)는 혈장(穴場) 아래에 팔처럼 붙어 혈(穴)을 감아주기 때문에, 혈(穴)의 생기(生氣)가 앞으로 새어 나가지 못하게 할 뿐만 아니라 1차와 2차에 걸쳐 분합(分合)된 물이 직선으로 나가지 않고 역수(逆水)하도록 합니다. 이 때문에 하비사(下臂砂) 또는 역관사(逆關砂)라고도 부릅니다.

하수사(下水砂)는 혈장(穴場) 아래에 있는 작고 미미한 능선입니다. 얼핏 보면 확실하게 구분하기 어려우나, 세심한 주의력으로 살펴보면 육안(肉眼)으로 뚜렷하게 보입니다.

혈(穴) 앞을 흐르는 물이 오른쪽에서 득수(得水)하여 왼쪽으로 흘러가면, 하수사(下水砂)는 왼쪽에서 뻗어 나와 오른쪽으로 가고, 물이 왼쪽에서 득수(得水)하여 오른쪽으로 흘러가면, 하수사(下水砂)는 오른쪽에서 뻗어 나와 왼쪽으로 머리를 돌려야 물을 역수(逆水)시킬 수 있어 길격(吉格)이 됩니다. 만약 하수사(下水砂)가 짧거나 물 흐르는 방향으로 같이 뻗어, 물을 거두어들이지 못하고 바로 흘러나가는 순수(順水)가 되면 흉격(凶格)이 됩니다.

하수사(下水砂)의 순역(順逆)을 살필 때, 혈(穴) 앞을 지나는 물이 큰 물과 작은 물이 있으면 큰 물을 거두어 주는 하수사(下水砂)를 평가하고, 먼 곳에 있는 하수사(下水砂)보다 가까이 있는 하수사(下水砂)를 중시해야 합니다.

하수사(下水砂)는 혈(穴)의 결지(結地)에 결정적 역할을 할 뿐만 아니라 자손(子孫)의 빈부(貧富)를 가늠하는 재사(財砂)이며 부사(富砂)이기도 합니다. 이는 물은 수관재물(水管財物)이라 하여 부(富)를 관장(管掌)하기 때문입니다. 하수사(下水砂)가 겹겹이 중첩되어 물을 잘 거두어들이면 그만큼 재물이 모인다는 뜻에서 말하는 것입니다. 하수사 (下水砂)가 짧아, 물이 바로 흘러나가는 순수(順水)가 되면 빈곤하게 됩니다.

5) 수구사(水口砂)

혈(穴)에서 보아 물이 최종적으로 빠지는 지점을 수구(水口)라 하는데, 수구사(水口砂)는 수구[水口 =파구(破口)] 즉, 물이 빠져 나가는 용호(龍虎) 끝에 우뚝 솟은 산봉우리나 바위나 물 가운데 있는 암석을 말합니다.

수구사(水口砂)가 있으면 물이 직선으로 빠르게 나가지 못하도록 물길을 막아 유속(流速)을 느리게 함으로써, 기(氣)의 유출(流出)을 더디게 하는 것입니다. 다시 말하면, 혈(穴) 앞을 지나는 양(陽)인 물이 음(陰)인 용(龍)과 충분히 음양화합(陰陽和合)을 하여 혈(穴)을 결지(結地)하도록 하고, 명당(明堂)의 기운(氣運)을 보전(保全)하여 생기(生氣)를 보호(保護)하는 역할을 합니다.

내청룡(內靑龍)과 내백호(內白虎)가 교차하여 만나는 곳이 내수구(內水口), 외청룡과 외백호(外白虎)가 교차하여 만나는 곳은 외수구(外水口)라 합니다. 청룡백호(靑龍白虎)가 주밀(綢密)하게 감싸주면 수구(水口)는 매우 좁아지는데, 이를 쪽배 하나 통과할 수 없다하여 불능통주(不能通舟)라 하고, 자물쇠로 문을 잠근다 하여 관쇄(關鎖)라 합니다.

만약 수구(水口)가 관쇄(關鎖)되지 않아 명당수(明堂水)가 급류직거(急流直去)하면, 용(龍)과 물이 충분한 음양화합(陰陽和合)을 하지 못하므로 혈(穴)을 결지(結地)할 수 없으며, 물은 재물(財物)을 관장하므로 재산이 빠르게 빠져나가 도산패가(倒産敗家)한다고 봅니다.

그러므로 수구처(水口處)는 청룡(靑龍) 백호(白虎) 끝 양변이 톱니바

퀴처럼 물리듯 서로 교쇄(交鎖)되거나, 수구(水口) 중간에 기암괴석(奇巖怪石)이 있어 물이 느리게 굴곡(屈曲)하면서 빠져나가야 혈(穴)의 결지(結地)는 물론이고, 그에 따른 발복(發福)이 장구(長久)하게 보존되는 것입니다. 수구(水口)가 좁고 여기에 신기(神奇)하고 존엄한 물형(物形)에 해당하는 작은 산이나 바위가 있으면 대귀지(大貴地)가 됩니다.

혈(穴)을 찾을 때도 수구(水口)에 들어서서 수구(水口)에 있는 사격(砂格)을 보고 혈(穴)의 결지(結地) 여부와 대소(大小) 여부를 판단합니다. 수구(水口)에 일월형(日月形), 기고형(旗鼓形), 창고형(倉庫形), 금고형(金庫形), 귀사형(龜蛇形), 인형(印形), 홀형(笏形), 상형(箱形), 통형(筒形), 어형(魚形) 등 기암괴석(奇巖怪石)이 있으면 매우 길(吉)한 사격(砂格)입니다. 그러나 흉(凶)한 모양의 암석이 있으면 흉(凶)한 사격(砂格)이 됩니다.

사격(砂格)이 수구(水口)를 관쇄(關鎖)하는 방법에는 두 가지가 있는데, 청룡(青龍) 백호(白虎) 양쪽 능선이 서로 교쇄(交鎖)하는 방법과 물 가운데 금성(禽星)이라고도 불리는 기암괴석(奇巖怪石)이 서 있어 파구처(破口處)를 주밀(綢密)하게 관쇄(關鎖)하는 방법입니다.

이와 같이 수구처(水口處)를 관쇄(關鎖)하는 방법과 모양에 따라 수구사(水口砂)를 크게 한문(捍門), 화표(華表), 북신(北辰), 나성(羅星) 등으로 구분합니다.

(1) 한문(捍門)

수구(水口)의 양쪽 물가에 산이나 바위가 마주보고 서 있는 것을 말합니다. 마치 대궐문을 지키는 수문장과 같은 모습으로 물의 직거(直去)를 막아줍니다. 수구(水口)가 보국(保局)의 대문 또는 출입문이라면 한문(捍門)은 그 대문의 양쪽 문기둥에 해당합니다.

한문(捍門)의 형태가 기이(奇異)하고 존엄(尊嚴)하여 마치 대궐문 양쪽에 서있는 사자상(獅子象)같거나, 해와 달 모양이거나, 깃발 또는 북 모양으로 생기고, 그 간격이 조각배 하나 지날 수 없는 불능통주(不能通舟)로 좁다면 수구(水口) 안에는 백세부귀(百世富貴)가 기약되는 대혈(大穴)이 있다는 증거(證據)가 됩니다.

(2) 화표(華表)

화표(華表)는 반드시 수구(水口)에만 있는 것이 아니고 청룡이나 백호, 혹은 안산이나 조산에도 존재하며, 달리 '천길화표(天吉華表)'라고 부르는데, 이는 하늘을 찌를 듯 용수(聳秀-빼어나게 우뚝 솟아)되어 서기(瑞氣)를 뿌리는 바위를 부르는 말로, 기(氣)의 증거(證據)로 봅니다. 즉 화표(華表)가 있다면 부근에 훌륭한 혈(穴)이 있다는 것으로 해석하며 심혈(深穴)의 자료가 됩니다.

화표(華表)는 수구(水口)의 한문(捍門) 사이 물 한 가운데 있는 바위로 유속(流俗)을 느리게 하는 역할을 합니다. 화표(華表)가 있어 수구(水口)가 관쇄(關鎖)된다면 수구(水口)안에는 진혈(眞穴)이 있다는 증거(證據)가 됩니다.

(3) 북신(北辰)

북신(北辰)은 수구(水口)의 한문(捍門) 사이 물 가운데에 있는 화표(華表)보다 괴이(怪異)하게 생긴 바위가 용, 거북, 잉어, 창고, 금궤 같은 형상을 하고 있는 기암괴석(奇巖怪石)을 말합니다.

북신(北辰)은 대부귀(大富貴)를 상징하는 것으로, 생왕(生旺)한 용진처(龍盡處)에 결지(結地)한 혈(穴)의 수구(水口)에 북신(北辰)이 있으면 왕후장상(王侯將相)이나 국부(國富)가 나와 만세영화지지(萬世榮華之地)가 됩니다.

(4) 나성(羅星)

나성(羅星)은 수구(水口)의 수중(水中)에 돌이나 흙이 점차 퇴적하여 쌓여진 작은 섬으로 물의 직류(直流)나 급류(急流)를 막아 물의 흐름을 원만(圓滿)하게 해 주는 역할을 합니다.

나성(羅星)의 형태가 용이나 뱀, 거북, 잉어 등 영물의 형상을 하고 있으면 대귀(大貴)와 대부(大富)가 기약됩니다. 특히 나성(羅星)이 머리를 위로하고 꼬리를 아래로 하여 마치 물을 거슬러 올라가는 모양이면 등문(登聞)의 상징이라고 봅니다.

6) 귀성(鬼星), 요성(曜星), 관성(官星), 금성(禽星)

용(龍)의 여기(餘氣)

행룡(行龍)하던 용(龍)이 용진처(龍盡處)에서 혈(穴)을 응축(凝縮)시키고 남은 기운(氣運)을 여기(餘氣)라고 합니다. 산의 기운(氣運)이 큰 땅은, 용(龍)이 길고 기운(氣運)이 왕성(旺盛)하여 이미 혈(穴)을 맺었지만 산세(山勢)가 멈추기가 어려워 반드시 남은 기운이 앞으로 더 나아갑니다. 이처럼 큰 땅이 혈을 맺는 곳은 용맥(龍脈)이 다 끝난 곳에 있는 것입니다. 혈(穴)을 이루고 여기(餘氣)로 이루어진 것이 전순(氈屑)입니다.

혈(穴)을 구성하는 요소가 입수(入首), 선익(蟬翼), 혈토(穴土), 전순(氈屑)이라면, 귀(鬼), 요(曜), 금(禽), 관(官)은 혈(穴)을 도와주는 역할을 하는 보조적 구성요소입니다.

혈장(穴場)의 뒤에 나 있는 지각(支脚)을 귀(鬼), 청룡(靑龍)과 백호(白虎) 외의 혈장(穴場) 좌우(左右)에 있는 지각(支脚)을 요(曜), 혈장(穴場)의 앞 쪽으로 나 있는 지각(支脚)을 관(官), 청룡(靑龍)과 백호(白虎) 안쪽에 있는 수구(水口) 사이에 놓인 지각(支脚)을 금(禽)이라 합니다.

(1) 귀(鬼) 또는 귀성(鬼星)

귀성(鬼星)과 낙산(樂山)은 혈 뒤를 받쳐주므로, 직룡입수(直龍入首) 하는 혈(穴)은 주산(主山)과 현무(玄武)가 뒤를 받쳐 주므로 귀성(鬼星) 과 낙산(樂山)이 필요하지 않으나, 횡룡입수(橫龍入首)하는 혈(穴)은 뒤 가 허약하고 비어 있으므로 반드시 뒤를 받쳐주고 바람을 막아주는 산이 필요합니다.

귀성(鬼星)은 횡룡입수(橫龍入首)에서는 반드시 갖춰져야 할 조건입 니다. 혈장(穴場) 뒤쪽으로 나서 혈장(穴場)의 기맥(氣脈)을 받쳐주고, 주룡(主龍)의 기운(氣運)을 혈(穴)로 밀어주는 역할을 합니다.

귀성(鬼星)이 붙어 있는 위치에 따라 횡룡입수(橫龍入首)하는 용(龍) 과 혈(穴)의 위치를 알 수가 있습니다. 귀성(鬼星)이 높게 붙어 있으면 혈(穴)도 높은 곳에 있고, 귀성(鬼星)이 낮은 곳에 있으면 혈(穴)도 낮 은 곳에 결지(結地)합니다.

혈장(穴場)) 뒤에 귀성(鬼星)이 붙는 것은 와혈(窩穴)에 국한한다 하 지만, 유혈(乳穴)도 귀성(鬼星)을 가질 수 있고, 귀성(鬼星)이 반드시 혈 장(穴場)) 뒤에만 붙는 것도 아니고, 때로는 입수(入首)에 귀성(鬼星)이 있는 경우도 있는 것입니다. 따라서 귀성(鬼星)의 형태도 다양하고 변 화무쌍합니다.

귀성(鬼星)은 지나치게 길거나 변화생동하면 오히려 입수룡(入首龍) 의 기운을 빼앗아 설기(洩氣)되는 것이므로, 귀성(鬼星)은 작고 아름다 워야 하며. 깨끗하고 밝아야 합니다. 귀성을 부사(富砂)라고도 하는데 횡룡입수(橫龍入首)하는 혈(穴)은 대개 치산갑부(治産甲富)가 기약되기 때문입니다.

(2) 요(曜) 또는 요성(曜星)

요성(曜星)이란 용(龍)의 기(氣)가 왕성(旺盛)하여, 혈(穴)을 결지(結地)하고도 여기(餘氣)가 남아 용신(龍身)이나 혈장(穴場), 혹은 명당(明堂) 좌우(左右)에 창과 같이 뾰족하게 붙어 있는 사격(砂格)으로 왕성(旺盛)한 기맥(氣脈)에서만 드러납니다. 관성(官星)은 안산(案山)의 여기(餘氣)이며, 귀성(鬼星)은 혈(穴)의 여기(餘氣)이고, 금성(禽星)은 성원(城垣)의 여기(餘氣)이며, 요성(曜星)은 용호(龍虎)의 여기(餘氣)라는 말도 있습니다.

요성(曜星)은 흙이나 바위로 되어 있으며, 위치는 용(龍)이나 혈장(穴場), 명당(明堂), 수구(水口), 청룡(青龍), 백호(白虎) 등 어느 곳에서나 있을 수 있습니다. 그러나 요성(曜星)은 뾰족하게 첨리(尖利)하여 충(沖)과 구분이 쉽지 않지만, 이를 구분하는 기준은 용(龍)과 혈(穴)에서 찾아야 합니다. 용진처(龍盡處)에 맺은 혈(穴)에서는 날카롭다 하더라도 길격(吉格)인 요성(曜星)이 되지만, 비혈지(非穴地)에서는 흉격(凶格)인 살성(殺星)이 됩니다.

이를 사람에 비유하면 장군이나 높은 관직에 있는 사람이 칼을 차고 다니면 보검(寶劍)이 되지만, 강도나 깡패같은 빈천한 사람이 칼을 가지고 다니면 흉기(凶器)가 되어 흉악무도한 일에 상용하는 것과 같습니다.

단, 혈장(穴場)을 충(沖)하지 않아야 하며 청룡(青龍) 백호(白虎)에 생긴다 하더라도, 바깥쪽이나 순응하는 방향으로 도출되어야 하고, 내명당 안으로 도출되면 충(沖)이 되어 요수(夭壽)하며 때로는 심한 상처를 입기도 합니다.

이 요성(曜星) 또한 그 크기가 혈장(穴場) 규모에 비해 적당(適當)해야 하며, 너무 큰 경우에는 혈장(穴場)에 응결(凝結)되어야 할 기맥(氣

脈)이 흘러 요성(曜星)으로 흡수되며, 너무 작은 경우엔 혈장(穴場)을 지탱해 주지 못하므로 기맥(氣脈)의 유실(遺失)을 초래하게 됩니다.

(3) 관(官) 또는 관성(官星)

관성(官星)은 안산(案山)이나 조산(朝山) 뒷면에 붙어 있는 사격(砂格)으로 안산(案山)이나 조산(朝山)의 기운을 혈(穴)쪽으로 밀어주어 혈(穴)의 발복(發福)을 더 크게 하는 역할을 합니다.

관성(官星)은 혈(穴)에서 보이지 않는 것이 대부분이나 간혹 보이는 것도 있습니다. 혈(穴)에서 안산(案山) 뒷면의 관성(官星)이 보이는 것을 현세관(現世官), 현면관(現面官)이라 하여 매우 귀(貴)한 것으로 여기며, 속발(束髮)하여 당대(當代) 발복(發福)을 누릴 수 있다고 봅니다.

관성(官星)은 크기나 모양에 상관없이 모두 길(吉)한 것이나 작은 것보다는 큰 것이, 보이지 않는 것보다는 보이는 것이 더욱 좋은 것입니다.

(4) 금(禽) 또는 금성(禽星)

금(禽)은 청룡(靑龍)과 백호(白虎)의 사격(砂格) 안쪽으로 있되, 수구(水口)에 나타나는 동물형상의 암석이나 작은 보호사(保護砂)들을 일컫습니다.

금성(禽星)은 비록 떠 있는 섬처럼 보일지라도 땅 속으로 연결되는 근본뿌리는 혈장(穴場)이나 사격(砂格)의 산에 있는 모암(母巖)과 일맥상통하는 차원으로 이어져 있어야 하며, 이런 금성(禽星)의 근원이 사격(砂格)의 한쪽인 청룡(靑龍)의 끝부분과 연결되는 것이라면 후손(後孫)들이 받는 귀(貴)가 매우 크다고 간주하고, 사격(砂格)의 한쪽인 백호(白虎)의 끝부분과 연결되는 것이라면 후손(後孫)들이 받는 재(財)가 매우 크다고 간주합니다.

7) 나성(羅城)

혈(穴)을 중심으로 사방팔방에서 혈(穴)을 둘러싸고 있는 모든 산을 나성(羅城)이라 합니다. 혈(穴)에서 멀리 있는 산들은 그 모습이 마치 성곽을 두른 것처럼 둥글게 이어졌다하여 붙여진 이름입니다. 나성(羅城)은 하늘의 지존성(至尊星)을 수많은 별들이 둘러싸고 있는 형세와 같다하여 나성원국(羅城垣局) 또는 원국(垣局)이라고도 합니다.

나성(羅城)은 혈(穴)과 보국(保局)의 안정과 기운은 감싸고 보호하는 역할을 합니다. 나성원국(羅城垣局)은 혈(穴)을 둘러싸고 있는 모든 산들이 빈틈없이 겹겹이 있고, 국세(局勢)는 넓고 광활(廣闊)하면서 평탄(平坦) 원만(圓滿)한 것이 길격(吉格)입니다.

5. 사격(砂格)을 관찰하는 다양한 방법

1) 안산(案山)과 조산(朝山)을 보는 법

안산(案山)과 조산(祖山)은 모두 혈장(穴場) 앞쪽에 있는 산으로, 혈장(穴場)의 기맥(氣脈) 손실(損失)을 방지(方志)하고 허(虛)함을 막아 국세(局勢)를 강화(强化)하는 기능을 합니다.

안산(案山)이 혈(穴)과 너무 가까워 앞을 답답하게 가로막고 있지 말아야 하고, 너무 떨어져서 허전함을 느끼지 않을 정도이면 무방하다 하겠습니다.

조산(祖山)은 혈장(穴場) 뒤의 주산(主山), 즉 현무(玄武)와 비교해서 산세의 높이나 규모가 비슷하거나 약간 낮고 작은 정도가 무난하며, 만약 주산(主山)의 산세를 압도(壓倒)하는 형세(形勢)라면 궁극적으로 혈장(穴場)의 생기맥(生氣脈)을 눌러 기맥(氣脈)을 허약(虛弱)하게 하여 흉작용(凶作用)을 발생케 합니다.

아울러 한 가지 참고할 것은 안산(案山)이나 조산(祖山)의 경우, 그 기능을 다하기 위해서는 반드시 산이 아니어도 괜찮습니다. 혈장(穴場) 앞을 유정(有情)하게 감싸 흐르며 흐르는 물길이 있으면 물로써 조안(朝案)을 삼는다고 하였으므로 사(砂)를 살피는데 있어서 반드시 산에만 얽매일 필요가 없을 것입니다.

풍수지리이론이 지관들 사이를 거쳐 오랜 기간 전수되어 오면서 그들의 경험적인 내용이 현장풍수에서는 자주 거론되는데 그 중에서 안산(案山)에 관한 사항만 간추려 보면 다음과 같습니다.

① 안산(案山)이 갖춰지지 않는 혈장(穴場)에 정혈(定穴)하게 되면 생활이 궁핍해집니다.
② 안산(案山)이 지나치게 높고 위세가 커서 혈장(穴場)을 압도(壓倒)하게 되면 자손 가운데 실명(失明)의 변고를 겪게 되거나 불구자(不具者)가 태어나게 됩니다.
③ 안산(案山)의 앞을 유정하게 흐르는 맑은 강물이나 호수가 있게 되면 여자 후손 가운데 재색(才色)을 겸비한 딸이나 며느리가 있어 집안을 영화롭게 합니다.
④ 안산(案山)에 소위 말하는 '칼바위'가 돌출되어 있으면, 자손 가운데 중상(重傷)을 당하거나 타살(他殺)을 당하는 이가 발생합니다.

2) 낙산(樂山)을 보는 법

횡룡입수(橫龍入首) 혈장(穴場)일 때 반드시 필요한 이 낙산(樂山)은 혈장(穴場)의 뒤에서 혈장(穴場)의 응결(凝結)된 기맥(氣脈)을 보호(保護), 강화(强化)하므로 혈(穴)을 향한 모습으로 유정(有情)하게 감싼 산세여야 하며, 혈(穴)과의 거리는 너무 멀리 있어서 비어 있거나 허전한 느낌을 주지 않는 정도가 적당합니다.

낙산(樂山)의 산세(山勢)가 지닌 수려함이나 혈장(穴場)과의 영향력 등을 따져서 3격(三格) 으로 분류하는데, 최길격을 특락(特樂)이라고 하고, 그 다음을 차락(次樂)이라고 하며, 마지막으로 낙산(樂山)이 있어도 혈(穴)과의 거리가 너무 멀거나, 낙산(樂山)의 산세(山勢)가 부실해 보이는 경우를 허락(虛落)이라고 합니다.

3) 전응후조(前應後照)로 보는 법

전응후조(前應後照)란 혈장(穴場)의 앞뒤를 보호사(保護砂)들이 받쳐 주는 것을 말합니다. 특히 혈장(穴場) 앞쪽의 안산(案山)을 제외한 안산(案山) 너머의 산들은 모두 '전응(前應)'의 개념에 포함되고, 현무[玄武=주산(主山)]의 뒤쪽에 있는 산들은 모두 '후조(後照)'의 범주에 포함됩니다.

'전응(前應)'은 혈장(穴場) 앞에서 머리를 조아리듯이 단정하게 혈(穴)을 향해 있어야 하고, '후조(後照)'는 마치 제례상 뒤의 병풍처럼 현무(玄武)를 보호(保護)하고 강화(強化)시킴으로써 혈장(穴場)의 생기맥(生氣脈)의 강화(強化)와 보호(保護)에 만전을 기해야 합니다.

4) 좌보우필(左輔右弼)로 보는 법

혈장(穴場)을 중심으로 좌우에 늘어 서있는 산들의 형세로 길흉(吉凶)을 보는 법입니다. 좌청룡(左靑龍), 우백호(右白虎)를 제외한 그 양 옆의 산들이 모두 이에 해당하는데 좌우 산들의 높낮이, 규모의 대소(大小), 원근(原根) 등이 균형(均衡)과 조화(調和)를 이뤄야만 길격(吉格)

으로 여기며, 이렇게 산세(山勢)들이 혈장(穴場)의 좌우(左右)에서 균형(均衡)과 조화(調和)를 이뤄 원만상(圓滿象)을 나타내야만 혈장(穴場)을 제대로 보필(輔弼)할 수 있다고 여깁니다.

6. 길사(吉砂)와 흉사(凶砂)

진혈(眞穴)임을 증명(證明)하는 혈증(穴證)이 갖춰진, 즉 좌우(左右)의 선익(蟬翼)과 입수(入首), 혈토(穴土) 및 전순(氈脣)이 갖춰지고 현무(玄武), 주작(朱雀), 청룡(靑龍), 백호(白虎)의 사신사(四神砂)가 갖춰진 혈장(穴場)은 생기발랄한 내룡(來龍)의 용맥(龍脈)이 응결(凝結)되어 있는 진혈(眞穴)입니다.

이런 기본적인 진혈(眞穴)의 조건들이 구비되고 기타 사격(砂格)으로서 안산(案山), 조산(朝山), 낙산(樂山). 탁산(托山) 등을 거느리고 있으면 마지막으로 살피게 되는 것이 그 주변에 흩어져 있는 각종 사(砂)들의 길흉(吉凶)입니다.

사(砂)의 길흉(吉凶)을 논할 때는, 사(砂)는 혈장(穴場)에서 보여야 합니다. 그리고 혈(穴)에서 가까운 것이 우선이고 먼 것은 다음입니다.

길사(吉砂)는 형태가 장엄(莊嚴)하고, 고용(高聳–높이 솟음)하며 아름답고 다정(多情)해야 합니다. 수려하고 단아하면 귀사(貴砂)이고, 풍성하게 살찌고 장중(莊重)하면 부사(富砂)입니다.

흉사(凶砂)는 산세(山勢)가 험하고, 깨지고, 급하고, 기울고, 달아나고, 배반하는 형태입니다.

혈(穴) 앞에 귀인사(貴人砂)가 있으면 인정(人丁)이 왕성(旺盛)하여 많은 자손이 배출되지만, 흉사(凶砂)가 있으면 패절(敗絶)하고 빈궁(貧窮)해 집니다. 그러나 사격(砂格)이 흉(凶)하다 하여도 진혈(眞穴)이면, 간혹 뜻하지 않은 재앙(災殃)이나 화(禍)를 당할 수는 있어도 기본적인 발복(發福)이 되고, 아름다운 사격(砂格)이라도 혈(穴)을 배반(背反)하고 달아나면 흉사(凶砂)가 됩니다.

1) 길사(吉砂)

길사(吉砂)는 부(富)와 귀(貴)를 나타내는 부귀사(富貴砂)를 말하며, 산세(山勢)가 단정하고 수려하고, 장엄하게 솟아 있는 등 아름답고 다정함을 느끼게 합니다.

이러한 모양의 사격(砂格)이라 할지라도 산체(山體)가 파여지고, 기울어지고, 용모(容貌)가 추악하고 상처입고 손상되고, 혈(穴)을 찌르는 형세(形勢)이면 길사(吉砂)가 아닙니다.

군왕사(君王砂)

군왕사(君王砂)는 입수(入首)로 들어가기 전의 주산(主山)에 놓인 봉우리들이 24방위상 자오묘유(子午卯酉)에 위치하여 이를 각각 연결하면 열십자 모양이 되는데 이 사귀절(四貴節)의 사(砂)를 가리켜 군왕사(君王砂)라 칭하고 예부터 국가의 통치자가 배출된다고 합니다.

귀인사(貴人砂)

귀인사(貴人砂)란 산봉우리가 곧게 뻗은 직사각형의 목형산(木形山)이면서 봉우리가 수려함을 한 눈에 알 수 있는 산을 말합니다. 여러 가지 귀인사(貴人砂)가 있지만 목형산(木形山) 즉 목성(木星) 형태의 귀인사(貴人砂)가 최고의 길격(吉格)으로 간주되며, 이 귀인사(貴人砂)가 있어 안산(案山)과 조산(朝山)을 비춰주면, 후손들이 관직으로 출세하여 명예를 누린다고 봅니다.

어병사(御屛砂)

병풍(屛風)을 둘러치듯이 개장(開帳)된 산세(山勢)로 사신사(四神砂) 주변에서 국세(局勢)를 강화하거나 안산(案山)과 조산(祖山)을 비쳐주고 있는 산을 말합니다. 어병사(御屛砂)의 특징은 산세 하나하나는 곧게 뻗은 목형산(木形山)인데, 개장(開帳)된 산세(山勢)를 전체적으로 보면 장방형(長方形)을 이루는 토형산(土形山)과 비슷하다는 점입니다.

어병사(御屛砂)가 혈장(穴場) 뒤쪽이나 좌우(左右) 또는 앞에 있게 되면 귀한 여자 후손이 태어나 일국의 국모(國母)가 되어 여자로서 누릴 수 있는 최고의 명예를 얻게 된다고 하였습니다.

문필사(文筆砂)

문필사(文筆砂)는 불꽃모양의 화형산(火形山)으로서 봉우리의 끝이 붓끝처럼 생겼다고 하여 문필사(文筆砂)라는 명칭으로 불리웁니다. 문필사(文筆砂)가 안산(案山)과 조산(祖山)을 받쳐주면, 문재(文才)가 탁월하여 세상의 이목을 집중시킬 신동 자손이 태어난다고 합니다.

일자문성사(一字文星砂)

토형산(土形山)으로 정상이 일자(一字) 모양으로 평평한 풍만한 형세를 말하며, 부귀쌍전(富貴雙全)에 자손이 번창(繁昌)하는 왕정만당(旺丁滿堂)의 부귀사(富貴砂)입니다.

영상사(領相砂) 일명 정승사(政丞砂), 고축사(誥軸砂), 전고사(展誥砂)

영상사(領相砂)는 정승사(政丞砂), 고축사(誥軸砂), 전고사(展誥砂)라고도 하며, 토형산(土形山), 즉 일자문성(一字文星)인 토형산(土形山)의 상단 양쪽으로 뿔이 돋아 있듯이 부각된 봉우리를 지닌 산입니다. 영상사(領相砂)가 안산(案山)과 조산(祖山)을 비춰주면, 관록이 커서 영상(領相-국무총리)의 자리까지 오르게 될 인재가 배출된다고 봅니다.

지사사(知事砂) 또는 보개사(寶蓋砂)

지사사(知事砂)는 산 정상이 평평하고 넓은 토형산(土形山)으로서 산의 정상에 작은 금형산(金形山)이 돌출(突出)하여 있습니다. 지사사(知司事)가 조산(祖山)과 안산(案山)을 비춰주거나 파구(破口-혈 앞의 산과 물이 만나는 지점)에 있게 되면 일약 도지사급의 관직으로 진출할 후손이 태어난다고 하여 귀격(貴格)으로 간주합니다.

관모사(冠帽砂) 사모사(紗帽砂)

산형(山形)이 관원이 머리에 써는 관모(冠帽)를 닮았으며, 단정(端正)한 관모사(冠帽砂)가 조산(朝山)과 안산(案山) 쪽에서 바르게 보고 있으면 소년(少年) 등과(登科)에 수령방백(守令方伯)이 된다고 봅니다.

창고사(倉庫砂)

산의 모양이 장방형의 토형산(土形山)을 말하며, 재산(財産)을 주관하는 부사(富砂)로서 치산(治産) 거부(巨富)가 된다고 봅니다. 수구(水口)를 관쇄(關鎖)하면 더욱 확실하게 여깁니다.

고궤사(庫櫃砂) 또는 옥궤사(玉櫃砂)

고궤(庫櫃)란 옛날 엽전을 담아두던 상자를 말하며, 고궤사(庫櫃砂)는 장방형의 돌로 이루어진, 넓고 평평하게 평지보다 좀 높직한 돈대

(墩臺)의 형태를 말하며, 옥궤사(玉櫃砂)라고도 합니다. 재산(財産)을 주관하는 부사(富砂)로서 치산(治産) 거부(巨富)가 된다고 봅니다. 수구(水口)를 관쇄(關鎖)하면 더욱 확실하게 여깁니다.

돈대(墩臺)의 모양

❧ 금상사(金箱砂)

금(金)으로 만든 상자(箱子)라는 뜻으로 토성(土星)의 작은 산이나 바위가 낮은 곳에 평평하게 있는 것을 말합니다. 방정(方正)하고 평원(平圓)해야 합니다. 주룡(主龍)에 붙어 있거나 안산(案山) 또는 조산(朝山)이 되거나, 수구(水口)에 있으면 길(吉)합니다. 등과급제하여 고현(高顯)하고 작록이 풍부하여 거부(巨富)가 됩니다.

❧ 옥인사(玉印砂) 일명 옥인문성사(玉印文星砂)

관인(官印) 모양의 돌로 조금 높이 솟은 돈대(墩臺)의 산형(山形)입니다. 귀사(貴砂)로써 높은 벼슬을 하는 자손이 배출됩니다.

❧ 인합사(印盒砂)

귀인(貴人)이 사용하는 도장과 같고, 혈장(穴場) 주변에 큰 바위나 둥근 산 언덕이 있는 것을 말하며, 인합사(印盒砂)가 있으면 벼슬이 높은 관원이 배출되고, 수구(水口)에 있으면 문장가가 태어납니다. 인주(印呪)와 같이 붉은 색을 띠면 더욱 좋습니다.

🐝 부봉사(富峰砂)

산의 모양이 금종(金鐘)을 엎어 놓은 것 같다고 하여 복종사(伏鍾砂), 가마솥을 엎어 놓은 것 같아 복부사(覆釜砂), 한 곳에 곡식을 쌓아놓은 것과 같다하여 노적봉(露積峯)으로도 불리웁니다.

이 부봉사(富峰砂)는 전형적인 금형산(金形山)으로서 이 부봉사(富峰砂)가 주산(主山)에 있거나 혈장(穴場) 앞의 안산(案山)과 조산(朝山)을 받치고 있으면 큰 재물을 모아 거부(巨富)가 된다고 합니다.

🐝 무성사(武星砂)

산 정산이 원형의 크고 웅장한 태양금성체로서 산의 몸체에 지각(支脚)이 없는 청기장엄(淸氣莊嚴)한 사격(砂格)입니다. 대장군(大將軍)으로 난을 정벌하고 무장(武裝)으로서 위명이 드높이며, 전답이 많아 부자가 되며 무관으로서 지방관직을 합니다.

🐝 아미사(蛾眉砂)

반달이나 초승달처럼 생긴 아미사(蛾眉砂)는 가지런히 돋아 난 여자의 눈썹과 닮았다고 하여 붙여진 명칭입니다. 아미사(蛾眉砂)가 혈장 앞의 안산(案山)과 조산(祖山)에서 비춰주거나 혹은 그 안에 있으면, 집안대대로 미색이 뛰어난 여자 후손이 태어난다고도 하고, 여자후손 중에 왕비가 난다고도 합니다.

🐝 옥대사(玉帶砂)

반달이나 눈썹처럼 생긴 금형산(金形山)으로 아미사(蛾眉砂)와 비슷하나, 아미(蛾眉)가 산 정상이 원형이라면 옥대(玉帶)는 약간 평평하며,

아미(蛾眉)가 들판에 있어 물이 있는 곳에 있다면 옥대(玉帶)는 산에 있어 물이 없습니다. 문장현달(文章顯達)하고 당대(當代)에 명문(名文)이며, 후학(後學)의 종사(宗師)가 됩니다.

아미사(蛾眉砂)와 옥대사(玉帶砂)

옥녀사(玉女砂)

옥녀봉(玉女峯)은 살이 찌고 후덕한 둥그스럼한 금형산(金形山)으로 머리를 풀어 놓은 모양이 마치 치마를 펼친 것 같은 피발방타(被髮傍拖)한 기이한 형상으로, 주산(主山), 현무(玄武)나 안산(案山), 조산(朝山)에서 바르게 보고 있으면 부귀(富貴)가 같이 왕성(旺盛)하며, 건강과 장수를 나타내고, 특히 여자가 귀(貴)하게 됩니다.

어산사(禦傘砂)

귀인(貴人) 행차(行次)에 사용되는 일산(日傘)과 같은 산형(山形)입니다. 주름이 있으며 높고 특이합니다. 등과급제(登科及第)하여 임금을 가깝게 보좌하는 조신(朝臣)이 됩니다.

독봉사(獨峰砂)

유정(有情)하게 이어져 내려오는 용호(龍虎)의 줄기들과 떨어져 홀로 우뚝 솟아 그 수려함을 나타내는 산을 말합니다. 산의 외형은 후덕한 가운데 수려한 아름다움을 보여야 길격(吉格)으로 간주하며 독봉사(獨峰砂)가 있어 조산(朝山)과 안산(案山)을 비춰 주게 되면 집안의 부귀(富貴)가 커진다고 합니다.

제2부 | 음택풍수(陰宅風水)

삼태사(三台砂) 또는 화개삼태사(華蓋三台砂)

하나의 산체에 봉우리 3개가 우뚝 솟아 그 수려함이 안산(案山)이나 조산(朝山), 혈장(穴場) 뒤, 혈장(穴場)의 좌우를 비추게 되면 위치에 상관없이 크게 귀(貴)를 얻어 집안의 3형제가 정부 요직으로 진출하게 됩니다.

천마사(天馬砂)

천마사(天馬砂)는 그 모양이 말 잔등처럼 생긴 것을 말하며 천마(天馬)를 타고 하늘로 오르는 비천용마(飛天龍馬)의 형세(形勢)를 말합니다. 말은 복을 빨리 가져오기 때문에 천마사(天馬砂)가 있으면 벼슬이 빨리 오르고 귀한 대접을 받는다고 합니다.

등천층사(登天層砂)

수려(秀麗)한 작고 큰 봉우리들이, 연이어 서서 순서대로 한층 한층 높아지는 형태의 사격(砂格)으로, 속발(速發) 대귀(大貴)한다고 봅니다.

기고사(旗鼓砂)

혈장(穴場) 주변에 깃발이나 북같이 생긴 산이나 바위 등을 말하며, 기고(旗鼓)는 장군이 필요로 하기 때문에 무장(武裝)이 태어나며, 좌측에 기가 있고 우측에 북이 있으면 장군이 병권을 잡고 진중에서 북을 치며 기를 들고 출전하는 기상이 드높고, 거기에 입수룡(入首龍)의 위나 과협처(過峽處) 또는 혈장(穴場)에 기고사(旗鼓砂)가 있으면 무장(武將)에게 이롭고 과거에 급제해 벼슬이 빠르게 나타난다고 합니다.

2) 흉사(凶砂)

길사(吉砂)는 결코 천룡(賤龍)이나 흉지(凶地)에는 비추지 아니하며, 귀한 땅의 진혈(眞穴)은 흉사(凶砂)를 피하라 하였습니다. 그러나 어느 산이나 사격(砂格), 내룡(來龍)이 사소한 흠집이 없을 수는 없는 것입니다.

흉한 사격(砂格)이나 수세(水勢)가 눈에 보이면 해로움이 있으나, 보이지 않으면 해로움이 없는 것이라 하였으니, 진결지(眞結地)에서 보이지 않거나, 혈장(穴場) 가까이서 직충(直沖)하지 않거나, 안산(案山)이나 조산(朝山)에서 바라보지 않으면 흉사(凶砂)가 아니니 이를 지나치게 두려워할 일은 아닙니다.

흉사(凶砂)는 산세(山勢)가 원만하지 못하여 급경사를 이루거나, 험준하거나, 끊어지거나, 훼손된 것들로서 이런 흉사(凶砂)가 혈장(穴場) 주변에 있게 되면 자손(子孫)들의 건강(健康)과 경제적(經濟的)인 면에 있어서 좋지 않은 일들이 발생하게 됩니다.

(1) 팔살흉사(八殺凶砂)

풍수지지 사격론(砂格論)에서 사(射), 파(破), 탐(探), 충(衝), 반(反), 압(壓), 단(斷), 주(走)가 여덟가지 흉사(凶砂)의 기본입니다.

사(射)란 첨사사(尖射砂)로서 끝이 날카롭고 뾰족하여 용혈(龍穴)을 앞에서 맞받아치거나 옆에서 찔러오면[전충횡사(前沖橫射)], 혈(穴)이 진혈(眞穴)이 되지 못하며, 자손이 상(傷)하게 됩니다.

파(破)란 파산사(破山砂)를 말합니다. 용혈(龍穴)이나 주변의 산이 깨지고 파이고 상처입고 허물어지어 추악하고 흉살스러우면, 혈(穴)을 맺을 수 없으며 재산(財産)을 잃고 인명(人命)이 상(傷)합니다.

탐(探)이란 규산사(窺山砂)를 말합니다. 안산(案山)이나 조산(朝山) 또

는 용호(龍虎)의 뒤에서 객산(客山)이 산머리를 내밀어 혈지(穴地)를 엿
탐(廉探)하는 이른바 도적봉(盜賊峯)입니다. 규산사(窺山砂)가 혈지(穴
地)를 넘겨다보면 도벽(盜癖)있는 자손(子孫)에 의한 패가망신(敗家亡身)
또는 도적(盜賊)에 의한 큰 실물손재(失物損財)가 있습니다.

충(衝)이란 우뚝 솟아 난 사격(砂格)들이 용혈(龍穴)을 충격(衝擊)하
는 것을 말합니다. 흉사(凶砂)의 전충횡격(前衝橫擊)은 혈(穴)을 맺을 수
없으며, 자손이 상하고 잃어 패망합니다.

압(壓)이란 높고 험한 봉우리들이 용혈(龍穴)을 전후좌우에서 압도
(壓倒)하여 능멸하는 것을 말합니다. 안산(案山)이나 조산(朝山) 혹은
좌우(左右) 용호(龍虎)가 용혈(龍穴)을 압도(壓倒)하면 매사(每事) 이루
어지는 일이 없습니다.

반(反)이란 반배사(反背砂)를 말합니다. 즉 안산(案山), 조산(朝山), 용
호(龍虎)와 수세(水勢)가 등을 지면 혈(穴)을 맺을 수 없으며, 그 자손이
손재(損財)하여 빈천(貧賤)하게 됩니다.

단(斷)이란 단절사(斷絶砂)를 말합니다. 절단(絶斷)된 내룡(來龍)과
절단(絶斷)된 용호(龍虎)를 말하는데 이런 단절(斷絶)된 용맥(龍脈)은
혈(穴)을 맺을 수 없으며, 자손(子孫)이 상(傷)하여 절손(絶孫)된다고
봅니다.

주(走)란 주찬사(走竄砂)를 말합니다. 청룡(靑龍), 백호(白虎) 등 보국
(保局)을 이루는 사격(砂格)들이 사방으로 달아나 버린 형세(形勢)를 말
하며, 자손(子孫)이 파산(破産)하여 고향(故鄕)을 떠나게 됩니다.

(2) 흉사 오격(凶砂五格)

■ 추악대살사격(醜惡帶殺砂格)

산세(山勢)가 가파른 바위와 돌이 많아[참암다석(巉巖多石)], 살기(殺
氣)가 감도는 험한 악산(惡山)을 말합니다. 인명(人命)과 재산(財産)을
다 같이 망하게 되며, 흉악(凶惡)한 무리가 배반(背反)을 하게 됩니다.

■ 파쇄수삭사격(破碎瘦削砂格)

산체(山體)가 깨지고 무너지고 골이 심하게 져있어 뼈만 앙상하게 남은 산을 말합니다. 파산(破産)하여 빈궁(貧窮)하게 되고, 재앙(災殃)도 많고 어려움도 많이 일어납니다.

■ 준급경도사격(峻急傾倒砂格)

산세(山勢)가 급하고 가파르며 기울고 거꾸러진 흉(凶)한 산세(山勢)를 말합니다. 무도(無道)한 자손(子孫)에 의한 가산(家産)이 속패(速敗)하게 됩니다.

■ 무정주찬사격(無情走竄砂格)

보국(保局)을 이루는 사격(砂格)들이 용혈(龍穴)을 돌보지 아니하고, 아무 이로움도 없이 무정(無情)하게 달려 도망가는 흉사(凶砂)입니다. 파산(破産)하여 고향(故鄕)을 떠나게 된다고 봅니다.

■ 충사첨리사격(衝射尖利砂格)

돌출(突出)한 산두(山頭)가 용혈(龍穴)을 바라보고 충(衝)하거나, 창 끝같이 뾰족한 첨사(尖砂)가 용혈(龍穴)을 찌르는 듯한 흉사(凶砂)입니다. 자손(子孫)의 인명(人命)이 상(傷)하고 재앙(災殃)이 닥친다고 봅니다.

이 외에도 흉사(凶砂)를 구분하는 기준과 그에 따른 명칭은 풍수가에 따라 다양하지만 여기에 소개한 이 범위를 벗어나지는 않을 것이라 생각합니다.

흉사(凶砂)를 관찰하는 방법은 반드시 이론적인 형식에만 얽매일 것이 아니라, 혈장(穴場) 주변의 산이나 큰 암석 등이 과연 혈장(穴場)의 생기맥(生氣脈) 응결(凝結)에 도움이 될 것인지, 아닌지를 일반적인 관점으로 판별하여 크게 흉(凶)하지 않을 정도면 무난(無難)하다고 하겠습니다.

또한 풍수지리의 핵심인 진혈(眞穴)의 혈장(穴場)과 혈장(穴場)을 포함하는 명당(明堂)이 주인격(主人格)이라면, 그 주변의 사(砂)들은 주인을 호위하고 보호하는 부하격(部下格)의 기능을 담당하므로, 제반 사격(砂格)이 주인격(主人格)의 혈장(穴場)에 대해 그 규모나 산세(山勢) 등의 면에서 주인(主人)을 공대하는 위치에 있어야 하는 것입니다.

그러므로 사(砂)들은 혈장(穴場)의 규모에 비해 적당한 규모를 가질 것, 원만상(圓滿象)을 이루며 혈장(穴場)을 향하여 얼굴을 보이되 머리는 약간 조아린 듯이 보일 것 등이 요구되는 것입니다.

제5절 수(水)에 대하여

1. 물의 개요(概要)

　풍수지리(風水地理)는 산을 바탕으로 삼고, 물과 바람의 영향을 파악하는 것입니다. 생기(生氣)는 바람을 만나면 흩어지고 물을 만나면 멈추므로, 생기(生氣)가 흩어지지 않도록 하는 것은 호종사(護從砂)이고, 생기(生氣)를 응결(凝結)시키고, 설기(洩氣)되는 것을 막는 것은 물입니다. 물은 혈(穴)을 결지(結地)하는데 필수 조건으로, 물은 길(吉)하기도 하고 흉(凶)하기도 합니다.

　물은 생기(生氣)가 흩어지지 않도록 용맥(龍脈)을 보호(保護)하고, 산진처(山盡處)에 이르면 생기(生氣)가 모이도록 합니다. 양쪽 물줄기 가운데는 용맥(龍脈)이 있고 합수(合水)하는 곳이 행룡(行龍)이 끝나는 용진처(龍盡處)입니다. 물이 보호(保護)하지 못하면 용맥(龍脈)이 행룡(行龍)할 수 없으며, 용진처(龍盡處)에서 합수(合水)하지 않으면 결지(結地)할 수 없습니다.

　조종산(祖宗山)인 태조산(太祖山)으로부터 중조산(中祖山)을 거쳐 소조산(小祖山) 이르고, 수 천리, 수만리를 기(氣)를 품고 달려 온 내룡(來龍)이 더 이상 뻗어 나가는 것을 막고, 흘러가는 기(氣)를 멈추게 하여 혈(穴)을 응결(凝結)시키게 하는 것이 바로 물입니다.

　물은 기(氣)를 멈추게 하여 기(氣)를 응결(凝結)시키기도 하고, 또한 혈장(穴場)을 잘 감싸고돌아, 혈장(穴場)에 응결(凝結)된 생기(生氣)를 설기(洩氣)되지 않도록 보호(保護)하는 역할도 합니다. 물이 돌면 기(氣)도 멈추고, 물이 직류(直流)하면 기맥(氣脈)도 직류(直流)하여 설기(洩氣)됩니다.

물은 깊고 맑으며, 혈장(穴場)을 좌우로 감싸면서 흐르는 물이 좋은 물이며, 구불구불하게 천천히 흘러야 좋으며, 혈장(穴場)앞을 빠져 나가는 물은 아쉬운 듯이 서서히 흘러야 진혈(眞穴)을 이룰 수 있는 물이라 볼 수 있습니다. 또한 산이 흘러내려온 방향과 반대방향으로 물이 흘러, 혈장(穴場)을 향하여 들어오는 물을 좋은 물로 봅니다.

혈장(穴場) 앞에서 볼 수 있는 하천이나 호수, 강, 연못, 바다 등은 모두 이 물의 범주에 포함된다고 하겠습니다.

'산관인정 수관재물((山管人丁 水管財物)'이라는 말이 있듯이, 물은 재물(財物)을 관장합니다.

물의 중요성

풍수(風水)란 말은 '장풍득수(藏風得水)'에서 유래(由來)하였듯이, 바람을 막고, 물을 얻음을 그 기본으로 하고 있습니다. 내룡(來龍)이 천만리 머나 먼 여행길을 물을 만나 더 이상 뻗지 못하여 혈(穴)을 형성하는 것이니, 득수(得水), 즉 물을 만나는 것이 중요하다 하겠습니다.

고서(古書)에서도, 물을 중요시 하는 글들을 볼 수 있습니다.

'기승풍즉산 계수즉지 [氣乘風則散 界水則止]'
기(氣)란 바람을 타면 흩어져 버리고 물을 만나면 멈춘다.

'風水之法 得水爲上 藏風次之 [풍수지법 득수위상 장풍차지]'
풍수에서는 물을 얻는 것이 최상이요, 바람을 단속하는 것은 그 다음이다.

'산(山)은 정물(靜物)로 음(陰)에 속하고, 수(水)는 동물(動物)로 양(陽)에 속한다. 그런데 음(陰)은 체상(體常)을 도(道)로 하고, 양(陽)은 변화(變化)를 주로 하기 때문에, 길흉화복(吉凶禍福)은 수(水)에 더 잘 나타난다.'

❧ 물은 풍수(風水)의 핵심 요소입니다.

물은 산, 물, 방위, 사람으로 압축되는 풍수지리(風水地理)의 4대 구성 요소이면서, 용(龍), 혈(穴), 사(砂), 수(水)로 대표되는 4대 핵심 풍수이론의 한 부분으로, 명당(明堂) 형성에 없어서는 안 될 필수 조건입니다. 용(龍), 혈(穴), 사(砂)의 요건들이 풍수(風水) 이론상의 명당혈(明堂穴) 형성에 부합되었다면, 최종적으로 따져 봐야 할 것이 바로 물입니다.

❧ 산은 음(陰)이고 물은 양(陽)입니다.

우주(宇宙)가 만물(萬物)을 이루어 내기까지, 무극(無極)에서 태극(太極)으로, 음양운동(陰陽運動)에서 오행운동(五行運動)으로, 음양오행(陰陽五行)의 조화(造化)로, 하늘엔 천기(天氣)가, 땅엔 지기(地氣)가 있어 만물(萬物)을 생(生)하였습니다. 지기(地氣)가 만물(萬物)을 낳고, 천기(天氣)가 만물을 기릅니다. 따라서 지기(地氣)를 품고 있는 산(山)이 음이 되고, 물이 양(陽)이 됩니다. 움직임이 없는 산은 음(陰)이 되고, 움직이는 물과 바람은 양(陽)이 됩니다.

> "천기(天氣)가 만물을 낳고, 지기(地氣)가 만물을 기른다."
> "지기(地氣)가 만물을 낳고, 천기(天氣)가 만물을 기른다."

① "천기(天氣)가 만물을 낳고, 지기(地氣)가 만물을 기른다."
　천기(天氣)가 땅에 비취어, 지기(地氣)를 품은 땅에서 만물이 자라납니다. 그러므로 "천기(天氣)가 만물을 낳고, 지기(地氣)가 만물을 기른다."고 합니다. 마치 아버지와 어머니가 만나, 남성의 정자가 여성의 난자를 만나 어머니의 뱃속에서 자라듯이 말입니다. 본질(本質)과 현상(現象)의 측면에서 보면 본질(本質)에 해당합니다.
② "지기(地氣)가 만물을 낳고, 천기(天氣)가 만물을 기른다."
　지기(地氣)를 품은 땅에서 만물이 나타나고, 물, 바람, 햇별의 천기(天氣)의 영향을 받아 자라납니다. 그러므로 "지기(地氣)가 만물을

낳고, 천기(天氣)가 만물을 기른다."고 합니다. 마치 어머니로부터 아이가 출생을 하고, 아버지가 열심히 경제활동을 하여 키우듯이 말입니다. 본질(本質)과 현상(現象)의 측면에서 보면 현상(現象)에 해당합니다.

음(陰)과 양(陽)이 서로 보완하고 의존하고, 서로 대립 견제하기도 하면서 생명을 탄생시키고, 변화 소멸케 하는 것이니, 산과 물도 이에 따라 서로간의 작용을 하는 것입니다. 서로간의 작용으로 인하여 억세고 거친 기(氣)를 정제(整齊)하고 순화(純化)시켜 생기(生氣)로 만들고, 생기(生氣)를 멈추게 하고 응결(凝結)시킵니다. 산과 물이 음양(陰陽)의 작용으로 생기(生氣)를 만들고 응결(凝結)시키는 것입니다. 산수(山水)가 서로 얽혀야만 진혈(眞穴)이 형성되는 것입니다.

> '양래음수 음래양수((陽來陰受 陰來陽受)'
> 양(陽)이 오면 음(陰)이 받고, 음(陰)이 오면 양(陽)이 받아준다.

산의 형세를 중요시하는 형기론[(形氣論)-형상론(形象論)], 산의 형국을 사물의 모양에 유추시켜 명당 이름과 무덤 자리를 정한 물형론[(物形論)-형국론(形局論)]과 함께 3대 풍수지리 유파를 형성하는 이기론(理氣論)은 혈장(穴場) 주위의 물이 어디에서 흘러 나와 어디로 흘러 가느냐를 기준으로 하여 좌향(坐向 - 묘의 방향)을 결정하는 수법론(水法論)이 이론의 줄거리를 이룰 정도로 물을 중요시하게 여깁니다.

2. 장풍(藏風)과 득수(得水)의 상관관계

풍수(風水)라는 용어 자체가 장풍득수(藏風得水)에서 나온 만큼, 진혈(眞穴)이 맺어지는데 있어서는 가장 필수적인 조건이 장풍(藏風)과 득수(得水)의 두 가지 사항입니다.

조종산(祖宗山)에서 출발한 내룡(來龍)의 기맥(氣脈)은 물을 만나야 비로소 그 달리던 용맥(龍脈)을 멈추고 한 자리에 쉬게 됩니다. 이렇게 용맥(龍脈)이 한 자리에 머물러 응결(凝結)된 곳이 진혈(眞穴)이 되므로, 풍수(風水)에서 득수(得水)는 필수적인 요건이 되는 것입니다. 이때 득수(得水)는 물을 얻는다고 해석하기 보다는 물을 만난다고 보아야 할 것입니다.

물을 만나 생기맥(生氣脈)이 응결(凝結)된 혈장(穴場) 주변으로 좌우 양쪽을 감싸면서 유정(有情)하게 물이 흘러야 진혈(眞穴)의 조건에 제대로 부합됩니다. 혈장(穴場) 주변을 물길이 유정하게 흐르면서 득수(得水)의 혈장(穴場)이 형성되면, 그 다음으로 살펴야 할 것이 혈(穴) 주변의 사(砂)들이 이루는 국세(局勢)가 외부의 거칠고 흉한 바람을 잘 차단하고 있는지, 혈장(穴場)이 있는 내부에 계속 훈풍(薰風)을 머금게 하고 있는지를 보아야 합니다.

외풍(外風)은 차단하고, 안으로 신선하고 따스한 생기(生氣)를 잘 갈무리하여, 혈장(穴場)이 최적의 자연조건을 유지할 수 있도록 하는 것이 장풍(藏風)의 개념인 것입니다.

장풍득수(藏風得水)는 진혈(眞穴)을 맺게 하는 두 가지의 전제 조건이지만, 혈장(穴場)의 국세(局勢)가 나타내는 특징에 따라 장풍국(藏風局)과 득수국(得水局)으로 구별하기도 합니다.

장풍국(藏風局)은 바람을 잘 갈무리하여 생기(生氣)를 보호(保護)하는 자리입니다. 주로 산으로 둘러싸인 내륙 산간분지에 발달되는데, 혈장을 중심으로 하여 전후좌우로 놓인 사방의 산들이 혈장(穴場)을 다정하게 감싸고 있는 국세(局勢)입니다. 혈장(穴場) 주변을 감싸고도는 물길의 수세(水勢)가 주변의 웅장한 산세들에 비해 약한 반면, 혈장(穴場)을 보호하는 산세(山勢)는 병풍처럼 혈장(穴場)을 둘러싸고 있어서 한마디로 산의 왕기맥(旺氣脈)을 축적할 수 국세(局勢)입니다.

득수국(得水局)은 물을 만나 생기(生氣)가 멈추는 자리입니다. 큰 강이 많은 평야지대나, 바닷가에 발달되어 있는 혈장(穴場)들은 2-3면은 산으로 호위되어 있으나, 그 앞쪽이나 좌우의 한 두면은 안산(案山)이나 조산(朝山)대신 큰 강이나 호수, 바다를 마주보고 있는 국세(局勢)를 말합니다.

1) 장풍(藏風)

장풍국(藏風局)은 외부로부터 침범하는 흉기(凶氣 : 바람)는 차단하고 순한 선성(善性)의 바람은 잘 받아들여 알맞은 온도와 일조량, 공기가 혈장(穴場) 주변에서 항시 순환하도록 조절합니다. 이를 가리켜 '기의 갈무리'라고도 표현합니다. 따라서 풍수(風水)에서의 장풍(藏風)이란 바람의 흉성(凶性)과 선성(善性)을 알맞게 피흉취길(避凶取吉) 한다는 뜻으로, 그저 바람을 막아버린다는 뜻은 아닙니다.

이런 장풍국(藏風局)에서는 전후좌우(前後左右)에 있는 사신사(四神砂), 즉 현무(玄武), 주작(朱雀), 청룡(靑龍), 백호(白虎)가 완벽하게 혈장(穴場)을 호위하고 장풍(藏風)의 기능을 수행하고 있다는 특징과 아울러, 그 주변에 놓여 진 각종의 사격(砂格)들 역시 장풍(藏風)의 기능을 수행하고 있어서 혈장(穴場)에 머무는 기맥(氣脈)의 선성(善性)이 극대화(極大化)되는데 한 몫하고 있다는 특징이 있습니다.

장풍국(藏風局)에서 이루어진 혈장(穴場)의 자리는 겨울철에 특히 그 특성을 느낄 수 있는데, 무덤 밖의 산이나 들에서 불어오는 바람이 극히 거칠고 차가워도 장풍(藏風)이 잘 된 묘지에 있으면 그런 외풍(外風)을 거의 느낄 수 없고 햇볕 또한 잘 들어와서 보온이 잘 되는 외투를 입고 있는 듯한 느낌이 듭니다.

반대로 장풍국(藏風局)인 듯 보이는데, 장풍(藏風)이 이루어지지 않은 혈장(穴場)의 주변 국세(局勢)를 살펴보면. 첫째 청룡(靑龍)과 백호

(白虎)의 끝머리가 관쇄(關鎖)되지 못했고, 둘째 용호(龍虎)가 뻗어 내리는 도중에 허리가 단절(斷絶)되어 있거나 파손(破損)되어 흉기(凶氣)가 쉽게 드나드는 경우, 셋째 안산(案山)이나 조산(朝山)이 혈장(穴場)을 향해 있지 않고 등을 지고 배역(背逆)하고 있는 경우 등이 있습니다.

이렇게 몇 가지의 이유로 장풍(藏風)이 되어 있지 않은 국세(局勢)일 경우에는 무엇보다 바람에 의한 흉작용(凶作用)을 받게 됩니다. 이것을 풍살(風殺)이 든다고 합니다. 사신사(四神砂)의 보호(保護)를 받지 못하는 혈장(穴場)은 그 풍살(風殺)로 무너져 내리고 시신(屍身) 역시 풍렴(風殮)이 들어 검게 썩게 되고, 그로 인해 자손들은 중풍이나 신경통 등의 질환에 시달리게 된다고 합니다.

2) 득수(得水)

흘러가는 내룡(來龍)의 기(氣)를 멈추게 하여 혈(穴)을 응결(凝結)시키게 한 물은, 음양(陰陽)의 조화(調和)를 이루며, 혈장(穴場)의 좌우(左右)와 앞을 흐를 때 유순하고 부드럽게 흐르되, 천천히 흘러야 합니다. 명당혈(明堂穴)을 향해 구불구불하게 서서히 다가서서 혈장(穴場)을 감싸 안고, 유정(有情)하게 흐르되 나갈 때도 머뭇거리는 듯이 서서히 빠져 나가야 좋습니다.

물이 처음 시작되는 발원처를 득수(得水) 혹은 분(分)이라 합니다. 혈장(穴場) 좌우로 흘러내리는 물이 혈장(穴場) 앞의 어느 지점에서 만날 때 이를 합(合)이라 합니다. 이 좌우 물길의 분(分)과 합(合)의 유무(有無)는 혈장(穴場)의 진위 여부를 가리는 기준의 하나가 될 정도로 혈장(穴場)의 결혈(結穴)에 있어서 중요한 사항입니다.

따라서 혈장(穴場) 주변을 살필 때는 반드시 좌우로 유정하게 흐르는 물이 합(合)을 이루고 있는지에 관하여 세심한 주의가 필요합니다. 혈장(穴場)의 핵심이 혈심(穴心)에 수기(水氣)를 공급하기 위하여 이

159

루어지는 득수(得水)에도 두 종류가 있는데, 현무(玄武=主山) 이하의 청룡(靑龍)과 백호(白虎) 안에서 혈장(穴場)을 감싸고 흐르는 물을 내득수(內得水)라고 하고, 현무(玄武=主山) 위의 바깥쪽에서 시작되어 혈장(穴場)을 멀리에서 감싸고 있는 물을 외득수(外得水)라고 합니다.

이렇게 득수(得水)가 이루어지면 그 득수(得水)된 물길은 어떻게 흘러야 하는가?

첫째, 물은 음양(陰陽)의 조화(調和)를 이루면서 흘러야 합니다.

음양(陰陽)을 산과 물로서 구분하면, 산은 음(陰)이고 물은 양(陽)입니다. 용호(龍虎)로 구분하면, 청룡(靑龍)쪽에서 즉 혈의 왼쪽에서 흘러나오는 물은 양수(陽水), 백호(白虎)쪽에서 즉 혈의 오른쪽에서 흘러나오는 물은 음수(陰水)입니다.

음양(陰陽)이란 상호간에 서로 얽혀 조화와 보완의 상관관계를 갖고 있으므로, 혈장(穴場) 주변에서 조화(調和)를 이루며 흐를 때 혈장(穴場)의 생기맥(生氣脈) 형성에 도움을 준다고 하겠습니다.

둘째, 물은 혈장(穴場)의 좌우(左右)와 앞을 흐를 때 유순하고 부드럽게 흐르되 천천히 흘러야 합니다. 또한 명당혈(明堂穴)을 향해 구불구불하게 서서히 다가서서 혈장(穴場)을 감싸 안고 유정하게 흐르되 나갈 때도 머뭇거리는 듯이 서서히 빠져 나가야 좋습니다.

혈장(穴場)을 향하여 쏘듯이 흐르는 직사수(直射水)는 혈장(穴場)에 좋지 않은 살(殺)을 불러들임으로써 혈장(穴場)의 생기맥(生氣脈)을 파쇄(破碎)하는 결과를 초래합니다.

3. 물의 분합(分合)과 혈운(穴暈)

물의 분합(分合)이란, 생기(生氣)를 보호하면서 용맥(龍脈) 양쪽에서 나란히 따라온 물인 원진수(元辰水)가, 혈장(穴場) 뒤에서는 갈라지고,

앞에서는 다시 합수(合水)하는 것을 말합니다. 지기(地氣)는 물에 의해서 가두어지고 보호를 받습니다. 혈(穴)의 생기(生氣)가 흩어지지 않기 위해서는 물이 사방을 감싸고 있어야 합니다. 이를 물의 상분하합(上分下合) 또는 계합(界合)이라고도 합니다. 물의 분합(分合)이 여러 번 중첩(重疊)되게 이루어지면 혈(穴)의 생기(生氣)가 잘 보호(保護)됩니다.

첫째 분합(分合)은, 입수(入首)와 선익(蟬翼)과 전순(氈脣)이 감싸 준 혈장(穴場) 안에서 이루어집니다. 해무리나 달무리처럼 생긴 원형의 테두리가 은은하게 혈(穴)을 감싸 준 혈운(穴暈)을 말합니다. 혈(穴) 위쪽에서 분수(分水)했다가 혈(穴)을 한 바퀴 감싸준 후, 아래에서 다시 합수(合水)합니다. 혈(穴)의 생기(生氣)를 가장 가까이서 보호하는 물입니다. 육안으로 구별이 어렵습니다.

둘째 분합(分合)은, 용맥(龍脈) 양쪽에서 따라온 원진수(元辰水)가 혈장(穴場) 위에서 나누어 졌다가 다시 합쳐지는 것을 말합니다. 원진수(元辰水)는 혈장(穴場)의 입수(入首) 뒤에서 분수(分水)했다가 양 선익(蟬翼)을 따라 양분된 다음, 전순(氈脣) 앞에서 합수(合水)합니다. 혈운(穴暈) 다음으로 혈(穴)의 생기(生氣)를 가까이에서 보호해주는 물로, 육안으로 구별이 어렵습니다.

셋째 분합(分合)은, 주산(主山)이나 현무봉(玄武峰)에서 용(龍)을 사이에 두고 나누어 졌다가 수구(手具)에서 합쳐지는 물을 말합니다. 분수(分水)한 물은 양변으로 개장(開帳)한 청룡(靑龍)과 백호(白虎)를 따라 혈장(穴場) 전체를 감싸 보호해 주고[혈장포만수(穴場抱灣水)], 혈장(穴場) 앞에 명당(明堂)을 형성하고, 청룡(靑龍)과 백호(白虎) 끝이 서로 만나거나 교차하는 수구(水口)에서 합수(合水)가 이루어집니다. 합수(合水)가 옷깃을 여미 듯 한 모양으로 이루어지므로, 이를 합금(合襟)이라고도 합니다.

이처럼 물이 1차 분합(分合), 2차 분합(分合), 3차 분합(分合)을 하여야 생기(生氣)가 보전되어 혈(穴)을 결지(結地)할 수 있는 것입니다. 물이 위에서 분수(分水)하였는데 아래에서 합수(合水)하지 못하면 혈(穴)의 결지(結地)는 어렵습니다. 반대로 위에서 분수(分水)를 못하고 아래에서 합수(合水)하는 물도 혈(穴)을 결지(結地)할 수 없습니다. 물이 혈(穴)을 완전히 감싸주지 못해 생기(生氣)를 보존할 수 없기 때문입니다.

물의 1차 분합(分合)때 나타나는 혈운(穴暈)은 혈(穴)의 결지(結地) 여부를 나타내는 가장 중요한 요소입니다. 동그랗게 생겨 태극운(太極暈)으로 불리기도 하는데, 그 형태는 제 각각입니다.

혈장(穴場)이 오목하게 들어 간 와혈(窩穴)이나 겸혈(鉗穴)의 혈심에, 약간 볼록하게 은은한 원을 그리며 생기(生氣)를 보호하는 혈운(穴暈)의 모양이 마치 게의 눈과 같아서 해안수(蟹眼水)라고 합니다.

혈장(穴場)이 볼록하게 나온 유혈(乳穴)과 돌혈(突穴)의 혈심에, 약간 오목하게 은은한 원을 그리며 생기(生氣)를 보호하는 혈운(穴暈)의 모양이 마치 새우의 수염 같다 하여 하수수(蝦鬚水)라고 합니다.

입수(入首)를 통해 생왕(生旺)한 생기(生氣)가 혈심에서 응결하고, 혈(穴) 위에는 흔적이 없고 아래에서만 반원(半圓)같은 혈운(穴暈)이 있어, 혈(穴)의 응결(凝結)을 돕는 것을 금어수(金魚水)라고 합니다.

이때 해안수(蟹眼水)처럼 볼록하든, 하수수(蝦鬚水)처럼 오목하든 상관이 없습니다. 혈(穴) 아래에서 생기(生氣)의 응결(凝結)을 잘 돕는 것이 최고입니다. 그리고 해안수(蟹眼水)나 하수수(蝦鬚水), 금어수(金魚水)의 정확한 구분은 사실상 어렵습니다. 아주 미미한 흔적으로 육안으로 혈운(穴暈)을 찾는 것도 어려운데, 그것의 정확한 구분은 더욱 어려운 일입니다. 또 그 역할이 똑같기 때문에 굳이 구분할 필요도 없습니다. 이 때문에 옛날부터 이들의 종류에 상관없이 혈운(穴暈), 태극운(太極暈), 해안수(蟹眼水), 하수수(蝦鬚水), 금어수(金魚水) 등으로 불렀습니다. 중요한 것은 혈장(穴場)안의 혈(穴) 주위를 해무리나 달무리처럼 둥그렇게 감싸고 있는 물 기운이 있는가 하는 점입니다. 이러한 흔적이 있으면 진혈(眞穴)이라는 증거입니다.

4. 물의 구분

1) 오성(五星)에 의한 수세(水勢)의 구분(區分)

물의 흐름 형태에 따라 목성(木星), 화성(火星), 토성(土星), 금성(金星), 수성(水星)의 다섯 가지 형태로 구분합니다. 이를 오성성수(五星城水) 또는 오성(五城)이라고 하는데, 명당을 에워싼다는 뜻에서 성(城)이라고 표현 합니다

수성(水城)은 바다나 강, 하천, 계곡, 호수, 항만 등을 불문하고 모두 해당됩니다. 단, 바다와 항만에 대해서는 약간의 이견이 있습니다. 물이 명당을 유정(有情)하게 감싸주면 기(氣)가 흩어지지 않기 때문에 길(吉)하고, 무정(無情)하게 등을 돌려 배반하거나 경도(傾倒)되어 있으면 기(氣)가 흩어져 흉(凶)하게 됩니다.

(1) 금성수(金星水)

물이 용혈(龍穴)과 명당(明堂)을 활 모양으로 감싸주면서 흐르는 것을 말합니다. 이는 금성요대(金星腰帶) 또는 금성환포(金星環抱)라 하여 대단히 길(吉)합니다. 그러나 용혈(龍穴)과 반대로 등을 돌리고 흐르면 반궁수(反弓水)라 하여 흉(凶)하게 됩니다.

(2) 수성수(水星水)

지현자(之玄字)로 굴곡(屈曲)하면서 흐르는 것으로 혈(穴)을 감싸주면서 명당(明堂)에 들어오면 당대에 재상(宰相)이 난다고 할 만큼 귀(貴)합니다. 그러나 명당(明堂)을 반배(反背)하면서 흐르면 흉(凶)합니다.

(3) 목성수(木星水)

물이 혈(穴) 앞을 직선으로 흐르는 횡대수(橫帶水)는 매우 길(吉)하나 역(逆)으로 찔러 들어오면 충(衝)으로 매우 흉(凶)하게 됩니다. 명당(明堂)이 경사진 곳에 자리 잡고 있거나, 용호(龍虎)가 혈(穴)을 감싸주지 못한 곳에 있으면 흉(凶)합니다. 혈(穴)을 찌르듯 달려오면 가산(家産)을 탕진하고 죽음에 이를 수 있습니다.

(4) 화성수(火星水)

물이 급하게 급류(急流)를 이루며 직선으로 다가와 혈장(穴場)을 찌르는 것으로 극히 해롭습니다. 화성수(火星水)라 하여도 혈(穴)을 환포(環抱)하여 돌아가는 물은 길(吉)합니다.

(5) 토성수(土星水)

혈(穴)을 네모난듯 한 형태로 감싸주면서 흐르는 형태를 말합니다. 극히 드물지만 일자문성(一字文星)과 같은 형태로 길(吉)합니다. 그러나 반배(反背)하면 극히 흉(凶)합니다.

2) 발원(發源)과 도당(到堂)

발원(發源)이란 명당(明堂)으로 흘러 들어오는 물의 득수처(得水處)를 말합니다. 용맥(龍脈)에 따라 다르나 발원지(發源地)는 멀고 길어야 합니다. 발원지(發源地)가 멀면 용(龍)도 크고 기(氣)가 왕성(旺盛)하다는 뜻으로 발복(發福)이 오래 갈 것이나, 발원지(發源地)가 가깝고 얕으면 용(龍)이 작고 짧은 것이니 발복(發福)도 짧습니다. 그러나 혈(穴)이 결지(結地)되면 굴처(屈處)에서 득수처(得水處)를 찾아야 합니다.

　도당(到堂)이란 물이 혈(穴) 앞 명당(明堂)에 도달하는 것으로, 명당 (明堂)에 들어오는 물은 용혈(龍穴)을 감싸주고 느리게 흘러야 합니다. 완만하여 큰 소리가 나지 않고 격하지 말아야 합니다. 명당(明堂)으로 들어오는 물이 반궁(反弓), 반도수(反挑水)가 되면 배반(背盤)당하고 재 산(財産)을 잃어버리며, 찌르듯 들어오면 충(沖)을 받아 불길(不吉)합 니다. 용혈(龍穴)의 하수사(下水砂)가 거두어 역관(逆關)시키면 매우 귀 (貴)한 것이 됩니다.

3) 물의 삼세(三勢)

　물의 기본적 형세는 득수(得水)와 취수(取水), 거수(去水)의 세 가지 로 나눕니다. 득수(得水)는 물이 시작되는 것을 말하고, 득수(得水)한 물이 혈(穴) 앞 명당(明堂)에 모이는 것이 취수(取水)이고, 물이 명당(明 堂) 밖으로 빠져 나가는 것은 거수(去水)입니다. 이 세 가지 물의 작용 과 방법이 원만해야 진혈(眞穴)의 결지(結地)는 물론 부귀왕정(富貴旺 丁)을 기할 수 있습니다.

(1) 득수(得水)

　득수(得水)는 용혈(龍穴)이 물을 얻는 것이니, 혈(穴)이 응결(凝結)되 고 굴처(屈處)가 이루어지면 득수(得水)가 이루어집니다. 물은 내당(內 堂)에 모여 환포(環抱)하고 가로질러 수구(水口)로 향합니다. 주룡(主龍) 의 생기(生氣)를 보호(保護)하면서 인도(引導)해 온 원진수(元辰水)도 득 수(得水)에 합당(合當)합니다. 그러나 원진수(元辰水)는 입수(入首)에서 분수(分水)하여 전순(氈脣)앞에서 합수(合水)하지만 육안분별이 어렵습 니다.

혈장(穴場)을 이루기 위한 과협(過峽)의 굴처(屈處)에서 발원(發源)하는 물이 혈장(穴場)에서 가장 가까운 득수(得水)입니다. 주룡(主龍)의 능선과 내청룡(內靑龍), 내백호(內白虎) 사이에서 득수(得水)한 물이 혈(穴) 앞을 지나는 물은 내득수(得水)라고 하고, 외청룡(外靑龍)과 외백호(外白虎) 사이와 여러 골짜기에서 득수(得水)한 물이 외명당(外明堂)에 모이는 것을 외득수(得水)라 합니다.

(2) 취수(取水)

취수(取水)란 명당(明堂)에 들어와 모이는 물로 명당수(明堂水)라 하고 내당수(內堂水), 내수(內水)라고 하여, 물의 양기(陽氣)를 혈(穴)에 공급합니다. 내당수(內堂水)는 득수(得水)에서 얻어지는 물도 있지만 멀리서 달려온 물도 해당됩니다.

명당(明堂)에 맑은 물이 가득하고 잔잔하게 고여 있어야 재물(財物)을 얻는 것입니다. 취수(取水)의 원천수(源泉水)는 원진수(元辰水)와 내당수(內堂水), 외당수(外堂水)이며 사시사철 마르지 않아야 길격(吉格)이며, 지하(地下)에서 물이 솟아나며, 양(陽)이 많으면 더욱 좋습니다. 단 내당(內堂)에서 솟아오르는 샘은 혈(穴)이 이루어지면 길(吉)하고, 혈(穴)을 맺지 못하면 극히 흉(凶)합니다.

(3) 거수(去水)

물이 보국(保局)을 빠져 나가는 것을 거수(去水)라 합니다. 물이 빠져 나가는 지점을 수구(水口), 파구(破口)라고 합니다. 내당(內堂)에 모여든 물이 혈장(穴場)에 수기(水氣)를 공급해 주고, 회류(廻流)하여 빠져 나가면 다른 물이 와서 모이고, 또 수기(水氣)를 공급하고 회류(廻流)하여 지현자(之玄字)로 빠져 나가면 좋습니다. 물이 고이면 물이 썩어 악취(惡臭)를 풍기게 되므로 흉(凶)하게 됩니다.

5. 물의 길격형세(吉格形勢)와 흉격형세(凶格形勢)

용맥(龍脈)의 흐름이 다양하듯 물의 흐름도 다양합니다. 이와 같이 물의 형세를 보고 용혈(龍穴)의 길흉(吉凶)을 가늠하는 것을 수세(水勢)라 하며, 크게 길격(吉格) 형세와 흉격(凶格) 형세로 나눕니다.

1) 길격형세(吉格形勢)

물은 끊임없이 움직이므로 양기(陽氣)에 해당하며 음기(陰氣)인 용(龍)과 접응하여 생기(生氣)를 보호(保護)하고 혈(穴)을 결지(結地)합니다. 깊고 맑으며 깨끗한 물이 길격(吉格)입니다. 고여 있는 물이라 해도 맑고 깊고 깨끗하다면 길격(吉格)입니다.

물이 풍부하다는 것은 용(龍)이 그만큼 멀리서 출발했다는 뜻이며, 명당(明堂)으로 들어오는 물은 굴곡(屈曲)을 이루어 지현자(之玄字) 모양으로 유유히 들어와야 길(吉)합니다. 여러 골짜기에서 득수한 물이 혈(穴) 앞의 명당(明堂)에 모여들어 한 곳의 수구(水口)로 거수(去水)해야 길(吉)합니다. 명당(明堂)에 들어 온 물이 보국(保局)을 빠져 나갈 때는 급류직거(急流直去)하지 않고, 지현자(之玄字)를 그리며 천천히 흘러 나가야 합니다. 물은 용(龍)과 혈(穴)을 감싸주듯 둥글게 돌아 흘러야 합니다.

사길형세(四吉形勢)

길격형세(吉格形勢)를 네 가지로 나누어 사길형세(四吉形勢)라 합니다.

교(交)는 용(龍)과 혈(穴)의 좌우(左右)에서 흘러나온 모든 물이 명당(明堂)에서 서로 만나는 형세를 말합니다.

쇄(鎖)는 수구(水口)에 다양한 수구사(水口砂)가 있어 조밀(稠密)한 수구(水口)로서 관쇄(關鎖)되는 형세를 말합니다.

직(織)은 지현자(之玄字)로 굴곡(屈曲)하면서 흐르는 형세를 말합니다.

결(結)은 여러 골짜기에서 흘러나온 물이 혈(穴) 앞 명당(明堂) 한 곳에 모두 모이는 것을 말합니다.

2) 흉격형세(凶格形勢)

득수(得水)한 물이 용혈(龍穴)을 배반(杯盤)하여 반궁역류(反弓逆流)하거나, 일직선으로 용혈(龍穴)을 찌르듯 들어오면 흉(凶)합니다. 물이 용혈(龍穴)을 찌르듯 곧고 빠르게 들어오면 자손(子孫)이 상(傷)하고 관재(官災)가 우려됩니다. 모이지 못하고 사방으로 흩어져 흐르는 물은 가산패재(家産敗財)가 우려되는 흉(凶)한 물입니다. 얕고 급한 여울물이 소리를 내며 흐르는 것은 인망패가(人亡敗家)가 우려되고, 신경쇠약(神經衰弱)이 의심됩니다. 혈 앞 명당이 기울어 쏟아지듯 매우 급하게 흐르는 물은 속패(速敗)하고 재산이 새어나가는 흉(凶)한 물입니다.

사흉형세(四凶形勢)

흉격형세(凶格形勢)를 네 가지로 나누어 사흉형세(四凶形勢)라 합니다.

천(穿)은 물이 명당(明堂)을 뚫듯이 나가거나, 청룡백호(靑龍白虎) 한쪽이 열려 물이 직류(直流)로 들어오는 형세를 말합니다.

할(割)은 혈장 아래 흙을 사나운 물이 흐르면서 깎아 내리는 형세를 말합니다.

전(箭)은 물의 흐름이 마치 쏜 화살처럼 곧고 빠르게 직류(直流)하여 빠져 나가는 형세를 말합니다.

사(射)는 물이 혈(穴)을 찌르듯 들어오는 형세를 말합니다.

6. 물의 종류(種類)와 길흉(吉凶)

1) 물의 종류

(1) 목성수(木星水)

물이 혈 앞을 '일자(一字)'처럼 곧게 직선으로 흐르는 횡대수(橫帶水)는 매우 길(吉)하며, 성품이 강한 자손이 대대로 이어집니다.

그러나 명당(明堂)이 경사진 곳에 자리 잡고 있거나, 용호(龍虎)가 혈(穴)을 감싸주지 못한 곳에 있으면 흉(凶)합니다. 역(逆)으로 혈(穴)을 찌르듯 달려와 충(衝)이 되면 대흉(大凶)하여, 가산(家産)을 탕진하고 죽음에 이를 수 있습니다.

(2) 화성수(火星水)

물이 급하게 급류(急流)를 이루며 직선으로 다가(多價)와 혈장(穴場)을 찌르는 것으로 극히 해롭습니다. 화성수(火星水)라 하여도 혈을 환포(環抱)하여 돌아가는 물은 길(吉)합니다.

(3) 토성수(土星水)

혈을 네모난 듯한 형태로 감싸주면서 흐르는 형태를 말합니다. 극히 드물지만 일자문성(一字文星)과 같은 형태로 길(吉)합니다. 그러나 반배(反背)하면 극히 흉(凶)합니다.

(4) 금성수(金星水)

물이 용혈(龍穴)과 명당(明堂)을 마치 요대(腰帶)를 허리에 찬 것처럼, 또는 활 모양으로 둥글게 감싸주면서 흐르는 물로써, 금성요대(金

星腰帶) 또는 금성환포(金星環抱)라 하며, 물로써 가장 귀(貴)하며, 부귀 (富貴)하고 세상의 존경을 받고 충효현랑(忠孝賢郎)하며 의(義)로운 인물과 호남아(好男兒)가 난다고 봅니다. 그러나 용혈(龍穴)과 반대로 등을 돌리고 흐르면 반궁수(反弓水)라 하여 흉(凶)합니다.

(5) 수성수(水星水)

지현자(之玄字)로 굴곡(屈曲)하면서 흐르는 것으로, 혈(穴)을 감싸주면서 명당(明堂)에 들어오면 당대에 재상(宰相)이 난다고 할 만큼 귀(貴)합니다. 그러나 명당(明堂)을 반배(反背)하면서 흐르면 흉(凶)합니다.

(6) 천지수(天池水)

천지수(天池水)는 백두산의 천지(天池)와 같이 큰 산의 정상에 자연 발생적으로 생긴 호수(湖水)를 말합니다. 이런 물은 몹시 희귀하여 혈장(穴場) 주변에 이런 천지수(天池水)가 있으면 거국적인 차원에서 길격(吉格)으로 간주하게 됩니다. 또한 나라를 구할 큰 인물이 배출 된다고 여깁니다.

(7) 폭포수(瀑布水)

높은 암벽이나 산에서 직류하며 쏟아지는 폭포수는 물소리 자체가 흉작용(凶作用)을 가(加)하고 급하게 쏟아지는 형세이므로 이런 곳 주변에는 정혈(定穴)하지 않습니다.

(8) 계간수(溪澗水)

산골짜기에서 흐르는 물을 말합니다. 이 계간수(溪澗水) 역시 천천히 흘러서 혈장(穴場)을 감싸는 수세(水勢)를 보여야 자손에게 이로움을 준다고 봅니다.

(9) 구혁수(溝洫水)

평지(平地)의 도랑물을 말하며, 구불구불하게 완만하게 흘러서 혈장(穴場)을 감싸고 유정(有情)하면 길(吉)합니다.

(10) 진응수(眞應水)

혈장(穴場) 앞에 본래부터 넘치는 듯이 고여 있는 샘을 말합니다. 이 진응수(眞應水)는 용(龍)의 세력(勢力)이 극왕(極旺)한 증거이므로 샘물이 맑고 청아한 모습이면 후손들에게 대부대귀(大富大貴)가 발현된다고 여깁니다.

(11) 선저수(旋瀦水), 융저수(融瀦水)

혈장(穴場)앞에 자연스럽게 고인 물웅덩이나 연못, 저수지를 말하며, 주변의 여러 곳에서 물이 몰려와 모인 것으로 곡식이 창고에 가득하다는 뜻입니다. 그러므로 열에 아홉은 부귀(富貴)한다 하였습니다. 그러나 선저수(旋瀦水)는 물이 맑아야 길(吉)하고, 탁하거나 더러우면 혈장(穴場)의 생기(生氣)를 더럽혀서 흉(凶)하게 됩니다.

(12) 취수(聚水), 천심수(天心水)

혈장(穴場) 앞에 고여 있는 물을 말합니다. 혈장(穴場) 앞에 맑고 수려한 형세의 호수(湖水)나 저수지(貯水池)가 있어 항상 물을 가득히 머금고 있으면 재복(財福)이 크다고 여깁니다.

(13) 지당수(池塘水)

저수지나 면목에 고여 있는 깨끗한 물로서 사계절 마르지 않아야 길(吉)합니다. 묘(墓)를 만들기 전의 자연발생수는 길(吉)하고, 묘(墓)

171

를 만들고 난 후 연못을 파면 생기(生氣)가 누설(漏泄)되므로 흉(凶)합니다. 묘(墓)를 만들기 전 자연발생한 저수지나 연못을, 묘(墓)를 만들고 매몰(埋沒)하면 재앙(災殃)을 부르지만, 더러운 악취가 나는 물이 흘러들어오면 매몰(埋沒)하여도 좋습니다.

(14) 호수(湖水)

생기맥(生氣脈)이 응결(凝結)된 진혈(眞穴) 앞에 여러 방향에서 흘러들어와 합수(合水)하여 이루어진 이 호수(湖水)가 맑고 수려하게 있으면 귀(貴)를 얻게 되고 특히 자손대에 영예를 떨치게 됩니다.

(15) 강수(江水)

천(千) 골짝 백(百) 군데 개울물이 모여 들어서 넓게 굴곡(屈曲)하며 생동(生動)하는 왕수(旺水)로 길격(吉格)입니다.

(16) 해수(海水)

해수(海水)는 바닷물을 말합니다. 바닷물이 혈장(穴場) 앞쪽으로 들어 난 경우, 용맥(龍脈)의 세력과 바닷물의 세력이 균형(均衡)을 이뤄야 합니다. 균형(均衡)이 이루어지지 않고 해수(海水)의 기맥(氣脈)이 강성(强盛)해 보이면 상대적으로 혈장(穴場)의 기맥(氣脈)이 압도되어 흉(凶)합니다. 다만 앞의 해수(海水)가 잔잔하게 드러나고 좌우(左右)의 청룡(靑龍), 백호(白虎)가 혈장(穴場)을 완벽하게 감싸 주는 국세(局勢)라면 재복(財福)이 따른다고 여깁니다.

(17) 창판수(倉板水)

밭과 논 위쪽에서 나는 물이 혈장(穴場) 앞으로 모여드는 것으로, 혈

(穴)을 보고 충(衝)하지도 않고 혈(穴)을 등지고 나가지도 않으며, 항상 논밭에 고여 있는 물로, 바닷물보다 더 귀(貴)하게 봅니다.

(18) 평전수(平田水)

혈장(穴場) 앞의 논에 고여 있는 물이며, 완만하고 유정(有情)하게 명당(明堂)으로 모이면 길(吉)합니다.

(19) 저여수(沮汝水)

혈장(穴場) 주변에 질펀하게 번져있는 물을 말합니다. 눈에는 보이지 않으면서 질퍽질퍽하고, 구덩이를 파면 물이 고이는 저습한 곳으로 흉지(凶地)입니다.

(20) 취예수(臭穢水)

각종 오물이 썩어 냄새가 진동하는 더러운 물이며, 혈장(穴場) 주변 웅덩이에 고이거나 개천에서 명당(明堂)으로 흘러 들어오는 흉(凶)한 물입니다.

(21) 니장수(泥墏水)

비가 오면 물이 고여 밟으면 발이 푹푹 빠지는 곤죽 같은 진흙땅이며, 날이 들면 먼지가 휘날리는 메마른 땅의 흉수(凶水)입니다.

(22) 위신수(衛身水)

용형(龍形)이 기이(奇異)하여 강이나 호수에 돌기(突起)한 산야로 결혈(結穴)되는 수중혈(水中穴)로 사방의 물이 가득하여 호위(護衛)하는 좋은 물입니다. 연화부수형(蓮花浮水形)으로 부(富)는 주군(州郡)의 으뜸이고, 귀(貴)는 경상(卿相)에 이릅니다.

(23) 원진수(元辰水)

용맥(龍脈)을 양쪽에서 나란히 호위하면서 따라온 룡(龍)을 말하는데, 혈장(穴場) 뒤에서 분수(分水)하고, 선익(蟬翼)을 따라 갈라진 다음, 다시 전순(前脣) 앞에서 합수(合水)해야 하며, 합수(合水)한 원진수(元辰水)가 곧장 흘러나가게 되면, 혈(穴)의 생기(生氣)도 따라 나가게 되므로 매우 흉(凶)합니다. 그러나 하수사(下水砂)가 있어 직거(直去)하지 않도록 도와주면 길(吉)합니다.

(24) 극운수(極暈水)

진혈(眞穴)에는 반드시 태극운(太極暈)이 있습니다. 언뜻 보면 형(形)이 있고, 자세히 보면 형(形)이 없습니다. 멀리서 보면 있는 것 같고, 가깝게 보면 보이지 않습니다. 옆에서 보면 볼록하게 일어났으나, 앞에서 보면 모호합니다. 이를 태극운(太極暈)이라 합니다. 만일 태극운(太極暈)을 파(破)하면 관(棺)에 물과 개미가 듭니다.

(25) 합금수(合襟水)

혈전(血戰)의 맥(脈)을 경계(境界)하여 상분하합(上分下合)하는 물입니다. 그 응결(凝結)이 삼분삼합(三分三合)이 있으니, 혈(穴) 전후(前後)에서 일분합(一分合)이요, 용호교합처(龍虎交合處)에서 이분합(二分合)이요, 주산수(主山水)가 크게 합(合)하는 것을 삼분합(三分合)이라 합니다. 또 대명당(大明堂), 소명당(小明堂), 외명당(外明堂)으로 구분하기도 합니다. 천취(天聚), 인취(人聚), 지취(地聚)라 부르기도 합니다.

(26) 하수수(蝦鬚水)

혈장(穴場)이 볼록하게 나온 유혈(乳穴)과 돌혈(突穴)의 혈심에, 약간 오목하게 은은한 원을 그리며 생기(生氣)를 보호하는 혈운(穴暈)의 모양이 마치 새우의 수염 같다 하여 하수수(蝦鬚水)라고 합니다.

(27) 해안수(蟹眼水)

혈장(穴場)이 오목하게 들어 간 와혈(窩穴)이나 겸혈(鉗穴)의 혈심에, 약간 볼록하게 은은한 원을 그리며 생기(生氣)를 보호하는 혈운(穴暈)의 모양이 마치 게의 눈과 같다하여 해안수(蟹眼水)라 합니다.

(28) 금어수(金魚水)

입수(入首)를 통해 생왕(生旺)한 생기(生氣)가 혈심에서 응결하고, 혈(穴) 위에는 흔적이 없고 아래에서만 반원(半圓)같은 혈운(穴暈)이, 혈(穴)의 응결(凝結)을 돕는 것을 금어수(金魚水)라고 합니다.

(29) 구곡수(九曲水)

명당(明堂) 앞을 천천히 흐르되 그 흐름의 모양이 구불구불한 물을 구곡수(九曲水)라 합니다. 일명 수성수(水星水)라고도 합니다. 구곡수(九曲水)가 흐르면 후손(後孫)들이 거부(巨富)가 된다고 귀(貴)하게 여깁니다.

(30) 명당수(明堂水)

산이 흘러내려온 방향과 반대방향으로 물이 흐르는 것이며, 일명 '역수(逆水)'라 합니다. 즉 물길이 혈(穴)을 향해 들어오는 형상으로 풍수(風水)는 재물(財物)이 몰려온다고 해석하여 귀하게 봅니다.

(31) 역수(逆水)

명당수(明堂水)라 합니다. 산이 흘러내려온 방향과 반대방향으로 물이 흘러, 물길이 혈(穴)을 향해 들어오는 형상을 말한다.

(32) 진룡수(進龍水)

혈장(穴場)에서 멀리 떨어진 곳의 물길이 혈장(穴場)과 가까운 곳으로 들어와서 혈장(穴場) 앞에 이르게 되는 물길입니다. 왼쪽에서 오게 되면 남자쪽 후손에게 관운(官運)이 열리고 오른쪽에서 오게 되면 여자 후손에게 재복(財福)이 있다고 봅니다.

(33) 호룡수(護龍水)

물이 흐르는 쪽에서 역류(逆流)하여 혈장(穴場) 앞으로 모이는 것을 말합니다. 호룡수(護龍水)역시 그 물줄기가 여러 겹일수록 길(吉)하게 여깁니다.

(34) 조룡수(朝龍水)

앞의 주작(朱雀)에서 시작되어 혈장(穴場) 앞까지 흘러 들어오는 물을 말합니다. 그 물길이 여러 갈래일수록 길(吉)하게 여깁니다.

(35) 조회수(朝懷水)

혈장(穴場)앞으로 흘러오는 물이 구불구불하며, 품안으로 들어오는 형상의 물로 길(吉)합니다. 역수(逆水) 1척은 부자를 감당하고, 조수(潮水) 한 홉은 능히 가난을 구한다고 합니다.

(36) 수룡수(隋龍水)

멀리서부터 내룡(來龍)을 따라 흘러와서 혈장(穴場)을 감싸 안고 흐르는 물을 말합니다. 수룡수(隋龍水)는 그 물길이 분명하여 자손(子孫)에게도 확실한 부귀(富貴)를 가져 온다고 여깁니다.

(37) 취면수(聚面水)

여러 갈래의 물길이 혈장(穴場) 앞에서 모두 다정하게 손을 잡고 있는 듯, 만나서 흐르는 물을 말합니다. 길격(吉格)으로 여깁니다.

(38) 탕흉수(蕩胸水)

혈장(穴場) 앞의 주머니같은 명당(明堂)으로 물이 모여드는 것을 말하며, 깊게 모여 쌓이고 완만하며 흘러가지 않으려 하는 극히 귀(貴)한 물입니다.

(39) 공배수(公倍數)

일명 수전현무수(水纏玄武水)라 하여 길(吉)한 물로 봅니다. 혈장(穴場) 뒤의 현무(玄武)를 감싸 안고 흘러 명당수(明堂水)와 서로 팔짱을 낀 것 같은 물입니다.

(40) 요룡수(繞龍水)

혈(穴)이 맺어지는 지점을 몇 겹의 물길이 둘러싸고 흐르는 경우를 말합니다. 그 겹이 많을수록 부귀(富貴) 겸전(兼全)한다고 봅니다.

(41) 요대수(腰帶水)

혈(穴) 앞을 허리에 허리띠를 두른 듯 흘러가는 물로, 이를 금성수 (金星水)라 합니다. 이 물은 대발복(大發福)하는 물로, 옥대(玉帶)는 관직 으로 반드시 좋은 일이 있습니다.

(41) 암공수(暗拱水)

현장에서 보이지 않는 안산(案山) 너머에서 혈장(穴場) 쪽을 향하여 감싸고 흘러 들어오는 물로 길(吉)합니다.

(42) 주작수(朱雀水)

혈장(穴場) 앞을 가로질러 흐르는 물로서, 물의 흐름은 유정(有情)하 되, 혈장(穴場) 앞에서는 머뭇거리는 듯한 모습을 나타냅니다. 물소리 가 크거나 형세(形勢)가 급하게 쏟아지는 것은 좋지 않게 여깁니다.

(43) 조수(朝水)

혈장(穴場) 앞에서 흘러가는 물로서 깊게 흐르되 그 흐름은 서서히 진행되어야 하며, 거수(去水)와 같이 곧게 빠져 나가거나 급하게 흘러 가는 것은 좋지 않게 여깁니다.

(44) 승룡수(乘龍水)

혈장(穴場)의 좌우로 흐르던 물이 혈장(穴場) 앞에서 합류(合流)한 경 우를 말합니다. 식복(食福)과 재복(財福)이 크다고 봅니다.

(45) 회류수(回流水)

혈(穴) 앞의 물이 양양유유(洋洋悠悠) 고아욕유(顧我欲留)라, 물이 넘치듯 가득차서 멀리 흘러가면서도 나를 돌아보고 흘러가지 않고 머물고자 하는 물로써 귀(貴)합니다.

(46) 입구수(入口水)

앞산의 관쇄(關鎖)로 명당(明堂)으로 들어오는 물을 걷어 들이는 귀(貴)한 물입니다.

(47) 거수(去水)

혈장(穴場) 앞의 물이 직류(直流)하여 흐르는 것을 말합니다. 명당(明堂)의 범주 안으로 들어 온 물이 합(合)을 이루지 못하고 곧게 빠져 나가는 것은 좋지 않게 여깁니다. 하지만 물의 흐름이 혈장(穴場)을 향해 거꾸로 오는 모습 즉, 역수(逆水)의 형세(形勢)로 거수(去水)가 되면 오히려 길격(吉格)으로 여깁니다.

(48) 반궁수(反弓水)

물길이 혈장(穴場)을 등지고 흐르는 경우를 말합니다. 물이 둥글게 흐를 경우 그 바깥쪽은, 물이 직접 흘러 들려드는 곳으로 땅 속은 물이 가득 차고, 이런 곳에 마을이 들어서면 집집마다 패절(敗絶)합니다. 반궁수(反弓水)는 혈장(穴場)의 생기맥(生氣脈)을 앗아 가므로 흉격(凶格)입니다.

(49) 반도수(反挑水)

명당(明堂)으로 들어오던 물이 혈장(穴場) 앞에서 반대로 돌아 나가는 반역(反逆)하는 물로 흉(凶)합니다.

(50) 월수(越水)

청룡(靑龍)과 백호(白虎)의 중간으로 건너편의 들판이나 물길이 바라다 보이는 것으로 그곳으로 바람이 불어옴으로 매우 흉(凶)합니다. 월수(越水)에 달빛이 비추어 그 반사 빛이 묘(墓)에 이르면 후손(後孫)이 큰 재앙(災殃)을 당한다고 합니다.

(51) 폭면수(瀑面水)

수세(水勢)는 웅장하여 혈장(穴場)을 핍박하는 흉수(凶水)입니다. 그러나 용혈(龍穴)이 길(吉)하고 뒤로 낙산(樂山)이 혈장(穴場)을 보호(保護)하면 꺼리지 않습니다.

(52) 임두수(淋頭水)

무맥지(無脈地)에 입수(入首)가 전혀 이루어지지 않아 평평한 곳으로, 묘(墓) 앞이나 내광(內壙)으로 스며드는 물로 극히 흉(凶)합니다.

(53) 사협수(射脅水)

물이 양 허리 부위를 뚫고 쏘아오는 물로 흉(凶)합니다.

(54) 교검수(交劍水)

혈장(穴場) 좌우에서 일직선으로 급히 온 물이 엑스자로 합치고, 다시 나뉘어 흐르는 물로 흉(凶)합니다.

(55) 누조수(漏槽水)

묘(墓) 아래의 깊은 골짜기나 혈장(穴場) 앞이 파열(破裂)되어 생기 (生氣)가 누설(漏泄)되는 물로 흉(凶)합니다.

(56) 할각수(割脚水)

혈장(穴場) 앞에 전순(氈脣)이 없어 물이 합쳐지지 못하고 제각각 흘러져 나가는 물로 흉(凶)합니다.

(57) 분류수(分流水)

혈장(穴場)의 앞에서 팔자(八字)로 나뉘어 흘러가는 물로 흉(凶)합니다.

(58) 충심수(沖心水)

앞산에서 급경사로 흘러 혈을 충(衝)하는 물로, 이 물은 그 자손(子孫)이 빈한(貧寒)하게 됩니다.

(59) 반신수(反身水)

물이 혈(穴) 앞에 도달하기 전에 반대로 흘러가는 물로 흉합니다.

(60) 천비수(穿臂水)

혈(穴)의 좌우(左右) 용호(龍虎)의 팔뚝을 뚫고 들어오는 물로 이를 일명 귀겁수(鬼劫水)라 하며 흉(凶)합니다.

(61) 류니수 (流泥水)

혈(穴)앞의 물이 경사로 인해 흘러가는 물이며, 일수거(一水去), 이수거(二水去), 중수일제거(衆水一切去), 이 물, 저 물, 모든 물이 머리를 돌려보지 않고 흘러가는 물로 주로 고향을 떠난다고 봅니다.

2) 물의 길흉 (吉凶)

- 물이 둥글게 감싸고 있는 곳이 길(吉)하다.
- 혈장(穴場)의 좌우나 앞을 흐르는 물은 깊고 맑아야 하며, 혈장(穴場)을 두 팔로 감싸 안은 듯이 흘러야 좋다.
- 혈장(穴場)을 향하여 흐르는 물은 구불구불하고 천천히 흘러야 길하며, 혈장(穴場) 앞을 빠져 나가는 물은 아쉬운 듯이 서서히 흘러야 좋다.
- 혈(穴) 주변에 물맛이 좋고 맑은 샘물이나 강이 있어서 항상 마르지 않는다면 그 후손들의 복록이 끊임이 없어서 대부대귀(大富大貴)하게 된다.
- 바다와 강이 만나는 장소에 큰 산이 있어 혈장(穴場)이 응결(凝結)된다면 큰 부귀(富貴)를 이루거나 국모(國母)가 될 여자 후손이 태어난다.
- 온천(溫泉)이 솟는 땅의 혈장(穴場)은 용맥(龍脈)이 왕성(旺盛)하므로 후손들에게 미치는 영향력이 대길(大吉)하다.
- 큰 강이나 하천이 합류하는 곳은 수세(水勢)가 커서 큰 도시나 마을을 이루는데, 물이 둥글게 감싸고 있는 곳이 명당(明堂)이다.
- ★ 혈장(穴場)의 좌우나 앞을 흐르는 물이 검고 탁하거나 황톳물과 같으면 흉(凶)하다.
- ★ 혈장(穴場)을 감싼 듯이 흐르지 않고 등을 지고 배역(背逆)하듯이

흐르는 물은 흉(凶)하다.

★ 혈장(穴場) 좌우로 흐르는 물이 사방으로 빠져 나가거나 한쪽으로 급하게 쏟아져 흐르는 것은 흉(凶)하다.

★ 소리를 요란하게 내며 흐르는 물, 급하고 얕은 물, 탁하고 악취가 나는 물은 흉(凶)하다.

★ 용호(龍虎) 안쪽의 물이 흐를 때 급하거나 흐르는 소리가 크면 집 안에 좋지 못한 일이 일어나고 특히 줄초상이 난다고 하여 흉하다.

★ 혈장(穴場) 주변에 샘이 있는데, 한 여름에도 손이 시릴 정도로 차갑다면 그 곳은 극음(極陰)의 기맥으로서 진혈(眞穴)이 될 수 없으며, 만약 정혈(定穴)하게 되면 극왕(極旺)한 지기(地氣)로 인해 가산(家産)을 탕진(蕩盡)하게 된다.

7. 물로 보는 혈장(穴場) 5국(局)

용진처(龍盡處)에 혈(穴)을 맺을 때, 수세(水勢)가 어떠한 형세(形勢)인가를 구분하여 다섯 가지로 분류하였는데, 조수국(朝水局), 횡수국(橫水局), 거수국(據水局), 순수국(順水局), 무수국(無水局)입니다.

1) 조수국(朝水局)

물길이 혈장(穴場)을 향하여 들어와서 마치 문안 인사를 하는 형세(形勢)를 말하는데, 물의 흐름은 조용하고 구불구불해야 하며 쏘는 듯이 직류(直流)로 흐르는 것은 흉(凶)합니다. 조수국(朝水局)에서는 물이, 뻗어 내리는 내룡(來龍)의 몸체를 거꾸로 역전(逆轉)시키면서 결혈(結穴)되는 경우가 많습니다.

2) 횡수국(橫水局)

혈장(穴場) 앞을 물이 좌측에서 우측 또는 우측에서 좌측으로 흐르면서, 혈장(穴場)을 가로로 둘러싸서 이루어진 물의 형세(形勢)로서, 유정(有情)하게 혈장(穴場)을 감싸 안으며 흘러야 길(吉)합니다. 배역(背逆)하듯이 등을 지고 흐르는 횡수(橫水)는 오히려 흉(凶)합니다.

3) 거수국(據水局)

혈장(穴場) 앞에 여러 물들이 모여 큰 연못이나 호수를 이루는 형세로서, 연못이나 호수의 물은 맑고 깨끗해야 길(吉)하며, 크게 출세하거나 부자가 나옵니다.

4) 순수국(順水局)

거수국(去水局)이라고도 하며, 혈장(穴場) 앞에서 물이 빠져 나가는 형세(形勢)로서, 혈장(穴場)의 기맥(氣脈)이 손실(損失)되기 때문에 매우 흉(凶)합니다. 혈(穴)이 맺히더라도 재물(財物)을 모으기는 어렵고, 무덤을 쓰고서도 고향을 떠나야 출세(出世)하게 됩니다.

그러나 주산(主山)이나 조종산(祖宗山) 자체가 웅대(雄大)하여 본신룡(本身龍)이 큰 경우에는 혈장(穴場) 주변의 국세(局勢) 또한 규모가 매우 크므로 혈장(穴場) 바로 앞의 물길이 빠져 나간 듯해도 그 너머로 돌아 들어오는 물길이 있는 경우가 있으므로, 순수국(順水局)에서는 그 길흉(吉凶)을 잘 살펴야 합니다.

5) 무수국(無水局)

혈 앞에 물이 전혀 보이지 않는 형세로 혈(穴)이 높은 곳에 있어 물이 없으므로 잘 쓰지 않는 경향이 있으나 산골에서는 장풍(藏風)을 귀하게 여기기 때문에 물이 보이지 않아도 됩니다.

혈장(穴場) 앞이나 주변에 물길을 찾을 수 없는 국세(局勢)일 경우인데, 혈장(穴場) 자체가 장풍국(藏風局)을 이루는 경우가 대부분입니다. 장풍(藏風)의 유무(有無)를 살핀 후 물을 대신할 도로 등이 있는지를 살펴보아야 합니다.

8. 수세(水勢)와 명당론(明堂論)

1) 명당(明堂)의 개요(概要)

명당(明堂)이란 왕(王)이 만조백관(滿朝百官)을 모아 놓고 조회할 때 신하들이 도열하는 마당을 말합니다. 왕(旺)이 앉는 자리가 혈(穴)이라면 신하들의 자리가 명당(明堂)입니다. 청룡(靑龍), 백호(白虎), 주작(朱雀), 현무(玄武) 등이 감싸 준 공간의 땅을 궁전이나 집 마당과 같아 명당(明堂)이라 합니다.

명당(明堂)은 내청룡(內靑龍), 내백호(內白虎)가 감싸준 내명당(內明堂)과 외청룡(外靑龍), 외백호(外白虎), 조산(朝山)이 감싸준 외명당(外明堂)이 있습니다. 혈의 입수(入首) 뒤에서 득수(得水)한 물은 명당에 모여 명당수(明堂水)를 이룹니다. 명당(明堂)은 평탄하고 원만해야 하며, 청룡(靑龍)백호(白虎)가 원만하면 명당(明堂)도 자연히 원만하여 순하고 부드럽습니다. 주변 사격이 험하거나 거칠면 명당(明堂)의 기(氣)도 사납고 거칩니다.

외명당(外明堂)은 외청룡(外靑龍), 외백호(外白虎), 외수구(外水口) 사이에 펼쳐진 들판으로 여러 골짜기에서 흘러나온 물들이 모여듭니다. 내명당(內明堂)을 소명당(小明堂) 또는 내당(內堂)이라고 하며, 외명당(外明堂)을 대명당(大明堂), 외당(外堂)이라고 부릅니다.

명당(明堂)에 모인 물은 흘러 나가야 하며, 고이면 부패(腐敗)되어 기(氣)를 혼탁하게 합니다. 내명당(內明堂)의 물이 빠져 나가는 곳을 내수구(內水口) 또는 내파(內破)라 하고, 외명당(外明堂)의 물이 빠져 나가는 곳을 외수구(外水口), 외파(外破)라 합니다.

2) 명당(明堂)의 크기와 형세(形勢)

명당(明堂)의 넓이는 혈(穴)의 크기와 비례(比例)해야 합니다. 혈(穴)을 기준으로 명당(明堂)이 광활(廣闊)하면 바람을 가두지 못하고, 너무 좁으면 혈(穴)이 위축(萎縮)됩니다.

내명당(內明堂)의 넓이는 내청룡(內靑龍), 내백호(內白虎)가 이룬 교쇄 내부(交鎖內部)이며 혈장(穴場)의 크기와 기세(氣勢)에 비례(比例)해야 할 뿐만 아니라, 외명당(外明堂)의 넓이도 용혈(龍穴)과 균형(均衡)이 맞아야 합니다. 천리내룡(千里來龍)이라 할지라도 혈장(穴場)의 크기와 기세(氣勢)에 어울려야 합니다.

명당(明堂)이 기울면 바람과 물이 흩어지며, 함몰된 형상의 사격(砂格)이 많거나 충(衝)이 많으면 좋은 혈(穴)이 될 수 없습니다. 혈(穴)이 낮고 명당(明堂)이 가까우면 속발(速發)하고 부(富)가 강하지만, 지나치게 가까우면 억압(抑壓)당하고, 혈(穴)이 높고 명당(明堂)이 멀면 늦게 발복(發福)하고 귀(貴)가 강합니다.

3) 길격명당(吉格明堂)과 흉격명당(凶格明堂)

명당(明堂)의 모양은 다양하나, 길격(吉格) 9종류와 흉격(凶格) 9종류로 나누어 볼 수 있습니다.

길격(吉格) 9종은 교쇄명당(交鎖明堂), 주밀명당(周密明堂), 요포명당(繞抱明堂), 융취명당(融聚明堂), 평탄명당(平坦明堂), 조진명당(朝進明堂), 광취명당(廣聚明堂), 관창명당(官暢明堂), 대회명당(大會明堂)입니다.

흉격(凶格) 9격은 겁살명당(劫煞明堂), 반배명당(反背明堂), 질색명당(窒塞明堂), 경도명당(傾倒明堂), 핍착명당(逼窄明堂), 편측명당(偏側明堂), 파쇄명당(破碎明堂), 도사명당(徒瀉明堂), 광야명당(廣野明堂)입니다.

(1) 길격명당(吉格明堂)

교쇄명당(交鎖明堂)은 무수한 산이 혈(穴)을 중첩(重疊)으로 감싸주어 장풍(藏風)이 잘 되고 물이 여러 겹으로 교차하여 혈(穴)의 생기(生氣)가 설기(洩氣)되는 것이 없는 명당(明堂)으로, 명당(明堂) 중에서 최상(最上)의 대부대귀(大富大貴)하는 명당입니다.

주밀명당(周密明堂)은 청룡(靑龍), 백호(白虎), 안산(案山)을 비롯한 혈(穴) 주변의 모든 산이 중첩으로 감싸주는 형태입니다. 호종사(護從砂)가 주밀(周密)하면 장풍(藏風)이 잘 되고, 보국(保局)안의 기(氣)가 설기(洩氣)되지 않으며, 생기(生氣)의 취결(聚結)이 용이하며 양명(陽明)한 혈(穴)을 결지(結地)할 수 있습니다.

요포명당(繞抱明堂)은 청룡백호(靑龍白虎)가 혈(穴)을 중심으로 활 모양으로 둘러 싸주니 내당수(內堂水)가 수성(水城)처럼 혈(穴)을 둘러 감싸줍니다. 내당(內堂) 요포명당(繞抱明堂)은 부귀(富貴)가 속발(速發)하고 외당(外堂) 요포명당(繞抱明堂)은 부귀(富貴)가 오래 갑니다.

융취명당(融聚明堂)은 명당(明堂) 가운데 물이 모여 연못이 된 것으로 수취천심(水聚天心)이라 부르고, 연못물을 융취수(融聚水)라 합니다. 이것은 대단히 귀한 것으로 부귀(富貴)가 아주 크다 하겠습니다.

평탄명당(平坦明堂)은 명당(明堂)의 높이가 평평한 명당(明堂)으로 바르게 놓인 그릇속의 물과 같으며 개창명당(開暢明堂)이라고도 합니다. 재물(財物)이 쌓이고 재상(宰相)이 나온다고 봅니다.

조진명당(朝進明堂)은 명당(明堂)이 바다나 큰 호수로 이루어져 파도가 서서히 밀려들어와 혈(穴) 앞에서 철썩거리는 것을 말합니다. 대부(大富)가 될 수 있다는 명당으로 평평한 논으로 되어있고 여기에 물이 가득 고여 출렁이면 거부(巨富)가 됩니다.

광취명당(廣聚明堂)은 여러 산에서 나오는 물이 모두 혈 앞 명당(明堂)에 다정하게 모이는 것을 말합니다. 사방에서 재물(財物)이 모여드니 큰 거부(巨富)가 되는 지극히 길한 명당입니다. 바다를 청룡백호(靑龍白虎)가 감싸 안아주고 있으면 조해공진(朝海拱辰)이라 하여 극히 길(吉)하다고 봅니다.

관창명당(官暢明堂)은 명당(明堂)이 광활(廣闊)하게 넓은 것으로 평야지대에 많이 있으며 청룡(靑龍), 백호(白虎), 안산(案山) 등이 낮게 감싸주는 것을 말합니다. 주변 사격(砂格)이 낮아야 하므로 들판을 청룡(靑龍), 백호(白虎), 안산(案山)이 낮게 감싸주는 형세입니다.

대회명당(大會明堂)은 여러 용(龍)이 행룡(行龍)을 끝내고 모이는 것으로 용(龍)을 따라 온 물들 또한 명당(明堂)에 모이니 크게 모였다 하여 대회명당(大會明堂)이라 합니다. 모든 물이 모여 들므로 대부대귀(大富大貴)하는 명당(明堂)입니다. 대간룡(大幹龍)들이 모여드는 것입니다.

(2) 흉격명당(凶格明堂)

겁살명당(劫煞明堂)은 주변의 간들이 창같이 뾰족하고 물이 직선으로 빠져 나가거나 다가와 직사(直射)하여 흉(凶)한 것입니다. 흉사(凶砂), 살수(煞水), 흉암(凶巖)이 찌르면 악사(惡死)가 우려됩니다. 또 명당(明堂)의 물이 곧게 빠져나가고, 청룡백호(靑龍白虎)를 파고 직수(直水)로 나가면 고향을 떠나 걸식(乞食)하는 자손이 나옵니다.

반배명당(反背明堂)은 혈(穴) 주변의 산들이 등을 돌리면 명당수(明堂水)도 등을 돌려 달아나는 것을 말합니다. 반배명당(反背明堂)은 지극히 불길(不吉)하여 불효(不孝)하는 자손(子孫)과 모든 일이 이루어 지지 않는 백무일성(百無一成)의 흉(凶)한 명당(明堂)입니다.

질색명당(窒塞明堂)은 명당(明堂)에 언덕이나 돌무더기가 많아 앞이 트이지 않고 막혀 옹색(壅塞)한 것을 말합니다. 둔하고 미련하며 기량이 협소한 자손이 나옵니다. 특히 난산(難産)과 병질(病疾)이 우려됩니다.

경도명당(傾倒明堂)은 명당(明堂)이 기울어져 산과 물이 같은 방향으로 흘러가는 것을 말합니다. 청룡백호(靑龍白虎)가 나란히 비주(飛走)하니, 비록 용호(龍虎)가 있더라도 쓸 수 없는 것입니다. 명당(明堂)이 경도(傾倒)되어 물이 달아나면 재산(財産)을 잃고 타향으로 도망가며 후손들이 요수(夭壽)합니다.

핍착명당(逼窄明堂)은 혈(穴)과 마주하는 안산(案山)이나 주변 산들이 너무 가깝게 있어 명당(明堂)이 지나치게 좁은 것을 말합니다. 부귀(富貴)는 기대하기 어렵고 아둔한 자손이 나옵니다.

편측명당(偏側明堂)은 명당(明堂)이 혈(穴)의 정면을 벗어나 한쪽에 치우쳐 있거나 혹은 변(邊)이 높거나 낮아 평평하지 못한 것을 말합니다. 혈(穴)이 한쪽으로 치우쳐 있으므로 처자(妻子)가 화목치 못하여 가정의 불화를 초래합니다.

파쇄명당(破碎明堂)은 산들이 깨지거나 바위나 자갈무더기 등으로 깨끗하지 못한 것을 말합니다. 모든 일에 실패(失敗)가 따르고 재물(財物)의 손실(損失)이 있습니다. 도적(盜賊)의 침입으로 가정이 편안하지 못하며 과부(寡婦)가 많이 나오고 일의 성취(成就)가 어렵습니다.

도사명당(徒瀉明堂)은 혈(穴) 앞 명당(明堂)이 급하게 기울어져 물이 쏟아지듯 급히 흘러가는 것을 말합니다. 지극히 흉(凶)하여 먼저 사람이 상하고, 후에 재산상의 피해가 따릅니다.

광야명당(廣野明堂)은 혈(穴) 앞이 아득하게 넓은 들판으로 물이 곧게 빠져나가는 명당(明堂)입니다. 극히 흉(凶)하지만 때로 천군만마(千軍萬馬)를 수용할 수 있다는 거짓에 속을 수 있습니다. 막히지 않으면 바람을 타고 기(氣)가 흩어지는 것입니다. 물이 길게 뻗어 나가고 교쇄(交鎖)가 이루어지지 않으면 가세(家勢)가 기울어집니다.

제6절 심혈법(深穴法)

심혈법(深穴法)이란 혈(穴)이 있는 곳을 찾는 방법입니다. 멀리서 주변의 산세(山勢)와 수세(水勢)를 살펴 혈(穴)이 있을 만한 곳을 예측하고, 그 곳을 찾아 들어가는 것이 심혈법(深穴法)입니다.

끝없이 넓은 산과 들판에서 불과 한두 평 남짓한 혈지(穴地)를 찾는 것은 매우 어려운 일입니다. 혈(穴)의 결지 요건 등 풍수지리 이론을 자세히 알고 있다 하더라도, 실제로 산야(山野)에 나가면 어디서부터 어떻게 혈(穴)을 찾아야 할지 막연하고 난감합니다. 무조건 아무 산이나 헤집고 돌아 다닌다하여 혈(穴)을 찾을 수 있는 것도 아닙니다. 이와 같은 문제점을 해결한 것이 심혈법(深穴法)입니다.

혈(穴)을 찾는 방법에는 여러 가지가 있습니다. 또한 풍수가에 따라 각기 다릅니다. 그 중 대표적인 것을 요약하면 다음과 같습니다.

- 구성심혈법(九星深穴法) : 주산(主山)의 구성(九星) 형태를 보고, 혈(穴)의 형태(形態)와 결지(結地)할만 한 위치를 예측하는 방법입니다.
- 삼세심혈법(三勢深穴法) : 주산(主山)의 높고 낮음에 따라 혈(穴)의 위치를 가늠하는 방법입니다.
- 삼정심혈법(三停深穴法) : 주변 산들의 원근(遠近)과 고저(高低)에 따라 혈(穴)의 위치를 예측하는 방법입니다.
- 과협심혈법(過峽深穴法) : 과협(過峽)을 보고 혈(穴)의 결지여부와 위치를 가늠하는 방법입니다.
- 낙산심혈법(樂山深穴法) : 낙산(樂山)을 보고 혈(穴)을 찾는 방법입니다.

- 귀성심혈법(鬼星深穴法) : 주룡(主龍)의 측면에 붙어있는 귀성(鬼星)을 보고 혈(穴)의 위치를 파악하는 방법입니다.
- 안산심혈법(案山深穴法) : 혈(穴) 앞의 안산(案山)이 수려하고 단정한 것을 보고 혈(穴)을 찾는 방법입니다.
- 명당심혈법(明堂深穴法) : 혈(穴) 앞 명당(明堂)이 원만 평탄한가를 보고 결지여부를 판단하는 방법입니다.
- 수세심혈법(水勢深穴法) : 물의 형태를 보고 혈(穴)을 찾는 방법입니다.
- 보국심혈법(保局深穴法) : 용혈사수(龍穴砂水)가 취합된 국(局)을 보고 혈(穴)을 찾는 방법입니다.

이 밖에도 풍수가의 경험과 노력에 따라 자기만의 독특한 심혈법(深穴法)이 있을 수 있습니다.

1. 주산(主山)의 형태에 의한 구성심혈법(九星深穴法)

구성심혈법(九星深穴法)은 주산(主山)의 모양을 보고 혈(穴)의 위치(位置)와 형태(形態)를 파악하는 방법입니다.

주룡(主龍)은 태조산(太祖山)을 출발하여 수 백리 혹은 수 십리를 행룡(行龍)합니다. 이러한 주룡(主龍)을 따라 태조산(太祖山)에서부터 혈(穴)까지 답사(踏査)하여 혈(穴)을 찾는 것은 사실상 불가능합니다. 높고 험한 태조산(太祖山) 정상에 올랐다 하더라도 그 중심맥(中心脈)을 찾기란 그리 쉬운 문제가 아닙니다. 큰 산에는 수많은 봉우리와 능선이 존재할 뿐만 아니라 산 정상에서는 능선이 출맥(出脈)하는 것이 보이지 않습니다. 설사 중심맥을 찾았다 하더라도 수 백리나 되는 원거리를 직접 답사한다는 것은 더더욱 어려운 문제입니다.

❧ 주산(主山)은 태조산(太祖山)의 정신을 계승한 산

주산(主山)은 태조산(太祖山)의 정신을 계승한 산이므로, 주산(主山)을 보고 태조산(太祖山)에서부터 달려온 주룡(主龍)의 근본정신을 파악할 수 있고, 주산(主山)에서 내려가는 주룡(主龍)의 근본정신도 파악할 수 있습니다.

주룡(主龍)은 태조산(太祖山)에서 낙맥(落脈)한 다음, 다시 기봉(起峰)하여 제일성봉(第一星峯)을 이루는데, 여기서 구성(九星)과 오행(五行)의 기본정신을 부여받고, 중조산(中祖山)을 비롯한 여러 주필산(駐驛山)을 거쳐 먼 거리를 행룡(行龍)해 나갑니다. 주필산(駐驛山)은 주룡(主龍)이 행군(行軍)하면서 중간 중간 쉬어가는 산으로써, 용(龍)의 정기(精氣)를 정제(整齊)하고 순화(純化)시키면서 분맥(分脈)하는 역할을 합니다.

행룡(行龍)하면서 태조산(太祖山)의 험한 기운을 탈살(脫殺)하기 위해 개장천심(開帳穿心), 기복(起伏), 요도(橈棹), 지각(支脚), 박환(剝換), 과협(過峽), 위이(委迤) 등 여러 변화를 합니다.

이 주룡(主龍)이 혈(穴)을 맺고자 할 때는 제일성봉(第一星峯)과 똑같은 형태의 주산(主山)을 만드는 것입니다. 소조산(小祖山)인 주산(主山)은 태조산(太祖山)을 출발한 주룡(主龍)의 정신과 형태를 그대로 나타내는 응성(應星)이기 때문에 주산(主山)을 살피면 태조산(太祖山)에서부터 소조산(小祖山)까지 이어진 용(龍)의 기본정신과 형태를 짐작할 수 있고, 또 주산(主山)에서 혈(穴)까지 이어지는 용맥(龍脈)과 혈(穴)의 형태도 예측할 수 있게 됩니다.

❧ 용(龍)의 구성(九星)과 오행(五行)

산천(山川)의 정기(精氣)는 용맥(龍脈)을 통하여 흐릅니다. 용(龍)은 목화토금수(木火土金水)의 오행(五行)의 근본정신(根本精神)을 가지고 있

으며, 태조산(太祖山)에서 낙맥(落脈)하여 수백리 혹은 수십리를 행룡
(行龍)하고 멈출 때까지 처음 부여받은 용(龍)의 오행정신(五行精神)은
변하지 않습니다.

지상(地上)의 산맥(山脈)에 오행정신(五行精神)을 부여하는 것은 천상
(天上)의 구성(九星)입니다. 천상(天上)의 구성(九星)이란 북두칠성(北斗七
星)과 좌보성(左輔星), 우필성(右弼星)을 합한 아홉 개의 별을 말합니다.

우주 천체의 중심축은 북극성(北極星)입니다. 구성(九星)은 북극성(北
極星) 주위를 회전하면서 각기 맡은 기운(氣運)을 가지고 우주를 지배
(支配)합니다. 북극성(北極星)이 임금이라면 구성(九星)은 임금의 명을
받들고 보좌하는 각 부처 장관이라 할 수 있기 때문에, 우주만물(宇宙
萬物)은 이 구성(九星)의 영향을 가장 많이 받고, 우주만물(宇宙萬物)의
생성(生成)과 소멸(消滅) 그리고 그 길흉화복(吉凶禍福)도 여기에 달려
있다고 보는 것입니다.

그러므로, 지상(地上)의 산천(山川)도 이 구성(九星)의 작용력(作用力)
에 의해 생성(生成)되고 길흉화복(吉凶禍福)을 달리합니다. 각 구성(九
星)의 명칭과 오행(五行), 길흉화복(吉凶禍福)은 다음과 같습니다.

제일성(第一星)은 천추생기궁(天樞生氣宮)으로 탐랑(貪狼)이라 하고
오행은 목(木)이다. 주로 총명(聰明), 문필(文筆), 귀(貴), 관직(官職) 등
을 관장한다.

제이성(第二星)은 천의제왕궁(天醫帝王宮)으로 거문(巨門)이며, 오행
은 토(土)이다. 주로 문장(文章), 귀(貴), 장수(長壽), 재물(財物) 등을 관
장한다.

제삼성(第三星)은 천기절체궁(天機絶體宮)으로 녹존(祿存)이며, 오행
은 토(土)이다. 주로 질병(疾病)과 패절(敗絶) 등을 관장한다.

제사성(第四星)은 천권유혼궁(天權遊魂宮)으로 문곡(文曲)이며, 오행
은 수(水)다. 주로 음탕(淫蕩), 예능(藝能), 문장(文章), 도박(賭博), 사치
(奢侈) 등을 관장한다.

제오성(第五星)은 천형오귀궁(天衡五鬼宮)으로 염정(廉貞)이며, 오행은 화(火)다. 주로 형살(刑殺)과 흉폭(凶暴) 등을 관장한다.

제육성(第六星)은 합양복덕궁(闔陽福德宮)으로 무곡(武曲)이며, 오행은 금(金)이다. 주로 부(富)와 귀(貴), 재물(財物), 무장병권(武將兵權) 등을 관장한다.

제칠성(第七星)은 요광절명궁(瑤光絶命宮)으로 파군(破軍)이며, 오행은 금(金)이다. 주로 절명(絶命), 패망(敗亡), 형겁(刑劫), 악질(惡疾) 등을 관장한다.

제팔성(第八星)은 천과귀혼궁(天寡歸魂宮)으로 좌보(左輔)이며, 오행은 토(土)이고 제육성 무곡(武曲)의 좌변에 있어 항상 볼 수 있는 별이다. 주로 소부(小富), 소귀(小貴), 보필(輔弼) 등을 관장한다.

제구성(第九星)은 제팔성 좌보(左輔)와 같이 천과귀혼궁(天寡歸魂宮)으로 우필(右弼)이며, 오행은 금(金)이다. 북두의 제칠성 파군(破軍) 우변에 있어 육안으로 보이지 않는다. 주로 소부(小富), 소귀(小貴), 보필(輔弼) 등을 관장한다.

이 구성이 지상(地上)에 조림(照臨)하여 산의 형태를 만듭니다. 그런데 태조산(太祖山)에서 낙맥(落脈)한 후 처음 기봉(起峰)한 제일성(第一星)에서 그 특성을 가장 잘 나타냅니다. 따라서 제일성(第一星)의 산 형태나, 응성(應星)인 주산(主山)의 산 형태를 보고 구성(九星)을 가늠할 수 있는 것입니다.

구성(九星)의 형태와 구성혈(九星穴)의 결지(結地) 과정

주산(主山)이 탐랑(貪狼) 목성(木星)이면, 양변으로 청룡(靑龍)과 백호(白虎)능선을 길게 뻗고, 그 가운데로 중심(中心脈)이 출발하는데, 개장천심(開帳穿心)하기 때문에 주룡(主龍)은 산 중턱에서 주로 출발합니다. 청룡(靑龍)과 백호(白虎)의 호위를 받으며 약 20리, 30리 정도 행룡(行

龍)하는 것이 일반적이고, 능선이 끝나는 지점인 용진처(龍盡處)에 이르러 유혈(乳穴)인 유두혈(乳頭穴)을 맺습니다.

주산(主山)이 거문(巨門) 토성(土星)이면, 주룡(主龍)은 일자문성(一字文星)의 중간에서 횡(橫)으로 출맥합니다. 약 10여리 정도 짧은 거리를 행룡(行龍)하면서 중간중간에 소원봉(小圓峯)을 만듭니다. 혈(穴)을 맺을 때는 마치 병풍을 친 듯한 옥병사(玉屛砂)를 만들고, 그 아래에다 겸혈(鉗穴)인 겸차혈(鉗叉穴)을 결지(結地)합니다.

주산(主山)이 녹존(祿存) 토성(土星)이면, 수많은 능선 중에서 밑으로 내려갈수록 두꺼워지고 기세(氣勢)있게 변화(變化)하는 능선이 주룡(主龍)입니다. 그리고 수려하고 단아한 소원봉(小圓峯)을 형성하고, 겸혈(鉗穴)인 소치혈(梳齒穴)과 겸차혈(鉗叉穴)을 결지(結地)합니다.

주산(主山)이 문곡(文曲) 수성(水星)이면, 미미한 반봉(半峯)으로 행룡(行龍)하여 손바닥과 같은 혈장(穴場)을 듭니다. 손바닥 중앙 부분의 오목하게 들어간 부분처럼 와혈(窩穴)을 맺는데, 이것이 장심혈(掌心穴)입니다.

주산(主山)이 염정(廉貞) 화성(火星)이면, 우선 화개삼봉(華蓋三峯)을 만듭니다. 그 중 가운데 봉우리에서 출발한 능선을 따라 회룡고조(廻龍顧祖)한 용맥(龍脈)에서 쟁기 보습같은 여벽혈(犂壁穴)이 결지(結地)합니다.

주산(主山)이 무곡(武曲) 금성(金星)이면, 주룡(主龍)은 베틀의 북[사(梭)]이나 도장[인(印)], 달이 떠오르는 듯한 월교(月皎) 모양의 소원봉(小圓峯)을 이루며 행룡(行龍)합니다. 소원봉(小圓峯) 아래 닭 둥지같은 원와혈(圓窩穴)을 결지(結地)합니다.

주산(主山)이 파군성(破軍星)이면, 다른 구성체(九星體)로 변화해야 하고, 파군(破軍)의 정신을 가지고 있으므로 지각(支脚)이 날카롭게 곧장 뻗어있습니다. 수 십리 이상을 행룡(行龍)해야 하므로 비교적 먼 곳에서 혈(穴)을 찾아야 합니다. 혈장(穴場)도 날카롭고 길어, 겸혈(鉗穴)

인 첨창혈(尖槍穴)을 결지(結地)합니다.

주산(主山)이 좌보(左輔) 토성(土星)이면, 하나는 높고 하나는 낮은 봉우리가 나란히 있는 모습입니다. 두건과 같은 복두혈(幞頭穴)의 산에서 주룡(主龍)은 급하게 아래로 내려오다가, 산 중턱에서 옆으로 횡룡입수(橫龍入首)하여 반와혈(半窩穴)인 괘등혈(掛燈穴)을 맺습니다. 산 아래 내려와서는 삿갓을 엎어놓은 듯한 산에 혈(穴)이 있으며, 주로 횡룡입수(橫龍入首)하여 와혈(窩穴)인 연소혈(燕巢穴)을 결지(結地)합니다.

우필(右弼) 금성(金星)은 뚜렷한 주산(主山)이 없습니다. 용맥(龍脈)이 행룡(行龍)하다가 갑자기 평지(平地)로 떨어져 은맥(隱脈)으로 행룡(行龍)합니다. 평지(平地)의 과협처(過峽處)나 결인속기처(結咽束氣處) 혹은 입수처(入首處)에 말발굽 같은 흔적이 있거나, 가느다란 뱀이 기어가는 듯한 초중사행(草中巳行)의 흔적이 있으면 혈(穴)을 결지(結地)할 수 있는 용맥(龍脈)인 것입니다. 이러한 부분을 따라가 보면 물이 상분하합(上分下合)한 곳에 와중미돌(窩中微突)한 곳이 혈처(穴處)이며 은맥미돌혈(隱脈微突穴)을 결지(結地)합니다.

이상과 같이 구성심혈법(九星深穴法)은 주산(主山)의 형태를 보고, 주룡(主龍)의 혈(穴)을 예측할 수 있는 심혈법(深穴法)입니다. 이 법은 주산(主山)의 주혈(柱穴)을 찾는데 주로 이용합니다.

그러나 혈(穴)은 방룡(傍龍)에서도 결지(結地)할 수 있으며, 정룡(正龍)의 맥(脈)에서 맺는 혈(穴)보다는 그 기세가 작습니다. 이때는 주산(主山)의 구성형태(九星形態)로는 찾을 수가 없습니다.

어느 용맥(龍脈)이든 변화(變化)가 활발(活潑)하고, 혈(穴)의 결지조건(結地條件)을 갖추고 있으면 혈(穴)을 맺을 수 있습니다. 이때에는 청룡(青龍)과 백호(白虎)를 비롯해서 주변의 산들이 겹겹이 감싸주고 있어야 하고, 또 보국(保局)은 안정되며, 물은 환포(環抱)해야 합니다.

모든 혈(穴)을 구성심혈법(九星深穴法)에 의해서 찾기란 불가능합니다. 구성심혈법(九星深穴法)도 혈(穴)을 찾는 많은 방법 중의 하나일 뿐인 것입니다.

2. 산의 높고 낮음에 따른 삼세심혈법(三勢深穴法)

삼세심혈법(三勢深穴法)은 주산(主山)을 비롯한 주변 산들의 높고 낮음에 따라, 혈(穴)이 높은 산에 있는가 낮은 산에 있는가를 알아보는 방법입니다.

주산(主山)을 비롯해서 혈(穴) 주변의 산들이 모두 높으면, 혈(穴)도 높은 산 높은 곳에 결지(結地)합니다. 산이 낮으면 혈(穴)도 낮은 산 낮은 곳에 결지(結地) 하는 법입니다.

삼세(三勢)란 산의 높고 낮음에 따라 천지인(天地人)으로 나누어 분류한 것입니다. 주변 산이 높아 높은 곳에 혈(穴)이 있는 것을 천혈(天穴)이라 하고, 중간에 있는 것을 인혈(人穴)이라 하며, 주변 산이 낮아 혈(穴)도 낮은 곳에 맺는 것을 지혈(地穴)이라 합니다.

또 높은 곳에 있는 천혈(天穴)을 마치 사람이 서있는 듯 하다하여 입세(立勢)라고도 하고, 중간 높이의 인혈(人血)은 앉은키 높이라 하여 좌세(坐勢)라 하며, 낮은 곳에 결지(結地)한 지혈(止血)은 누워서 잠을 자는 형태라 하여 면세(眠勢)라고도 합니다.

1) 입세(立勢), 천혈(天穴)

주산(主山)과 주변 산들이 모두 높으면, 산의 생기(生氣)도 높은 곳에 모여 응결(凝結)됩니다. 따라서 혈(穴)도 높은 산에 결지(結地)하고, 이를 입세(立勢) 또는 천혈(天穴)이라고 합니다.

천혈(天穴)은 주산(主山)이 높으므로 청룡(靑龍)과 백호(白虎), 안산(案山), 조산(朝山) 등 주변 산들이 모두 비슷하게 높습니다. 그래야 바람을 막아주고 보국(保局)의 기운(氣運)이 안정(安定)됩니다. 혈(穴)에 있으면 마치 평지에 있는 것처럼 전혀 높다는 것을 느낄 수 없습니다.

천혈(天穴)은 산꼭대기에서 머리를 숙여 아래를 굽어보는 듯합니다. 주룡(主龍)의 경사가 급(急)하지 않고 완만(緩慢)하여야 진혈(眞穴)을 결지(結地)합니다.

산 정상부분에 결지(結地)하는 천혈(天穴)에는 앙고혈(仰高穴), 빙고혈(凭高穴), 기룡혈(騎龍穴) 등이 있습니다. 앙고혈(仰高穴)은 산 정상에 맺는 것으로, 아래에서 보면 마치 우러러보는 것처럼 보인다 하여 붙여진 이름입니다. 빙고혈(凭高穴)은 산 정상에서 약간 내려와 주산(主山)에 기대어 결지(結地)한다하여 붙여진 이름입니다. 기룡혈(騎龍穴)은 주룡(主龍)의 등마루에 섬룡입수(閃龍入首)하여 결지(結地)하는 것으로, 혈(穴)이 용맥(龍脈) 위에 말을 타고 있는 듯하다하여 붙여진 이름입니다.

이와 같이 주산(主山)을 비롯해서 주위의 모든 산들이 높으면, 혈(穴)도 높은 곳에 결지(結地)합니다. 따라서 혈(穴)을 구하고자 할 때 높은 곳에서 찾아야 합니다.

2) 좌세(坐勢), 인혈(人穴)

주산(主山)과 혈(穴) 주변의 산이 높지도 낮지도 않습니다. 마치 산이 앉아 있는 모습이라 하여 좌세(坐勢)라 합니다. 또 천혈(天穴)과 지혈(地穴)과 비교하여 산 중턱에 생기(生氣)가 모여 결지(結地) 하므로 인혈(人穴)이라고도 합니다.

주룡(主龍)의 경사는 급하지도 완만하지도 않은 중간 상태입니다. 청룡(靑龍), 백호(白虎), 안산(案山), 조산(朝山) 등의 주변 산들의 높이가 적절하여, 바람을 막아주고 안정감이 있는 혈지(穴地)가 인혈(人穴)입니다.

혈(穴)을 맺는 곳은 산요처(山腰處) 즉 산중턱입니다. 주변 산들이 높지도 낮지도 않으면 산중턱에서 혈(穴)을 찾아야 합니다.

3) 면세(眠勢), 지혈(地穴)

주산(主山)과 주변의 산들이 모두 낮아 마치 산이 누워있는 모습이라 하여 면세(眠勢)라 합니다. 천지인(天地人)중 가장 낮은 의미로 지혈(地穴)이라고도 합니다.

지혈(地穴)은 생기(生氣)가 낮은 곳에 모여 응결(凝結) 되므로 혈(穴)도 낮은 곳에 결지(結地)합니다. 청룡(靑龍)과 백호(白虎)를 비롯해서 안산(案山), 조산(朝山) 등 주변의 산들이 모두 낮아야 합니다. 만약 혈(穴) 주변의 산들이 높아 혈(穴)을 위압(危壓)하면 결지(結地) 할 수 없습니다. 설사 혈(穴)을 맺는다 하더라도 위압(危壓)을 당해 흉(凶)함이 따릅니다.

지혈(地穴)에는 현유혈(懸乳穴)과 장구혈(藏龜穴)이 있습니다. 현유혈(縣乳穴)은 용(龍)이 평지에 다다라 맥(脈)이 끝나는 지점에 결지(結地)합니다. 이 모습이 마치 용(龍) 끝에 매달려 있는 것처럼 보이므로 이름한 것입니다. 장구혈(藏龜穴)은 용맥(龍脈)이 은맥(隱脈)으로 행룡(行龍)하다가 거북이 등처럼 미돌(微突)한 부분에 결지(結地)한 것을 말합니다. 마치 거북이 등이 반쯤 감추어 진 것처럼 보인다 하여 붙여진 이름입니다. 따라서 면세(眠勢)인 지혈(地穴)은 낮은 산이 끝나는 지점이나 평지에서 혈(穴)을 찾아야 합니다.

3. 주변 산의 원근고저(遠近高低)에 따른 삼정심혈법(三停深穴法)

삼세심혈법(三勢深穴法)은 주산(主山)을 비롯한 주변 산들의 높고 낮음에 따라, 혈(穴)이 높은 산에 있는가 낮은 산에 있는가를 알아보는 방법인 반면에, 삼정심혈법(三停尋穴法)은 하나의 산에서 혈(穴)이 높은 곳에 있는지, 중간에 있는지, 낮은 곳에 있는지를 살피는 심혈법(深穴法)입니다. 청룡(靑龍)과 백호(白虎), 안산(案山), 조산(朝山) 등 주변 산들의 높고 낮음에 따라 혈(穴)의 위치를 예측합니다.

주변의 산들이 높고 가까이 있으면, 혈(穴)은 높은 곳에 결지(結地)합니다. 이를 상정천혈(上停天穴)이라 합니다. 주변 산들이 적당한 높이면 혈(穴)도 산 중턱에 결지(結地)합니다. 이를 중정인혈(中停人穴)이라 합니다. 주변 산들이 낮고 멀리 있으면, 혈(穴)도 산 아래 낮은 곳에 결지(結地)합니다. 이를 하정지혈(下停地穴)이라고 합니다.

만약 청룡(靑龍), 백호(白虎), 안산(案山), 조산(朝山) 등이 다 같이 높고 가까이 있는데, 산 중턱이나 아래쪽에서 혈(穴)을 취한다면 주변 산이 혈(穴)을 능압(陵壓)하므로, 이때는 혈(穴)을 결지(結地) 할 수 없을 뿐만 아니라 발복(發福)도 무기력(無氣力)하게 됩니다.

주변 산들이 높지도 낮지도 않은 중간 정도인데, 높은 곳에서 혈(穴)을 취한다면 혈(穴)을 감싸주는 산이 없으므로, 이때는 바람의 피해를 많이 받게 되어 흉(凶)하게 됩니다. 또 낮은 곳에서 혈(穴)을 취한다면 주변 산들의 고압(高壓)을 당해 무기력(無氣力)해집니다.

주변 산들이 낮고 멀리 있는데, 상정천혈(上停天穴)이나 중정인혈(中停人穴)을 취하게 되면 혈(穴)을 감싸주는 것 없게 됩니다. 혈(穴) 홀로 높게 있으므로 바람의 피해를 많이 받아 결지(結地)할 수 없습니다.

따라서 혈(穴)을 찾을 때 주산(主山)과 주룡(主龍)에서 주변 산의 원근고저(遠近高低)를 살피는 것이 중요합니다.

한편 상정천혈(上停天穴)은 귀(貴)를 관장하며, 중정인혈(中停人穴)은 부(富)와 귀(貴)를 다 같이 관장하고, 하정지혈(下停地穴)은 부(富)를 관장한다는 발복론(發福論)도 있습니다.

4. 과협심혈법(過峽深穴法)

과협(過峽)은 전진하는 행룡(行龍)의 생기(生氣)를 모아 묶은 용(龍)의 허리부분입니다. 지표면으로 노출이 심하여 용(龍)의 성질을 파악하기가 용이한 곳입니다. 과협(過峽)을 보고 혈(穴)을 맺을 수 있는 용맥(龍脈)인지 여부와 위치를 판단하는 것이 과협심혈법(過峽深穴法)입니다. 또 용(龍)의 생왕사절(生旺死絶)과 길흉화복(吉凶禍福)을 판단하기도 합니다.

과협(過峽)이 튼튼하고 아름다우면 반드시 좋은 혈(穴)을 맺고, 깨지고 추악하면 혈(穴)을 결지(結地)하지 못합니다. 과협(過峽)이 바르게 나가면 혈(穴)도 바르게 맺고, 과협(過峽)이 좌나 우로 곡선으로 나가면 혈(穴)도 좌나 우측으로 결지(結地)합니다. 과협(過峽)이 짧으면 혈(穴)은 가까운 곳에 있고, 과협(過峽)이 길면 혈(穴)은 먼 곳에 있습니다.

과협(過峽)에서 중요한 것은 흙의 상태입니다. 만약 과협처(過峽處)에서 홍황자윤(紅黃紫潤)한 혈토(穴土)가 나온다면 혈(穴)에도 혈토(穴土)가 있다는 증거(證據)입니다. 혈(穴)의 진가(眞假) 여부도 과협(過峽)을 보고 판단합니다.

5. 낙산심혈법(樂山深穴法)

횡룡입수(橫龍入首)하여 결지(結地) 하는 경우, 낙산(樂山)을 보고 혈(穴)을 찾는 것을 낙산심혈법(樂山尋穴法)이라고 합니다.

낙산(樂山)이란 혈(穴) 뒤를 받쳐주고 있는 산을 말하는데, 특히 횡룡입수(橫龍入首)하여 결지(結地)하는 혈(穴)에는 반드시 낙산(樂山)이 있어야 합니다. 횡룡입수(橫龍入首)하는 용혈(龍穴)의 경우는 혈(穴) 뒤가 허약하여 바람을 받기가 쉽습니다. 지기(地氣)는 바람을 만나면 흩어지기 때문에 뒤가 허(虛)하면 혈(穴)을 맺을 수 없습니다. 낙산(樂山)은 그 허함을 보완 해주면서 바람을 막아주는 역할을 합니다.

낙산(樂山)은 주룡(主龍)에서 뻗어나가 생긴 산이든 다른 용(龍)에서 내려와 생긴 산이든 상관없습니다. 어떤 산이든 혈(穴)의 생기(生氣)를 잘 보존(保存)시킬 수 있는 형태가 좋습니다.

낙산(樂山)을 보고 혈(穴)을 찾을 때는 낙산(樂山)이 오른쪽에 있으면 혈(穴)도 오른쪽에 있고, 낙산(樂山)이 왼쪽에 있으면 혈(穴)도 왼쪽에 있으므로 낙산(樂山)과 일치하는 방향에서 찾아야 합니다. 또 낙산(樂山)이 멀리 있으면 혈(穴)도 멀리 있고, 가까이 있으면 혈(穴)도 가까이 있습니다. 낙산(樂山)이 나란히 두 개 있으면 쌍혈(雙穴)을 맺기도 합니다.

낙산(樂山)은 순하고 깨끗하며 귀(貴)한 형상이 길(吉)한 것이다. 낙산(樂山)이 너무 높고 험악해서 혈(穴)을 위압(危壓)하면 흉(凶)합니다.

6. 귀성심혈법(鬼星深穴法)

횡룡입수(橫龍入首)하는 경우 주룡(主龍)에서 입수룡(入首龍) 반대쪽 측면에 붙어 있는 귀성(鬼星)을 보고 혈(穴)을 찾는 것을 귀성심혈법(鬼星尋穴法)이라 합니다. 횡룡입수혈(橫龍入首穴)에는 반드시 귀성(鬼星)

과 낙산(樂山)이 있어야 합니다. 귀성(鬼星)이 없으면 생기(生氣)를 모이게 할 수 없기 때문입니다.

주산(主山)과 현무봉(玄武峯)에서 곧장 내려와 입수(入首)하는 혈(穴)은 주룡(主龍)과 주산(主山) 또는 현무봉(玄武峯)이 뒤를 받쳐줍니다. 그러나 주룡(主龍)의 측면에서 입수맥(入首脈)이 나와 결지하는 횡룡입수혈(橫龍入首穴)의 경우는 뒤가 허약(虛弱)합니다. 때문에 뒤를 밀어주고 지탱해주는 작은 지각(地脚)이 필요한데, 이 지각(支脚)을 귀(鬼) 또는 귀성(鬼星)이라고 합니다.

낙산(樂山)은 주룡(主龍)에서 뻗어나가 생긴 산이든 외부에서 온 산이든 상관없습니다. 어떤 산이든 혈(穴) 뒤의 바람을 막아주기만 하면 됩니다. 그러나 귀성(鬼星)은 반드시 주룡(主龍)에서 입수룡(入首龍)의 반대쪽 측면에 붙어 있어야 합니다. 그래서 입수룡(入首龍)을 지탱해주고 밀어주는 역할을 합니다. 따라서 귀성(鬼星)의 위치를 보고 혈(穴)의 위치를 가늠할 수 있습니다.

귀성(鬼星)이 가운데 있으면 혈(穴)도 귀성(鬼星)이 지탱해주고 밀어주는 쪽인 가운데에 위치하고, 귀성(鬼星)이 왼쪽에 있으면 혈(穴)도 왼쪽에 있으며, 오른쪽에 있으면 혈(穴)도 오른쪽에 있습니다. 또 귀성(鬼星)이 높은 곳에 붙어 있으면 혈(穴)도 높은 곳에 위치하고, 낮은 곳에 붙어 있으면 혈(穴)도 낮은 곳에 위치합니다. 귀성(鬼星)이 나란하게 두 개가 있으면 효순귀(孝順鬼)라 하여 혈(穴)은 두 귀 사이 반대 측면에 있습니다.

귀성(鬼星)은 주룡(主龍)을 지탱해주고 입수룡(入首龍)을 반대쪽으로 밀어주는 역할을 하기 때문에 작고 단단한 것이 길(吉)합니다. 지나치게 길게 뻗거나 힘 있게 변화하면 오히려 입수룡(入首龍)의 생기(生氣)를 빼앗게 됩니다. 주룡(主龍)을 타고 내려온 생기(生氣)가 횡룡입수룡(橫龍入首龍)으로 모두 들어가야지, 귀성으로 설기(洩氣)되면 흉(凶)하게 됩니다.

7. 안산심혈법(案山深穴法)

깨끗하고 아름다운 안산(案山)을 보고 그 맞은편에서 혈(穴)을 찾는 것을 안산심혈법(案山尋穴法)이라 합니다. 기세 장엄한 태조산(太祖山)을 출발한 용(龍)은 수백리 혹은 수십리를 행룡(行龍)하면서 많은 변화(變化)와 박환(剝換)과정을 거치게 됩니다.

이런 과정을 통해서 험준하고 거친 살기(殺氣)를 모두 제거하고 순수한 생기(生氣)만 모으게 됩니다. 따라서 혈(穴)이 결지(結地)할만한 곳은 주변 산들이 모두 수려하고 유정(有情)합니다. 특히 혈(穴) 앞의 안산(案山)은 어느 산보다도 깨끗하고 아름답습니다. 또 혈(穴)을 향해 공손하고 정답게 서 있습니다.

혈(穴)은 이러한 안산(案山)을 똑바로 바라보고 맺으므로, 안산(案山) 맞은편에 있는 용맥(龍脈)에서 혈(穴)은 찾아야 합니다. 안산(案山)이 반듯하지 못하고 비틀어지게 보이거나 험하게 보이면 혈(穴)을 맺을 수가 없습니다.

안산(案山)이 높거나 가까우면 혈(穴)은 높은 곳에 있고, 안산(案山)이 낮거나 멀리 있으면 혈(穴)은 낮은 곳에 있습니다.

8. 명당심혈법(明堂深穴法)

명당심혈법(明堂深穴法)은 혈(穴) 앞의 마당인 명당(明堂)을 보고 혈(穴)을 찾는 방법을 말합니다. 주산(主山)과 현무봉(玄武峯)의 양변이 개장(開帳)하여 청룡(靑龍)과 백호(白虎)를 만듭니다. 이 두 능선이 혈(穴)을 감싸 안아주면 그 안은 원만하고 평탄한 공간이 생기는데, 이곳이 명당(明堂)입니다.

보국(保局) 안의 모든 기운(氣運)은 명당(明堂)에서 취합(聚合)됩니다.

명당(明堂)의 형태에 따라 보국(保局)안의 기운(氣運)이 결정됩니다. 명당(明堂)이 평탄하고 원만하면 기(氣)도 안정되고 편안하고, 명당(明堂)이 기울어져 경사가 심하면 기(氣)는 불안정하게 됩니다. 혈(穴)을 맺을 수 있는 곳은 기(氣)가 안정(安定)된 곳입니다. 따라서 혈(穴)을 찾고자할 때는 명당(明堂)이 평탄하고 원만한지를 꼭 살펴야 합니다.

그리고 여러 골짜기에서 흘러나온 물들이 모두 명당(明堂)으로 모이고 있는지도 살펴야 합니다. 물들이 명당(明堂)으로 모이지 않고 제각각 흩어져 흘러가면 기(氣)가 취합(聚合)되지 않는 곳입니다.

명당(明堂)에 모인 물들이 나갈 때는 한군데 수구(水口)로 나가야 합니다. 수구(水口)는 청룡(靑龍)과 백호(白虎) 양끝이 서로 만나거나 교차하는 곳으로 보국(保局)의 출구(出口)가 됩니다. 수구(水口)가 좁게 관쇄(關鎖)되어 있으면 명당(明堂)의 기운(氣運)이 보전(保全)이 잘되므로 대혈(大穴)이 있다는 증거가 됩니다.

명당(明堂)은 평탄 원만하면서 균형있게 혈(穴)을 환포(環抱)해주는 형태라야 합니다. 만약 등을 돌려 배반(背反)하거나, 감싸주지 못하고 달아나면 흉(凶)하게 되어 혈(穴)을 맺지 못합니다. 또 기울거나 좁게 협착(狹窄)하면 혈(穴)을 결지(結地) 할 수 없습니다.

9. 수세심혈법(水勢深穴法)

수세심혈법(水勢深穴法)은 물을 보고 혈(穴)을 찾는 방법입니다. 물은 움직이는 양(陽)의 기운(氣運)이고, 반면에 용(龍)은 움직이지 않는 음(陰)의 기운(氣運)입니다. 혈(穴)은 산과 물이 서로 만나 음양조화(陰陽造化)를 이룰 수 있는 곳에서 맺습니다.

용(龍)은 물을 만나면 멈춥니다. 산은 물을 건널 수 없으므로 용(龍)을 따라 흐르던 생기(生氣)가 멈추어 혈(穴)을 맺으려면 물은 필수적입니다. 만약 용(龍)이 물을 만나지 못하면 생기(生氣)는 계속 빠져나가 한 곳에 모이지 않게 됩니다.

양(陽)인 물이 음(陰)인 용(龍)과 음양조화(陰陽造化)를 하여 혈(穴)을 맺으려면 서로 감싸주는 형태를 취해야 합니다. 만약 물이 등을 돌리고 배반(背反)하면 음양관계(陰陽關係)는 이루어지지 않아 혈(穴)을 맺을 수 없습니다. 따라서 혈(穴)을 찾고자 할 때는 물이 감싸주는 안쪽을 선택(選擇)해야 합니다.

여러 골짜기에서 나온 물들이 평탄하고 원만한 명당(明堂)에 모여 혈(穴)을 감싸 안아 주어야 길(吉)합니다. 그리고 나갈 때는 폭이 좁은 수구(水口) 한군데로 천천히 흘러가야 합니다. 그러기 위해서는 청룡(靑龍)과 백호(白虎) 끝이 서로 교차(交叉)하여 좁게 관쇄(關鎖)해주거나, 수구(水口)에 한문(捍門), 화표(華表), 북신(北辰), 나성(羅星) 등이 있어 유속(流俗)을 느리게 해주면 좋습니다.

한문(捍門)은 수구처(水口處)의 청룡 백호 양끝에 서 있는 돌로 마치 문설주와 같습니다. 화표(華表)는 한문(捍門) 사이 물 가운데 있는 단단한 바위입니다. 북신(北辰)은 화표(華表)와 같이 물 가운데 있는 바위인데, 그 모양이 마치 거북이나 잉어, 해와 달, 또는 금궤처럼 생긴 영물(靈物)의 형상을 한 것입니다. 나성(羅星)은 수구(水口)에 흙이나 모래, 자갈이 퇴적되어 만들어진 작은 섬입니다.

이들은 모두 보국(保局) 안의 물이 급하게 빠져나가지 못하도록 해주는 역할을 합니다. 따라서 보국은 물의 흐름이 완만하고 항상 일정한 수량이 유지하게 됩니다. 이래야 양(陽)인 물과 음(陰)인 혈(穴)이 음양조화(陰陽造化)를 충분히 그리고 오랫동안 할 수 있는 것입니다.

만약 혈(穴) 앞으로 들어오는 물이 쏘는 것처럼 직선으로 들어오면 충수(衝水)가 되어 흉(凶)하게 됩니다. 나갈 때도 직선으로 곧게 나가면 직거수(直去水)가 되어 흉(凶)하게 됩니다.

10. 보국심혈법(保局深穴法)

보국심혈법(保局尋穴法)이란 국세(局勢)를 보고 혈(穴)을 찾는 방법을 말합니다. 국세(局勢)란 청룡(靑龍) 백호(白虎)를 비롯한 주변 산들이 혈(穴)을 감싸주고 있는 형태를 말합니다. 전후좌우(前後左右)에 있는 산들이 주룡(主龍)과 혈(穴)을 향해 유정(有情)하게 감싸주고 있으면 혈(穴)이 맺을만한 곳입니다. 수백리 혹은 수십리를 행룡(行龍)한 용(龍)이 혈(穴)을 결지(結地)하고자 할 때는 반드시 보국(保局)을 형성해야 하기 때문입니다.

좋은 보국(保局)이란 혈(穴)을 중심으로 청룡(靑龍), 백호(白虎), 안산(案山), 조산(朝山), 명당(明堂), 물 등 주변의 모든 것들이 취합(聚合)한 것을 말합니다.

혈(穴)을 찾고자 할 때는 주변의 모든 산과 물이 어느 산줄기를 향해 있는지를 살펴야 합니다. 멀리서 그 산을 바라보면 용맥(龍脈)이 기세(氣勢) 왕성(旺盛)하게 변화(變化)하는 것을 볼 수 있습니다. 대부분 용맥(龍脈)의 끝인 용진처(龍盡處)에 혈(穴)이 있습니다.

제7절 정혈법(定穴法)

정혈법(定穴法)은 정확한 혈처(穴處)를 정하는 법(法)을 말합니다. 양택(陽宅)의 경우는 건물(建物)이 들어설 자리이고, 음택(陰宅)의 경우는 시신(屍身)을 매장(埋葬)할 광(壙)을 파는 자리입니다.

심혈법(尋穴法)은 멀리서 바라보고 혈(穴)이 있을만한 위치를 찾는 방법이었습니다. 심혈(深穴)을 해서 그곳을 찾아들어 갔으면, 이제 생기(生氣)가 뭉쳐있는 정확(正確)한 혈(穴)을 찾아야 합니다.

즉 입수(入首), 선익(蟬翼), 전순(氈脣), 혈운(穴暈) 등이 분명하고, 혈토(穴土)가 나오는 혈(穴)을 정확하게 정(定)하지 않으면 안 됩니다. 아무리 심혈(尋穴)을 잘했다 하더라도 정혈(定穴)을 잘못하면 무용지물(無用之物)이 되고 맙니다.

어렵게 용진처(龍盡處)의 혈지(穴地)를 찾았다 할지라도, 혈토(穴土)가 나오는 혈심(穴心)이 아니면 모든 것이 허사가 되고 맙니다. 실제로 모든 혈(穴)의 결지(結地) 조건이 갖추어진 곳에서도 불과 몇 자 사이로 혈심(穴心)에서 어긋나 오점(誤點)한 경우가 많이 있습니다.

혈(穴)은 사방이 여덟 자 정도 밖에 되지 않는 작은 땅입니다. 태조산(太祖山)을 출발하여 수백리 혹은 수십리를 행룡(行龍)한 용(龍)이라도 생기(生氣)가 뭉쳐있는 혈(穴)은 불과 지름이 3미터 미만인 원(圓)에 불과하므로, 이를 정확하게 찾아 쓰는 것은 여간 어려운 일이 아닙니다.

그래서 옛 사람들은 '삼년심룡십년점혈(三年尋龍十年點穴)'이라고 하였습니다. 용(龍)을 찾는 공부는 3년 걸리고, 혈(穴)을 찾는 공부는 10년 걸린다는 뜻으로, 이는 정혈(定穴)이 그만큼 어렵다는 것을 나타내는 말입니다.

그러나 모든 자연에는 이치(理致)가 있는 법이다. 혈(穴)이 있을만한 자리는 그만한 조건을 갖추고 있습니다. 그러므로, 그 조건(條件)만 잘 알면 정혈(定穴)도 그리 어려운 문제만은 아니게 됩니다. 정혈법(定穴法)은 주변의 산세(山勢)와 수세(水勢)를 살펴 정혈(定穴)의 정확한 위치를 정하는 방법론(方法論)입니다.

혈(穴)을 맺는 곳은,

첫째, 주룡(主龍)이 기세(氣勢)있게 변화(變化)하면서 살기(殺氣)를 모두 털어 낸 곳에서만 가능합니다. 이는 지기(地氣)가 순수(順水)한 생기(生氣)로만 가득하다는 증거(證據)입니다.

둘째, 생기(生氣)가 멈추고 혈장(穴場)에 가두어지려면, 물이 유정(有情)하게 감싸주고 있어야 합니다.

세째, 혈(穴)의 생기(生氣)가 바람에 흩어지지 않으려면, 청룡백호(靑龍白虎)를 비롯한 주변 산들이 이중삼중 감싸고 있어야 합니다.

네째, 혈(穴) 앞의 명당(明堂)은 평탄(平坦)하고 원만(圓滿)해서 보국(保局)이 안정(安定)되어 있어야 합니다.

태(胎), 정(正), 순(順), 강(强), 고(高), 저(低)

이와 같은 조건을 갖춘 곳을 태(胎), 정(正), 순(順), 강(强), 고(高), 저(低) 6개항으로 나누어 설명하기도 합니다.

● 태(胎)

외형적으로 땅이 두툼하게 살이 찐 듯 풍만한 곳입니다. 마치 임산부가 어린아이를 밴 모습입니다. 이는 생기(生氣)가 충만(充滿)하다는 뜻입니다. 좋은 생기(生氣)만 뭉쳐있으므로 땅이 부드럽고 감촉이 좋습니다. 이를 "풍비원만(豊肥圓滿)하고 견고유연(堅固柔軟)해야 한다"라고 표현합니다.

• 정(正)

땅이 반듯한 곳에서 혈(穴)을 맺습니다. 혈장(穴場)이 기울거나 거꾸러지면 생기(生氣)가 안정되지 못하므로 혈(穴)을 맺을 수 없습니다. 뿐만 아니라 주변 산수(山水)와 균형(均衡)이 맞는 곳에 혈(穴)이 있습니다. 보국(保局)이 균형(均衡)이 이루어지지 않아 불안정(不安定)한 곳에서는 혈(穴)을 맺지 못합니다. 그러므로 단정(端正)한 땅에서 혈(穴)을 찾아야 합니다.

• 순(順)

주변 산수(山水) 모두가 순(順)하게 감싸 안아주는 땅에 혈(穴)이 있습니다. 산과 물은 보는 위치에 따라 각기 다르게 보입니다. 혈(穴)에서 보면 주변 산들이 반듯하게 감싸주는 것처럼 보이지만, 여기서 불과 몇 미터만 떨어지면 무정(無情)하게 보일 수도 있습니다. 혈(穴)은 주변의 용혈사수(龍穴砂水)가 무정(無情)하게 배반(背反)하지 않고 유정(有情)하게 감싸주는 곳에 위치합니다. 따라서 주변 산들이 유정(有情)하게 보이는 곳에서 혈(穴)을 찾아야 합니다.

• 강(强)

혈(穴)이 있는 곳은 생기(生氣)가 견고(堅固)하게 뭉쳐 있으므로 땅이 단단합니다. 혈지(穴地)의 흙들이 산만하게 흩어지지 않고 하나의 덩어리로 되어 있습니다. 완전히 정제(整齊)된 흙들은 작은 입자로 되어 있습니다. 만약 생기(生氣)가 강하게 뭉쳐있지 않으면 이들은 모두 흩어지고 말 것입니다. 기(氣)가 한 곳에 뭉쳐있는 혈(穴)의 흙은 그

결속력(結束力)은 무척 강해 단단합니다. 그러면서도 좋은 생기(生氣)가 가득하므로 부드럽습니다. 때문에 단단하면서도 부드럽게 감촉이 좋은 땅에서 혈(穴)을 찾아야 합니다.

● 고(高)

혈(穴)은 물의 침범(侵犯)을 받는 곳에서는 맺지 않습니다. 물이 침범할 수 없는 적당한 높이에 혈(穴)을 맺습니다. 따라서 너무 얕은 땅은 피하고 주변 산세와 조화되는 적당한 높이의 땅에서 혈(穴)을 찾아야 합니다.

● 저(低)

혈(穴)은 바람의 침해(侵害)를 받는 곳에서는 맺지 않습니다. 생기(生氣)가 흩어지기 때문입니다. 바람을 피할 수 있는 주변 산보다 적당히 낮은 땅에 혈(穴)을 맺습니다. 그러므로 산은 높고 골짜기가 깊은 산고곡심(山高谷深)한 곳에서는 혈(穴)을 찾지 않는 법입니다. 또 홀로 돌출(突出)되어 바람을 많이 받는 돌로취풍(突露吹風)한 곳도 피해야 합니다. 장풍(藏風)이 잘되도록 적당히 낮은 안정된 땅에서 혈(穴)을 찾아야 합니다.

이와 같은 조건이 갖추어진 혈지(穴地)에서 혈(穴)을 찾아 재혈(裁穴)하는 방법과 절차를 설명한 것이 정혈법(定穴法)입니다.

정혈(定穴)하는 방법에는 천심십도법(天心十道法), 자웅법(雌雄法), 요감법(饒減法), 선궁단제법(仙宮單堤法), 향배법(向背法), 장산식수법(張山食水法), 인혈법(人穴法), 지장법(指掌法), 금수법(禽獸法), 용체오관법(龍體五官法), 취길피흉법(取吉避凶法), 사살법(四殺法), 개점의당법(蓋粘倚撞法) 등이 있습니다.

1. 천심십도 정혈법(天心十道定穴法)

천심십도정혈법(天心十道定穴法)은 생왕룡(生旺龍)에서 결지요건(結地要件)과 혈상(穴相)이 모호할 때, 혈(穴)을 정하고 향(向)을 정하는 방법입니다. 혈(穴)을 중심으로 전후좌우(前後左右) 사방에 있는 산을 연결하면 십자형(十字形)으로 서로 응(應)하는 경우를 말합니다.

용진혈적지(龍盡穴的地)를 중심으로, 뒤쪽의 산을 개산(蓋山), 앞쪽의 산을 조산(照山), 양쪽의 산을 협이(夾耳)라고 하여, 이렇게 열십자로 교차하면서 마주보고 있는 경우를 사응등대(四應登對), 개조공협(蓋照拱夾)이라고도 합니다.

이들은 서로 크기와 높이와 거리가 비슷하여, 정상(頂上)을 선으로 이으면 십자(十字) 모양이 됩니다. 혈(穴)은 두 선(線)이 교차(交叉)하는 지점에 점혈(點穴)하는 방법을 천심십도정혈법(天心十道定穴法)이라 합니다.

천심십도(天心十道)에서는 교차되는 중심점이 혈장(穴場)이 될 뿐만 아니라 사산(四山)이 상호간에 높낮이 및 크기 등에서 조화(調和)를 이루어서 국세(局勢)의 아름다움을 드러내야 진혈(眞穴)이 됩니다. 용진처(龍盡處)에 내룡(來龍)은 참되고 혈(穴)은 틀림이 없이 확실(確實)한 즉 적실(的實)한 용진혈적(龍眞穴的)하고, 천심십도(天心十道)가 정확(正確)하면 발복(發福)이 크고 오래간다고 봅니다.

2. 자웅 정혈법(雌雄定穴法)

자웅(雌雄)은 혈처(穴處)를 높고 낮은 것으로 구분하여 정혈(定穴)하는 방법입니다.

1) 웅혈(雄穴) = 상취혈(上聚穴)

기(氣)가 높은 곳으로 모여, 높은 곳에서 결지(結地)하나, 사방이 주밀(周密)하여 혈(穴)에서는 높은 것을 느낄 수가 없습니다. 혈처(穴處)는 반드시 평탄해야 하며 바람의 피해가 가장 두렵습니다.

2) 자혈(雌穴) = 하취혈(下聚穴)

기운(氣運)이 아래로 몰려 있는 것으로, 주위가 함께 낮고 전순(氈脣)이 두둑해야 진혈(眞穴)이 됩니다. 뒤가 급하고 아래 평지에 결혈(結穴)하는 것이니 탈살(脫殺)한 곳에 정혈(定穴)합니다.

3. 요감(饒減) 정혈법(定穴法)

요감(饒減)이란 넉넉한 것은 덜어내고 부족한 것은 보태준다는 뜻입니다. 형평(衡平)이 균등(均等)하지 못한 용혈사수(龍穴砂水)의 형세(形勢)를 요감조정(饒減調整), 즉 보태고 덜어내고 하여 균형(均衡)을 꾀하는 정혈법(定穴法)을 말합니다.

혈(穴)은 청룡백호(靑龍白虎) 중에서 길이가 길고 힘이 있는 쪽으로 약간 치우쳐 결지(結地)합니다. 힘이 있어 보이는 쪽에 혈(穴)이 있어 힘을 사용하기 때문에 기운(氣運)을 덜어주게 되고, 상대적으로 짧고 힘없는 쪽은 공간을 넉넉하게 하여 기운(氣運)을 보태게 됩니다. 그래서 보국(保局) 안의 균형(均衡)이 이루어지게 되는 것입니다.

예를 들어 청룡(靑龍)은 짧고 백호(白虎)가 길게 뻗어 혈(穴)을 감싸주면, 혈(穴)은 백호(白虎)쪽으로 치우쳐 결지(結地)하게 됩니다. 청룡

(靑龍)쪽의 공간을 넓게 하여 전체적인 힘의 균형(均衡)을 맞추어 줍니다. 반대로 백호(白虎)가 짧고 청룡(靑龍)이 길게 뻗어 혈(穴)을 감싸주었으면, 혈(穴)은 청룡(靑龍)쪽으로 치우쳐 결지(結地)합니다.

요감정혈법(饒減定穴法)은 혈장(穴場) 아래 하수사(下水砂)를 보고 정혈(定穴)하기도 합니다. 하수사(下水砂)가 좌측(左側)에서 길게 뻗어 우측(右側)으로 감아 주었으면, 혈(穴)은 좌측(左側)에 결지(結地)하고, 우측(右側)에서 길게 뻗어 좌측(左側)으로 감아 주었으면 혈(穴)은 우측(右側)에 있습니다. 혈(穴)을 찾아 쓴다는 것은 혈(穴)의 기운(氣運) 즉 생기(生氣)를 사용하기 때문에 힘을 덜어낸다고 하는 것입니다.

4. 선궁단제 정혈법(仙宮單堤定穴法)

결지(結地)는 개장천심(開帳穿心)하여 내룡(來龍)은 참되고 혈(穴)은 틀림없이 확실(確實)한 용진혈적(龍眞穴的)하고, 좌청룡(左靑龍)과 우백호(右白虎)가 혈(穴)을 감싸 안아 기(氣)가 흩어지지 않도록 보호(保護)해야 합니다. 그러나 용호(龍虎)의 길이가 차이가 나는 경우도 있고 한쪽이 아주 없는 경우도 있습니다.

선궁(仙宮)은 한쪽 팔이 길고 한쪽 팔이 짧은 것을 말하고, 단제(單堤)는 한쪽 팔은 길고 한쪽 팔은 없는 것을 말합니다. 선궁(仙宮)과 단제(單堤)는 각기 좌우선궁(左右仙宮)과 좌우단제(左右單堤)로 나눕니다.

선궁(仙宮)이나 단제(單堤)는 한쪽 팔이 없거나 짧은 경우로써, 허전한 한쪽을 감싸 안아 주어야 혈(穴)을 맺을 수 있고, 그렇지 않으면 흉(凶)하게 됩니다.

좌선궁(左仙宮)은 왼쪽 팔이 길고 오른쪽 팔이 짧아 우선수(右旋水)를 얻어서 기(氣)를 얻을 수 있고, 우선궁(右仙宮)은 오른쪽 팔이 길고 왼쪽 팔이 짧아 좌선수(左旋水)를 얻어야 기(氣)를 얻어 결지(結地)할 수 있습니다.

좌단제(左單堤)는 왼팔만 있고 오른팔이 없으므로 우선수(右旋水)를 얻어야 기(氣)를 얻을 수 있고, 우단제(右單堤)는 오른쪽 팔만 있고 왼쪽 팔이 없으므로 좌선수(左旋水)를 얻어야 기(氣)를 얻어 결지(結地)할 수 있습니다.

좌선궁(左仙宮)이나 좌단제(左單堤)일 경우에는 청룡(靑龍)을 의지하여 혈(穴)이 좌측에 결지(結地)하며, 우선궁(右仙宮)이나 우단제(右單堤)일 경우에는 백호(白虎)에 의지하여 혈(穴)이 우측에 결지(結地)합니다.

5. 향배 정혈법(向背定穴法)

혈지(穴地)에서 보아 전후좌우(前後左右)에 양명하고 수려한 산들이 배반(背反)하지 않고 유정(有情)하게 혈(穴)을 향해 있고, 물이 유정(有情)하게 감싸주는 곳에 정혈(定穴)하는 것을 향배정혈법(向背定穴法)이라고 합니다.

혈(穴)은 청룡백호(靑龍白虎)를 비롯해서 안산(案山), 조산(朝山) 그리고 물이 전후좌우(前後左右)에서 혈(穴)을 향해 다정(多情)하게 감싸주고, 혈(穴) 앞에 흐르는 물도 구불구불 흐르다가, 혈(穴)을 향해 유정(有情)하게 감싸주어야 진혈(眞穴)을 결지(結地)하게 됩니다.

전후좌우(前後左右)의 산들이 흉하게 깨지고 부서지고 기암괴석(奇巖怪石)이 많이 있거나, 무정(無情)하게 돌아서 배반(背反)하는 곳이나, 물이 배반(背反)하여 혈(穴) 반대 방향으로 휘어 나가는 곳에서는 혈(穴)을 결지(結地)하지 않습니다.

6. 장산식수 정혈법(張山食水定穴法)

장산식수정혈법(張山食水定穴法)은 혈(穴)앞에 있는 귀(貴)하게 생긴 산이나 깨끗하고 맑은 물을 보고 혈(穴)을 정하는 방법입니다. 만약 귀(貴)하게 생긴 안산(案山)과 혈지(穴地)를 향해 유정(有情)하게 감아 준 물이 우측(右側)에 있으면 혈(穴)도 우측(右側)에 있고, 좌측(左側)에 있으면 혈(穴)도 좌측(左側)에 있으며, 중앙(中央)에 있으면 혈(穴)도 중앙(中央)에 위치합니다.

용진혈적(龍眞穴的) 즉, 내룡(來龍)이 참되고 혈(穴)이 틀림없이 확실하고, 수려하고 양명한 산봉우리가 정면에 있고, 맑고 깨끗한 물이 여러 골짜기에서 나와 혈(穴)을 감아주면 매우 길(吉)한 혈(穴)이 됩니다. 이때 명당에 모인 물은 한 개의 파구(破口)로 천천히 나가야 매우 길(吉)합니다.

반대로 추악하고 험한 산이 정면에 있으면 흉(凶)합니다. 또 수려한 산이라도 등을 돌리고 무정(無情)하게 있으면 혈(穴)을 맺지 못합니다. 물은 산 따라 흐르기 때문에 산이 배반하면 물도 배반하기 때문입니다. 그렇게 되면 산수(山水)가 서로 음양조화(陰陽調和)를 이룰 수 없습니다.

내룡(來龍)이 참되고 혈(穴)이 틀림없이 확실한 용진혈적(龍眞穴的)한 곳에서는 자연적으로 앞에 귀(貴)한 산과 물이 있기 마련입니다. 그러므로 기이하게 잘 생긴 산이 있는 곳과, 물이 혈지(穴地)를 정답게 감아 준 곳을 향해 정혈(定穴)해야 합니다.

7. 인체의 혈에 비유한 인혈정혈법(人穴定穴法)

사람의 몸에 있는 혈처(穴處)를 지리(地理)와 연관 시켜 혈(穴)을 찾는 방법이 인혈정혈법(人穴定穴法)입니다. 인혈정혈(人穴定穴)이란 산의 형태를 인체(人體)에 비유(比喩)하여 표현 한 것입니다. 산이나 인간이나 모두 하나의 소우주(小宇宙)로 볼 때, 혈(穴)이 결지(結地)하는 것은 똑 같은 이치(理致)라는 말입니다.

사람에게는 머리정수리에 정문백회혈(頂門百會穴)을 비롯해서, 이마의 수두혈(垂頭穴), 어깨와 늑골사이에 견정혈(肩井穴), 풍만한 유방에는 내유혈(奶乳穴), 앞가슴 중심의 명치에는 당심혈(堂心穴), 배꼽에 있는 제륜혈(臍輪穴), 배꼽 밑 단전에 있는 단전혈(丹田穴), 국부에 있는 음낭혈(陰囊穴)등 수많은 혈(穴)이 있습니다.

인혈정혈법(人穴定穴法)은 요금정(寥金精)선생의 정혈법(定穴法)의 하나입니다. 산의 모양과 위치를 인체에 비유해서 혈(穴)을 정하는 방법입니다. 이때 사람의 두 팔과 같은 청룡백호(靑龍白虎)가 있으면, 인혈정혈법(人穴定穴法)을 사용합니다. 그러나 청룡백호(靑龍白虎)가 없으면 손에 비유한 지장정혈법(指掌定穴法)을 사용합니다.

ⅠI) 정문백회혈(頂門百會穴)

사람의 머리 끝 정수리가 정문백회혈(頂門百會穴)입니다. 어린아이의 정수리를 만져보면 말랑말랑 하면서 약간 오목하게 들어간 부분이 혈(穴)입니다.

혈(穴)은 산 정상에 결지(結地)하는 것으로 평평한 가운데 볼록하게 뛰어나온 볼록한(凸) 부분에 와혈(窩穴)로 결지(結地)합니다. 즉 돌중미와(突中微窩)한 지점이 정혈(定穴)하는 위치입니다.

이때 사방의 산들이 균등(均等)하게 호위(護衛) 해주어야 진혈(眞穴)입니다. 그렇지 않으면 사방팔방에서 불어오는 바람을 맞기 때문에 흉(凶)하게 됩니다.

2) 수두혈(垂頭穴)

사람의 이마 한 가운데 있는 것이 수두혈(垂頭穴)입니다. 산 정상 부분에 혈(穴)이 있되, 정상에서 약간 내려와 평평한 곳에 혈(穴)이 있습니다. 이때 산 정상은 머리를 약간 숙이듯 혈(穴)을 굽어보고 있어야 합니다. 재록(財祿)이 넘치는 길한 혈(穴)입니다.

3) 인중혈(人中穴)

코밑과 입술 사이에 있는 약간 오목하게 들어간 부분이 인중혈(人中穴)입니다. 인중혈(人中穴)은 산 정상아래 중턱에 맺습니다. 즉 정상과 중간사이인 중상(中上)부분에 있습니다.

주산(主山), 현무봉(玄武峯)에서 급하게 내려온 용(龍)이 산중턱에서 갑자기 주저앉아 혈(穴)을 결지(結地)합니다. 주로 괘등혈(掛燈穴)이나 연소혈(燕巢穴)이 이에 해당됩니다.

4) 견정혈(肩井穴)

사람의 어깨와 늑골사이 오목하게 들어간 곳이 견정(肩井)입니다. 오목한 부분이 생기(生氣)가 뭉친 혈(穴)이므로 와혈(窩穴)을 결지(結地)합니다. 쌍와(雙窩)가 있으면 제대로 된 견정혈(肩井穴)입니다. 비교적 높은 곳에 있으므로 장풍(藏風)이 잘 이루어져 안정감이 있어야 합니다.

5) 내유혈(奶乳穴)

풍만한 두 유방(乳房)에 비유되는 곳이 내유혈(奶乳穴)입니다. 주로 유혈(乳穴)을 맺으며 두 개가 나란히 있는 것이 특징입니다. 평지나 높은 산 모두에 있으며, 혈지(穴地)는 약간 볼록하게 돌출(突出)되어 있습니다. 그러므로 혈(穴) 주변의 청룡백호(靑龍白虎)를 비롯하여 안산(案山)과 조산(朝山) 등이 조밀(稠密)하게 감싸주어야 합니다.

6) 당심혈(堂心穴)

인체의 앞가슴 중심의 명치의 오목하게 들어간 부분이 혈(穴)입니다. 산의 한 가운데 있으며 와혈(窩穴)이 정격(正格)입니다. 또 보국(保局)의 중심에 주로 맺습니다. 주변의 산세(山勢)가 단정(丹頂)하고 유정(有情)하여 요감(饒減)의 필요가 없습니다. 이른바 "인시하관(寅時下棺)에 묘시발복(卯時發福)"한다는 속발지지(速發之地)입니다.

7) 제륜혈(臍輪穴)

사람의 가장 중심에 있는 배꼽에 비유되는 혈(穴)입니다. 용혈(龍穴)을 비롯하여 주변 산세(山勢)가 고르고 둥글며 혈지(穴地)는 평탄(平坦)합니다. 혈(穴)은 돌중유와(突中有窩-돌출한 곳 중에서 약간 오목한 곳)한 곳에 있습니다.

8) 단전혈(丹田穴)

단전(丹田)은 배꼽 밑에 있는 혈(穴)입니다. 주변의 산세(山勢)가 원만 평탄하고 다정(多情)합니다. 청룡백호(靑龍白虎)가 잘 감싸준 혈(穴)로 높지도 낮지도 않은 곳에 위치합니다. 부귀복록(富貴福祿)이 큰 혈(穴)입니다.

9) 음낭혈(陰囊穴)

여자의 음부(陰部)에 해당되는 혈(穴)입니다. 주변 산세가 마치 여자가 다리를 벌리고 누워있는 형국입니다. 청룡(靑龍)과 백호(白虎)가 다정(多情)하고 아늑하게 감아 주고, 물은 유정(有情)하게 혈(穴)을 환포(環抱-감싸고 돌다)해 주어야 합니다. 특히 혈(穴) 밑에 있는 전순(氈脣)이 발달하였습니다.

이 밖에도 절요혈(節腰穴), 방광혈(膀胱穴), 인후혈(咽喉穴) 등 수없이 많은 인혈정혈법(人穴定穴法)이 있습니다. 그러나 전적으로 여기에 의존하여 혈(穴)을 찾기란 어렵습니다. 심혈(尋穴)과 정혈(定穴)하는데 참고만 할 뿐입니다.

8. 손에 비유한 지장정혈법(指掌定穴法)

내룡(來龍)이 참되고 혈(穴)이 틀림없이 확실(確實)한 용진혈적(龍眞穴的)하였으나, 청룡(靑龍) 백호(白虎)가 가까이서 감싸주지 못한 혈지(穴地)에서 사용하는 법입니다. 혈장(穴場)을 사람의 손바닥과 손가락에 비유하여 혈(穴)을 정합니다. 손바닥에는 장심혈(掌心穴)이 있고, 손가락 마디마디에는 각각 다른 지혈(指穴)이 있습니다.

1) 장심혈(掌心穴)

혈지(穴地)가 마치 손바닥을 젖혀놓은 모양과 같이 생겼습니다. 이를 앙장형(仰掌形)이라고 한다. 이때는 손바닥 가운데 오목한 부분이 혈(穴)입니다. 그러므로 와혈(窩穴)에 해당됩니다. 손바닥 가의 도톰한 부분은 청룡(靑龍)과 백호(白虎) 역할을 하여, 바람과 물의 침범을 막아 줍니다.

2) 지혈(指穴)

혈지(穴地)의 모양이 마치 손가락의 엄지와 검지가 집게 모양으로 한 것과 같습니다. 이때는 손가락에 있는 혈(穴)을 참고하여 혈(穴)을 찾는 방법입니다.

엄지와 검지에는 7개의 혈(穴)이 있습니다. 이중 대부혈(大富穴), 구혈(毬穴), 홍기혈(紅旗穴), 곡지혈(曲池穴) 등 4개의 혈(穴)은 길(吉)하고, 절혈(絶穴), 소탕혈(掃蕩穴), 조화혈(燥火穴) 등 3개의 혈(穴)은 흉(凶)합니다.

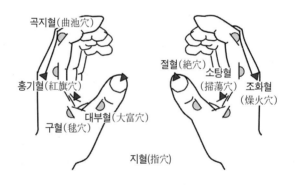

- 대부혈(大富穴)

엄지 제1절에 있는 혈(穴)입니다. 왼손처럼 생겼으면, 집게손가락 쪽의 능선이 청룡(靑龍)이 되어 혈(穴)을 완전히 감싸주어야 합니다. 엄지손가락 끝으로 뻗은 능선은 백호(白虎)가 됩니다. 오른손은 그 반대입니다. 엄지와 집게손가락 끝이 만나는 지점은 수구(水口)가 되는데 잘 막아 주어야 합니다.

- **구혈**(毬穴)

엄지와 검지가 갈라지는 중간 부분에 맺는 혈(穴)로 호구혈(虎口穴)
이라고도 합니다. 엄지와 검지가 청룡백호(靑龍白虎)가 되어 혈(穴)을
잘 감싸주어야 합니다.

- **홍기혈**(紅旗穴)

집게손가락 제1절에 있는 혈(穴)입니다. 혈(穴) 아래가 허(虛)하기
때문에 토순(吐脣)이 발달되어 있어야 합니다.

- **곡지혈**(曲池穴)

집게손가락 제2절에 있는 혈(穴)로 횡룡입수(橫龍入首)하는 경우가
많습니다. 뒤에는 귀성(鬼星)과 낙산(樂山)이 있어야 합니다. 명당(明堂)
이 평탄하고 원만해야 하며 엄지와 집게손가락 끝 부분의 수구(水口)
가 관쇄(關鎖)되어야 진혈(眞穴)을 맺습니다.

- **절혈**(絶穴)

엄지 손끝 부분으로 환포(環抱)해주는 청룡백호(靑龍白虎)가 없이 돌
출(突出)되어 있기 때문에 흉(凶)합니다.

- **소탕혈**(掃蕩穴)

엄지와 집게손가락 중간의 구혈(毬穴)아래에 있습니다. 위는 평탄하
고 아래는 낭떠러지기로 쓸어내리는 듯이 기울어 흉(凶)합니다.

- **조화혈**(燥火穴)

집게손가락 제1절 홍기혈(紅旗穴) 위에 있습니다. 돌출(突出)된 부분
으로 바람을 많이 받습니다. 대개 과룡처(過龍處)에 해당되기 때문에
흉(凶)합니다.

9. 새와 짐승에 비유한 금수정혈법(禽獸定穴法)

산의 형상을 새나 짐승에 비유하여 새나 짐승의 기(氣)가 가장 많이 모이는 부분에 혈(穴)을 정혈(定穴)하는 것을 금수정혈법(禽獸定穴法)이라고 합니다.

예를 들어 봉황(鳳凰)이나 학(鶴), 꿩(雉), 기러기(雁), 까마귀(烏), 닭(鷄) 등 날 짐승은 생기(生氣)가 벼슬(冠), 날개 안쪽(翼), 꼬리(尾) 부분에 있습니다. 호랑이(虎), 사자(獅), 소(牛), 개(狗), 쥐(鼠) 등 들짐승은 생기(生氣)가 코, 배, 젖가슴 등에 있습니다.

산의 형태를 보고 맹호출림형(猛虎出林形), 금계포란형(金鷄抱卵形), 영구입수형(靈龜入水形), 갈마음수형(渴馬飲水形), 금오탁시형(金烏啄屍形) 등 물형론(物形論)으로 혈(穴)을 찾는 방법을 설명한 것이 금수정혈법(禽獸定穴法)입니다.

그러나 산의 형상을 동물에 정확하게 비유하기란 어렵고, 호랑이나 사자, 표범, 고양이는 서로 비슷하여 구분이 어렵우며, 기러기는 봉황이나 닭과 비슷합니다. 지렁이를 뱀이라 할 수 있고, 사슴을 말이라 할 수도 있습니다. 때문에 금수정혈법(禽獸定穴法)은 혈(穴)을 찾는데 참고만 할 뿐입니다. 전적으로 물형론(物形論)에 의지해서 혈(穴)을 정혈(定穴) 하다가는 큰 오점(誤點)을 할 수 있으니 주의해야 합니다.

10. 용체오관정혈법(龍體五官定穴法)

인체(人體)의 오관(五官)에 비유하여 머리, 코, 이마, 배, 배꼽은 길(吉)하고, 뿔과 눈, 입술, 가슴이나 갈비뼈, 발은 흉(凶)합니다. 이를 용체오관정혈법(龍體五官定穴法)이라 합니다.

이에 대해서 『금낭경(錦囊經)』은 말하기를, "용세(龍勢)가 그치고 혈장(穴場)이 둥그렇게 쳐들어 있으면, 진룡(進龍)의 머리 부분이다. 앞에는 물이 흐르고 뒤에 산이 있으면 장사(葬事)를 지낼 수 있는 혈(穴)이다. 용(龍)의 코와 이마에 해당되는 곳에 장사(葬事)지내면 매우 길(吉)하다. 뿔과 눈에 해당되는 곳은 장사(葬事)하면 멸망(滅亡)한다. 귀에 해당되는 곳은 왕후(王侯)가 날 것이다. 입술에 해당되는 곳은 죽거나 전쟁에 나가 다칠 것이다. 구불구불하게 내려오던 용(龍)이 중앙에 혈장(穴場)을 만들어 기(氣)를 응축(凝縮)하면, 이를 용(龍)의 배라고 한다. 배꼽은 깊고 움푹 들어가 있다. 그곳에 혈(穴)을 쓰면 필시 후세(後世)에 복(福)을 받아, 금과 곡식과 옥이 가득가득 넘치게 될 것이다. 용(龍)의 가슴이나 갈비뼈 부분에 혈(穴)을 쓰면 흉(凶)하다. 이러한 곳은 아침에 장사를 지내면 저녁에 곡(哭)소리가 날 것이다. 멸족(滅族)이 우려되는 흉지(胸脂)다."

11. 취길피흉(取吉避凶) 정혈법(定穴法)

산과 물은 길(吉)한 것도 있지만 흉(凶)한 것도 있습니다. 혈(穴)은 길(吉)한 것은 취하고 흉(凶)한 것은 피하여 결지(結地)하는 것이 원칙(原則)입니다. 혈(穴)을 정혈(定穴)할 때 전후좌우(前後左右)로 움직이면서 흉(凶)한 것이 적게 보이고, 길(吉)한 것이 많이 보이는 쪽을 향해 혈(穴)을 정혈(定穴)해야 합니다.

흉(凶)한 것 중에는 혈지(穴地)에서 보아 청룡(靑龍)이나 백호(白虎) 쪽의 능선이 화살이나 창을 혈(穴)을 향해 직선으로 쏘아 들어오는 것처럼 보이면 매우 흉(凶)합니다. 또 깨지고 부서지고 무너지거나, 혈(穴)을 배반(背反)하고 등을 돌리고 있으면 흉(凶)한 것입니다.

그러나 분명히 용진혈적(龍眞穴的)한 진혈(眞穴)에도 흉살(凶殺)이 보일 수 있습니다. 이때는 살(殺)이 보이지 않도록 흙으로 덮거나, 주위에 소나무나 상록수를 심어 가려줍니다. 혈(穴)에서 흉살(凶殺)이 보이지 않도록 하는 것을 비보(裨補)한다고 합니다.

12. 흉살(凶殺)을 피해 정혈(定穴)하는 사살정혈법 (四殺定穴法)

흉살(凶殺)을 피해 혈(穴)을 정하는 법을 사살정혈법(四殺定穴法)이라 합니다.

흉살(凶殺)이란 혈지(穴地)의 사면(四面)을 직충횡사(直沖橫射)하는 첨예(尖銳)한 사수(砂水)를 말합니다. 직충횡사(直沖橫射)란 앞에서 혈지(穴地)를 곧장 찌르는 모습과 옆에서 찌르는 모습을 말합니다.

날카롭고 뾰족한 산의 능선이 혈장(穴場)을 찌르는 것은 능침살(陵針殺)이고, 물이 혈장(穴場)을 곧바로 치고 들어오면 수침살(水針殺)입니다. 깨지고 부서진 흉한 바위와 산과 물이 혈장(穴場)에서 보이면 모두 살(殺)입니다.

다시 말해서, 혈(穴)을 충(衝)하는 첨사(尖砂-뾰족한 사)나 수세(水勢), 혈(穴)을 등지고 배반(背反)하는 무정한 용호(龍虎)와 안산(案山)과 수세(水勢), 깨지고 부서진 험한 바위, 탐두사[探頭砂-규봉(窺峰)], 잘려진 입수(入首) 및 호종사(護從砂) 등이 모두 흉살(凶殺)이 됩니다.

사살정혈법(四殺定穴法)에는 장살법(藏殺法), 압살법(壓殺法), 섬살법(閃殺法), 탈살법(脫殺法)이 있는데, 장살법(藏殺法)은 흉살(凶殺)이 없는 곳에 정혈(定穴)함을 말하고, 압살법(壓殺法), 섬살법(閃殺法), 탈살법(脫殺法)은 흉살(凶殺)이 있을 때 정혈(定穴)을 하는 방법입니다.

이러한 흉살(凶殺)은 혈지(穴地)에서 보이면 극히 해로우나, 보이지 않으면 우려할 것이 없으므로, 식수(植樹)나 방제(防堤) 등을 통해 인위적으로 복살(伏殺)하기도 합니다.

1) 장살법(藏殺法)

장살법(藏殺法)이란 살(殺)이 감추어진, 흉살(凶殺)이 전혀 보이지 않는 곳에 정혈(定穴)하는 방법입니다.

주룡(主龍)은 험하거나 직선으로 급하지 않게 완만하게 내려오는 용(龍)입니다. 청룡백호(靑龍白虎)를 비롯한 주변 산들은 험하거나 뾰족한 살(殺)이 없이 수려하고 양명해야 정혈(定穴)할 수 있습니다.

대체적으로 국세(局勢)가 안정되고 명당(明堂)이 바르며, 수세(水勢)가 잘 감싸는 곳의 정혈법(定穴法)이므로, 혈(穴)은 보국(保局)의 중앙(中央)에 위치하고 있습니다. 혈(穴)을 감싸고 있는 해 무리나 달무리 같은 둥근 원형의 혈운(穴暈)을 마치 주룡(主龍)이 밀어 치는 것같은 모습이므로, 이를 당법(撞法)이라 합니다. 혈처(穴處)의 혈상(穴象)이 분명하면, 진혈(眞穴)이므로 당법(撞法)으로 정혈(定穴)합니다.

2) 압살법(壓殺法)

혈장(穴場) 아래 살(殺)이 있으면 이를 누르고 보이지 않는 위쪽에 정혈(定穴)하는 법입니다. 청룡백호(靑龍白虎)를 비롯한 주변 산세의 아래 부분이 깨지고 부서지거나, 흉한 암석이 있거나, 첨리(尖利)하게 직선으로 된 능선이 혈(穴) 아래를 향해 찌르듯이 있으면, 이를 피하기 위해 혈(穴)을 위쪽에 정혈(定穴)하는 것입니다.

용진혈적(龍眞穴的)한 혈지(穴地)에, 살(殺)이 하부에 많이 있으면 혈(穴)은 높은 곳에 있습니다. 위에 있는 혈(穴)이 아래에 있는 흉살(凶殺)을 눌러 압박(壓迫)하는 모양이라 하여 압살법(壓殺法)이라고 합니다. 기형(騎形)으로 결지(結地)하고, 개법(蓋法)으로 정혈(定穴)합니다.

3) 섬살법(閃殺法)

혈장(穴場)의 좌측이나 우측 한쪽에 흉살(凶殺)이 있거나, 청룡백호(靑龍白虎) 어느 한쪽에 흉한 살(殺)이 있으면, 살(殺)이 있는 쪽은 피하고 살(殺)이 없는 쪽에 정혈(定穴)하는 방법을 섬살법(閃殺法)이라고 합니다.

만약 청룡(靑龍)쪽에 살(殺)이 있고 백호(白虎)쪽이 수려양명 하다면, 백호(白虎)쪽을 향하여 정혈(定穴)합니다. 백호(白虎)쪽에 살(殺)이 있고 청룡(靑龍)쪽에 살(殺)이 없으면, 청룡(靑龍)쪽을 향하여 정혈(定穴)하는 것을 말합니다. 흉살(凶殺)이 없는 쪽을 기대어 정혈(定穴)한다 하여 이를 의법(倚法)이라고도 합니다.

4) 탈살법(脫殺法)

내룡(來龍)의 흉살(凶殺)을 피하여 정혈(定穴)하는 방법입니다. 용(龍)이 준급(峻急)하고 혈(穴)의 좌우가 낮으면, 혈(穴)은 용맥(龍脈)을 떠나 평지(平地)에 결혈(結穴)을 합니다.

용맥(龍脈)이 험하고 급하면 혈(穴)을 결지(結地)할 수 없으므로, 위쪽에 있는 험한 살(殺)을 탈피(脫皮)해 아래의 깨끗한 곳에 결지(結地)합니다. 그러므로 이처럼 위쪽의 흉살(凶殺)이 보이는 곳을 피해 더 아래로 내려가서 완전히 탈살(脫殺)된 곳을 찾아 정혈(定穴)하는 방법을 탈살법(脫殺法)이라고 합니다.

후산(後山)의 살기(殺氣)가 정제(整齊)된 곳을 찾는 방법입니다. 후산(後山)의 험한 기운을 탈피해 아래의 완전히 탈살(脫殺)된 곳을 찾아서 정혈(定穴)하는 것입니다. 점법(粘法)이라고 하며, 낮은 곳에서의 결혈(結穴)이므로 수겁(水劫)만 유의하면 됩니다. 경철(硬綴), 급점(急粘), 준접(峻接), 직포(直抛)로 나누어 볼 수 있습니다.

경철(硬綴)이란 후산(後山)이 굳고 변화가 없으면 용맥(龍脈)이 끝나기 전에 용(龍)에 붙여서 정혈(定穴)함을 말합니다.

급점(急粘)이란 후산(後山)이 경사가 급하면 용맥(龍脈)이 끝나는 곳에 붙여서 정혈(定穴)함을 말합니다.

준접(峻接)이란 후산(後山)이 가파르게 높으면 좀 더 아래로 내려와 정혈(定穴)함을 말합니다.

직포(直抛)란 후산(後山)이 직선으로 내려오면 충(沖)을 피하여 용맥(龍脈)이 끝나고 그 아래 볼록 솟은 곳에 정혈(定穴)함을 말합니다.

13. 개점의당법(蓋粘倚撞法)

개점의당법(蓋粘倚撞法)은 흉살(凶殺)을 피해 정혈(定穴)하는 사살정혈법(四殺定穴法)을 다르게 표현한 것입니다.

1) 개법(蓋法)

주위의 산들이 높아 압도(壓倒)되고, 전순(氈脣)이 급하게 기울면[급경(急傾)], 기(氣)가 모일 수 없으므로, 이때에는 정상(頂上)부분에 혈(穴)이 결지(結地)됩니다. 주의할 것은 반드시 장풍(藏風)이 이루어져야 한다는 것입니다.

2) 점법(粘法)

뾰족하거나 곧고 빠르게 내려서는 기맥(氣脈)이어서 혈(穴)이 맺어지지 못할 때에는 용맥(龍脈)이 평지(平地)로 나아가서 방석을 여러 장 포갠 것[포전(鋪氈)]같은 형상으로 결혈(結穴)하게 됩니다. 혈(穴)이 낮은 곳에 물 가까이 접하게 됨으로 득수(得水)를 하면 부(富)를 이룰 수 있으나 습(濕)이 범접할 우려가 있으므로 장법(葬法)을 잘해야 합니다.

3) 의법(倚法)

내룡(來龍)이 급하거나 거칠 경우에는 혈(穴)이 맺어질 수 없고, 이때에는 혈(穴)이 용맥(龍脈)의 좌우측에 맺어지게 됩니다. 용맥(龍脈)의 한 변은 거칠고 한 변은 유순(柔順)하면 기맥(氣脈)이 거친 살성(殺性)의 면을 멀리하고 유정(有情)한 면에 가까이 하여 결혈(結穴)한 것입니다.

4) 당법(撞法)

강유(剛柔)가 가지런하여 내룡(來龍)과 주변의 산이 순하고, 사방의 산이 높지도 낮지도 않으며, 보국(保局)이 어느 한편으로 쏠리지 아니한 경우에는 혈(穴)이 입수(入首)와 전순(氈脣) 가운데에 자리하여 결지(結地)됩니다. 부귀지(富貴地)입니다.

제8절 증혈법(證穴法)

심혈법(深穴法)이란 혈(穴)이 있는 곳을 찾는 방법입니다. 멀리서 주변의 산세(山勢)와 수세(水勢)를 살펴 혈(穴)이 있을 만한 곳을 예측하고, 그 곳을 찾아 들어가는 것이 심혈법(深穴法)입니다.

정혈법(定穴法)은 생기(生氣)가 응결(凝結)된 정확한 혈처(穴處)를 정하는 법(法)을 말합니다. 양택(陽宅)의 경우는 건물(建物)이 들어설 자리이고, 음택(陰宅)의 경우는 시신(屍身)을 매장(埋葬)할 광(壙)을 파는 자리입니다.

심혈법(深穴法)과 정혈법(定穴法)으로 찾은 혈지(穴地)가 진혈(眞穴)인지 가혈(假穴)인지, 다시 재확인 하는 것을 증혈법(證穴法) 또는 혈증론(穴證論)이라 합니다.

다음과 같은 글이 있습니다.

> '혈증자 점혈지증좌 개 진룡결지 필유증좌 증좌명확 혈사진적'
> '穴證者 點穴之證左 蓋 眞龍結地 必有證左 證左明確 穴斯眞的'
>
> 혈증(穴證)이란 것은 점혈(點穴)의 증거이며, 대체로 진룡(眞龍)이 혈(穴)을 결지(結地)하면 반드시 그 증거가 있다. 증거가 명확하면 이 혈은 진혈(眞穴)인 것이다.

증혈법(證穴法)에는 전호증혈법(纏護證穴法), 용호증혈법(龍虎證穴法), 조안증혈법(朝案證穴法), 낙산증혈법(樂山證穴法), 귀성증혈법(鬼星證穴法), 혈장증혈법(穴場證穴法), 전순증혈법(氈脣證穴法), 분합증혈법(分合證穴法), 수세증혈법(水勢證穴法), 명당증혈법(明堂證穴法) 등이 있습니다.

1. 전호증혈법(纏護證穴法)

전호(纏護)는 산수(山水)가 혈(穴)을 감싸 안아 보호하는 것입니다. 즉 호종(護從)하는 산과 물이 용혈(龍穴)을 전후좌우(前後左右)에서 감싸 보호(保護)한 형상을 말하며, 마치 그 모습이 귀인(貴人)이 시종(侍從)의 호위(護衛)를 받으며 행차(行次)하는 모습과도 같습니다.

그러므로 귀인격(貴人格)인 용혈(龍穴)과 시종격(侍從格)인 호종산(護從山)은 불가근불가원(不可近不可遠)해야 하며, 그 전호(纏護)가 이중삼중이면 좋습니다.

행도(行道)하는 용(龍)의 결지(結地)는 주로 호종(護從)하는 용호사(龍虎砂)내에서 이루어집니다. 즉 호종사(護從砂)가 짧으면 결혈지(結穴地)는 중정(中停)에 있으며, 길면 용진처(龍盡處)에 결지(結地)가 됩니다.

2. 용호증혈법(龍虎證穴法)

용호(龍虎)란 혈장(穴場) 좌우의 사(砂)인 청룡(青龍)과 백호(白虎)를 말하는 것인데, 청룡(青龍)과 백호(白虎)의 좌우세력 관계에 따라, 혈(穴)이 맺어지는 위치를 확인하는 방법이며, 그 곳이 진혈(眞穴)임을 판별하는 방법입니다.

용호(龍虎)야말로 혈장(穴場)을 결혈(結穴)시키고, 혈장(穴場)의 기맥(氣脈)을 외부의 바람으로부터 차단하여 보호하는 가장 중요한 기능을 담당한다 해도 과언이 아닙니다.

청룡(青龍)의 국세(局勢)가 강력하고 혈처(穴處)를 향해 팔로 감싸 안듯이 확연하게 드러나 있거나 유정(有情)하면, 혈(穴)은 왼쪽에 맺어지고, 백호(白虎)의 국세(局勢)가 강력하고 생기(生氣)가 넘치면서 혈처(穴處)를 잘 감싸고 있거나 유정(有情)하면, 혈(穴)은 오른쪽에 맺힙니다.

용호(龍虎)가 서로 비슷하여 단아한 느낌을 주면 혈(穴)은 중앙(中央)에서 맺어집니다.

용호(龍虎)의 국세(局勢)가 높고 위용이 빼어나면, 혈(穴) 또한 위압(威壓)을 피해 천혈(天穴)인 높은 곳에 맺어지고 모습이 아름다움의 극치를 이룹니다. 반대로 용호(龍虎)가 낮은 산구릉처럼 낮게 뻗어나가고 유순한 느낌을 주면 혈(穴)의 결혈처(結穴處) 또한 바람을 피해서 지혈(地穴)인 낮은 곳에 결지하고, 혈장(穴場)의 맥세(脈勢)도 전체적으로 평범하고 유순한 느낌을 줍니다. 용호(龍虎)가 모두 유정(有情)하고, 높지도 낮지도 않으면 혈(穴)은 중앙에 맺습니다.

청룡(靑龍)이 높아 혈(穴)을 압도하면 청룡(靑龍)을 피해 우측인 백호(白虎)쪽에 혈(穴)이 맺히고, 백호(白虎)가 높아 혈(穴)을 압도하면 백호(白虎)를 피해 좌측인 청룡(靑龍)쪽에 혈(穴)을 맺습니다.

선궁(仙宮)이나 단제(單堤)는 한쪽 팔이 없거나 짧아, 허전한 한쪽을 하수사(下水砂)나 물길이 감싸 안아 주어야 혈(穴)을 맺을 수 있는데, 좌선궁(左仙宮), 좌단제(左單堤)일 경우에는 청룡(靑龍)을 의지하고 혈(穴)이 좌측(左側)에 맺으며, 우선궁(右仙宮), 우단제(右單堤)일 경우에는 백호(白虎)를 의지하고 혈(穴)이 우측(右側)에 맺습니다.

3. 조안증혈법(朝案證穴法)

조산(朝山)과 안산(案山)의 높낮이, 원근, 좌우 혹은 중앙에 있는 것을 판별하여, 혈(穴)이 맺어지는 위치를 확인하는 방법이며, 그 곳이 진혈(眞穴)임을 판별하는 방법입니다.

조안(朝案)이 높으면 혈(穴)도 높아지고, 조안(朝案)이 낮으면 혈(穴)도 낮아집니다. 사람얼굴에 비유하자면, 높게는 눈썹 높이요, 낮게는 콧망울 높이입니다.

가까우면 혈지(穴地)를 업신여기고 누르는 것이 두려워 혈(穴)은 필히 높이 결지(結地)하고, 멀리 있으면 앞이 허(虛)하여 기(氣)가 흩어지기 쉽기 때문에 낮은 곳에 결지(結地)가 됩니다.

조안(朝案)이 왼쪽으로 나 있으면 혈(穴)도 왼쪽으로 향하여 좌향(坐向)이 되고, 오른쪽에 있으면 혈장(穴場)도 우향(右向)이 되고, 중앙(中央)에 있으면 혈(穴)도 중앙(中央)쪽을 향하게 됩니다.

조안(朝案)은 어디까지나 혈장(穴場)의 앞쪽에서 혈장(穴場)을 보호해 주는 사격(砂格)의 성격이므로, 지나치게 높아서 혈장(穴場)의 기맥(氣脈)을 누르거나, 지나치게 멀어서 보호기능을 제대로 발현하지 못하는 것 등은 흉격(凶格)으로 여깁니다. 안산(案山)이 유정(有情)하면 혈(穴)도 가깝게 있다는 증좌(證左)입니다.

조안산(朝案山)으로 정혈(定穴)하는 법은 반드시 가까운 안산(案山)의 유정(有情)함을 위주(爲主)로 하여야 합니다. 천만봉의 조산(朝山)이 수려해도 면전(面前)의 가까운 안산(案山) 하나가 중요한 것이니, 멀리 있는 조산(朝山)을 탐하여 혈장(穴場)의 기맥(氣脈)을 놓쳐서는 안 될 것입니다. 먼 외산이 천겹만겹 수려한 산일지라도 가까운 하나의 안산(案山)만 못하다는 말이 있듯이 말입니다.

4. 낙산증혈법(樂山證穴法)

낙산(樂山)의 위치 여부에 따라 혈(穴)이 맺어지는 위치를 확인하는 방법이며, 그 곳이 진혈(眞穴)임을 판별하는 방법입니다.

낙산(樂山)이란 혈장(穴場)의 뒤에서 혈(穴)의 기맥(氣脈)을 보호해야 하기 때문에 낙산(樂山)의 모양은 유정(有情)하게 혈장(穴場)의 뒤를 감싸주는 형세여야 좋습니다. 혈장(穴場)에서 보이면 상격(上格)이고, 보이지 않으면 차격(次格)입니다. 이 낙산(樂山)이 등을 돌리고 있는 모습이거나 험준한 느낌을 주는 것은 좋지 않습니다.

낙산(樂山)이 나타난 지점이 좌측(左側)이라면 결혈지점(結穴地點)이 좌측(左側)이 되고, 반대로 우측(右側)이라면 결혈지점(結穴地點)은 우측(右側)이 됩니다. 만약 낙산(樂山)이 좌우 양쪽에 있으면 혈(穴)도 쌍혈(雙穴)을 맺거나 혹은 결혈지점(結穴地點)은 혈처(穴處)의 중앙(中央)에 일혈(一穴)을 맺습니다.

낙산(樂山)이 멀리도 있고 가까이도 있으면 가까이 있는 낙산(樂山)을 의지하고, 짧고 긴 낙산(樂山)이 있으면 긴 낙산(樂山)을 의지하고, 적고 많은 낙산(樂山)이 있으면 많은 낙산(樂山)을 의지하여 혈(穴)을 맺습니다.

낙산(樂山)이 웅장하거나 높고 크면 혈(穴)을 억압(抑壓)하므로 이를 피하여 입혈(入穴)을 합니다. 크고 높고 웅장한 낙산(樂山)이 나타난 지점이, 좌측(左側)이라면 이를 피하여 우측(右側)에 혈(穴)을 맺고, 우측(右側)이라면 이를 피하여 좌측(左側)에 혈(穴)을 맺습니다.

5. 귀성증혈법(鬼星證穴法)

귀성(鬼星)으로 혈(穴)을 정하는 것은 옆으로 비껴 한쪽으로 기울어진 횡락편사(橫落偏斜)한 혈(穴) 즉, 횡룡(橫龍)하여 결지(結地)하는 경우에 한하는 경우인데, 혈장(穴場)의 배후(背後)를 막아서 보호하는 귀성(鬼星)이 있어야 생기(生氣)를 받아 응결(凝結)할 수 있는 것입니다. 뒤에서 똑바로 치고 나온 듯이 직래당배(直來撞背)하여 결혈(結穴)된 것은 귀성(鬼星)이 없어도 무방합니다.

한편 낙산(樂山)과 비슷한 기능을 가진 귀성(鬼星)은, 혈장(穴場)과 약간 떨어진 낙산(樂山)과 달리, 혈장(穴場)이 맺어지는 혈처(穴處)에서 바로 뻗어 나와 있는 혈장(穴場)과 이어져 있습니다.

귀성(鬼星)이 높으면 혈(穴) 또한 높고, 귀성(鬼星)이 낮으면 혈(穴)

또한 낮습니다. 이 귀성(鬼星)이 좌측에 있으면 혈(穴)도 좌측에 결혈 (結穴)되고, 귀성(鬼星)이 우측에 있으면 혈(穴)도 우측, 귀성(鬼星)이 좌 우 양쪽에 있는 것을 효순귀(孝順鬼)라 하는데 이때에는 혈(穴)이 중앙 (中央)에 결혈(結穴)됩니다.

귀성(鬼星)이 너무 긴 것은 혈(穴)의 기운(氣運)을 빼앗아 가므로 좋 지 않은 것으로 봅니다.

6. 혈장증혈법(穴場證穴法)

혈장(穴場)이 제대로 된 형상(形象)을 이루고 있는가를 보고서 진혈 (眞穴)임을 판단하는 방법입니다.

혈장(穴場)은 그 형상(形象)이 후덕하고 반으로 갈라 엎어놓은 달걀 형을 이루고 있어야 합니다. 기본 혈장(穴場)의 형상(形象)인 와겸유돌 (窩鉗乳突)은 서로 형상(形象)과 주변이 다르다 하여도, 기본 혈장(穴場) 의 형상(形象)을 기준하여 각 혈장(穴場)의 형상(形象)이 지닌 특징에 따라 완벽하게 이루어졌는지를 살피는 것입니다. 혈장(穴場)을 보고 혈장(穴場)이 기본적으로 갖추어야 할 입수(入首), 선익(蟬翼), 전순(氈 脣), 토색(土色)이 적합하고, 또한 혈(穴)의 주위에 혈운(穴暈)이 제대로 이루어져 있다면 진혈(眞穴)이라고 판단합니다.

7. 전순증혈법(氈脣證穴法)

전순(氈脣)은 혈(穴)을 결지(結地)하고 남은 기운(氣運)인 여기(餘氣) 가 모여 엉킨 것으로, 전(氈)은 혈(穴) 밑에 둥그렇고 두툼하게 반원을 그리고 있는 것이고, 순(脣)은 혈(穴) 밑에 날짐승의 부리와 같이 생긴 뾰족한 모습의 사(砂)입니다.

진룡(進龍)이 혈(穴)을 결지(結地)할 때에는 반드시 전순(氈脣)이 포전토출(鋪氈吐出) 즉 방석을 여러 개 포개놓은 것처럼 토톰한 형상을 하여야 하며, 특히 횡룡(橫龍)하여 결지(結地)할 때에는 반드시 갖추어야 할 요건입니다.

8. 분합증혈법(分合證穴法)

계합(界合)은 혈장(穴場)을 감싸 보호(保護)하는 물의 상분하합(上分下合)을 말합니다. 분합(分合)이란 혈장(穴場) 뒤에서 나뉘어 흐르던 물길이 혈장(穴場) 앞으로 흐르면서 합(合)해지는 것을 말합니다.

분합(分合)이 제대로 이루어지는지에 따라 혈(穴)의 결혈(結穴) 여부가 달라지는데, 혈장(穴場) 뒤에서 각각 발원하여 혈장(穴場)의 좌우로 동그랗게 흐르는 물줄기가 혈장(穴場) 앞에서 반드시 합(合)해져야 진혈(眞穴)이 되며, 또한 물길의 흐름이 분명해야 좋습니다.

분합(分合)은 1차 분합(分合), 2차 분합(分合), 3차 분합(分合)이 있는데 삼차 분합(分合)이 분명해야 합니다.

1차 분합(分合)은, 입수(入首)와 선익(蟬翼)과 전순(氈脣)이 감싸 준 혈장(穴場) 안에서 이루어지는 혈운(穴暈)을 말하는데, 혈(穴) 위쪽에서 분수(分水)했다가 혈(穴)을 한 바퀴 감싸준 후, 아래에서 다시 합수(合水)합니다.

2차 분합(分合)은, 용맥(龍脈) 양쪽에서 따라온 원진수(元辰水)가 혈장(穴場)의 입수(入首) 뒤에서 분수(分水)했다가 양 선익(蟬翼)을 따라 양분된 다음, 전순(氈脣) 앞에서 합수(合水)합니다.

3차 분합(分合)은, 주산(主山)에서 용(龍)을 사이에 두고, 양변으로 개장(開帳)한 청룡(靑龍)과 백호(白虎)를 따라 혈장(穴場) 전체를 감싸 보호해 주고, 혈장(穴場) 앞에 명당(明堂)을 형성하고, 청룡(靑龍)과 백호(白虎) 끝이 서로 만나거나 교차하는 수구(水口)에서 합수(合水)가 이루어집니다.

9. 수세증혈법(水勢證穴法)

혈장(穴場) 및 혈장(穴場)을 포함하는 명당(明堂)의 앞을 흘러가는 물길을 판별하여, 혈(穴)이 맺어지는 위치를 확인하는 방법이며, 그 곳이 진혈(眞穴)임을 판별하는 방법입니다.

용진혈적지(龍盡穴的地)에는 필연적으로 모든 물이 혈(穴) 앞으로 모여들고, 혈(穴)을 겹겹이 둥그렇게 감싸 안고 돌아나가거나 앞에서 구불구불 들어오면 진혈(眞穴)을 이루는데 반하여, 물이 혈(穴)을 감싸주지 않고 멀리 달아나 버리거나 앞에서 곧장 들어오게 되면 혈(穴)을 맺지 못합니다.

물이 좌우의 어느 쪽으로 흐르는지, 물이 좌, 우, 중앙의 어디에서 합쳐지는지, 물의 발원처가 먼 곳인지 가까운 곳인지에 따라서 혈(穴)이 맺어지는 지점이 다르다고 보는 것입니다.

이렇게 전체적으로 혈장(穴場)은 평평하고 둥그스럼한 명당(明堂)을 전제조건으로 하여, 물이 혈장(穴場)의 왼쪽으로 흐르거나 왼쪽에서 합쳐지면 혈(穴)이 맺어지는 위치 역시 왼쪽이며, 물이 혈장(穴場)의 오른쪽으로 흐르거나 오른쪽에서 합쳐지면 혈(穴)이 맺어지는 위치 역시 오른쪽입니다. 물이 명당(明堂) 앞쪽으로 둥그스름하게 흐르거나 혈장(穴場) 앞쪽의 중앙에서 합쳐지면 혈(穴)도 중앙에 맺혀집니다.

물의 발원처가 먼 곳에 있고 명당(明堂)이 넓고 너그러우며, 물길의 폭도 넓은 경우엔 결혈지점(結穴地點)이 높아지며, 반대로 혈장(穴場)의 가까운 주변에서 시작되어 물길도 좁고 완만하다면 결혈지점(結穴地點)도 낮아집니다.

10. 명당증혈법(明堂證穴法)

명당(明堂)은 혈(穴) 앞의 넓은 공간으로 멀고 가까운 곳에서 모여든 물과 산이 어우러져 음양(陰陽)의 기(氣)가 모이는 곳입니다.

명당(明堂)은 반듯해야 하고, 명당(明堂)을 둘러 싼 수세(水勢)가 명당(明堂)을 둘러 감싸고, 국세(局勢)가 몸을 굽혀 감싸 안아야 참된 기(氣)가 모이게 되고, 용진혈적지(龍盡穴的地)의 혈(穴)은 진혈(眞穴)이 됩니다.

명당(明堂)이 반듯하지 않고, 기울어지고, 거꾸러지거나, 좁거나, 수세(水勢)가 등지고 달아나고, 국세(局勢)가 안아 주지 못하면 기(氣)가 응결(凝結)되지 못하여 진혈(眞穴)을 이루지 못하게 됩니다.

제9절 혈기론(穴忌論)

풍수(風水)의 주목적은 생기(生氣)가 뭉쳐진 혈(穴)을 찾는 것입니다. 혈(穴)을 찾기 위해서 내룡(來龍)도 살피고, 혈(穴)의 모양도 살펴보고, 주변의 사(砂)도 살펴보고, 물의 형세(形勢)도 살펴보았습니다. 심혈법(深穴法)으로 대략의 위치를 살펴보기도 하였습니다. 정혈(定穴)을 하고, 정말로 진혈(眞穴)인지 증혈법(證穴法)으로 점검을 하였습니다.

다시 살펴본다는 의미에서 정혈(定穴)이 안 되는 장소나 환경을 알아보고서, 이러한 곳은 피해야 하는 것입니다.

1. 청오자(靑烏子)의 팔불장(八不葬)

① 조완(粗頑) : 부스럼 딱지 같은 추한 돌이 용신(龍身)이나 혈처(穴處)에 있는 곳.

② 고단용두(孤單龍頭) : 혈처(穴處)를 보호(保護)해 주는 용호(龍虎)가 없는 홀로 외로운 용(龍).

③ 신전불후(神前佛後) : 사당(祠堂)이나 사찰(寺刹)의 앞뒤의 가까운 곳.

④ 묘택휴수(墓宅休囚) : 이미 묘지(墓地)로 썼던 땅.

⑤ 산강요란(山岡療亂) : 산이 이리저리 가지 쳐 나가고 달아나 무정(無情)한 곳.

⑥ 풍수비수(風水悲愁) : 바람소리 물소리가 슬피 통곡하는 듯한 소리를 내는 곳.

⑦ 좌하저연(坐下低軟) : 주산(主山)이 너무 낮고 무른 땅.

⑧ 용호첨두(龍虎尖頭) : 청룡(靑龍)과 백호(白虎)의 끝이 뾰족하여 서로 찌르고 싸우는 듯한 곳.

2. 곽박(郭璞) – 오불장(五不葬)

청오경(靑烏經)에 동산(童山), 단산(斷山), 석산(石山), 과산(過山), 독산(獨山), 핍산(乏山), 측산(側山)은 이미 있던 복(福)도 소멸시키고, 새로이 재앙(災殃)을 불러들일 수 있다고 하였습니다. 핍산(乏山)은 명당이 없는 산이고, 측산(側山)은 기울어진 산을 말합니다.

곽박(郭璞)은 금낭경(錦囊經)에서 산지불가장지(山之不可葬之)라 하여 동산(童山), 단산(斷山), 석산(石山), 과산(過山), 독산(獨山)을 장사(葬事)를 지낼 수 없는 산이라 말하고 있습니다.

① 지기(地氣)는 음양(陰陽)이 조화(造化)가 이루어져 초목(草木)이 울창(鬱蒼)해야 생기(生氣)가 있는 법인데, 바위는 흘러내리고, 산이 부서져 풀은 시들고 살지 못하는 동산(童山)은 지기(地氣)가 없으므로 장사(葬事)할 수 없습니다.

② 지기(地氣)는 용맥(龍脈)을 따라 오는 것이니, 단절(斷絶)되 버린 단산(斷山)은 지기(地氣)가 없으므로 장사(葬事)할 수 없습니다.

③ 지기(地氣)는 흙을 따라 생(生)하고 흘러 다니기 때문에, 흙이 없는 석산(石山)에 지기(地氣)가 없으므로 장사(葬事)할 수 없습니다.

④ 지기(地氣)는 산세(山勢)를 따라 흐르고, 산세(山勢)가 멈춤으로써 지기(地氣)가 멈추는 것이므로, 산세(山勢)를 따라 흐르는 생기(生氣)가 멈추어 응결(凝結)되지 못한 채 그냥 흘러가는 과산(過山)은 지기(地氣)가 뭉치지 못하므로 장사(葬事)할 수 없습니다.

⑤ 지기(地氣)는 용(龍)이 모임으로써, 음양(陰陽) 즉 높고 낮음이 조화(造化)가 되어야 기(氣)가 발출(發出)할 수 있는 것이므로, 음(陰)이나 양(陽) 홀로는 조화(造化)를 이룰 수 없으므로 독산(獨山)에는 지기(地氣)가 없으므로 장사(葬事)할 수 없습니다.

3. 요금정(寥金精)의 육계(六戒)

① 물이 빠져 나간 곳은 집안이 망하게 된다[패가(敗家)].

② 칼등 같은 곳[검척(檢脊)]은 지사(地士)도 화(禍)를 당한다.

③ 보호사(保護砂)없이 돌출된 곳은 바람을 받아 절손(絕孫)된다.

④ 안산(案山)이 없는 곳은 의식(衣食)이 곤궁(困窮)해 진다.

⑤ 기울어진 명당(明堂)은 가업(家業)이 망한다.

⑥ 용호(龍虎)가 무정(無情)한 곳은 가족(家族)이 이별(離別)한다.

4. 양균송(梁均松)의 불장론(不葬論)

① 룡(龍)이 있어도 혈(穴)이 없는 곳은 안장(安葬)이 불가하다.

② 혈(穴)이 있어도 용호(龍虎)가 보호(保護)하지 않는 곳은 안장(安葬)이 불가(不可)하다.

③ 진룡(眞龍)에 진혈(眞穴)이라도 장일(葬日)이 불길(不吉)하면 안장(安葬)이 불가(不可)하다.

5. 혈기(穴忌)할 곳

이외에도 십오기혈지(十五忌穴地), 오환지(五患地), 십불상지(十不相地), 삼십육절지(三十六絕地) 등 기혈불가장지(忌穴不可葬地)가 있으나 중복됨이 있으니 이를 피하여 정리해보면 다음과 같습니다.

① 혈장(穴場)의 주변 환경이 조악(粗惡)하거나 흉(凶)한 느낌을 주면서, 아름답거나 따뜻함 등을 느끼지 못하는 곳은 혈처(穴處)로 써서는 안 된다.

242

② 혈처(穴處)가 산만하게 넓고 밋밋한 가운데 계수(界水)가 보이지 않으면 기맥(氣脈)이 응결(凝結)될 수 없어서 혈장(穴場)으로 써서는 안 된다.

③ 혈처(穴處)가 속으로 오목하게 꺼져 있고 낮게 있으면서 어느 한 쪽이 허물어 진 곳은, 풍살(風殺)이 들어 집안이 흉화(凶禍)를 받아 절멸(絶滅)하고, 특히 집안의 장정(壯丁)들이 흉사(凶砂)한다.

④ 혈(穴) 주변에 보호사(保護砂)가 거의 없고, 혈장(穴場)만 덩그렇게 놓이게 되는 국세(局勢)를 '단한(單寒)'이라 하여 매우 흉(凶)하게 여기는데, 집안에 보호자가 없어 과부(寡婦)와 고아(孤兒)가 속출(續出)하고 재물(財物)도 잃게 된다.

⑤ 혈장(穴場) 부위가 완만하고 평탄해야 기맥(氣脈)이 응결(凝結)되는데 만약 경사가 급격히 져서 가파른 느낌을 준다면 혈(穴) 밖으로 맥(脈)이 손실(損失)된다고 여기므로 정혈(定穴)해서는 안 된다.

⑥ 혈토(穴土)와 명당(明堂)을 이루는 흙에 모래와 자갈이 섞여 있고, 주변 국세(局勢)로서 나무들이 잘 자라지 못하고 잔디가 자라지 못해 드문드문 있게 되면 사기맥(死氣脈)이거나 허약(虛弱)하다는 증거이므로 정혈(定穴)해서는 안 된다.

⑦ 혈장(穴場)이 부실(不實)해져서 뱀, 쥐 등이 드나들어 구멍이 생기게 되면 기맥(氣脈)이 누설(漏泄)되어 흉(凶)하게 된다.

⑧ 혈장(穴場)을 향해 산골짜기의 바람인 곡풍(谷風)이 세차게 불어오면 기맥(氣脈)이 흩어져서 응결(凝結)되지 않으므로 정혈(定穴)해서는 안 된다.

⑨ 혈장(穴場) 주변에 커다란 흉석(凶石)이나 모양이 거칠고 날카로운 큰 돌이 있으면 그 암석들에서 흐르는 흉(凶)한 기운(氣運)이 혈장(穴場)의 기맥(氣脈)을 누르거나 파쇄(破碎)한다고 여겨 꺼린다.

⑩ 혈처(穴處)가 어두워 보이거나 그늘져 보이고 또 한랭(寒冷)하게 느껴지는 곳의 혈장(穴場)은 땅의 기맥(氣脈)이 차서 시신이 잘 썩지 않으므로 매우 좋지 않은 혈처(穴處)로 여긴다.

⑪ 혈장(穴場) 주변이 좁고 도톰한 인상을 주지 못하고, 토색(土色)이 밝지 못하면 기맥(氣脈)이 모이기 힘들 뿐만 아니라 모였던 기맥(氣脈)마저 점점 유실되어 허혈(虛穴)이 되므로 정혈(定穴)해서는 안 된다.

⑫ 혈장(穴場) 주변에 서 있을 때 들리는 바람이나 물소리가 마치 거세게 울부짖는 듯 느껴지는 곳은, 예부터 매우 흉(凶)하게 보아 정혈(定穴)해서는 안 된다.

제10절 살렴론(殺廉論)

살(殺)은 밖에서 혈장(穴場)을 충격(衝擊) 압살(壓殺)하는 것이고, 렴(廉)은 혈장(穴場) 광중(壙中)에서의 병렴(病廉)을 말합니다.

1. 충살(衝殺)

혈지(穴地)의 원근(遠近) 주변(周邊)이 파열(破裂)되어 혈장(穴場)을 충격(衝擊) 겁살(劫煞)하거나, 뿌리가 박힌 크고 험한 바위인 참암흉석(巉巖凶石)과 나쁜 바람인 흉풍(凶風), 나쁘게 작용하는 물인 악수(惡水)가 혈지(穴地)를 충격(衝擊)하고 압도(壓倒)하는 것입니다.

1) 파살(破殺)

파살(破殺)이란 혈지(穴地)의 파열(破裂)에 의한 흉살(凶殺)입니다. 혈장파열(穴場破裂)은 모진 바람과 사나운 물에 의해 혈장(穴場)이 움푹 파이고 허물어 진 것으로, 생기(生氣) 취결(聚結)이 없는 허약한 땅입니다. 이런 곳에 장사(葬事)하면 집 안에 근심걱정과 어려운 일이 생기고, 재산이 흩어져 망하는 되는 것이 심히 우려됩니다.

2) 곡살(谷殺)

곡살(谷殺)이란 뾰족하고 날카로운 험한 계곡이 혈장(穴場)을 향해 곧바로 치고 들어오는 직사충격(直射衝擊)하는 무서운 흉살입니다.

곡살(谷殺)은 겁살(劫煞), 충격(衝擊)하는 위치와 원근(遠近)에 따라 이에 의한 피해자(被害者)와 그 화해경중(禍害輕重)이 다르게 나타납니다.

가까이서 충격(衝擊)하면 멀리서 충격(衝擊)하는 것보다 그 피해가 심하게 됩니다. 왼쪽에서 충격(衝擊)하면 장손(長孫)이 망(亡)하고, 오른쪽에서 충격(衝擊)하면 지손(支孫)이 망(亡)하게 됩니다.

3) 참암살(巉巖殺)

참암살(巉巖殺)은 뿌리가 박힌 크고 험한 바위인 참암흉석(巉巖凶石)이 용(龍)을 끊고 맥(脈)을 압도(壓倒)하는 단룡압맥(斷龍壓脈) 혹은 혈장(穴場)을 억압(抑壓)하는 아주 흉(凶)한 살(殺)입니다.

특히 입수처(入首處)에서 혈장(穴場)을 억누르면 자손(子孫) 보존(保存)이 우려되고, 자손과 재물이 다 같이 망하는 인재양패(人財兩敗)합니다.

4) 능격살(稜擊殺)

능격살(稜擊殺)이란 곧고 예리한 산줄기가 혈장(穴場)을 향해 직사(直射) 혹은 직격(直擊)하는 무서운 살(殺)입니다.

왼쪽에서 사격(射擊)하면 장손(長孫)이 망(亡)하고, 오른쪽에서 사격(砂格)하면 지손(支孫)이 망(亡)하게 됩니다. 앞이나 뒤에서 사격(射擊)하면 집안이 패망(敗亡)하게 됩니다.

5) 시산살(屍山殺)

시산살(屍山殺)은 혈장(穴場) 근처에 시체가 누워있는 것과 같은 흉(凶)한 몰골의 산언덕이 있어 흉(凶)함이 미치는 살(殺)을 말한다.

시산(屍山)이 혈장(穴場) 근처에 있으면 전쟁에서 죽거나 객사함이 빈번합니다. 다만 장군형국(將軍形局)이나 금오탁시형국(金烏啄屍形局)에서는 발복(發福)에 필요한 길사(吉砂)가 되기도 합니다.

6) 풍살(風殺)

풍살(風殺)은 바람에 의한 흉살(凶殺)을 말합니다. 혈장(穴場)의 주변 보국(保局)이 공허(空虛)하고 함몰되거나 패여져 있어 매서운 자생음곡풍(自生陰谷風)이나 북서풍인 건해풍(乾亥風)이나 간방(艮方)의 바람이 혈지(穴地)를 직사충혈(直射衝穴)하는, 모진 바람에 의한 해독(害毒)입니다. 이런 곳에 장사(葬事)하면, 자손(子孫)이 상(傷)하고 재물(財物)이 망(亡)하는 상정패산(傷丁敗産)이 염려 됩니다.

7) 수살(水殺)

수살(水殺)은 급류수(急流水)가 혈장(穴場)을 직사충격(直射衝擊)하는 매우 흉한 살(殺)입니다. 혈(穴) 앞으로 곧게 빠져 나가는 원진수살(元辰水殺)과 한 줄기 예리한 물이 혈장(穴場)을 향하여 화살처럼 날아드는 일시수살(一矢水殺), 세 줄기 곧은 물이 혈 앞으로 내천자의 형태로 흘러 나가는 삼전수살(三前水殺), 도화방(桃花方)에서 혈장(穴場) 앞을 곧게 흘러 나가는 도화수살(桃花水殺) 등이 있습니다.

2. 병렴(病廉)

묘지(墓地) 광중(壙中)에서 자생(自生) 또는 외침에 의한 수렴(水廉), 화렴(火廉), 목렴(木廉), 충렴(蟲廉), 모렴(毛廉), 빙렴(氷廉), 사렴(蛇廉) 등을 말합니다.

247

1) 수렴(水廉)

수렴(水廉)이란 묘지(墓地) 광중(壙中)에 물이 가득 차서 체골(體骨)이 수중(水中) 혹은 진수렁에 묻혀 있는 것을 말합니다.

혈지(穴地)가 저습(低濕)하거나 혈(穴) 지하에 수맥(水脈)이 흐르면 물이 침범하게 됩니다. 이런 곳에 장사(葬事)하면 가정에 우환(憂患)이 생기고 재산(財産)이 망(亡)하는 가환재패(家患財敗)와 음란망신(淫亂亡身)이 있게 되고, 익사(溺死)와 수재(水災)가 염려됩니다.

2) 목렴(木廉)

목렴(木廉)이란 나무뿌리가 체골(體骨)을 엉켜 감거나 뼈 속을 파고드는 것을 말합니다.

광중(壙中)에는 밖에서 뻗어 들어오는 나무뿌리도 있지만 광중(壙中) 자체내에서 기화자생(氣化自生)한 뿌리도 있습니다. 나무뿌리는 혈(穴)을 침범하는 것은 생기(生氣)가 없는 푸석푸석한 지기(地氣)가 흩어져 허(虛)한 혈지(穴地)에서 흔히 있게 됩니다. 이런 곳에 장사(葬事)하면 불구(不具) 자손(子孫)과 관재(官災)가 있게 되며, 가산이 망(亡)하게 됩니다.

3) 화렴(火廉)

화렴(火廉)은 혈지(穴地) 광중(壙中)에 바람이 들어가 체골(體骨)이 까맣게 그슬리는 것을 말합니다.

혈장(穴場)의 사변(四邊)이 골지거나 팔요풍(八曜風)이 혈장(穴場)을 직충(直衝)하면 광중(壙中)에서 발염(發炎)하여 화렴자생(火廉自生)하며,

규봉(窺峰)이 인오술방(寅午戌方)에서 혈장(穴場)을 비추면 역시 화렴(火廉)이 우려됩니다.

광중(壙中)에 화렴(火廉)이 들어 체골(體骨)이 까맣게 그슬리면, 송사(訟事)가 생기고, 재산이 망하며, 살상(殺傷) 형옥(刑獄)이 우려되며 정신질환자도 종종 나오게 됩니다.

4) 충렴(蟲廉)

충렴(蟲廉)은 광중(壙中) 체골(體骨)에 벌레가 기생하거나 혹은 거미, 지렁이, 개구리 등 흉물(凶物)이 혈중(穴中)에 침입하는 것을 말합니다.

충렴(蟲廉)의 발생원인은 혈지(穴地) 주변이 음습(陰濕)하고, 좌산(坐山)이 순음절(純陰節)로 광중(壙中)에 음기(陰氣)가 집중되는데 있습니다. 충렴(蟲廉)이 들면 손재(損財)와 백병(百病)의 근원(根源)이 됩니다.

5) 모렴(毛廉)

모렴(毛廉)이란 광중(壙中) 체골(體骨)에 솜털 같은 세모(細毛)가 감싸 있는 것을 말합니다. 모렴(毛廉)도 음습(陰濕)한 땅에서 기화자생(氣化自生)하는 것이며, 손재(損財) 병고(病苦), 음란망신(淫亂亡身)이 우려됩니다.

6) 빙렴(氷廉)

빙렴(氷廉)은 혈지(穴地) 광중(壙中)이 한랭(寒冷)하여 체골(體骨)이 마치 동태와 같이 꽁꽁 얼거나 유체(遺體)가 탈육(脫肉)되지 않고 생시

(生屍)가 되는 것을 말합니다. 빙렴(氷廉)이 들면 병고(病苦)에 시달리고, 자손이 희박하며, 손재(損財) 송사(訟事)가 있게 됩니다.

7) 사렴(蛇廉)

혈지(穴地) 광중(壙中)에 뱀 또는 지렁이가 들어 있는 것을 말합니다. 사렴(蛇廉)의 원인은 기(氣)가 허(虛)하거나 없는 혈지(穴地)에 진사방(辰巳方)에서 뱀머리 모양의 규봉(窺峰)이 비치거나, 진사방(辰巳方)에 우물이 있으면 뱀이 광중(壙中)에 들어갑니다. 사렴(蛇廉)은 괴질(怪疾) 흉사(凶事)가 따르게 됩니다.

제11절 좌향(坐向)

용혈사수(龍穴砂水)를 살피고 나서 보면, 대개 그 혈(穴)자리가 뒤로는 산을 등지고 앞에 물을 만나고 있는 곳으로 이런 지형을 배산임수(背山臨水)라 합니다. 배산임수(背山臨水)의 지형은 대개 앞은 낮고 뒤는 높은 전저후고(前底後高)의 지형을 갖게 되는데, 뒤에 산이 있어야 하는 것은 용맥(龍脈)을 통하여 지기(地氣)를 받기 위한 것이고, 앞에는 평탄한 지형이 있어서 햇볕을 잘 들어야 하는 것은 좋은 천기(天氣)를 받기 위한 것입니다.

좌향(坐向)은 24방위(方位)를 사용합니다.

24방위(方位)란 임자(壬子), 계축(癸丑), 간인(艮寅), 갑묘(甲卯), 을진(乙辰), 손사(巽巳), 병오(丙午), 정미(丁未), 곤신(坤申), 경유(庚酉), 신술(辛戌), 건해(乾亥)를 말합니다.

좌향(坐向)이란 무덤을 앉히는 방향을 의미합니다. 무덤의 뒤쪽을 좌(坐)라 하는데 시신의 머리 부분이 되고, 무덤의 앞쪽을 향(向)이라 하는데 시신의 발쪽을 말하게 됩니다.

내룡(來龍)이 입수(入首)를 거쳐 혈(穴)에 기(氣)를 응결(凝結)시키기 때문에 입수(入首)쪽이 망자(亡者)의 머리 부분이 되고 좌(坐)가 됩니다. 혈(穴) 앞의 전순(氈脣)쪽이 망자(亡者)의 발쪽이 되고 향(向)이 됩니다.

시신의 머리와 발이 일직선을 이루기 때문에 머리가 자(子)방위에 있으면, 발은 오(午)방위를 가리키는데 이를 자좌오향(子坐午向)이라 합니다. 또 머리가 묘(卯)방위이면 발은 유(酉)방위이고 이때는 묘좌유향(卯坐酉向)이 되는 것입니다.

좌향(坐向)은 용맥(龍脈)의 흐름을 살펴 그 흐름에 따릅니다. 다시 말하면 용맥(龍脈)의 흐름과 좌향(坐向)을 일치시키는 것입니다.

지사(地士)에 따라서 지방(地方)에 따라서 안대(案對) 즉 안산(案山)과 조산(朝山)을 기준점으로 잡아 좌향(坐向)을 정하는 경우가 있고, 횡룡입수(橫龍入首)의 경우에는 혈(穴)뒤를 받쳐주는 낙산(樂山)을 보고 좌향(坐向)을 정하는 경우도 있고, 귀성(鬼星)을 기준으로 삼고 일치시키는 경우가 있으며, 용(龍)이 끝날 때의 방향을 보고 좌향(坐向)을 정하는 경우 등이 있습니다.

크게 생각하면 이 경우 모두가 용맥(龍脈)의 흐름과 같습니다. 안산(案山)은 용(龍) 앞쪽의 산을 말하는 것으로 용(龍)이 이리 꿈틀 저리 꿈틀 방향을 바꾸면서 내려 선 혈(穴)의 앞쪽이니 당연히 용맥(龍脈)의 흐름과 같을 것입니다. 횡룡입수(橫龍入首)의 경우도 달리는 내룡(來龍)의 옆구리에서 뛰쳐나와 혈(穴)을 맺은 경우이지만 혈(穴) 뒤쪽의 낙산(樂山)이나 귀성(鬼星)에 의해 용맥(龍脈)의 흐름이 꺾여 내려 온 것이니 이 또한 용맥(龍脈)의 흐름입니다.

혈(穴)의 위치가 찾아지게 되면 좌향(坐向)은 저절로 정해지게 됩니다. 혈(穴)은 생기(生氣)의 흐름에 따라 형성되기 때문에, 생기(生氣)의 흐르는 방향에 따라 좌향(坐向)도 이루어지는 것입니다.

제 2 장

이기론
(理氣論)

제1절 이기론(理氣論) 개요

풍수(風水)는 하늘과 땅과 사람이 서로 저촉되지 않고 조화(造化)를 이루는 땅을 연구하는 학문입니다. 다시 말하면, 혈(穴)을 중심으로 태양계 항성(恒星)들의 움직임, 산세(山勢)의 형세(形勢)와 방향(方向), 물과 바람이 흐르는 순환궤도와 량(量), 죽은 자와 상주(喪主)의 출생년도, 매장(埋葬)의 일시(日時) 등이 한 치의 저촉됨이 없이 조화(造化)를 이루어야만 시신(屍身)뿐만 아니라 후손(後孫)도 좋은 영향을 받는다는 것입니다.

형기(形氣)는 외적 형상(形象)인 체(體)이고 이기(理氣)는 작용(作用)인 용(用)으로, 별개일 수는 없습니다. 즉 형기(形氣)는 용혈사수(龍穴砂水)의 외적 변화 현상을 보는 것이고, 이기(理氣)는 용혈사수(龍穴砂水)의 방위(方位)를 측정하여 음양오행법(陰陽五行法)으로 적합(適合)한지 여부를 판단하는 것입니다.

이기(理氣)는 형기(形氣)를 포함하고 있습니다. 그러므로 용혈사수(龍穴砂水)가 형기적(形氣的)으로 적합한 것을 전제로 하여서 방위(方位)를 측정하여 음양오행법(陰陽五行法)으로 적합(適合)한지 여부를 판단하고 길흉화복(吉凶禍福)을 판단하는 것입니다. 따라서 이기론(理氣論)은 천(天), 지(地), 인(人) 중에서 산천(山川)의 형세(形勢)를 논하는 형기론(形氣論)을 포괄하면서도 나아가 천문적인 산천(山川)의 이기(理氣)까지도 판단하는 천문지리(天文地理)가 복합된 이론입니다.

풍수지리(風水地理)는 한나라 때 청오자(靑烏子)에 의해 저술된 청오경(靑烏經)에서, 사람의 운명은 매장(埋葬)한 땅의 조건에 따라 길흉화복(吉凶禍福)이 달라진다고 최초로 밝혔습니다.

동진(東晉)때 곽박(郭璞)이 저술한 금낭경(錦囊經)에서는 용혈사수(龍穴砂水)에 대한 길흉판단(吉凶判斷)을 밝혔습니다.

이후 형기풍수(形氣風水)와 이기풍수(理氣風水)가 나누어졌습니다.

형기론(形氣論)을 살펴보면, 당나라때 복응천(卜應天)이 저술한 설심부(雪心賦), 명나라때 서선계와 서선술의 인자수지(人子須知)가 있습니다.

이기론(理氣論)을 살펴보면, 당나라때 양균송(梁均松)은 청낭오어(靑囊奧語)와 감룡경(憾龍經)을 저술하였으며, 이기론(理氣論)을 완성하였습니다. 땅의 모양과 지질을 변화시키는 바람과 물의 순환궤도와 량(量)을 격정하는 수법(水法)을 창안하였습니다. 송나라때 호순신(胡舜申)은 지리신법을 저술하였으며, 현재 이기론(理氣論)의 토대가 되는 오행의 생왕사절[生旺死絶(12胞胎法)]을 완성하였습니다. 청나라때 조정동(趙廷棟)은 지리오결(地理五訣)과 양택풍수(陽宅風水)의 근간이 되는 양택삼요(陽宅三要)를 저술하였습니다.

동진때 곽박(郭璞)의 금낭경(錦囊經)에서 용혈사수(龍穴砂水)로 나누어 길지(吉地)를 판단하였으나. 지리오결(地理五訣)에서는 향(向)을 추가하여 용혈사수향(龍穴砂水向)으로 길지(吉地)를 판단합니다. 지리오결(地理五訣)은 이기풍수지리서(理氣風水地理書)의 최고봉을 차지하고 있습니다.

지리오결(地理五訣)의 주요점은, 용(龍)은 향(向)을 통해 생왕사절(生旺死絶)을 찾고, 혈(穴)은 향(向)을 통해 유기무기(有氣無氣)를 찾고, 사(砂)는 향(向)을 통해 득위(得位)와 부득위(不得位)를 찾고, 수(水)는 향(向)을 통해 살인황천(殺人黃泉)과 구빈황천(救貧黃泉)을 찾는 것입니다. 즉, 향(向)을 정한 후에야 길흉(吉凶)을 판단해야 한다고 하였으며, 이렇게 완성된 것이 88향법(向法)입니다.

88향법(向法)은 나경(羅經)으로 측정한 수구(水口)의 방향으로 혈(穴)의 국(局)을 정한 다음, 국(局)에 따라 내룡(來龍)과 수구(水口)의 이기(理氣)를 격정(格定)해 좌향(坐向)을 잡는 풍수 이론입니다. 득수론(得水論)이라 불릴 만큼 물을 중요시 여기고, 좌향론(坐向論)이라 불릴 만큼 나경(羅經)으로 판단된 방향(方向)을 중요시합니다.

88향법(向法)에서 물을 중요시하는 이유는, 물이 귀해서가 아니라 물이 자연의 순환에 중요한 위치를 차지하기 때문인데, 이는 물의 양기(陽氣)가 음기(陰氣)인 땅을 변화시키는 주체(主體)이기 때문입니다. 또한 방위(方位)를 중시하는 이유는 물과 바람이 아무렇게나 움직이는 것이 아니라 일정한 궤도를 순환(循環)한다고 보기 때문입니다.

제2절 이기론 기본이론(基本理論)

1. 음양오행(陰陽五行), 천간지지(天干地支)

무극(無極)은 절대무(絶對無)가 아닌 상대적무(相對的無)이고, 그렇다고 형(形)도 아닌 유무(有無)의 화합체(和合體)였습니다. 또한 청탁(淸濁)이 화합(和合)한 비청비속(非淸非濁 – 청기(淸氣)도 아니고 탁기(濁氣)도 아닌)의 중성적 존재(中性的 存在)입니다.

• 무극(無極)에서 시작(始作)

무극(無極)이 운동 상태를 나타내기 시작할 때에, 즉 변화(變化)가 생기기 시작할 때에 거기에는 서로 상반되는 기운(氣運)이 나타나게 되었는데, 경청지기(輕淸之氣)와 중탁지기(重濁之氣)입니다. 이것들의 성질(性質)에서 상(象)을 취하여 음양(陰陽)이란 이름을 붙였습니다.

경청지기(輕淸之氣)를 중탁지기(重濁之氣)가 감싸면서 포위하기 시작하여, 중성적(中性的)인 성질을 변화시키면서 음도(陰道)의 세력권(勢力圈)을 형성(形成)합니다.

무극(無極)에서 태극(太極)으로의 과정은 중탁지기(重濁之氣)인 음(陰)이 주도(主導)하는 세계로 정적세계(靜的世界) 즉 음도(陰道)의 세력권(勢力圈)인데, 무극(無極)에서는 음작용(陰作用)을 주(主)로 하기 때문에 그 목적(目的)이 기(氣)의 종합(綜合)이며, 무극(無極) 이후는 기(氣)로써 통일(統一)하고, 물(物)을 성숙(成熟)시키는 길입니다. 이를 내변작용(內變作用)이라 합니다.

● 태극(太極)의 창조(創造)

청기(淸氣)를 탁기(濁氣)가 완전히 포위하면, 내변작용(內變作用)을 통하여, 기(氣)의 통일(統一)을 완수(完遂)하여, 태극(太極)으로 변(變)하게 됩니다. 이로서 상(象)인 무극(無極)에서 유(有)인 태극(太極)이 창조(創造)되게 되는 것입니다.

무극(無極)에서 변(變)하여 이루어진 태극(太極)은 다시 투쟁 의욕을 내포(內包)하게 됩니다. 거기에서 태극(太極)은 자기 자체의 본성(本性)을 발휘하여 현실계의 모순대립(矛盾對立)을 나타내게 됩니다.

태극(太極)속에 내포되었던 양(陽)은 표면을 포위하였던 음(陰)인 형(形)을 확장부연(擴張敷衍)하면서 세계는 양(陽)의 주도권 하에 들어갑니다. 온갖 모순(矛盾)과 대립(對立)이 나타나는데, 그러나 세계는 이 모순(矛盾)과 대립(對立)으로 인해 발전합니다.

태극(太極)에서 무극(無極)으로의 과정은 경청지기(輕淸之氣)인 양(陽)이 주도(主導)하는 세계로 동적세계(動的世界) 즉 양도(陽道)의 세력권(勢力圈)이라 하는데, 태극(太極)에서는 양작용(陽作用)을 주(主)로 하기 때문에 그 목적(目的)이 형(形)의 분산(分散)이며, 태극(太極)이후는 형(形)을 분열(分列)시키고, 물(物)을 생장(生長)시키는 길입니다. 이를 외화작용(外化作用)이라 합니다.

● 태극(太極)이 다시 무극(無極)으로

양(陽)의 압박(壓迫)으로 인하여 분열(分列)되는 음기(陰氣)는 전진함으로써 분열(分列)의 극(極)에 이른즉 그 성질은 도리어 순화(純化)되어서 음양(陰陽)을 구별(區別)할 수 없는 경지에까지 이르게 되는 것입니다. 음양(陰陽)을 구별(區別)할 수 없는 경지란, 유(有)가 아닌 상(象)을 말하는 것이므로 무극(無極)입니다. 이렇게 하여 무극(無極)에서 태극(太極)으로 태극(太極)에서 무극(無極)으로의 순환반복(循環反復)이 일어나게 됩니다. 이것을 일러 우주운동(宇宙運動)이라 합니다.

　정적세계(靜的世界)와 동적세계(動的世界)를 합쳐서 음양세계(陰陽世界)라 하며, 음양세계(陰陽世界)의 운동(運動)을 음양동정(陰陽動靜)이라 하고, 음양작용(陰陽作用)을 하는 것입니다. 이것이 음양설(陰陽說)이고 일음일양지위도(一陰一陽之爲道)입니다.

❸ 음양(陰陽)

　음양(陰陽)은 태극(太極)을 벗어나지는 않습니다.

　음양(陰陽)은 서로 대립하면서도 서로 의존을 합니다.

　음양(陰陽)은 따로 떨어져서는 존재할 수 없습니다.

　음양(陰陽)은 둘이지만 그것은 하나입니다.

　음양(陰陽)은 항상 움직이고 변화(變化)합니다.

　음(陰)의 과정은 물질과 기(氣)를 모으는 수축(收縮)작용을 하고, 양(陽)의 과정은 물질과 기(氣)를 흩트리는 팽창(膨脹)작용을 합니다.

　음(陰)이란 거두어들이고 저장(斂藏)하는 성질(性質)을 가지고 있고, 양(陽)이란 발산(發散)하고 드러내며 생장(生長)하는 기(氣)입니다.

　음양(陰陽)의 이질적인 두 기운이, 서로 대립하고 의존하며 끊임없이 움직이는데, 하나가 커지면 하나가 작아지는 양적변화(量的變化)와, 극(極)에 이르면 다른 쪽으로 옮겨가는 질적변화(質的變化)를 일으킵니다. 우주는 음양의 끊임없는 변화운동으로 영원히 순환무궁(循環無窮)합니다.

　우주만물은 음양(陰陽)으로 존재하고, 음양(陰陽)의 팽창(膨脹)과 수축(收縮)의 반복작용으로 인해 우주만물의 변화가 생기므로, 음양운동(陰陽運動)은 우주의 생명법칙(生命法則)입니다.

✾ 오행(五行)

오행(五行)은 음양(陰陽)의 확장된 모습입니다. 음양(陰陽)의 팽창(膨脹)과 수축(收縮)의 반복 작용의 결과입니다.

팽창(膨脹)은 양(陽)의 운동으로, 1단계는 수축(收縮)되었던 생명이 처음에 한 방향으로 뚫고 나오는 기운을 말하며, 목(木)이라 하고, 2단계는 목(木)을 통해 한 방향으로 뚫고 나온 생명이 사방팔방으로 무질서하게 흩어지며 성장(成長)하는 기운이며, 화(火)라고 합니다.

수축(收縮)은 음(陰)의 운동으로, 1단계는 한없이 흩어질 수 없는 상태까지 분열된 화(火)를 토(土)의 도움을 받아 거두어 수렴(收斂)하는 과정이며, 금(金)이라 하고, 2단계는 금(金)을 통해 수렴되면서 외부와 굳어진 것을 그 속까지 단단하게 응고시켜 한 점으로 뭉쳐 저장(貯藏)하는 과정이며, 수(水)라고 합니다.

팽창(膨脹)하는 목(木)과 화(火), 수축(收縮)하는 금(金)과 수(水)를 중재(仲裁)하여 부드럽고 순조롭게 변화되도록 도와주는 것이 토(土)입니다.

음양(陰陽)이 분화된 오행(五行)이 목화토금수(木火土金水)로 변화의 단계를 거치면서, 생성(生成), 성장(成長), 수렴(收斂), 저장(貯藏)하는 원리를 음양오행(陰陽五行)의 운동법칙이라 하며, 우주의 모든 변화가 이 법칙 밖에서는 일어날 수가 없습니다.

따라서 오행(五行)이란 음양운동(陰陽運動)으로 나타난 우주만물의 본질을 이루는 다섯 가지의 기운으로, 모이고 흩어지면서 우주만물이 생성 소멸(生成消滅)하는 변화를 일으키는 운동이 지속적으로 순환운행 하는, 우주의 근본법칙입니다.

오행(五行)은 상생(相生), 상극(相剋)작용을 가지게 되는데. 상생(相生)은 목생화(木生火), 화생토(火生土), 토생금(土生金), 금생수(金生水), 수생목(水生木)을 말하며 상극(相剋)은 수극화(水剋火), 화극금(火克金), 금극목(金克木), 목극토(木剋土), 토극수(土克水)를 말하는 것입니다.

천간(天干), 지지(地支)

우주(宇宙)의 본질(本質)은 무극(無極)입니다. 무극(無極)에서 태극(太極)이 나왔으며, 태극(太極)은 음양운동(陰陽運動)을 하여 만물(萬物)이 생성(生成), 변화(變化), 소멸(消滅)합니다.

음(陰)은 한랭(寒冷)한 기운으로 수기(水氣)로 나타나며, 양(陽)은 온난(溫暖)한 기운으로 화기(火氣)로 나타납니다. 음양(陰陽)이 음양운동(陰陽運動)을 하는 과정에서 목기(木氣)와 금기(金氣)가 생기고, 수화목금(水火木金)의 기운을 조절(調節)하고 질서를 잡아주는 토기(土氣)가 있어서 오행(五行)이 됩니다.

이러한 오행(五行)의 기운(氣運)이 우주 공간에 떠돌고 있으니 이것이 천기(天氣)이고, 천기(天氣)가 땅으로 내려와 스며들게 되어 지기(地氣)가 됩니다.

천기(天氣)의 오행(五行)이 음양(陰陽)으로 분화(分化)하고 발전(發展)하여 갑을병정무기경신임계(甲乙丙丁戊己庚辛壬癸)의 십천간(十天干)이 됩니다. 오행(五行)으로 보면, 갑을목(甲乙木), 병정화(丙丁火), 무기토(戊己土), 경신금(庚辛金), 임계수(壬癸水)입니다.

지기(地氣)의 오행(五行)이 음양(陰陽)으로 분화(分化)하고 발전(發展)하여 자축인묘진사오미신유술해(子丑寅卯辰巳午未申酉戌亥)의 십이지지(十二支地)가 됩니다. 오행(五行)으로 보면, 인묘목(寅卯木), 사오화(巳午火), 신유금(申酉金), 해자수(亥子水), 진술축미토(辰戌丑未土)가 됩니다.

천기(天氣)가 땅으로 내려와 지기(地氣)가 됨으로써 방향(方向)이 생기고, 사계절(四季節)이 생기고, 열두 달이 생기게 되었으며, 각 오행(五行)이 왕(旺)하고 쇠(衰)한 시기(時期)가 생겼습니다.

동(東)은 봄으로써 목기(木氣)가 왕(旺)하고, 남(南)은 여름으로써 화기(火氣)가 강하고, 서(西)는 가을로써 금기(金氣)가 강하고, 북(北)은 겨울로써 수기(水氣)기 강합니다.

이러한 각 오행(五行)의 왕(旺)하고 쇠(衰)한 시기를, 인간의 삶의 과정에 비유하여 12가지 단계로 나타낸 것이 십이운성법(十二運星法)이고, 달리 포태법(胞胎法)이라고도 합니다.

천기(天氣)와 지기(地氣)가 합(合)하고 화(化)하여 만물(萬物)을 생(生)하게 됩니다.

2. 팔괘(八卦)

역(易)이란 우주(宇宙)의 법칙(法則)으로서, 우주(宇宙) 현상계(現象界)의 변화법칙(變化法則)을 말하는 것입니다.

우주(宇宙)의 현상(現狀)은 원래 유형적(流形的)인 것이지 절대적이고 영구불변(永久不變)한 것은 아닙니다. 그러므로 하늘과 땅과 인간이 하나의 고리처럼 연결되어 끊임없이 생장소멸(生長消滅)의 과정을 거치게 됩니다.

이 자연계의 변화법칙(變化法則)을 도(道)라 하며, 도(道)는 한 번은 음(陰)의 방향으로 운동해 나가고 한 번은 양(陽)의 방향으로 운동해 나가는 음양(陰陽)의 순환원리(循環原理)에 의해서 이루어집니다.

언제나 똑 같은 모습을 그대로 유지하는 것은 없습니다. 봄이 있으면 가을이 있고, 여름이 지나면 겨울이 오듯이, 태어나면 죽기 마련이고, 생성(生成)이 되면 언젠가는 소멸(消滅)하는 것이 만고불변(萬古不變)의 진리인 것입니다.

음양(陰陽)은 본래 태극(太極)에서 갈라져 두 개의 작용을 하면서, 두 개의 기작용(氣作用)이 어우러져 있어서, 한쪽만으로는 우주(宇宙)의 현상(現狀)을 발현시킬 수가 없습니다. 그러므로 양자(兩者)가 서로 어울려 조화(造化)를 이루는 것은 당연한 이치입니다. 양(陽)은 음

(陰)에 의지(依支)하고, 음(陰)은 양(陽)에서 생성(生成)됩니다. 이것을 음양(陰陽)의 왕래(往來)라 하고, 이 왕래순환(往來循環)의 이치로 연결되는 것을 천지(天地)의 도수(度數), 또는 천지(天地)의 조화(造化)라 합니다.

- 음양(陰陽)의 발생(發生)

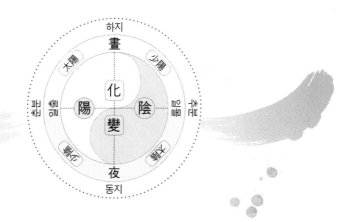

태극(太極)에서 음양(陰陽)이 생(生)하였습니다.

본질적인 면으로 살펴보면, 자(子)에서 양(陽)이 생(生)하고, 오(午)에서 음(陰)이 생합니다.

- 1일(日) : 자시(子時) – 오시(午時)까지는 양(陽)
  오시(午時) – 자시(子時)까지는 음(陰)
- 1년(年) : 자월(子月) 동지 – 오월(午月) 하지까지는 양(陽)
  오월(午月) 하지 – 자월(子月) 동지까지는 음(陰)

현상적인 면에서 살펴보면, 묘(卯)에서 양(陽)이 나타나고, 유(酉)에서 음(陰)이 나타납니다.

- 1일(日) : 묘시(卯時) 일출 – 유시(酉時) 일몰까지는 양(陽)
  유시(酉時) 일몰 – 묘시(卯時) 일출까지는 음(陰)
- 1년(年) : 춘분(春分) – 추분(秋分)까지는 양(陽)
  추분(秋分) – 춘분(春分)까지는 음(陰)

• 사상(四象)의 형성원리(形成原理)

본질적인 면과 현상적인 면을 같이 고려하면 네 가지의 경우가 생기며 여기에서 사상(四象)이 나타납니다.

- 태양(太陽) : 본질적인 면 – 양(陽), 현상적인 면 – 양(陽)
- 소음(少陰) : 본질적인 면 – 양(陽), 현상적인 면 – 음(陰)
- 소양(少陽) : 본질적인 면 – 음(陰), 현상적인 면 – 양(陽)
- 태음(太陰) : 본질적인 면 – 음(陰), 현상적인 면 – 음(陰)

• 팔괘(八卦)의 형성원리(形成原理)

태극(太極)은 음양(陰陽)의 양의(兩儀)로 나눠집니다.

양효(陽爻) ▬▬ 와 음효(陰爻) ▬ ▬ 입니다.
양의(兩儀)는 사상(四象)으로 나뉩니다.
양(陽) ▬▬ 은 태양(太陽) ▬▬ 과 소음(少陰) ▬▬ 으로,
음(陰) ▬ ▬ 은 소양(少陽) ▬▬ 과 태음(太陰) ▬ ▬ 으로.

사상(四象)은 만물(萬物)을 형성하는 과정에서 다시 음양(陰陽)으로 분류되는데, 3개의 효(爻)로 이루어진 8괘(卦)가 됩니다.

태양(太陽) ▬▬ 은 건(乾) ▬▬ 과 태(兌) ▬▬ 로,
소음(少陰) ▬▬ 은 리(離) ▬▬ 와 진(震) ▬▬ 으로,
소양(少陽) ▬▬ 은 손(巽) ▬▬ 과 감(坎) ▬▬ 으로,
태음(太陰) ▬ ▬ 은 간(艮) ▬▬ 과 곤(坤) ▬ ▬ 이 됩니다.

⚜ 하도(河圖)와 복희선천팔괘(伏羲先天八卦)

복희(伏羲)는 고대 삼황오제(三皇五帝)시대에 해당하는 성인으로 약 5000여년 전에 지금의 황하유역에서 용마(龍馬)가 짊어지고 나왔다는 하도(河圖)에서 우주만물의 이치를 깨닫고 팔괘(八卦)를 지었다고 전해지는데, 이를 복희팔괘(伏羲八卦)라 합니다.

복희팔괘(伏羲八卦)를 문왕후천팔괘(文王後天八卦)와 대비하여 선천 팔괘(先天八卦)라 하며, 태극(太極)에서 양의(兩儀), 사상(四象), 팔괘(八卦)로 분화되어 나타납니다.

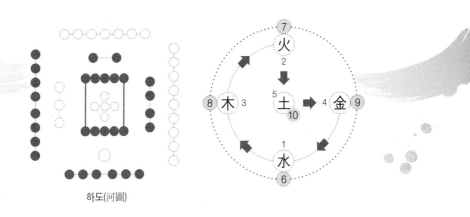

하도(河圖)

하도(河圖)는 십수상(十數象)을 점으로 도식화한 것으로, 그 상대한 수(數)가 우수(偶數)와 기수(奇數)로 조화를 잘 이루고 있습니다. 즉 음양(陰陽)의 조화를 이루고 있습니다.

북(北)은 1과 6, 남(南)은 2와 7, 동(東)은 3과 8, 서(西)는 4와 9, 중앙(中央)은 5와 10입니다. 하늘의 수 1, 3, 5, 7, 9를 합하면 25이고, 땅의 2, 4, 6, 8, 10을 합치면 30으로 천수(天數)와 지수(地數)를 합하면 55가 됩니다.

하도(河圖)는 1에서 10까지의 수가 있으며, 그 수들은 낳고 낳는 쉼 없는 생성의 원리와 상생의 이치를 담고 있습니다. 1~5는 생하는 수

(數)라고 하여 '생수(生數)', 6~10은 이루는 수(數)라고 하여 '성수(成數)'라고 합니다. 생수(生手) 가운데 홀수(1 3 5)는 양(陽)이며 천수(天數)이고, 짝수(2 4)는 음(陰)이며 지수(地數)입니다. 이를 일러 삼천양지(參天兩地 : 3개의 천수(天數)와 2개의 지수(地數)라는 뜻)라고 합니다. 삼천양지(參天兩地)는 역(易)에서 수(數)가 변(變)하고 분화하는 기본원리가 됩니다.

1과 2, 3과 4가 상하좌우 축을 이루고, 5가 중앙에 정립하고 나면 5를 매개로 성수(成數)가 생겨납니다. 5는 1과 합하여 6을 이루고, 2와 합하여 7을, 3과 합하여 8을, 4와 합하여 9를, 스스로 자생하여 10을 이룹니다. 10은 다시 1~4를 낳고(10의 분화), 1~4는 5의 매개로 6~9를 이룹니다. 이 같은 분화(分化)는 멈추지 않고 계속됩니다. 생수(生數)가 성수(成數)를 이루고, 성수(成數)는 생수(生數)를 낳습니다.

시작과 끝이 맞닿아 있는 무한한 순환이 끝없이 계속되는 가운데, 천수(天數)와 지수(地數) 사이에서도 음양(陰陽)의 화합이 발생합니다. 음양(陰陽)의 화합으로 나타나는 것이 오행(五行)입니다. 1과 6은 수(水)를, 2와 7은 화(火)를, 3과 8은 목(木)을, 4와 9는 금(金)을 5와 10은 토(土)를 낳습니다. 그래서 하도(河圖)의 원리 안에서 오행(五行)의 순서는 '수화목금토(水火木金土)'가 됩니다. 양수(羊水)를 낳는 것은 천(天)이요, 음수(陰數)를 낳는 것은 지(地)입니다. 천지(天地)가 곧 음양(陰陽)이니 수(數)의 생성(生成)과 변화(變化)는 음(陰)과 양(陽)이 합(合)하고 화(化)하는 이치를 따른 것입니다.

❀ 선천팔괘(先天八卦)는 천지본체(天地本體)의 체(體)

팔괘(八卦)는 자연과 인생의 구체적 형태를 나타냅니다. 건(乾)은 하늘과 아버지를 뜻하고, 곤(坤)은 땅과 어머니를 뜻합니다. 간(艮)은 산과 막내아들을 뜻하고, 태(兌)는 연못과 막내딸을 뜻합니다. 진(震)은

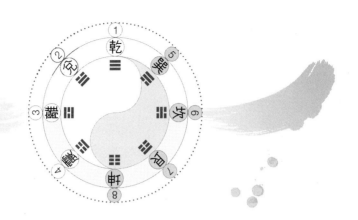

우레와 큰아들을 뜻하고, 손(巽)은 바람과 큰딸을 뜻합니다. 감(坎)은
물과 가운데 딸을 뜻하고, 리(離)는 불과 가운데 딸을 뜻합니다. 팔괘
(八卦)는 우주의 기본 구조로 상대성 원리로 되어 있습니다.

선천팔괘(先天八卦) 차서도(次序圖)							
일기 (一氣)	태극(太極) [태일(太一), 대일(大一)]						
양의 (兩儀)	양(陽)				음(陰)		
사상 (四象)	태양(太陽)		소음(少陰)		소양(少陽)		태음(太陰)
괘(卦)							
팔괘 (八卦)	일건천 一乾天	이태택 二兌澤	삼리화 三離火	사진뢰 四震雷	오손풍 五巽風	육감수 六坎水	칠간산 七艮山	팔곤지 八坤地
괘상 (卦象)	건삼련 乾三連	태상절 兌上絶	리허중 離虛中	진하련 震下連	손하절 巽下絶	감중련 坎中連	간상련 艮上連	곤삼절 坤三絶
인간 (人間)	아버지 老父	막내딸 少女	차녀 中女	장남 長男	장녀 長女	차남 中男	막내아들 少男	어머니 老母

선천팔괘(先天八卦)는 음양(陰陽)을 위주(爲主)로 한 천지중심(天地中
心) 천지본체(天地本體)의 체(體)이고, 상하좌우(上下左右)의 공간적(空間

的)개념입니다. 즉, 어느 계절과 어느 방위에서나 공간적(空間的)으로
펼쳐지는 대자연의 공간(空間)과 지리적(地理的) 상(象)을 표현한 것입
니다.

선천팔괘(先天八卦)의 모양을 살펴보면, 상하(上下)에는 천지(天地)를
의미하는 건괘(乾卦)가 상(上)이 되고, 곤괘(坤卦)는 하(下)가 되어서 좌
우(左右)에 나머지 괘들을 거느리고 있습니다. 그야말로 하늘은 위에
있고 땅은 아래에 있는 천지자연(天地自然)의 형상(形象)을 설명하고
있으며, 좌우(左右)에는 일월(日月)을 의미하는 리(离), 감(坎)이 운행하
는 천문적(天文的)인 형상(形象)을 보여주고 있습니다.

간방위(間方位)에는 산과 연못을 의미하는 간(艮), 태(兌)가 통기(通
氣)하며, 우뢰와 바람을 일으키는 진(震), 손(巽)이 자리하는 지리적(地
理的) 형상(形象)을 보여주고 있습니다.

따라서 전체적으로 선천팔괘(先天八卦)는 천문지리적(天文地理的)인
공간성(空間性)을 표상하고, 자연현상이 생기는 원리가 표현되어진 만
물을 낳고 기르는 자연의 모습을 형상화하였다고 볼 수 있습니다.

낙서(洛書)와 문왕후천팔괘(文王後天八卦)

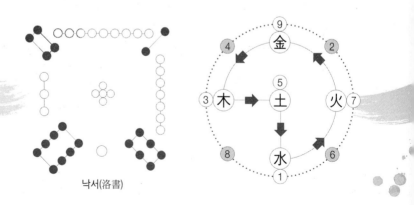

낙서(洛書)

낙서(洛書)는 우(禹) 임금이 홍수를 다스릴 때 낙수(洛水)에서 거북이 등에서 얻은 글입니다. 낙서(洛書)를 보고 문왕(文王)이 후천팔괘(後天八卦)를 그렸습니다.

낙서(洛書)를 수리(數理)와 연결하여 오행(五行)을 배열(配列)하면, 상극도(相剋圖)가 나타납니다. 낙서(洛書)의 구궁수(九宮數)는 1, 9, 2, 8, 3, 7, 4, 6, 5와 같이 음양(陰陽)의 부조화와 상극(相剋)의 모습을 이루고 있습니다. 또 중앙의 5수(數)는 십수(十數)를 상실하여 그 수(數) 45수(數)가 됩니다.

낙서(洛書)의 상극(相剋)의 이치는 사계절의 변화에서, 그 가운데서도 여름에서 가을로 변화하는 때에 잘 드러납니다. 하도(河圖)에서는 4·9금(金)이 서쪽에 있고, 2·7화(火)가 남쪽에 있으나, 낙서(洛書)에서는 2·7화(火)가 서쪽으로 가고 4·9금(金)이 남쪽으로 와서 금화(金火)가 교역(交易)을 합니다. 낙서(洛書)의 금화교역(金火交易)으로 인해 오행(五行)은 상극(相剋)의 배치 속에 들어가게 됩니다. 봄에서 여름, 가을에서 겨울로 가는 계절의 변화에 비해 여름의 뜨거운 열기가 가을의 차가운 수렴 기운으로 바뀌는 것은 상당히 급작스러운 변화입니다. 음양오행(陰陽五行)에서도 봄에서 여름(木生火), 가을에서 겨울(金生水)은 상생(相生)의 기운을 타지만, 여름에서 가을로 넘어 갈 때는 화극금(火克金), 즉 금화교역(金火交易)이라는 상극(相剋)의 기운이 지배하기 때문입니다.

금화교역(金火交易)은 상극(相剋)이기에 일종의 시련입니다. 봄에 생명이 시작하고, 여름에 만물이 성장하고, 가을에 낙엽이 지고, 겨울에 죽음을 맞기 때문입니다. 흔히 우리는 생(生)은 길한 일이고, 극(克)은 흉한 일이라고 생각하지만, 가을의 수렴 기운이 없다면 결실을 맺을 수 없는 것처럼 상극작용(相剋作用)은 반드시 필요합니다.

낙서(洛書)는 아래위나 옆 또는 대각선 어느 쪽으로도 수를 합치면 15가 됩니다. 또 10을 사용하지 않는 대신 중앙의 5를 빼면 모두가 10

이 됩니다. 양수(陽數)인 1, 3, 7, 9는 동서남북(東西南北)에 배치하여 정방(正方)이 되었고, 음수(陰數)인 2, 4, 6, 8은 대각선 방위에 배치하여 간방(間方)이 되었습니다. 이것은 양수(陽數)가 동서남북(東西南北) 사방(四方)의 주체가 되고, 음수(陰數)가 간방(間方)에서 양수(陽數)를 보좌하여 천지만물(天地萬物)을 움직이는데 조력하고 있는 형상입니다.

낙서(洛書)를 도식화 한 것이 구궁도(九宮圖)입니다.

진손사(辰巽巳) ④ 사록(四祿) 손(巽), 음목(陰木) ☴	병오정(丙午丁) ⑨ 구자(九紫) 리(離), 음화(陰火) ☲	미곤신(未坤申) ② 이흑(二黑) 곤(坤), 음토(陰土) ☷
갑묘을(甲卯乙) ③ 삼벽(三碧) 진(震), 양목(陽木) ☳	중(中) ⑤ 오황(五黃) 궁(宮), 토(土)	경유신(庚酉辛) ⑦ 칠적(七赤) 태(兌), 음금(陰金) ☱
축간인(丑艮寅) ⑧ 팔백(八白) 간(艮), 양토(陽土) ☶	임자계(壬子癸) ① 일백(一白) 감(坎), 양수(陽水) ☵	술건해(戌乾亥) ⑥ 육백(六白) 건(乾), 양금(陽金) ☰

✿ 후천팔괘(後天八卦)는 천지자연(天地自然)의 변화상(變化象)

후천팔괘(後天八卦)는 오행(五行)을 위주(爲主)로 본 인간중심(人間中心) 생명활동(生命活動)의 용(用)이며, 동서남북(東西南北)의 방위(方位)와 춘하추동(春夏秋冬)의 시간적(時間的) 개념입니다. 즉, 그러한 공간(空間)의 변화(變化)에서 나타나는 계절(季節)과 기후(氣候)의 변화(變化) 즉 시간적(時間的) 상(象)을 표현한 것입니다.

후천팔괘(後天八卦)의 모습을 보면, 열십자로 이루어지는 괘(卦)는 감리(坎离)와 진태(震兌)의 동서남북(東西南北)의 정방(正方)을 나타내며, 진(震), 리(离), 태(兌), 감(坎)은 각각 춘하추동(春夏秋冬) 사시(四時) 한서(寒暑)의 기운(氣運)을 나타내므로, 봄(春生), 여름(夏長), 가을(秋收), 겨울(冬藏)의 이치(理致)를 나타내고 있습니다.

따라서 후천팔괘(後天八卦)는 동서남북(東西南北)의 방위(方位)와 공간(空間)이 변하면서 나타나는 춘하추동(春夏秋冬)의 계절적(季節的) 변화(變化)를 나타냅니다.

후천팔괘(後天八卦)는 춘하추동(春夏秋冬) 사시(四時)의 변화(變化)에 따라 괘(卦)를 배열한 것이기에, 오행성(五行性)이 나오게 됩니다. 동방(봄)의 진(震)은 양목(陽木)이고, 동남방의 손(巽)은 음목(陰木)이며, 남방(여름)의 리(离)는 음화(陰火)이고, 서남방의 곤(坤)은 음토(陰土)이고, 서방(가을)의 태(兌)는 음금(陰金)이고, 서북방의 건(乾)은 양금(陽金)이며, 북방(겨울)의 감(坎)은 양수(陽水)이며, 동북방의 간(艮)은 양토(陽土)의 기운을 나타내고 있습니다.

팔괘(八卦)의 오행(五行)의 성질(性質)은 바로 후천팔괘(後天八卦)의 원리에서 나오는 것이고, 이는 계절이 봄, 여름, 가을, 겨울로 순행(巡幸)하는 상생원리(相生原理)를 보여주고 있습니다. 다만, 동북방(東北方)의 간(艮)을 중심으로 하여 동방의 진(震)과 북방의 감(坎)의 관계는 상극관계(相剋關係)임을 알 수 있습니다.

간(艮)은 [설괘전]에 '만물의 마침을 이루는 바가 되고 또한 만물의 비롯함을 이루는 바가 된다.'(萬物之所成終而所成始也)라고 한 바와 같이 만물의 마침과 시작에 중요한 작용을 하는 괘인데, 이러한 작용을 바로 간(艮)을 중심으로 한 오행상극(五行相剋)관계에서 찾아볼 수 있습니다. 즉 만물의 마치는 작용은 간(艮)의 토(土)가 감(坎)의 수(水)를 극(克)하는 작용으로 이루어지며, 만물을 시작하는 작용은 진(震)의 목(木)이 간(艮)의 토(土)를 극(克)하는 작용으로 이루어지게 됩니다.

다시 말하자면, 수화(水火)와 금목(金木)의 생명활동(生命活動)을 기본으로, 중앙(中央)과 네 귀퉁이에서 토(土)에 의한 강력(强力)한 중화(中和)가 이루어짐을 나타내고 있는 것입니다.

따라서, 오행작용(五行作用)의 이치(理致)에서 볼 때 후천팔괘는 간(艮)의 양토(陽土)와 곤(坤)의 음토(陰土)가 상호 대대(待對)하는 축이 되어 있음을 알 수 있으며, 음(陰)이 극성한 겨울에서 양(陽)의 봄으로 변화하는 과정에서는 간(艮)의 양토(陽土)가 중요한 작용을 하고, 양(陽)이 극성한 여름에서 가을로 변화하는 과정에서는 곤(坤)의 음토(陰土)가 중요한 작용을 하고 있음을 알 수 있습니다.

우주만물(宇宙萬物)의 생성(生成)과 조화(造化) 그리고 천지운행(天地運行)의 이치가 구체적으로 나타나 있습니다. 하늘과 땅 사이에 일어나고 있는 만물(萬物)의 생성소멸(生成消滅)과 순환(循環)의 이치를 밝혀내게 되었습니다.

천지만물(天地萬物)은 봄과 동쪽을 뜻하는 진(震)에서 나와, 춘하(春夏)교체기인 동남쪽을 뜻하는 손(巽)에서 기운을 축적 정제하며, 여름과 남쪽을 뜻하는 리(離)에서 왕성한 기운을 얻어, 하추(夏秋)교체기와 남서쪽을 뜻하는 곤(坤)에서 발전 성장합니다. 가을과 서쪽을 뜻하는 태(兌)에서 결실 성숙하고, 추동(秋東)교체기와 서북쪽을 뜻하는 건(乾)에서 성취합니다. 겨울을 뜻하는 감(坎)에서 편히 쉬고, 동춘(冬春)교체기인 입춘과 북동쪽인 간(艮)에서 다시 소생을 준비합니다.

3. 24방위(方位)와 동궁(同宮)

풍수(風水)에서는 24방위(方位)를 사용합니다. 24방위는 팔괘(八卦)와 천간(天干)과 지지(地支)로 이루어져 있습니다.

팔괘(八卦)는 건(乾), 태(兌), 리(離), 진(震), 손(巽), 감(坎), 간(艮), 곤(坤)이며, 후천팔괘(後天八卦)에서 감괘(坎卦)를 정북, 리괘(離卦)를 정남, 진괘(震卦)를 정동, 태괘(兌卦)를 정서로 하고, 간괘(艮卦)를 북동, 손괘(巽卦)를 동남. 곤괘(坤卦)를 남서, 건괘(乾卦)를 서북으로 하였습니다.

천간(天干)은 갑을(甲乙)은 동쪽, 병정(丙丁)은 남쪽, 경신(庚辛)은 서쪽, 임계(壬癸)는 북쪽을 나타냅니다.

지지(地支)는 자(子)는 정북, 오(午)는 정남, 묘(卯)는 정동, 유(酉)는 정서로 하고, 축인(丑寅)을 북동, 진사(辰巳)를 남동, 미신(未申)을 남서, 술해(戌亥)를 서북쪽으로 하였습니다.

24방위(方位)는, 자오묘유(子午卯酉)를 정북, 정남, 정동, 정서 사정방(四正方)으로 삼고, 건곤간손(乾坤艮巽)을 서북, 남서, 동북, 동남 사간방(四間方)으로 삼았습니다.

자오묘유(子午卯酉) 사정방(四正方)의 좌우에는 천간(天干)을 배치하였습니다. 즉 자(子)는 임계(壬癸)가, 묘(卯)는 갑을(甲乙)이, 오(午)는 병정(丙丁)이, 유(酉)는 경신(庚辛)이 감쌉니다.

건곤간손(乾坤艮巽) 사유자(四維字)의 좌우에는 지지(地支)를 배치하였습니다. 즉 간(艮)은 축인(丑寅)이, 손(巽)은 진사(辰巳)가, 곤(坤)은 미신(未申)이, 건(乾)은 술해(戌亥)가 감쌉니다.

그래서 임(壬), 자(子), 계(癸), 축(丑), 간(艮), 인(寅), 갑(甲), 묘(卯), 을(乙), 진(辰), 손(巽), 사(巳), 병(丙), 오(午), 정(丁), 미(未), 곤(坤), 신(申), 경(庚), 유(酉), 신(辛), 술(戌), 건(乾), 해(亥)의 24방이 됩니다.

그렇게 하고 보니, 24방위는 12지지(地支)와 팔천간(八天干)과 사유

(四維)로 구성되었습니다. 음(陰)인 지기(地氣)를 나타내는 12지지(地支)와 양(陽)을 나타내는 팔천간(八天干)과 사유(四維)가 서로 음양(陰陽)의 짝을 이루게 됩니다.

임자(壬子), 계축(癸丑), 간인(艮寅), 갑묘(甲卯), 을진(乙辰), 손사(巽巳), 병오(丙午) 정미(丁未), 곤신(坤申), 경유(庚酉), 신술(辛戌), 건해(乾亥)입니다. 이것을 같은 방위(方位)를 의미한다고 해서 동궁(同宮)이라 합니다.

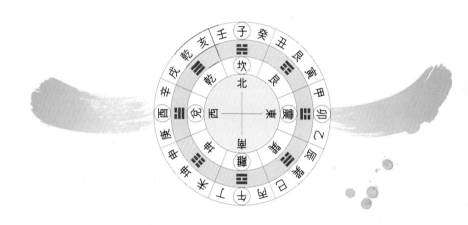

4. 십이운성법(十二運星法)

천지만물(天地萬物)은 생장소멸(生長消滅)하는 순환과정을 거치는데, 이 순환과정을 인생의 생로병사(生老病死)에 비유하여 나타낸 것으로 십이포태법(十二胞胎法)이 있습니다. 십이포태법(十二胞胎法)은 사주 명리학을 비롯한 동양철학에서 길흉화복(吉凶禍福)을 논하는데 매우 다양하게 사용되고 있습니다. 풍수지리(風水地理)에서도 응용하여 사용합니다.

십이운성법(十二運星法)의 12단계는 절(絶), 태(胎), 양(養), 장생(長生), 목욕(沐浴), 관대(冠帶), 임관(臨官), 제왕(帝旺), 쇠(衰), 병(病), 사(死), 묘(墓)입니다.

① 절(絶) : 육체의 끈에서 끊어진 영혼은 또 다른 모태를 찾아 윤회를 거듭한다. 모든 형체가 절멸된 채 기(氣)조차도 쉬고 있다. 사람으로 말하면 아직 임신되지 않은 상태입니다.

② 태(胎) : 사람의 영혼이 입태(入胎)된 상태입니다. 생명의 기운은 받고 있으나 외부적으로 형태가 없는 상태입니다.

③ 양(養) : 모태 속에서 자라서, 생명을 다 이루어 놓고 출생만 기다리는 상태입니다. 기대에 부풀어 있습니다.

④ 장생(長生) : 열 달 만에 태어나는 것을 말합니다. 경사스럽고 기쁜 일입니다.

⑤ 목욕(沐浴) : 태어나 보니 지저분한 것도 있는 유아기(幼兒期)를 말합니다. 음란함을 뜻합니다.

⑥ 관대(冠帶) : 성년을 향해 자라나는 길(吉)한 상태입니다. 사람의 일생 가운데 의관을 갖추어 입고, 글도 배우고 문장도 익히는 청소년기에 해당합니다.

⑦ 임관(臨官) : 사회에 나가 활동하며 결혼하는 시기로서 청년기에 해당하며, 젊은 기상이 한껏 부풀어 오른 상태입니다.

⑧ 제왕(帝旺) : 지위도 높아지고 재물도 많아지는 때이며, 영화를 누리는 인생의 최고 전성기입니다.

⑨ 쇠(衰) : 나이 들어 기력이 떨어지고 물러납니다. 비록 기운은 쇠하였으나 쌓인 경륜이 있어 후학을 지도하는 상태입니다. 노년기에 접어든 시기입니다.

⑩ 병(病) : 늙어서 기운이 쇠하여 병이 든 것으로 젊은 날의 기상은 없어지고 죽을 날만 기다리니 흉합니다.

⑪ 사(死) : 병든 육체가 기운을 다하여 죽음에 이릅니다.

⑫ 묘(墓) : 묘지에 장사(葬事)지냅니다. 모든 활동이 중지되고 다시 자연으로 돌아간 상태입니다. 장(葬) 또는 고(庫)라고도 합니다.

십이운성(十二運星)에는 좋은 것과 나쁜 것이 있습니다.
• 좋은 것 = 양(養), 장생(長生), 관대(冠帶), 임관(臨官), 제왕(帝旺)
• 나쁜 것 = 절(節), 태(胎), 목욕(沐浴), 쇠(衰), 병(病), 사(死), 묘(墓)

쇠(衰)는 평지(平地)의 이기상(理氣上)은 좋으나, 산 속에서는 흉(凶)하여 풍수의 적용에 주의를 하여야 합니다.

목기(木氣)는 신유술해자축인묘진사오미(子丑寅卯辰巳午未申酉戌亥)의 순서로 절태양생욕대관왕쇠병사묘(絶胎養生浴帶官旺衰病死墓)에 해당됩니다.

화기(火氣)는 해자축인묘진사오미신유술(亥子丑寅卯辰巳午未申酉戌)의 순서로 절태양생욕대관왕쇠병사묘(絶胎養生浴帶官旺衰病死墓)에 해당됩니다.

금기(金氣)는 인묘진사오미신유술해자축(寅卯辰巳午未申酉戌亥子丑)의 순서로 절태양생욕대관왕쇠병사묘(絶胎養生浴帶官旺衰病死墓)에 해당됩니다.

수기(水氣)는 사오미신유술해자축인묘진(巳午未申酉戌亥子丑寅卯辰)의 순서로 절태양생욕대관왕쇠병사묘(絶胎養生浴帶官旺衰病死墓)에 해당됩니다.

도표로 나타내면 다음과 같습니다.

십이운성표(十二運星標)											
	절 絶	태 胎	양 養	생 生	욕 浴	대 帶	관 官	왕 旺	쇠 衰	병 病	사 死	묘 墓
목 木	신 申	유 酉	술 戌	해 亥	자 子	축 丑	인 寅	묘 卯	진 辰	사 巳	오 午	미 未
화 火	해 亥	자 子	축 丑	인 寅	묘 卯	진 辰	사 巳	오 午	미 未	신 申	유 酉	술 戌
금 金	인 寅	묘 卯	진 辰	사 巳	오 午	미 未	신 申	유 酉	술 戌	해 亥	자 子	축 丑
수 水	사 巳	오 午	미 未	신 申	유 酉	술 戌	해 亥	자 子	축 丑	인 寅	묘 卯	진 辰

5. 지지삼합(地支三合) 화국(化局)

지지(地支) 삼합(三合)			
생지(生地)	왕지(旺地)	묘지(墓地)	삼합(三合)
인(寅)	오(午)	술(戌)	화국(火局)
신(申)	자(子)	진(辰)	수국(水局)
해(亥)	묘(卯)	미(未)	목국(木局)
사(巳)	유(酉)	축(丑)	금국(金局)

12 지지(地支) 중에서 위와 같이 3개의 지지(地支)가 서로 합(合)하여 하나의 기운(氣運)으로 통일(統一)됨으로써 강력(强力)한 세력(勢力)을 이루게 됩니다.

• 삼합(三合)은 생왕묘(生旺墓)의 합(合)

어느 오행(五行)의 생(生)하는 지지(地支 = 生地)와 왕(旺)한 지지(地支 = 旺地)와 보관되는 지지(地支 = 庫地, 墓地)가 모인 것을 의미합니다. 이세 지지(地支)가 모여 있을 때는, 그 의미하는 오행(五行)의 일생(一生)이 모두 포함되므로, 그 오행(五行)의 세상이 된다 하겠습니다. 그러므로 그 오행(五行)의 기운이 전체적으로 장악(掌握)하고 있다고 보는 것입니다.

목기(木氣)는 해(亥)에서 생(生)하고, 묘(卯)에서 왕(旺)하며, 미(未)에서 묘(墓)에 들어갑니다. 해묘미(亥卯未) 삼합(三合)하여 목국(木局)을 형성합니다.

화기(火氣)는 인(寅)에서 생(生)하고, 오(午)에서 왕(旺)하며, 술(戌)에서 묘(墓)에 들어갑니다. 인오술(寅午戌) 삼합(三合)하여 화국(火局)을 형성합니다.

금기(金氣)는 사(巳)에서 생(生)하고, 유(酉)에서 왕(旺)하며, 축(丑)에서 묘(墓)에 들어갑니다. 사유축(巳酉丑) 삼합(三合)하여 금국(金局)을 형성합니다.

수기(水氣)는 신(申)에서 생(生)하고, 자(子)에서 왕(旺)하며, 진(辰)에서 묘(墓)에 들어갑니다. 신자진(申子辰) 삼합(三合)하여 수국(水局)을 형성합니다.

6. 풍수(風水)의 사국(四局)

이기론(理氣論)에서 물이 빠지는 파(破)를 측정하고, 십이운성(十二運星)을 적용하여, 목국(木局), 화국(火局), 금국(金局), 수국(水局)으로 나누는데 이를 사국작국(四局作局)이라 합니다.

혈(穴)에 서서 물이 빠지는 곳인 파(破)의 방향을 측정하는데, 나경(羅經)에서 천반봉침(天盤縫針)으로 감결합니다.

혈(穴)에서 보아 물이 최종적으로 빠지는 지점을 수구(水口)라 하고, 이 수구(水口)를 나경(羅經)으로 감결한 것을 파(破)라고 합니다. 천간

자(天干字)로 빠지면 천간파(天干破)이고, 지지자(地支字)로 빠지면 지지
파(地支破)가 됩니다.

✎ 파(破)를 기준으로 사국(四局)을 작국(作局)

• 목국(木局)

나경(羅經)으로 물이 빠지는 수구(水口)를 감결한 파(破)가, 정미(丁
未), 곤신(坤申), 경유(庚酉)의 방향이면 이 방향의 목기(木氣)의 묘방(墓
方), 절방(絶方), 태방(兌方)이 되고, 이 경우에는 풍수(風水)의 목국(木
局)이 됩니다.

• 화국(火局)

나경(羅經)으로 물이 빠지는 수구(水口)를 감결한 파(破)가, 신술(辛
戌), 건해(乾亥), 임자(壬子)의 방향이면 이 방향의 화기(火氣)의 묘방(墓
方), 절방(絶方), 태방(兌方)이 되고, 이 경우에는 풍수(風水)의 화국(火
局)이 됩니다.

• 금국(金局)

나경(羅經)으로 물이 빠지는 수구(水口)를 감결한 파(破)가, 계축(癸
丑), 간인(艮寅), 갑묘(甲卯)의 방향이면 이 방향의 금기(金氣)의 묘방(墓
方), 절방(絶方), 태방(兌方)이 되고, 이 경우에는 풍수(風水)의 금국(金
局)이 됩니다.

• 수국(水局)

나경(羅經)으로 물이 빠지는 수구(水口)를 감결한 파(破)가, 을진(乙
辰), 손사(巽巳), 병오(丙午)의 방향이면 이 방향의 수기(水氣)의 묘방(墓

方), 절방(絶方), 태방(兌方)이 되고, 이 경우에는 풍수(風水)의 수국(水局)이 됩니다.

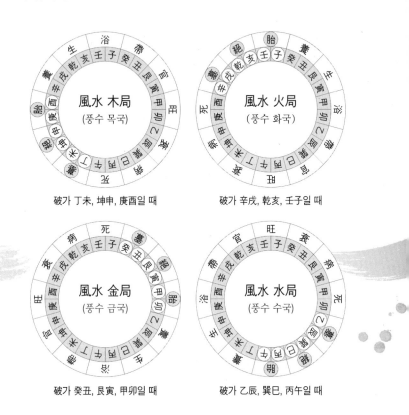

破가 丁未, 坤申, 庚酉일 때

破가 辛戌, 乾亥, 壬子일 때

破가 癸丑, 艮寅, 甲卯일 때

破가 乙辰, 巽巳, 丙午일 때

❧ 음양(陰陽)의 순환방향(循環方向)

자연의 존재를 크게 음(陰)과 양(陽)의 기운으로 나누어, 물과 바람은 움직이는 것이므로 양(陽)이라 보고, 산은 움직이지 않는 것이므로 음(陰)이라 봅니다. 풍수(風水)에서는 묘궁(墓宮)을 기준으로 하여, 양(陽)은 시계방향으로 순행(順行)하고, 음(陰)은 시계반대방향으로 역행(逆行)합니다.

다시 말하자면, 풍수(風水)의 사국(四局)을 결정할 때는, 나경(羅經)의 천반봉침(天盤縫針)으로 물이 빠지는 파(破)를 측정을 합니다.

수(水)는 양(陽)이므로 사국(四局)의 묘궁(墓宮)에서 시계방향으로 순환하며, 묘궁(墓宮) 다음 궁위(宮位)로부터 절태양생(絶胎養生) 욕대관왕(浴帶官旺) 쇠병사묘(衰病死墓)로 적용하면 됩니다.

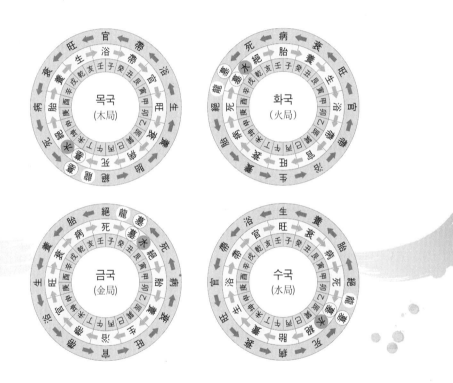

용(龍)은 음(陰)이므로 사국(四局)의 묘궁(墓宮)에서 시계반대방향으로 순환하며, 묘궁(墓宮) 다음 궁위(宮位)로부터 절태양생(絶胎養生) 욕대관왕(浴帶官旺) 쇠병사묘(衰病死墓)로 적용하면 됩니다.

그림으로 나타내 보면 앞과 같습니다.

도표로 나타내 보면 다음과 같습니다.

파(破)를 기준한 사국(四局) 조견표(早見表)

사국(四局)	목국(木局)		화국(火局)		금국(金局)		수국(水局)	
묘파(墓破)	정미(丁未)		신술(辛戌)		계축(癸丑)		을진(乙辰)	
절파(絶破)	곤신(坤申)		건해(乾亥)		간인(艮寅)		손사(巽巳)	
태파(胎破)	경유(庚酉)		임자(壬子)		갑묘(甲卯)		병오(丙午)	
	용(龍)	수(水)향(向)	용(龍)	수(水)향(向)	용(龍)	수(水)향(向)	용(龍)	수(水)향(向)
절(絶)	병오 丙午	곤신 坤申	경유 庚酉	건해 乾亥	임자 壬子	간인 艮寅	갑묘 甲卯	손사 巽巳
태(胎)	손사 巽巳	경유 庚酉	곤신 坤申	임자 壬子	건해 乾亥	갑묘 甲卯	간인 艮寅	병오 丙午
양(養)	을진 乙辰	신술 辛戌	정미 丁未	계축 癸丑	신술 辛戌	을진 乙辰	계축 癸丑	정미 丁未
장생(長生)	갑묘 甲卯	건해 乾亥	병오 丙午	간인 艮寅	경유 庚酉	손사 巽巳	임자 壬子	곤신 坤申
목욕(沐浴)	간인 艮寅	임자 壬子	손사 巽巳	갑묘 甲卯	곤신 坤申	병오 丙午	건해 乾亥	경유 庚酉
관대(官帶)	계축 癸丑	계축 癸丑	을진 乙辰	을진 乙辰	정미 丁未	정미 丁未	신술 辛戌	신술 辛戌
임관(臨官)	임자 壬子	간인 艮寅	갑묘 甲卯	손사 巽巳	병오 丙午	곤신 坤申	경유 庚酉	건해 乾亥
제왕(帝旺)	건해 乾亥	갑묘 甲卯	간인 艮寅	병오 丙午	손사 巽巳	경유 庚酉	곤신 坤申	임자 壬子
쇠(衰)	신술 辛戌	을진 乙辰	계축 癸丑	정미 丁未	을진 乙辰	신술 辛戌	정미 丁未	계축 癸丑
병(病)	경유 庚酉	손사 巽巳	임자 壬子	곤신 坤申	갑묘 甲卯	건해 乾亥	병오 丙午	간인 艮寅
사(死)	곤신 坤申	병오 丙午	건해 乾亥	경유 庚酉	간인 艮寅	임자 壬子	손사 巽巳	갑묘 甲卯
묘(墓)	정미 丁未	정미 丁未	신술 辛戌	신술 辛戌	계축 癸丑	계축 癸丑	을진 乙辰	을진 乙辰

제3절 용(龍)

이기론(理氣論)은 형기상(形氣上) 생왕(生旺)한 용(龍)을 우선조건으로 하고 있습니다. 형기상(形氣上)으로 생왕(生旺)한 용(龍)이, 이기상(理氣上)으로도 적합(適合)하여야 한다고 보는 것입니다.

즉, 용(龍)의 기세(氣勢)는 형기(形氣)와 이기(理氣)에 의하여 판단된다는 말인데, 형기(形氣)로써 용(龍)의 외적형세(外的形勢)와 이기적(理氣的)으로 용법(龍法)이 적합(適合)해야 한다는 말입니다.

이기적(理氣的)으로 적합(適合)해야 한다는 말은 음양오행(陰陽五行)의 원리에 합당(合當)해야 한다는 말입니다.

이기적(理氣的) 용법(龍法)을 들자면, 용(龍)은 용수배합(龍水配合)된 용(龍)이어야 하고, 쌍산배합룡(雙山配合龍)이어야 하며, 파(破)를 기준으로 하는 사국용법(四局龍法)에서 생왕룡(生旺龍)이어야 합니다. 사국용법(四局龍法)에서의 생왕룡(生旺龍)은 양룡(養龍), 장생룡(長生龍), 관대룡(冠帶龍), 임관룡(臨官龍), 제왕룡(帝旺龍)을 말합니다. 그리고 팔요황천살룡[八曜黃泉殺龍-용상팔살(龍上八殺)]에 해당되지 않아야 합니다.

용(龍)의 형기(形氣) 즉 외적형세(外的形勢)가 왕성(旺盛)해도 이기(理氣) 즉 용법(龍法)이 불합(不合)이면 진결(眞結)과 발복(發福)이 의심되며 이로 인한 재앙(災殃) 또한 면할 수 없다고 봅니다.

또한, 외적형세(外的形勢)가 다소 미약한 용(龍)에서도 용법(龍法)이 적합(適合)하면 비록 결지(結地)와 발복(發福)은 미미(微微)하나 제살피화(除殺避禍)는 가능하다고 보는 것입니다.

1. 형기상(形氣上)의 생왕룡(生旺龍)

조종산(祖宗山)에서 출발(出發)한 산은 중조산(中祖山)과 소조산(小祖山)을 거쳐 입수(入首)를 거쳐 혈지(穴地)에 이르게 됩니다. 이러한 산의 흐름이 변화막측(變化莫測)하여 용(龍)이라 하는데, 입수(入首)까지 내달리는 용(龍)을 내룡(來龍)이라 합니다.

용(龍)이 일어남으로 기(氣)도 따라 일어나고, 용(龍)을 따라 기(氣)도 흐르며, 용(龍)이 멈추면 기(氣)도 멈추게 됩니다. 용(龍)을 따라 흐르는 기(氣)의 통로(通路)를 맥(脈)이라 하니, 이를 용맥(龍脈)이라 합니다.

용(龍)을 따라 이어져 있는 맥(脈) 즉 용맥(龍脈)이 생왕(生旺)하다면, 용맥(龍脈)을 흐르는 기(氣) 또한 왕성(旺盛)하게 됩니다. 용(龍)의 정신(精神)은 혈(穴)을 결지(結地)하는 것이므로, 생왕(生旺)한 용맥(龍脈)을 갖춘 용(龍)이어야 진혈(眞穴)을 맺을 수 있습니다.

출맥(出脈)의 위치로 보자면, 좌출맥(左出脈), 중출맥(中出脈), 우출맥(右出脈)으로 나눌 수 있고, 출맥(出脈) 높낮이로 보아, 천맥(天脈), 인맥(人脈), 지맥(地脈)이 있습니다.

또한 기복(起伏)이 강하게 나타나는 기복격(起伏格)인 산룡(山龍)의 기세(氣勢)가 있고, 굴곡(屈曲)과 위이(委迤)가 좋은 선대격(仙帶格)인 평강(平岡)의 기세(氣勢)가 있으며, 평지(平地)를 숨어 달리는 평수격(平受格)인 평지(平地)의 기세(氣勢)가 있습니다.

조종산(祖宗山)에 출발한 용(龍)이 처음 맺는 혈(穴)을 초락(初落)이라 하고, 두 번째 맺는 혈(穴)을 중락(中落)이라 하고, 마지막에 맺는 혈(穴)을 말락(末落)이라 하여, 이런 용(龍)들을 일컬어 초락룡(初落龍), 중락룡(中落龍), 말락룡(末落龍)이라고 합니다.

용(龍)을 달리 구분하여, 용(龍)을 출맥(出脈)으로 보자면, 간룡(幹龍)

이며 정룡(正龍)이어야 하며, 그 형태(形態)로는 귀룡(貴龍)이나, 부룡(富龍)이어야 합니다.

용(龍)을 기세적(氣勢的)으로 볼 때는 생왕룡(生旺龍)이어야 하는데, 생왕룡(生旺龍)에는 생룡(生龍), 강룡(强龍), 순룡(順龍), 진룡(進龍), 복룡(福龍)이 있습니다.

용(龍)은 조종산(祖宗山)에서 혈(穴)에 이르기까지 변화(變化)를 거치는데, 개장천심(開帳穿心)하고, 기복(起伏)이 있으며, 박환(剝換)이 잘 되어 있고, 과협(過峽)이 아름다우며, 지각요도(支脚橈棹)가 용(龍)을 잘 받쳐주며 이끌고, 굴곡(屈曲)과 위이(委迤)가 생동감(生動感)이 있으며, 각종 보호사(保護砂)가 잘 에워싸 주어야 합니다.

용(龍)이 혈(穴)을 맺을 즈음에 이르면 앞뒤의 구분이 있는데, 기세(氣勢)가 생동(生動)하면서 양명수려(陽明秀麗)하고 유정(有情)하며 산수(山水)가 취합(聚合)하여, 넓고 평탄하여 보국(保局)이 안정감(安定感)이 있는 산의 앞쪽이어야 합니다.

주산(主山)에서 혈장(穴場)에 이르는 모양새가 부모태식잉육(父母胎息孕育)의 모양새를 갖추어야 하며, 입수(入首) 뒤의 결인속기처(結咽束氣處)가 아름다운 미인의 목처럼 가늘고 부드럽고 깨끗하고, 또 힘차면서 상처가 없어야 합니다.

입수(入首)에 이르는 모양으로는, 직룡입수(直龍入首), 회룡입수(廻龍入首), 비룡입수(飛龍入首), 횡룡입수(橫龍入首), 잠룡입수(潛龍入首), 섬룡입수(閃龍入首)의 방법이 있는데, 이런 입수맥(入首脈)이 손상(損傷)되거나 단절(斷絶)되지 말아야 합니다.

용두(龍頭)가 좌선룡(左旋龍)이면 물은 우선수(右旋水)이어야 하고, 용두(龍頭)가 우선룡(右旋龍)이면 물은 좌선수(左旋水)이어야 합니다.

음래양수(陰來陽受)하고 양래음수(陽來陰受)하여, 음룡(陰龍)은 양혈(陽穴)을, 양룡(陽龍)은 음혈(陰穴)을 맺어야 하며, 입수(入首)가 확실하여야 합니다.

용(龍)이 행룡(行龍)을 멈추는 용진처(龍盡處)는 산수(山水)가 서로 교합(交合)하여, 음양화합(陰陽和合)이 이루어져, 혈(穴)의 생기(生氣)를 응결(凝結)시킬 수 있습니다.

이렇듯 혈(穴)을 맺을 수 있는 생왕(生旺)한 용(龍)을 진룡(眞龍)이라 하며, 혈(穴)을 맺을 수 없는 용을 가룡(假龍)이라 합니다.

2. 용수배합(龍水配合) - 산과 물

먼저 [지리오결 地理伍訣]에 다음과 같은 글이 있습니다.

지리의 도(地理之道)는 음양의 이치를 벗어나지 않는다. 물과 바람은 움직이니 양(陽)이며, 좌측에서 나와 우측으로 빠지면 좌선수(左旋水)이고, 우측에서 나와 좌측으로 빠지면 우선수(右旋水)이다. 용(龍)은 움직임이 없으니 음(陰)이고, 우측에서 좌측으로 휘어지면 우선룡(右旋龍), 좌측에서 우측으로 휘어지면 좌선룡(左旋龍)이다. 그러므로 좌선룡(左旋龍)은 우선수(右旋水)와 짝이 되고, 우선룡(右旋龍)은 좌선수(左旋水)와 배필이 됨이 마땅하다.

❧ 산은 음(陰)이고 물은 양(陽)입니다.

우주(宇宙)가 만물(萬物)을 이루어 내기까지, 무극(無極)에서 태극(太極)으로, 음양운동(陰陽運動)에서 오행운동(五行運動)으로, 음양오행(陰陽五行)의 조화(造化)로, 하늘엔 천기(天氣)가, 땅엔 지기(地氣)가 있어 만물(萬物)을 생(生)하였습니다. 지기(地氣)가 만물(萬物)을 낳고, 천기(天氣)가 만물을 기릅니다. 따라서 지기(地氣)를 품고 있는 산(山)이 음(陰)이 되고, 물이 양(陽)이 됩니다. 움직임이 없는 산은 음(陰)이 되고, 움직이는 물과 바람은 양(陽)이 됩니다.

음(陰)과 양(陽)은 서로 보완 의존하고, 대립 견제하기도 하면서 생명을 탄생시키고, 변화 소멸케 하는 것이니, 산과 물도 이에 따라 서로간에 작용을 합니다. 서로간의 작용으로 인하여 억세고 거친 기(氣)를 정제순화(整齊純化)시켜 생기(生氣)로 만들고, 응결(凝結)시킵니다. 산수(山水)가 서로 얽혀야만 진혈(眞穴)이 형성되는 것입니다.

> '양래음수 음래양수((陽來陰受 陰來陽受)'
> 양(陽)이 오면 음(陰)이 받고, 음(陰)이 오면 양(陽)이 받아준다.

내룡(來龍)은 지기(地氣)를 품고 내달리고, 물은 내룡(來龍)을 막아서서 내룡(來龍)에 품어진 지기(地氣)가 멈추게 하여, 지기(地氣)가 뭉치게 하도록 합니다. 따라서 좌선룡(左旋龍)은 우선수(右旋水)를 만나고, 우선룡(右旋龍)은 좌선수(左旋水)를 만나야 지기(地氣)가 뭉칠 수 있습니다. 이를 용수배합(龍水配合)이라 합니다.

만약 그렇지 않고 좌선룡(左旋龍)이 좌선수(左旋水)를 만나거나, 우선룡(右旋龍)이 우선수(右旋水)를 만난다면, 물을 따라 지기(地氣)가 흘러 나가게 됩니다. 이를 용수불배합(龍水不配合)이라 합니다.

우선룡(右旋龍)
좌선수(左旋水)

좌선룡(左旋龍)
우선수(右旋水)

용수배합(龍水配合)

우선룡(右旋龍)
우선수(右旋水)

좌선룡(左旋龍)
좌선수(左旋水)

용수불배합(龍水不配合)

🐟 자연순행(自然順行)과 자연황천(自然黃泉)

멀리서 산을 바라보면 산자락(來龍)이 마치 새가 날개를 펴고 있거나 혹은 병풍이 펼쳐진 듯한 형세로 겹겹이 장막을 치고 흘러내린 것을 알 수 있습니다. 멀리 큰 산줄기로부터 뻗어와 들판이나 물가에서 멈춘 내룡(來龍)은 한 자락이 아니라 겹겹으로 흘러 내렸고, 산자락과 산자락 사이에는 크든 작든 계곡이 있습니다.

혈 주위의 자연을 내당(內堂), 혈 바깥의 자연을 외당(外堂)이라 합니다. 내당(內堂)과 외당(外堂)의 흐름을 보고 자연순행(自然順行)인가 자연황천(自然黃泉)인가를 알 수 있습니다.

★ 자연순행(自然順行)
   내당(內堂)이 좌선수(左旋水)이고 외당(外堂)도 좌선수(左旋水)
   내당(內堂)이 우선수(右旋水)이고 외당(外堂)도 우선수(右旋水)

★ 자연황천(自然黃泉)
   내당(內堂)이 좌선수(左旋水)이고 외당(外堂)이 우선수(右旋水)
   내당(內堂)이 우선수(右旋水)이고 외당(外堂)이 좌선수(左旋水)

자연순행(自然順行)하면 자연순환(自然循環)이 일치하여 산자락에 물이 차지 않고 바람도 들이치지 않지만, 자연순환(自然循環)이 일치하지

않으면 산자락에 물이 차고 바람이 들이 치게 되는데 이 경우를 자연
황천(自然黃泉)이라 합니다.

　자연황천(自然黃泉)이 되면, 내당(內堂)으로부터 흘러간 양기(陽氣 : 물
과 바람)를 외당(外堂)의 양기(陽氣)가 받아치는 형국이 됩니다. 작은 양
기(陽氣)가 큰 양기(陽氣)에 부딪쳐 다시 내당(內堂)으로 밀려 들어와
산자락에 물과 바람이 가득 차게 되어 흉지(凶地)가 됩니다.

내당(內堂)과 외당(外堂)의 자연순환(自然循環)		
외당	내당	내룡
좌선수	좌선수	우선룡(자연순행)
우선수	우선수	좌선룡(자연순행)
좌선수	우선수	좌선룡(자연황천)
우선수	좌선수	우선룡(자연황천)

　따라서 명당(明堂)을 구하기 위해서는 제일 먼저 용수배합(龍水配合)
이 되어 있는 용(龍)을 찾는 것이고, 외당(外堂)과 내당(內堂)의 자연 순
환이 상호 일치하는 내룡(來龍)을 찾는 것입니다.

3. 쌍산배합(雙山配合)

　천기(天氣)가 땅으로 내려와 지기(地氣)가 되고, 지기(地氣)는 십이지
지(十二支地)로 나타내며, 12방위(方位)가 되었습니다. 천기(天氣)와 지기
(地氣)의 범주에서는 천기(天氣)가 양(陽)이 되고 지기(地氣)가 음(陰)이
되었습니다. 그래서 천간(天干)을 나타내는 사유팔간(四維八干)을 접목
하여, 방위(方位)에도 음양(陰陽)을 맞추어 24방위(方位)가 되었습니다.

　임자(壬子), 계축(癸丑), 간인(艮寅), 갑묘(甲卯), 을진(乙辰), 손사(巽巳),
병오(丙午) 정미(丁未), 곤신(坤申), 경유(庚酉), 신술(辛戌), 건해(乾亥)가
되어 서로 음양(陰陽)의 짝을 갖추었습니다. 이것을 같은 방위(方位)를

의미한다고 해서 동궁(同宮)이라 합니다.

내룡(來龍)을 나경(羅經)의 지반정침(地盤正針)으로 측정할 때, 동궁 (同宮)을 쌍산(雙山)이라 합니다.

내룡(來龍)의 중심선이 임자(壬子), 계축(癸丑), 간인(艮寅), 갑묘(甲卯) 등으로 동궁(同宮)의 중앙으로 들어오는 경우를 쌍산배합(雙山配合)된 용(龍)이라 합니다.

내룡(來龍)을 나경(羅經)의 지반정침(地盤正針)으로 측정하였을 때, 내룡(來龍)의 중심선이 해임(亥壬), 자계(子癸), 축간(丑艮), 인갑(寅甲) 등으로 들어온다면 음양(陰陽)이 불배합(不配合)되었기 때문에 쌍산불 배합(雙山不配合)된 용(龍)이라 하며, 잠룡(潛龍)이라 합니다.

쌍산배합룡(雙山配合龍)

쌍산불배합룡(雙山不配合龍)

쌍산배합룡(雙山配合龍)

입수룡(入首龍)이 각각 굴절된 곳 마다 나경(羅經)으로 내룡(來龍)을 살펴봅니다. 내룡의 중심선이 계축(癸丑), 임자(壬子), 간인(艮寅)으로 동궁(同宮)의 중앙으로 흐르니 쌍산배합룡(雙山配合龍)이 되었습니다.

24방위에서 사정위(四正位)인 자오묘유(子午卯酉)와 천간(天干)이 배 합(配合)된 동궁(同宮)인 임자(壬子), 갑묘(甲卯), 병오(丙午), 경유(庚酉) 를 귀룡(貴龍)방위라 하고, 귀룡(貴龍)의 중앙으로 흐르는 용맥(龍脈)이 뚜렷하고 아름다우면 자손들의 관운(官運)이 좋아진다고 봅니다.

24방위에서 사고장(四庫藏)인 진술축미(辰戌丑未)와 천간(天干)이 배합(配合)된 동궁(同宮)인 을진(乙辰), 정미(丁未), 신술(辛戌), 계축(癸丑)을 부룡(富龍)방위라 하고, 부룡(富龍)의 중앙으로 흐르는 용맥(龍脈)이 거듭되면 자손들의 복록(福祿)이 많아 부(富)를 축적(蓄積)하게 된다고 봅니다.

24방위에서 사생지(四生地)인 인신사해(寅申巳亥)와 천간(天干)이 배합(配合)된 동궁(同宮)인 간인(艮寅), 곤신(坤申), 손사(巽巳), 건해(乾亥)를 손룡(孫龍)방위라 하고, 손룡(孫龍)의 중앙으로 흐르는 용맥(龍脈)이 거듭되고 뚜렷하면 자손의 수가 많아지고 무병장수하게 되면서 가문이 번창하게 된다고 봅니다.

❧ 쌍산불배합룡(雙山不配合龍)

입수룡(入首龍)이 각각 굴절된 곳 마다 나경(羅經)으로 내룡(來龍)을 살펴봅니다. 내룡의 중심선이 자계(子癸), 해임(亥壬), 축간(丑艮)의 중앙으로 흐르니 쌍산불배합룡(雙山不配合龍)이 되었습니다. 내룡(來龍)의 중심선이 지지(地支)와 천간(天干)으로 짝지어진 쌍산불배합(雙山不配合)으로 흐른다면 좋지 않은 흉화작용을 하게 됩니다.

• 해임(亥壬), 인갑(寅甲), 사병(巳丙), 신경(申庚) - 인패룡(寅敗龍)

후손들에게 병이나 의외의 참사(慘死), 몰사(沒死) 등이 발생하여 가문(家門)이 멸망(滅亡)할 수 있습니다.

• 자계(子癸), 묘을(卯乙), 오정(吾丁), 유신(酉辛) - 재패룡(財敗龍)

후손이 손재(損財)를 자주 당하게 되고, 재산이 흩어지고 파산(破散)이 계속되어 집안은 풍비박산(風飛雹散)이 되고 온 식솔이 주거지가 없이 떨어져 살게 됩니다.

• 축간(丑艮), 진손(辰巽), 미곤(未坤), 술건(戌乾) – **병폐룡**(病敗龍)

집안에 질병으로 고생하는 환자(患者)가 생기고 집안대대로 만성질환(慢性疾患)이나 고질(痼疾病)으로 시달리는 사람이 많고 불구자(不具者)가 생기기도 합니다.

4. 사국용법(四局龍法)

혈(穴)에서 나경(羅經)의 천반봉침(天盤縫針)으로 물이 빠지는 수구(水口)를 측정하여 파(破)를 살피는데, 파(破)의 방향에 따라 사국(四局)이 결정됩니다. 사국(四局)에서 산은 음(陰)이므로 시계 반대방향으로 역행(逆行)하는데, 묘궁(墓宮)의 시계반대방향 한 궁위(宮位)앞에서 절

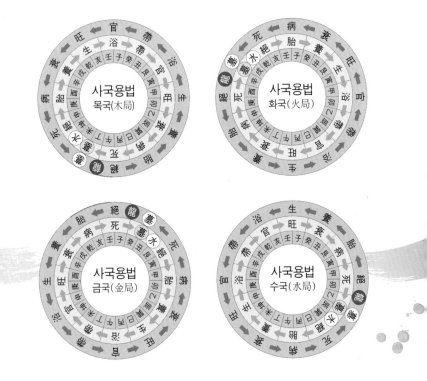

태양생(絶胎養生) 욕대관왕(浴帶官旺) 쇠병사묘(衰病死墓)로 용(龍)을 측정합니다.

　풍수(風水)의 목국(木局)은 파(破)가 목기(木氣)의 묘방(墓方), 절방(絶方), 태방(兌方)인 정미(丁未), 곤신(坤申), 경유(庚酉)일 때입니다. 이때 용(龍)은 음(陰)이므로 시계반대방향으로 역행(逆行)으로 용(龍)을 살피게 됩니다.

[목국룡 (木局龍)]

- 병오(丙午) 절룡(絶龍)
- 을진(乙辰) 양룡(養龍)
- 간인(艮寅) 목욕룡(沐浴龍)
- 임자(壬子) 임관룡(臨官龍)
- 신술(辛戌) 쇠룡(衰龍)
- 곤신(坤申) 사룡(死龍)

- 손사(巽巳) 태룡(胎龍)
- 갑묘(甲卯) 장생룡(長生龍)
- 계축(癸丑) 관대룡(冠帶龍)
- 건해(乾亥) 제왕룡(帝旺龍)
- 경유(庚酉) 병룡(病龍)
- 정미(丁未) 묘룡(墓龍)

　화국(火局)과 수국(水局)과 금국(金局)도 마찬가지 방법으로 살펴보시면 됩니다.

　용(龍)은 입수일절룡(入首一節龍)을 기준으로 합니다. 그럼 입수일절룡(入首一節龍)이란 무엇인가? 용(龍)이 기복(起伏)과 굴곡(屈曲)을 거치면서 혈(穴)까지 내려옵니다. 혈(穴)에 도달하기 이전에 지기(地氣)를 최후로 모아 보관(保管)하는 곳이 입수(入首)입니다. 입수(入首)에 이르는 마지막으로 굴절(屈折)된 부분을 입수일절룡(入首一節龍)이라 합니다. 다시 말하면 입수일절룡(入首一節龍)은 용(龍)과 혈(穴)의 마지막 접속부분입니다. 입수일절룡(入首一節龍)은 나경(羅經) 지반정침(地盤正針)으로 측정을 합니다.

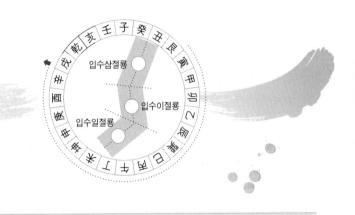

四局					
	木	火	金	水	
묘파 墓破 절파 絕破 태파 胎破	정미 丁未 곤신 坤申 경유 庚酉	신술 辛戌 건해 乾亥 임자 壬子	계축 癸丑 간인 艮寅 갑묘 甲卯	을진 乙辰 손사 巽巳 병오 丙午	길흉화복 吉凶禍福
절(絶)	병오 丙午	경유 庚酉	임자 壬子	갑묘 甲卯	빈고핍사 貧苦乏嗣
태(胎)	손사 巽巳	곤신 坤申	건해 乾亥	간인 艮寅	
양(養)	을진 乙辰	정미 丁未	신술 辛戌	계축 癸丑	별무발복 別無發福
생(生)	갑묘 甲卯	병오 丙午	경유 庚酉	임자 壬子	부귀왕정 富貴旺丁
욕(浴)	간인 艮寅	손사 巽巳	곤신 坤申	건해 乾亥	음란사패 淫亂奢敗
대(帶)	계축 癸丑	을진 乙辰	정미 丁未	신술 辛戌	등과부귀 登科富貴
관(官)	임자 壬子	갑묘 甲卯	병오 丙午	경유 庚酉	
왕(旺)	건해 乾亥	간인 艮寅	손사 巽巳	곤신 坤申	왕정발재 旺丁發財
쇠(衰)	신술 辛戌	계축 癸丑	을진 乙辰	정미 丁未	정재안정 丁財安定
병(病)	경유 庚酉	임자 壬子	갑묘 甲卯	병오 丙午	장병패산 長病敗散
사(死)	곤신 坤申	건해 乾亥	간인 艮寅	손사 巽巳	
묘(墓)	정미 丁未	신술 辛戌	계축癸丑	을진 乙辰	

사국룡(四局龍)과 길흉화복(吉凶禍福)

앞의 그림을 살펴보면, 혈(穴)에서 물이 빠지는 수구(水口)를 나경 (羅經) 천반봉침(天盤縫針)으로 측정하니 파(破)가 신술(辛戌)방향이라 면, 화국(火局)의 묘파(墓破)입니다. 나경(羅經) 지반정침(地盤正針)으로 입수일절룡(入首一節龍)을 살펴보니 간인(艮寅)방향에서 입수(入首)로 들어오고 있습니다. 따라서 내룡(來龍)은 간인룡(艮寅龍)입니다. 화국 (火局)이므로 내룡(來龍)을 경유(庚酉), 곤신(坤申), 정미(丁未)로 시계반 대방향으로 역행(逆行)하여 절태양생(絶胎養生) 12포태법(胞胎法)을 헤 아려 가면 간인룡(艮寅龍)은 화국(火局)의 제왕룡(帝旺龍)이 됩니다.

다시 설명하자면, 파(破)를 나경(羅經) 천반봉침(天盤縫針)으로 측정 한 방위를 기준으로 목화금수(木火金水) 사국(四局)을 정한 다음, 나경 (羅經) 지반정침(地盤正針)으로 입수일절룡(入首一節龍)을 측정하고, 입 수일절룡(入首一節龍)의 길흉화복(吉凶禍福)을 판단합니다.

용(龍)은 움직이지 않고 정지하고 있어 음(陰)이므로 4국(四局)의 고 장궁(庫藏宮: 丁未,辛戌,癸丑,乙辰)에서, 시계반대방향으로 한 궁위(宮位)앞 에서 기포(起胞)하여 역행(逆行)합니다.

사국룡(四局龍)을 살펴보고, 사국룡(四局龍)의 길흉화복(吉凶禍福)을 도표로 살펴보았습니다.

[길흉화복(吉凶禍福) 해석(解釋)]

- 빈고핍사(貧苦乏嗣) : 가난하고 대(代)를 이을 자손이 귀하다.
- 별무발복(別無發福) : 큰 발전도 없고, 크게 안 되는 일도 없다.
- 부귀왕정(富貴旺丁) : 부귀(富貴)를 다하고 자손도 크게 번창한다.
- 음란사패(淫亂奢敗) : 음란하고 사치를 좋아하여 결국 망하게 된다.
- 등과부귀(登科富貴) : 과거에 급제하여 부귀(富貴)를 다한다.
- 왕정발재(旺丁發財) : 자손이 크게 번창하여 재산이 불어난다.
- 정재안정(丁財安定) : 자손과 재산이 안정되나. 더 발전은 없다.
- 장병패산(長病敗散) : 긴 병치레로 재산이 망하여 흩어진다.

예 1 혈(穴)에서 물이 빠져나가는 파(破)의 방위를 나경(羅經) 천반봉침(天盤縫針)으로 측정하니 정미(丁未)이고, 입수(入首)에서 입수일절룡(入首一節龍)을 나경(羅經) 지반정침(地盤正針)으로 측정하니 갑묘(甲卯) 방위였다면 생룡(生龍)으로 부귀왕정(富貴旺丁)하는 입수룡(入首龍)이 됩니다.

예 2 물은 간인(艮寅)으로 빠져나가고 입수일절룡(入首一節龍)이 임자(壬子)라면 절룡(絶龍)이며 빈고핍사(貧苦乏嗣)하는 흉룡(凶龍)이 됩니다.

5. 팔요황천살룡(八曜黃泉殺龍), 또는 용상팔살(龍上八殺)

팔요황천살(八曜黃泉殺)이란, 팔괘(八卦)에 의한 8방위 입수룡(入首龍)의 팔괘오행(八卦五行)을, 방향(方向)의 정오행[正伍行==지지오행(地支五行)]이 극(剋)하는 것을 말합니다. 팔요살(八曜殺), 황천살(黃泉殺)이라고도 부릅니다.

나경(羅經)의 1층에는 진(辰), 인(寅), 신(申), 유(酉), 해(亥), 묘(卯), 사(巳), 오(午) 8칸으로 나누어 표시되어 있습니다. 나경(羅經) 4층 지반정침(地盤正針)으로 측정한 팔괘룡(八卦龍)의 팔괘오행(八卦五行)을 극(剋)하는 정오행(正五行)의 지지(地支)를 나타낸 것입니다.

팔요황천살(八曜黃泉殺)은 악살(惡殺) 중에서도 가장 흉한 살(殺)이어서, 인상손재(人傷損財)하여 사람이 다치고, 재산(財産)을 다 날리고 망하게 되고, 절손(絶孫)까지 될 수 있다고 보는 죽음과 파멸을 뜻하므로, 장사(葬事)지낼 때 반드시 피해야 합니다.

용상팔살(龍上八殺)이라고 하는 팔요황천살룡(八曜黃泉殺龍)은 입수룡(入首龍)의 좌(坐)를 기준으로, 입수룡(入首龍)의 팔괘오행(八卦五行)을 극(剋)하는 정오행(正五行)의 방향으로 묘(墓)가 향(向)이 이루어 진 것을 말합니다.

입수룡	팔괘 (八卦)	감(坎) ☵	간(艮) ☶	진(震) ☳	손(巽) ☴	이(離) ☲	곤(坤) ☷	태(兌) ☱	건(乾) ☰
	궁위 (4층)	임자계 壬子癸	축간인 丑艮寅	갑묘을 甲卯乙	진손사 辰巽巳	병오정 丙午丁	미곤신 未坤申	경유신 庚酉辛	술건해 戌乾亥
	팔괘 오행	水(+)	土(+)	木(+)	木(−)	火(−)	土(−)	金(−)	金(+)
황천살	방위 (1층)	진, 술 辰, 戌	인 寅	신 申	유 酉	해 亥	묘 卯	사 巳	오 午
	정오행	土(+)	木(+)	金(+)	金(−)	水(−)	木(−)	火(−)	火(+)
오행상극		토극수, 목극토, 금극목, 수극화, 화극금 (土剋水, 木剋土, 金剋木, 水剋火, 火剋金)							

팔요황천살(八曜黃泉殺) 조견표(早見表): 입수룡의 팔괘오행을 방향의 정오행이 극함

팔요황천살(八曜黃泉殺) 조견표(早見表)를 살펴보고, 예를 들어 어떤 경우에 용상팔살(龍上八殺)에 해당하는가를 살펴보겠습니다.

예 1. 입수일절룡(入首一節龍)을 나경(羅經) 4층 지반정침(地盤正針)으로 측정하니 임자계(壬子癸) 3방위 중 하나로 감룡(坎龍)이었습니다. 이때는 묘(墓)의 향(向)을 술좌진향(戌坐辰向)이나 진좌술향(辰坐戌向)으로 놓으면 팔요황천살(八曜黃泉殺)에 해당합니다.

예 2. 입수일절룡(入首一節龍)을 나경(羅經) 4층 지반정침(地盤正針)으로 측정하니 미곤신(未坤申) 3방위 중 하나의 용맥(龍脈)으로 입수(入首)되었으면 곤룡(坤龍)이며 유좌묘향(酉坐卯向)을 놓으면 팔요황천살(八曜黃泉殺)에 해당합니다.

예 3. 입수일절룡(入首一節龍)을 나경(羅經)의 4층 지반정침(地盤正針)으로 측정하니 손룡(巽龍) 즉 진손사(辰巽巳) 3방위 중 하나라면, 묘좌유향(卯坐酉向)을 놓으면 용상팔살(龍上八殺)에 해당합니다.

제 **4** 절 혈(穴)

위세(威勢)가 높고 웅장하고 수려하며 때론 험하기도 하고 거칠기도 한, 태조산(太祖山)에서 발원한 용(龍)이, 중조산(中祖山), 소조산(小祖山), 주산(主山)을 거쳐 수 천리 수 백리를 개장천심(開帳穿心)하고, 기복(起伏), 박환(剝換), 과협(過峽), 지각요도(支脚橈棹), 굴곡(屈曲), 위이(委迤)의 변화(變化)를 거치면서 달려와, 물을 만나 더 이상 나아가지 못하고 멈추게 되는 용진처(龍盡處)에서는 작아지고 낮아지며 순하고 가지런하게 되어, 품고 있는 기(氣) 또한 정제(整齊)되고 순화(純化)되어 순수(純粹)한 생기(生氣)를 가지게 됩니다.

기세(氣勢)가 생왕(生旺)한 용(龍)이 행룡(行龍)을 멈춘 곳인 용진처(龍盡處)에, 생기(生氣)가 넘치는 정기(精氣)를 한 곳에 응집(凝集)시킬 수 있는 안정된 장소를 만나게 되는데, 그 곳을 혈(穴)이라고 합니다.

그러기에 뒤로는 지기(地氣)를 전달하는 산 능선이 있고, 앞으로는 물이 있는 배산임수(背山臨水)의 형태를 가지며, 뒤는 높고 앞은 낮은 전저후고(前底後高)의 지형이 됩니다.

맑은 물은 생기(生氣)를 가두고 보호하기 위해, 여러 골짜기에서 나와 혈(穴)을 감싸고돌아 환포(環抱)해 주어야 하고, 혈(穴) 주변의 산들인 사격(砂格)은 바람으로부터 혈(穴)의 생기(生氣)가 흩어지지 않도록 아름답고 귀(貴)한 형상으로 혈(穴)을 감싸 보호해 주어야 합니다.

혈(穴)은 깨끗한 생기(生氣)가 뭉쳐있기 때문에, 항상 양기(陽氣) 바르고 수려하며, 흙이 밝고 부드러우면서 단단하게 됩니다. 뒤로는 산의 정기(精氣)가 혈(穴)을 맺기 직전에 뭉쳐진 입수(入首)가 반듯하고 볼록하게 솟아 있고, 좌우측에 날개처럼 조그마한 언덕인 선익(蟬翼)이 둘러있고, 혈(穴)자리 앞에도 그리 넓지 않아도 여유로운 자리인 전순(氈脣)이 있으며, 혈(穴)의 흙이 비석비토(非石非土)로 여러 색이 어울려 윤기가 흐르는 홍황자윤(紅黃紫潤)한 흙이어야 생기(生氣)를 잘 품을 수 있으며, 또 외부로 부터 침입하는 나쁜 기운도 막아줄 수 있게 됩니다. 이러한 혈(穴)이, 용혈사수(龍穴砂水)의 음양이법(陰陽理法)이 모두 합법(合法)하여야 진혈(眞穴)이 됩니다. 만약 음양오행(陰陽五行)의 이법(理法)이 맞지 않으면 재앙(災殃)이 따릅니다. 생왕(生旺)한 용혈(龍穴)인데 이법(理法)이 좋지 않으면, 발복(發福)은 하더라도 이법(理法)이 맞지 않는 만큼의 흉화(凶禍)를 받습니다.

용(龍)은 용수배합(龍水配合)된 룡(龍)이어야 하고, 쌍산배합룡(雙山配合龍)이어야 하며, 양룡(養龍), 장생룡(長生龍), 관대룡(冠帶龍), 임관룡(臨官龍), 제왕룡(帝旺龍)이어야 하고, 팔요황천살(八曜黃泉殺) 즉, 용상팔살(龍上八殺)에 해당되지 않아야 합니다. 사(砂)도 길(吉)한 모습의 사(砂)가 길(吉)한 방위(方位)인 장생방(長生方), 관대방(冠帶方), 임관방(臨官方), 제왕방(帝旺方)에 우뚝 솟아 있으며, 팔요황천살풍(八曜黃泉殺風)이나 팔로사로황천풍(八路四路黃泉風)에 해당되지 말아야 합니다. 수(水)도 또한 마찬가지입니다. 물이 들어오는 수구(水口)는 길(吉)한 방위이어야 하고, 물이 나가는 파구(破口)는 흉(凶)한 방위로 나가는 것이 좋으며, 팔요황천살수(八曜黃泉殺水)나 팔로사로황천수(八路四路黃泉水)에 해당하지 않아야 합니다.

제5절 사(砂)

혈(穴)자리에 응집(凝集)된 생기(生氣)는 바람을 타면 흩어지기 때문에, 혈(穴) 주위의 산들이 겹겹이 감싸주어 바람을 막아주어야 합니다. 혈장(穴場)의 생기(生氣)를 바람으로부터 보호하는 주변의 산들을 사(砂)라고 합니다. 사(砂)는 외부의 좋지 못한 바람을 막아 줄뿐만 아니라, 혈장(穴場)을 향하여 자신이 품고 있는 생기(生氣)를 분사(噴射)하기도 합니다.

그러므로 사격(砂格)은 혈장(穴場)을 겹겹이 둘러 감싸 바람을 막아주고, 그 모양이 수려(秀麗)하고 단정(端正)하며, 유정(有情)하여 혈(穴)을 받들어 모시고 호위(護衛)하는 모양이어야 좋고, 기울거나 추악(醜惡)하거나 혈장(穴場)을 등지거나 하여 무정(無情)한 것은 흉(凶)합니다.

혈(穴)자리 뒤쪽에 있는 주산(主山)은 뒤에서 불어오는 바람을 막아주고, 좌측에 있는 청룡(靑龍)과 우측에 있는 백호(白虎)는 양쪽에서 불어오는 바람을 막아주면서, 포근히 혈(穴)자리를 감싸주는 것이 좋고, 혈(穴)자리 앞쪽에 있는 조그마한 산인 안산(案山)은 그렇게 높지 않고 나지막하고, 안산(案山) 너머에 있는 조산(朝山)은 바람을 막기에 충분할 정도로 높으면서 아름답게 보이는 것이 좋습니다.

이기론(理氣論)은 사(砂)의 외적형상(外的形象)이 길격(吉格)인 것을 전제조건으로 하고서, 나경(羅經)의 인반중침(人盤中針)을 사용하여 그 방향(方向)이 길방(吉方)인가 흉방(凶方)인가를 살펴, 사(砂)의 길흉화복(吉凶禍福)을 판단하는 것입니다

사격(砂格)의 방위(方位)도 중요하지만, 먼저 사격(砂格)의 형상(形象)이 길격(吉格)이어야 한다는 것입니다.

길격형상(吉格形象)은 산이 둥글고 풍만하게 살이 찐 부격(富格)과 반듯하면서 깨끗한 귀격(貴格)의 사격(砂格)을 말하며, 흉격형상(凶格形象)은 산이 깨지고, 부서지고, 기울고, 무정(無情)하게 배반(背反)하고, 지나치게 크고 높아 혈(穴)을 압도(壓倒)하거나, 지나치게 낮아 혈(穴)을 보호(保護)해주지 못하는 사격(砂格)입니다.

수려(秀麗)하고 단정(端正)한 사격(砂格)이, 길(吉)한 방위(方位)에 있다면 크게 길(吉)하고, 흉(凶)한 방위(方位)에 있으면 이법적(理法的)인 길(吉)함도 없고, 흉(凶)도 없습니다.

험하게 파쇄(破碎)된 흉측한 사격(砂格)이, 흉(凶)한 방위(方位)에 있다면 그 흉(凶)함은 더욱 크게 작용하고, 아무리 길(吉)한 방위(方位)에 있다 하더라도 흉(凶)을 가져옵니다.

길격형상(吉格形象)의 사(砂)가 길(吉)한 방위(方位)에 있음으로써 귀(貴)함이 더 귀(貴)하다 하겠으며, 흉(凶)한 방위에 있음을 꺼리고, 팔요황천살풍(八曜黃泉殺風)이나 팔로사로황천풍(八路四路黃泉風)을 피해야 합니다.

1. 사격(砂格)이 관장하는 길흉화복(吉凶禍福)

청룡(靑龍)은 혈(穴)의 좌측(左側)을 감싸주고 있으며, 남자 자손과 귀(貴)를 관장하는데, 청룡(靑龍)이 유정(有情)하게 혈(穴)을 끌어안고 있는 길격형상(吉格形象)이면, 인정귀작(人丁貴爵)하여 자손(子孫)이 번창(繁昌)하고 귀인(貴人)이 되어 높은 벼슬을 합니다.

백호(白虎)는 혈(穴)의 우측(右側)을 감싸주며, 여자 자손과 부(富)를 관장하는데, 백호(白虎)가 청아(淸雅)하고 다정(多情)하게 혈(穴)을 끌어안고 있는 길격형상(吉格形象)이면, 여수재산(女秀財産)하여 딸이 똑똑하고 아름다워 귀인(貴人)이 되며 큰 부자가 됩니다.

안산(案山)은 혈(穴)앞쪽에 위치하며, 아내와 재산(財産)을 관장하는데, 높지도 낮지도 않고 다정(多情)하게 혈(穴)의 앞쪽에 위치하면, 부귀처재(富貴妻財)하여 부귀(富貴)하게 되고 아내가 덕이 있고 재산(財産)을 모으게 됩니다.

규산(窺山)은 작은 산이 큰 산 뒤에 숨어 머리만을 살짝 들어 내놓고 마치 물건을 훔치려고 남의 담장을 엿보는 모습과 같은 산을 말하는데, 규봉(窺峰)이 혈장(穴場)을 넘겨다보면 화재(火災)나 도적(盜賊)으로 패가망신(敗家亡身)합니다.

2. 파(破)를 기준한 사국(四局)에서의 사격(砂格)의 길흉판단

나경(羅經)의 인반중침(人盤中針)을 이용하여 사격(砂格)의 방위(方位)를 측정합니다.

대체로 각국(各局)의 생왕방(生旺方)에 산이 있으면 대대로 부모에

[길흉화복(吉凶禍福) 해석(解釋)]

- 빈고핍사(貧苦乏嗣) : 가난하고 대(代)를 이을 자손이 귀하다.
- 별무발복(別無發福) : 큰 발전도 없고, 크게 안 되는 일도 없다.
- 부귀왕정(富貴旺丁) : 부귀(富貴)를 다하고 자손도 크게 번창한다.
- 음란사패(淫亂奢敗) : 음란하고 사치를 좋아하여 결국 망하게 된다.
- 등과부귀(登科富貴) : 과거에 급제하여 부귀(富貴)를 다한다.
- 왕정발재(旺丁發財) : 자손이 크게 번창하여 재산이 불어난다.
- 정재안정(丁財安定) : 자손과 재산이 안정되나. 더 발전은 없다.
- 장병패산(長病敗散) : 긴 병치레로 재산이 망하여 흩어진다.

효도(孝道)하고 나라에 충성(忠誠)하는 성현(聖賢)이 나고, 관대방(冠帶方)에 솟아 있으면 신동이 태어나 어려서 급제를 하지만 풍류를 좋아한다고 하며, 임관방(臨官方)에 산이 우뚝 솟아 있으면 가문을 빛낼 후손이 나옵니다. 반면, 목욕방(沐浴方)에 산이 있으면 여색(女色)을 탐하는 음란(淫亂)한 후손이 난다고 봅니다.

사국(四局)에서의 사격(砂格)의 길흉판단

四局		木	火	金	水	
묘파 墓破 절파 絕破 태파 胎破		정미 丁未 곤신 坤申 경유 庚酉	신술 辛戌 건해 乾亥 임자 壬子	계축 癸丑 간인 艮寅 갑묘 甲卯	을진 乙辰 손사 巽巳 병오 丙午	길흉화복 吉凶禍福
	절(絕)	병오 丙午	경유 庚酉	임자 壬子	갑묘 甲卯	빈고핍사 貧苦乏嗣
	태(胎)	손사 巽巳	곤신 坤申	건해 乾亥	간인 艮寅	
	양(養)	을진 乙辰	정미 丁未	신술 辛戌	계축 癸丑	별무발복 別無發福
	생(生)	갑묘 甲卯	병오 丙午	경유 庚酉	임자 壬子	부귀왕정 富貴旺丁
	욕(浴)	간인 艮寅	손사 巽巳	곤신 坤申	건해 乾亥	음란사패 淫亂奢敗
	대(帶)	계축 癸丑	을진 乙辰	정미 丁未	신술 辛戌	등과부귀 登科富貴
	관(官)	임자 壬子	갑묘 甲卯	병오 丙午	경유 庚酉	
	왕(旺)	건해 乾亥	간인 艮寅	손사 巽巳	곤신 坤申	왕정발재 旺丁發財
	쇠(衰)	신술 辛戌	계축 癸丑	을진 乙辰	정미 丁未	정재안정 丁財安定
	병(病)	경유 庚酉	임자 壬子	갑묘 甲卯	병오 丙午	장병패산 長病敗散
	사(死)	곤신 坤申	건해 乾亥	간인 艮寅	손사 巽巳	
	묘(墓)	정미 丁未	신술 辛戌	계축癸丑	을진 乙辰	

예1 나경(羅經) 천반봉침(天盤縫針)으로 물이 흘러 나가는 파구(破口)를 측정하니 정미방(丁未方)이면 이는 목국(木局) 묘파(墓破)가 됩니다. 나경(羅經) 인반중침(人盤中針)으로 사(砂)를 측정하니 갑묘방(甲卯方)이라면 이는 장생방(長生方)이 됩니다. 따라서 부귀왕정(富貴旺丁)하여 부귀(富貴)하게 되고, 자손도 크게 번창하게 됩니다.

예2 나경(羅經) 천반봉침(天盤縫針)으로 물이 흘러 나가는 파구(破口)를 측정하니 임자방(壬子方)이면, 화국(火局) 태파(胎破)가 됩니다. 인반중침(人盤中針)으로 사(砂)를 측정하니 갑묘방(甲卯方)이라면 이는 임관방(臨官方)이 됩니다. 따라서 등과부귀(登科富貴)하여 과거에 급제하고 부귀(富貴)하게 되는 귀(貴)한 사격(砂格)이 됩니다.

예3 나경(羅經) 천반봉침(天盤縫針)으로 물이 흘러 나가는 파구(破口)를 측정하니 간인방(艮寅方)이면 이는 금국(金局)이고 절파(絶破)가 됩니다. 나경(羅經) 인반중침(人盤中針)으로 사(砂)를 측정하니 갑묘방(甲卯方)이라면 이는 병방(病方)이 됩니다. 따라서 장병패산(長病敗散)하여 긴 병치레로 재산이 망하여 흩어지게 됩니다.

3. 팔산법(八山法)에 의한 사격(砂格)의 판단

사(砂)를 후천팔괘(後天八卦)에 따라 8방위(方位)로 나누고, 형상(形象)에 따라 길흉(吉凶)을 판단하는 방법입니다.

팔산법(八山法)에 의한 사격(砂格)의 길흉판단					
팔산 八山	방위(方位) 人盤中針	궁위 宮位	형상(形象)		
			길격(吉格)	흉격(凶格)	천마(天馬)
감坎	임자계 壬子癸	중남궁 中男宮	부귀충량 富貴忠良 중방발왕 中房發旺	불발정귀 不發丁貴 중방부진 中房不振	

간 艮	축간인 丑艮寅	소남궁 少男宮	정재양발 丁財兩發 유방성창 幼房盛昌	빈발병질 頻發病疾 가산불흥 家産不興	
진 震	갑묘을 甲卯乙	장남궁 長男宮	부귀왕정 富貴旺丁 장방당권 長房當權	인정불왕 人情不旺 장방요수 長房夭壽	
손 巽	진손사 辰巽巳	장녀궁 長女宮	문장귀작 文章貴爵 재원발귀 才媛發貴	불발부귀 不發富貴 음란요수 淫賤夭壽	
리 離	병오정 丙午丁	중녀궁 中女宮	문장귀현 文章貴顯 중녀수미 中女秀美	불발부귀 不發富貴 목질안맹 目疾眼盲	속발부귀 速發富貴
곤 坤	미곤신 未坤申	노모궁 老母宮	부귀왕정 富貴旺丁 부녀유덕 婦女有德	불발정재 不發丁財 주부실덕 主婦失德	
태 兌	경유신 庚酉辛	소녀궁 少女宮	필부문부 必出文武 재화풍부 財貨豊富	음란소녀 淫蕩少女 필출파족인 必出跛足人	
건 乾	술건해 戌乾亥	노부궁 老父宮	수고왕정 壽高旺丁	요수핍손 夭壽乏孫	속발부귀 速發富貴

그 뜻을 살펴보면 다음과 같습니다.

[길격형상(吉格形象)]

- 부귀충량(富貴忠良) : 부귀하고, 충직하고 선량하여 존경을 받는다.
- 중방발왕(中房發旺) : 가운데 자손이 왕성하게 번창한다.

- 정재양발(丁財兩發) : 자손도 번창하고 재산도 번창한다.
- 유방성창(幼房盛昌) : 막내 자손이 크게 발전한다.
- 부귀왕정(富貴旺丁) : 부귀를 다하고 자손이 번창한다.
- 장방당권(長房當權) : 장자가 권위가 있어 집안을 부귀하게 이끈다.
- 문장귀작(文章貴爵) : 문장으로 이름이 있어 귀와 벼슬을 한다.
- 재원발귀(才媛發貴) : 딸이 똑똑하여 귀하게 된다.
- 문장귀현(文章貴顯) : 문장으로 이름이 있어 귀(貴)하게 된다.
- 중녀수미(中女秀美) : 가운데 딸이 특히 똑똑하고 아름답다.
- 부귀왕정(富貴旺丁) : 부귀를 다하고 자손이 번창한다.
- 부녀유덕(婦女有德) : 부녀(婦女)가 덕이 있고, 집안을 일으킨다.
- 필출문무(必出文武) : 문무에 걸쳐 위인이 나온다.
- 재화풍부(財貨豊富) : 재물이 풍부해진다.
- 수고왕정(壽高旺丁) : 장수하고 자손이 번창한다.

[흉격형상(凶格形象)]

- 불발정귀(不發丁貴) : 귀하게 되지 못하고 자손이 번성하지 못한다.
- 중방부진(中房不振) : 둘째 아들이 잘 되지 못한다.
- 빈발병질(頻發病疾) 가산불흥(家産不興) : 질병이 빈발하여 결국 집안의 재산이 다 나간다.
- 인정불왕(人丁不旺) 장방요수(長房夭壽) : 자손이 늘어나지 않고, 장자가 요절한다.
- 불발부귀(不發富貴) : 재산이 늘지 않고 자손이 귀하게 안 된다.
- 음천요수(淫賤夭壽) : 딸이 음란하고 천하게 되며 단명 요절한다.
- 불발부귀(不發富貴) : 재산이 늘지 않고 자손이 귀하게 안 된다.
- 목질안맹(目疾眼盲) : 눈에 병이 있거나 맹인 자손이 난다.
- 불발정재(不發丁財) : 자손과 재산에 발전이 없다.
- 주부실덕(主婦失德) : 어머니와 아내가 덕이 없어 집안을 망친다.
- 음탕소녀(淫蕩少女) : 막내딸이 음탕하여 천하게 된다.

- 필출파족인(必出跛足人) : 반드시 절름발이 자손이 나올 것이다.
- 요수핍손(夭壽乏孫) : 젊었을 때 요절하여 단명하고 자손이 없다.

예 1 혈지(穴地)에서 주변에 있는 산을 나경(羅經) 인반중침(人盤中針)으로 측정하니 동쪽인 갑묘을(甲卯乙) 진방(震方)에 수려하고 풍만한 산이 있다면, 자손이 번창하여 부귀를 다하는 좋은 산이다. 특히 진(震)방은 장남을 관장하는 방위이므로 장남과 장손이 잘된다.

예 2 혈지(穴地)에서 나경(羅經)을 정반정침(正盤定針)하고 인반중침(人盤中針)으로 주변 산(砂格)을 측정하니, 북쪽인 임자계(壬子癸) 감방(坎方)에 깨지고 부서진 흉칙한 바위투성이로 된 산이 있다면 부귀도 못할 뿐만 아니라 자손들도 잘 되지 않는데 그 중에서도 중남인 가운데 자손이 큰 피해를 본다.

예 3 혈지(穴地)에서 나경(羅經) 인반중침(人盤中針)으로 주변 산을 측정하니 동남쪽인 진손사(辰巽巳) 손방(巽方)에 귀한 산이 있다면 장녀인 큰딸이 매우 똑똑하고 아름다워 귀하게 될 것이다.

예 4 혈지(穴地)에 나경(羅經) 인반중침(人盤中針)으로 주변 산을 측정하니 남쪽인 병오정(丙午丁) 이방(離方)에 산이 높고 험하며 햇빛을 차광하고 있다면 부귀는 없을 뿐만 아니라 특히 중녀인 가운데 딸이 피해를 많이 보며 자손 중에 눈에 병이 있거나 맹인이 나온다.

4. 삼길육수사(三吉六秀砂)

좌향(坐向)에 상관없이 사격(砂格)의 위치가 고정되어 있습니다. 대부분 이법적(理法的)으로 귀(貴)한 사격(砂格)은 삼길육수(三吉六秀) 방위(方位)에 해당됩니다.

삼길육수(三吉六秀) 방위(方位)		
	방위(方位)	화복(禍福)
삼길 三吉	진(묘), 경, 해 震(卯), 庚, 亥	양명(陽明)하고 수려단정(秀麗端正)한 산은 대발부귀(大發富貴)하고 장수(長壽)한다.
육수 六秀	간, 손, 병 艮, 巽, 丙 정, 신, 태(유) 丁, 辛, 兌(酉)	청아(淸雅) 단정(端正)한 산은 관인(官人)은 득권(得權)하고, 仕人은 功名하고 득재발복한다.

　사(砂)의 길흉(吉凶)을 알아보는 다른 이법(理法)으로는, 음양최관귀인방(陰陽催官貴人方), 삼각치(三角峙), 삼양기(三陽起), 사세고(四勢高), 팔국주(八國周), 자궁완(子宮完), 여산구(女山俱), 수성숭(壽星崇), 태양승전(太陽昇殿), 태음입묘(太陰入廟), 사문방(赦文方), 귀인방(貴人方), 녹방(祿方), 역마방(驛馬方) 등이 있습니다.

5. 규산(窺山)

　좌향(坐向)에 관계없이 다음 방위에서 탐두규봉(探頭窺峰)이 혈장(穴場)을 넘겨다보면 화재(火災)나 도적(盜賊)으로 패가망신(敗家亡身)합니다.

　탐두(探頭) 규산(窺山)은 작은 산이 큰 산 뒤에 숨어 머리만을 살짝 들어 내놓고 마치 물건을 훔치려고 남의 담장을 엿보는 모습과 같은 산을 말합니다.

　임(壬), 정(丁)방위의 규산(窺山)은 탐두봉(探頭峰)이지만 오히려 길(吉)하고, 을(乙), 진(辰)방위의 규산(硅酸)은 무길무해(無吉無害)하며, 기타 방위의 탐두(探頭) 규산(窺山)은 모두 흉(凶)합니다.

규산방위 窺山方位	길흉화복 吉凶禍福	규산방위 窺山方位	길흉화복 吉凶禍福	규산방위 窺山方位	길흉화복 吉凶禍福
임 壬	무병장수 無病長壽	을 乙	별무재난 別無災難	곤 坤	다병빈궁 多病貧窮
자 子	도적손재 盜賊損財	진 辰	별무재난 別無災難	신 申	다병빈궁 多病貧窮
계 癸	관재형옥 官災刑獄	손 巽	도벽빈한 盜癖貧寒	경 庚	정재재앙 丁財災殃
축 丑	다병요수 多病夭壽	사 巳	도벽빈한 盜癖貧寒	유 酉	도실다병 盜失多病
간 艮	관재구설 官災口舌	병 丙	흉도자손 凶盜子孫	신 辛	빈발손재 頻發損財
인 寅	관재구설 官災口舌	오 午	대죄옥사 大罪獄死	술 戌	곤궁도실 困窮盜失
갑 甲	다병빈궁 多病貧窮	정 丁	현인부귀 賢人富貴	건 乾	다병빈곤 多病貧困
묘 卯	다병빈궁 多病貧窮	미 未	도벽관재 盜癖官災	해 亥	재앙관환 災殃官患

규산(窺山)의 방위(方位)와 길흉화복(吉凶禍福)

6. 팔요황천살풍(八曜黃泉殺風)

팔요황천살(八曜黃泉殺)이란, 팔괘(八卦)에 의한 8방위 입수룡(入首龍)의 팔괘오행(八卦五行)을, 방향(方向)의 정오행[正伍行==지지오행(地支五行)]이 극(剋)하는 것을 말합니다. 팔요살(八曜殺), 황천살(黃泉殺)이라고도 부릅니다.

나경(羅經)의 1층에는 진(辰), 인(寅), 신(申), 유(酉), 해(亥), 묘(卯), 사(巳), 오(午) 8칸으로 나누어 표시되어 있습니다. 지반정침(地盤正針)으로 측정한 팔괘룡(八卦龍)의 팔괘오행(八卦五行)을 극(剋)하는 정오행(正五行)의 지지(地支)를 나타낸 것입니다.

팔요황천살(八曜黃泉殺)은 악살(惡殺) 중에서도 가장 흉한 살(殺)이어서, 인상손재(人傷損財)하여 사람이 다치고, 재산(財産)을 다 날리고 망하게 되고, 절손(絶孫)까지 될 수 있다고 보는 죽음과 파멸을 뜻하므로, 장사(葬事)지낼 때 반드시 피해야 합니다.

팔요황천살풍(八曜黃泉殺風)이란 황천풍(黃泉風)이라고도 합니다. 지반정침(地盤正針)으로 측정한 입수룡(入首龍)의 팔괘오행(八卦五行)을, 인반중침(人盤中針)으로 측정한 흠이 있는 사격(砂格)의 방위 정오행(正五行)이 극(剋)하는 것입니다. 흠이 있는 사격(砂格)이란 험한 골짜기가 있거나 주변 산이 패였거나 무너져 있어서[요함(凹陷)], 그곳으로 바람이 불어오는 경우를 말합니다.

혈(穴) 주위가 움푹 꺼지거나 골이 있으면 직사곡풍(直射谷風)이 불어 매우 흉(凶)하게 되는데, 더욱이 그 방위가 입수룡(入首龍)의 좌(坐)를 기준으로 황천방(黃泉方)에 있으면 황천풍(黃泉風)에 해당되어 필시 사람이 상하거나 재산이 망할 흉사(凶事)를 당한다고 봅니다.

팔요황천살(八曜黃泉殺) 조견표(早見表) : 입수룡의 팔괘오행을 방향의 정오행이 극함								
입수룡	팔괘 (八卦)	감(坎) ☵	간(艮) ☶	진(震) ☳	손(巽) ☴	이(離) ☲	곤(坤) ☷	태(兌) ☱	건(乾) ☰
	궁위 (4층)	임자계 壬子癸	축간인 丑艮寅	갑묘을 甲卯乙	진손사 辰巽巳	병오정 丙午丁	미곤신 未坤申	경유신 庚酉辛	술건해 戌乾亥
	팔괘 오행	水(+)	土(+)	木(+)	木(−)	火(−)	土(−)	金(−)	金(+)
황천살	방위 (1층)	진, 술 辰, 戌	인 寅	신 申	유 酉	해 亥	묘 卯	사 巳	오 午
	정오행	土(+)	木(+)	金(+)	金(−)	水(−)	木(−)	火(−)	火(+)
오행상극	토극수, 목극토, 금극목, 수극화, 화극금 (土剋水, 木剋土, 金剋木, 水剋火, 火剋金)								

예1 입수일절룡(入首一節龍)을 나경(羅經) 4층 지반정침(地盤正針)으로 측정하니 경유신(庚酉辛) 3방향 중 하나이고, 나경(羅經) 6층 인반중침(人盤中針)으로 움푹 파인 곳이나 혈(穴)을 향하여 있는 골짜기를 측정하니 사(巳) 방위에 있다면, 움푹 파인 곳이나 골짜기에서 불어오는 바람은 황천풍(黃泉風)이 되어 매우 흉(凶)하게 됩니다.

예2 입수일절룡(入首一節龍)을 나경(羅經) 4층 지반정침(地盤正針)으로 측정하니 임자계(壬子癸) 감룡(坎龍)이고, 험한 골짜기의 방위를 나경(羅經) 6층 인반중침(人盤中針)으로 측정하니 진(辰) 또는 술(戌) 방위였다면 황천풍(黃泉風)을 받아 매우 흉(凶)한 일을 당하게 됩니다.

7. 팔로사로황천풍(八路四路黃泉風)

나경 2층은 팔로사로황천살(八路四路黃泉殺)을 나타냅니다.

묘(墓)의 향(向)을 기준하여 인반중침(人盤中針)으로 보았을 때, 황천살(黃泉殺) 방위에 혈판의 파손된 부위나 험한 골짜기나 사격(砂格)이 허물어지고 패여 있다면, 팔로사로황천풍(八路四路黃泉風)이 되어 자손이 다치고, 재산을 잃고 망하게 됩니다.[상정손재(傷丁損財)]

팔로사로황천살(八路四路黃泉殺) : 나경2층[묘(墓)의 향(向)을 기준]																
	坎(水) ☵		艮(土) ☶		震(木) ☳		巽(木) ☴		離(火) ☲		坤(土) ☷		兌(金) ☱		乾(木) ☰	
1층	辰 戌		寅		申		酉		亥		卯		巳		午	
2층	乾	艮	癸 甲		艮	巽	乙 丙		巽	坤	丁 庚		坤	乾	辛 壬	
3층	水	金	火		木	水	金		火	木	水		金	火	木	
4층	壬 子 癸	丑 艮 寅	甲 卯 乙	辰 巽 巳	丙 午 丁	未 坤 申	庚 酉 辛	戌 乾 亥

예 1 어느 묘(墓)의 좌향(坐向)을 지반정침(地盤正針)으로 측정하니 경좌갑향(庚坐甲向)이고, 인반중침(人盤中針)으로 사격(砂格)을 측정하니 간(艮) 방위가 허(虛)하고 골이 나있다면 묘(墓)는 팔로사로황천풍(八路四路黃泉風)을 받아 해롭게 됩니다.

예 2 어느 혈지(穴地)의 좌향(坐向)을 지반정침(地盤正針)으로 측정하니 곤좌간향(坤坐艮向)이고, 인반중침(人盤中針)으로 측정한 산의 요결처(凹缺處)가 계(癸) 방위나 갑(甲) 방위에 있다면 팔로사로황천풍(八路四路黃泉風)으로 흉(凶)하게 됩니다.

제6절 수(水)

형기상(形氣上)으로 좋은 물이 이기상(理氣上)으로 합법(合法)한가를 보는 것입니다.

이는 크게 득수(得水)와 파구(破口)로 결정되어 집니다. 득수(得水)는 물이 들어오는 장소이며, 파구(破口)는 물이 빠져나가는 장소를 의미합니다. 이러한 득수처(得水處)로는 길수(吉水)가 들어와야 하며, 파구처(破口處)로는 흉수(凶水)가 나가야 하는 것으로 봅니다.

이때 어떤 길수(吉水)가 들어오느냐, 그리고 어떤 흉수(凶水)가 빠져나가느냐에 따라 무수히 많은 변화가 일어나게 됩니다. 이와 관련해서 세간에 가장 잘 알려져 있는 것이 지리오결(地理五訣)로 유명한 팔십팔향법(八十八向法)입니다. 88향법(八十八向法)은 삼합수법(三合水法)으로도 알려져 있으며, 득수(得水)와 파구처(破口處)에 따른 좌향(坐向)을 결정짓는 방법으로, 24좌산(坐山)을 쌍산오행(雙山五行)으로 묶어 12개의 궁위(宮位)에 따른 포태법(胞胎法)을 사용합니다.

또한 팔요황천살수(八曜黃泉殺水)나 팔로사로황천수(八路四路黃泉水)를 피해야 합니다.

1. 형기상(形氣上) 좋은 물

풍수지리(風水地理)는 산을 바탕으로 삼고, 물과 바람의 영향을 파악하는 것입니다. 생기(生氣)는 바람을 만나면 흩어지고 물을 만나면 멈추는데, 생기(生氣)가 흩어지지 않도록 하는 것은 호종사(護從砂)이고, 용(龍)을 멈추게 하여, 용(龍)이 생기(生氣)를 응결(凝結)시키도록 하게 하며, 혈(穴)에 응결(凝結)된 생기(生氣)가 설기(洩氣)되는 것을 막는 것은 물입니다. 물은 혈(穴)을 결지(結地)하는데 필수 조건으로, 물은 길(吉)하기도 하고 흉(凶)하기도 합니다.

[수세자 혈전거래지수야 용혈지취증자야.]
[水勢者 穴前去來之水也. 龍穴之聚證者也.]
수세(水勢)는 혈(穴)앞의 물이 가고 오는 물을 말하는 것이며,
용혈(龍穴)이 기(氣)를 결지(結地)한 긴요한 증거(證據)가 된다.

수(水)는 용(龍)의 혈맥(血脈)으로, 물이 모이면 용(龍)이 끝나고, 물이 가로막으면 용(龍)이 멈추고, 수(水)가 혈(穴)을 감싸지 않고 달아나면 생기(生氣)는 흩어지고, 수(水)가 화합하여 흐르면 생기(生氣)가 응결(凝結)됩니다. 이는 산수(山水)의 자연이치(自然理致)입니다.

거대한 흐름이 특정장소에서 잠시 머무를 때 그를 혈처(穴處)라 부르며, 그 혈처(穴處)를 중심으로 주변 사격(砂格)과 좌향(坐向)에 따라 특정 길흉(吉凶)이 결정되어집니다.

풍수지리의 화복(禍福)에서 산은 자손(子孫)과 관련 있고, 물은 재물(財物)과 관련 있다고 봅니다. [산관인정 수관재물(山管人丁 水管財物)] 그러므로 재물(財物)의 유무다소(有無多少)를 수세(水勢)의 다소(多少), 심천(深淺), 곡직(曲直), 완급(緩急), 청탁(淸濁) 등 물의 형세(形勢) 즉 외형(外形)으로 살피게 됩니다.

물의 형세(形勢)를 살피는 형기론상(形氣論上)으로 좋은 물[길수(吉水)]이란 다음과 같습니다.

물이 들어오고 머물다 나가는 득수(得水), 취수(取水), 거수(去水)가 물의 삼세(三勢)인데, 득수(得水)는 발원지(發源地)가 멀고 길며 광활하여야 역량(力量)이 있고, 명당(明堂)에 맑은 물이 가득하고 잔잔하게 고여 있어야 길(吉)하고, 명당수(明堂水)에서 나가는 물인 거수(去水)는 머뭇거리며 느릿느릿 휘돌아 흘러나가야 길(吉)합니다.

파구(破口)는 사격(砂格)이 가깝게 있어 폐장(閉藏)되고 관쇄(關鎖)되어야 길(吉)하고, 흐르는 모양은 지자(之字)나 현자(玄字)모양으로 구불구불 흘러야 길(吉)하고, 유속(流速)은 완만하여 천천히 흘러야 길(吉)하고, 청탁(淸濁)으로 보면 물이 깨끗하고 맑아야 길(吉)합니다. 성정(性情)으로 볼 때는 물은 둥글게 감싸고 흘러서 유정(有情)하면 길(吉)하고, 나눌 곳에서 나누고 합칠 곳에서 합쳐야 길(吉)합니다.

반대로, 득수(得水)하여 오는 물이 짧고 가는 물이 길면 역량이 없습니다. 파구(破口)가 멀고 관쇄(關鎖)하지 못하면 흉(凶)하고, 흐르는 모양이 일자(一字)로 직류(直流)하면 흉(凶)합니다. 여울물 같이 급하게 흐르면 흉(凶)하고, 흐리고 탁하고 냄새가 나면 흉(凶)합니다. 물이 뾰족하게 혈장(穴場)을 직충(直衝) 횡사(橫射)하거나 혈장(穴場)을 등지고 나가는 물은 좋지 않고, 물이 경사지에서 급히 흐르거나 물이 모이지 않고 각각 쪼개져서 흐르면 이는 모두 흉격(凶格)입니다.

2. 사국수법(四局水法)

사국(四局)의 작국(作局)

먼저, 나경(羅經) 천반봉침(天盤縫針)으로 측정한 파구(破口＝水口)를 기준하여 사국(四局)을 만듭니다.

파구(破口)가
　　정미(丁未), 곤신(坤申), 경유(庚酉)에 있으면 목국(木局),
　　신술(辛戌), 건해(乾亥), 임자(壬子)에 있으면 화국(火局),
　　계축(癸丑), 간인(艮寅), 갑묘(甲卯)에 있으면 금국(金局),
　　을진(乙辰), 손사(巽巳), 병오(丙午)에 있으면 수국(水局)입니다.

사묘[四墓 = 진술축미(辰戌丑未)]의 정미(丁未), 신술(辛戌), 계축(癸丑), 을진(乙辰)이 12포태법(胞胎法)으로 각국의 묘위(墓位)가 됩니다.

💠 사국(四局)에서 수(水)의 분별(分別)

풍수(風水)에서 산은 움직이지 않으므로 음(陰)으로 보며, 물은 움직이므로 양(陽)으로 봅니다. 그러므로 양(陽)인 물은 시계방향인 오른쪽으로 순행(順行)합니다. 따라서 묘위(墓位)의 시계방향으로 다음 쌍산(雙山)부터 기포(起胞)하여 오른쪽으로 순행(順行)하며, 절태양생(絶胎養生), 욕대관왕(浴帶官旺) 쇠병사묘(衰病死墓)로 측정합니다.

🌟 득수처(得水處)와 파구처(破口處)의 길흉화복(吉凶禍福)

사국수법(四局水法)에서는 득수처(得水處)와 파구처(破口處)의 길흉화복(吉凶吉凶)을 봅니다.

사국수법(四局水法)에서는 각 향(向)에 맞는 방위(方位)에서 정확하게 물을 얻고, 그 물이 혈(穴)을 둥글게 감싸 흐른 뒤에는 각 국(局)의 천간자(天干字)로 빠지면 좋습니다. 파(破)가 만약 지지(地支) 구획으로 빠지면 부귀(富貴)는 반으로 줄어듭니다.

진혈(眞穴)을 이루려면, 득수(得水)는 좋은 방향에서 오고, 파(破)는 흉한 방향이어야 합니다. 길(吉)한 방향은 양(養), 장생(長生), 관대(冠帶), 임관(臨官), 제왕(帝旺)방위가 이에 해당됩니다.

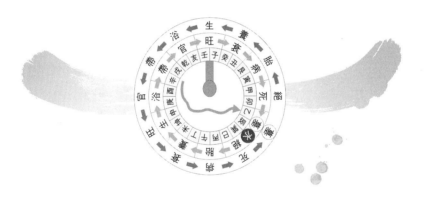

위와 같이 천반봉침(天盤縫針)으로 물이 빠지는 수구(水口)를 살펴보았더니, 파(破)가 을방(乙方)이므로 수국(水局) 묘파(墓破)입니다. 물이 우선수(右旋水)로 혈(穴)의 오른쪽에서 왼쪽으로 흘러 빠져나가는데, 관대방(冠帶方)에서 득수(得水)하고, 파(破)는 천간자(天干字) 묘파(墓破)가 됩니다. 좋은 방향에서 득수(得水)하고 나쁜 방향으로 파(破)가 이루어지니 잘 이루어졌다 하겠습니다.

12포태(胞胎) 궁위(宮位)의 득수(得水)와 파구(破口)에 대한 기본적인 길흉화복(吉凶禍福)은 다음과 같습니다.

1) 절수(絶水), 태수(胎水)

절태궁(絶胎宮)에서 득수(得水)한 물이 혈(穴) 앞 명당으로 들어오면, 아이가 생기지 않아 자손이 끊기고, 부자(父子)간에는 불목(不睦)하고, 부부(夫婦)간에는 불화(不和)합니다. 절태수(絶胎水)가 장대(長大)하면 여인이 음란(淫亂)하게 됩니다.

반대로 절태궁(絶胎宮)으로 파구(破口)되면, 모든 자손(子孫)이 나란히 발전하나 작은 벼슬과 작은 부자가 됩니다.

2) 양수(養水), 장생수(長生水)

양궁(養宮)이나 장생궁(長生宮)에서 득수(得水)한 물이 혈(穴) 앞 명당으로 들어오면, 모든 자손이 균등하게 대발복(大發福)하여 문명(文名) 높은 자손과 부귀(富貴)가 기약됩니다.

반대로 양궁(養宮)이나 장생궁(長生宮)으로 파구(破口)되면, 어릴 때 집안이 망하며, 도박과 사치로 집안이 망하게 됩니다. 특히 청상과부와 단명한 자손이 우려됩니다.

3) 목욕수(沐浴水)

목욕궁(沐浴宮)에서 득수(得水)한 물이 혈(穴) 앞 명당으로 들어오면, 재주는 뛰어나나 사치(奢侈)와 음란(淫亂)으로 패가망신(敗家亡身)하게 됩니다.

반대로 목욕궁(沐浴宮)으로 파구(破口)되면 문장(文章)과 그림에 뛰어나 풍류(風流)를 즐기고, 작은 부자가 됩니다.

4) 관대수(冠帶水)

관대궁(冠帶宮)에서 득수(得水)한 물이 혈(穴) 앞 명당으로 들어오면, '칠세아동능작시(七歲兒童能作詩)'라 하여 모든 자손이 잘되며, 총명(聰明)한 자손이 나와 이름과 가문(家門)을 빛냅니다.

반대로 관대궁(冠帶宮)으로 파구(破口)되면 자손과 재물에 발전이 없고, 고아(孤兒)나 과부(寡婦)가 나오며 집안은 가난해집니다.

5) 임관수(臨官水)

임관궁(臨官宮)에서 득수(得水)한 물이 혈(穴) 앞 명당으로 들어오면, 소년등과(少年登科)에 관로(官路)가 양양하게 됩니다.

반대로 임관궁(臨官宮)으로 파구(破口)되면, 집안의 대들보가 될 똑똑한 자손이 요절합니다.[성재지자조귀음(成才之子早歸陰)]

6) 제왕수(帝旺水)

제왕궁(帝旺宮)에서 득수(得水)한 물이 혈(穴) 앞 명당으로 들어오면, 부귀쌍전(富貴雙全)하고 대대장상(代代將相)이 기약됩니다.

반대로 제왕궁(帝旺宮)으로 파구(破口)되면, 석숭(石崇)같은 거부(巨富)도 하루아침에 망하고, 전사자(戰死者)가 나옵니다.

7) 쇠수(衰水)

쇠궁(衰宮)에서의 득수(得水)나 파구(破口)는 모두 귀(貴)합니다. 쇠궁(衰宮)에서 득수(得水)한 물이 혈(穴) 앞 명당으로 들어오거나 파구

(破口)되면 총명(聰明)한 자손이 소시등과(少時登科)하여 그 문명(文名)이 드높습니다.

8) 병수(病水), 사수(死水)

병궁(病宮)이나 사궁(死宮)에서의 득수(得水)나 파구(破口)는 모두 흉(凶)합니다. 득수(得水)나 파구(破口) 모두 이혼(離婚), 병사(病死), 전상(戰傷)등 재앙이 우려됩니다. 그러나 득수(得水)는 흉(凶)하지만 파구(破口)는 길(吉)하다는 이론도 있습니다.

9) 묘수(墓水)

묘궁(墓宮)에서 득수(得水)한 물이 혈(穴) 앞 명당으로 들어오면, 모든 자손이 발전(發展)이 없으며, 사람이 상하고, 집안이 망합니다.

반대로 묘궁(墓宮)으로 파구(破口)되면 부귀(富貴)하고 자손(子孫)이 번창(繁昌)하는 길격(吉格)이 됩니다.

사국수법(四局水法)과 길흉화복(吉凶禍福)						
사국 四局	목국 木局	화국 火局	금국 金局	수국 水局	길흉화복 吉凶禍福	
파 破	정미 丁未 곤신 坤申 경유 庚酉	신술 辛戌 건해 乾亥 임자 壬子	계축 癸丑 간인 艮寅 갑묘 甲卯	을진 乙辰 손사 巽巳 병오 丙午	득수 得水	파구 破口
절 絶	곤신 坤申	건해 乾亥	간인 艮寅	손사 巽巳	부생아손 종내절사 不生兒孫 終乃絶嗣	등조승직 登朝昇職
태 胎	경유 庚酉	임자 壬子	갑묘 甲卯	병오 丙午	부자분정 부부불화 父子分情 夫婦不和	등조승직 登朝昇職

양養	신술辛戌	계축癸丑	을진乙辰	정미丁未	조현문장 照顯文章	청상수공방 靑孀守空房
생生	건해乾亥	간인艮寅	손사巽巳	곤신坤申	제지손부귀 諸子孫富貴	단명핍사 短命乏嗣
욕浴	임자壬子	갑묘甲卯	병오丙午	경유庚酉	음란도화 淫亂桃花 악질관재 惡疾官災	음란(淫亂) 88向 적법하면 문고소수 부귀 文庫消水富貴
대帶	계축癸丑	을진乙辰	정미丁未	신술辛戌	문장명필 文章名筆	자손병약단명 子孫病弱短命
관官	간인艮寅	손사巽巳	곤신坤申	건해乾亥	소년등과 少年登科	자손단명 子孫短命
왕旺	갑묘甲卯	병오丙午	경유庚酉	임자壬子	최고관직 最高官職 재산거부 財産巨富	부자(富者)가 하루아침에 망함
쇠衰	을진乙辰	정미丁未	신술辛戌	계축癸丑	자손총명 子孫聰明 소년등과 少年登科	득수파구 모두 길수(吉水) 안정(安定)
병病	손사巽巳	곤신坤申	건해乾亥	간인艮寅	전상횡사, 각종재앙 戰傷橫死 各種災殃 백병, 이혼 百病,離婚	득수파구 모두 흉수(凶水) 재앙부단 災殃不斷
사死	병오丙午	경유庚酉	임자壬子	갑묘甲卯		
묘墓	정미丁未	신술辛戌	계축癸丑	을진乙辰	직업부도 파산 職業不渡 破産	출장입상 出將入相

3. 팔요황천살수(八曜黃泉殺水)

　팔요황천살(八曜黃泉殺)이란, 팔괘(八卦)에 의한 8방위 입수룡(入首龍)의 팔괘오행(八卦五行)을, 방향(方向)의 정오행[正五行==지지오행(地支五行)]이 극(剋)하는 것을 말합니다. 팔요살(八曜殺), 황천살(黃泉殺)이라고도 부릅니다.

나경(羅經)의 1층에는 진(辰), 인(寅), 신(申), 유(酉), 해(亥), 묘(卯), 사(巳), 오(午) 8칸으로 나누어 표시되어 있습니다. 지반정침(地盤正針)으로 측정한 팔괘룡(八卦龍)의 팔괘오행(八卦五行)을 극(剋)하는 정오행(正五行)의 지지(地支)를 나타낸 것입니다.

팔요황천살(八曜黃泉殺)은 악살(惡殺) 중에서도 가장 흉한 살(殺)이어서, 인상손재(人傷損財)하여 사람이 다치고, 재산(財産)을 다 날리고 망하게 되고, 절손(絶孫)까지 될 수 있다고 보는 죽음과 파멸을 뜻하므로, 장사(葬事)지낼 때 반드시 피해야 합니다.

팔요황천살수(八曜黃泉殺水)는 황천수(黃泉水)라고도 합니다. 입수룡(入首龍)의 팔괘오행(八卦五行)을, 물의 방위 정오행(正五行)이 극(剋)하는 것입니다. 물의 방위란 물이 들어오거나 또는 저수지나 연못이 있는 경우를 말합니다.

나경(羅經) 지반정침(地盤正針)으로 측정한 입수룡(入首龍)의 팔괘오행(八卦五行)을, 물이 있는 방위의 정오행(正五行)이 극(剋)하는 것을 말

팔요황천살(八曜黃泉殺) **조견표**(早見表) : 입수룡의 팔괘오행을 방향의 정오행이 극함

	팔괘 (八卦)	감(坎) ☵	간(艮) ☶	진(震) ☳	손(巽) ☴	이(離) ☲	곤(坤) ☷	태(兌) ☱	건(乾) ☰
입 수 룡	궁위 (4층)	임자계 壬子癸	축간인 丑艮寅	갑묘을 甲卯乙	진손사 辰巽巳	병오정 丙午丁	미곤신 未坤申	경유신 庚酉辛	술건해 戌乾亥
	팔괘 오행	水(+)	土(+)	木(+)	木(-)	火(-)	土(-)	金(-)	金(+)
황 천 살	방위 (1층)	진, 술 辰, 戌	인 寅	신 申	유 酉	해 亥	묘 卯	사 巳	오 午
	정오행	土(+)	木(+)	金(+)	金(-)	水(-)	木(-)	火(-)	火(+)
오행상극		토극수, 목극토, 금극목, 수극화, 화극금 (土剋水, 木剋土, 金剋木, 水剋火, 火剋金)							

합니다. 물은 나경(羅經) 천반봉침(天盤縫針)으로 측정합니다. 황천수(黃泉水)는 혈(穴)을 향하여 들어오는 내수(來水) 즉 득수(得水)와 혈(穴)에서 보이는 호수나 저수지의 물을 보고, 물이 나가는 파구(破口)의 방위는 상관하지 않습니다.

예1 입수일절룡(入首一節龍)을 나경(羅經) 4층 지반정침(地盤正針)으로 측정하니 축간인(丑艮寅) 3방향 중 하나로 간룡(艮龍)이고, 물이 들어오는 득수처(得水處)나 물이 보이는 저수지의 방위를 나경(羅經)의 8층 천반봉침(天盤縫針)으로 측정하니 인(寅) 방위였다면 황천수(黃泉水)에 해당됩니다.

예2 입수일절룡(入首一節龍)을 나경(羅經) 4층 지반정침(地盤正針)으로 측정하니 진룡(震龍)으로 갑묘을(甲卯乙) 3방위 중 하나이고, 득수처(得水處)의 위치를 나경(羅經) 8층 천반봉침(天盤縫針)으로 측정하니 신(申) 방위라면 황천수(黃泉水)로 매우 흉(凶)하게 됩니다.

예3 입수일절룡(入首一節龍)을 나경(羅經) 4층 지반정침(地盤正針)으로 측정하니 이룡(離龍)으로 병오정(丙午丁) 3방위 중 하나이고, 나경(羅經) 8층 천반봉침(天盤縫針)으로 저수지의 위치를 측정하니 해(亥) 방위에 있다면 저수지 물은 황천수(黃泉水)가 되어 매우 흉(凶)한 물이 됩니다.

4. 팔로사로황천수(八路四路黃泉水)

나경 2층은 팔로사로황천살(八路四路黃泉殺)을 나타냅니다.

묘(墓)의 향(向)을 기준하여 천반봉침(天盤縫針)으로 보았을 때, 황천살(黃泉殺) 방위로 물이 들어오거나 나가거나 또는 지호수(池湖水)가 있으면 팔로사로황천수(八路四路黃泉水)가 되어 상정손재(傷丁損財)하여 자손이 다치고, 재산을 잃고 망하게 됩니다.

팔로사로황천살(八路四路黃泉殺) : 나경2층 [묘(墓)의 향(向)을 기준]							
坎(水) ☵	艮(土) ☶	震(木) ☳	巽(木) ☴	離(火) ☲	坤(土) ☷	兌(金) ☱	乾(木) ☰
1층 辰戌	寅	申	酉	亥	卯	巳	午
2층 乾　艮	癸甲　艮　巽	乙丙　巽　坤	丁庚　坤　乾			辛壬	
3층 水　金	火　木　水	金　火　木	水　金　火	木			
4층 壬 子 癸	丑 艮 寅	甲 卯 乙	辰 巽 巳	丙 午 丁	未 坤 申	庚 酉 辛	戌 乾 亥

예 1 어느 묘(墓)의 좌향(坐向)을 지반정침(地盤正針)으로 측정하니 경좌갑향(庚坐甲向)이고, 이때 물이 들어오는 득수처(得水處) 혹은 물이 나가는 파구처(破口處)를 천반봉침(天盤縫針)으로 측정하니 간(艮) 방위였다면 팔로사로황천수(八路四路黃泉水)의 침범을 받아 매우 흉(凶)한 일을 당하게 됩니다.

예 2 어느 혈지(穴地)의 좌향(坐向)을 지반정침(地盤正針)으로 측정하니 곤좌간향(坤坐艮向)이고, 이때 물의 득수처(得水處)와 파구처(破口處)를 천반봉침(天盤縫針)으로 측정하니 계(癸) 방위나 갑(甲) 방위에 있다면 팔로사로황천수(八路四路黃泉水)가 됩니다.

324

제7절 향법론(向法論)

1. 향법(向法) 개요(槪要)

풍수지리학(風水地理學)은 용혈사수(龍穴砂水)의 형세(形勢)와 음양오행(陰陽五行)의 이법(理法) 작용에 의해서 혈(穴)의 응결(凝結)과 그 길흉화복(吉凶禍福)을 추구하는 학문입니다.

용혈사수(龍穴砂水) 형세(形勢)에 의해서 혈(穴)을 찾았다면 혈(穴)의 좌향(坐向)을 어떻게 하여 우주의 좋은 기운을 취할 것인가를 논하는 것이 향법론(向法論)으로, 취길피흉(取吉避凶) 즉 길한 기운은 취하고 흉한 기운은 피하는 것을 목적으로, 옛날부터 용혈사수향(龍穴砂水向)을 지리오결(地理五訣)이라 하여 매우 중요시 여겼습니다.

비록 용진혈적(龍眞穴的)하여 지기(地氣)가 충만한 곳이라도 우주의 나쁜 기운이 비추는 방향이면 부귀(富貴)는 불발하고 크고 작은 재앙(災殃)이 뒤따르게 된다고 봅니다. 따라서 용진혈적(龍眞穴的)한 진혈지(眞穴地)를 찾는 것도 중요하지만, 혈(穴)이 제대로 발복(發福)할 수 있도록 좌향(坐向)을 우주(宇宙)의 이법(理法)에 맞게 결정하는 것이 중요합니다. 또한 지기(地氣)가 충만(充滿)한 용진혈적지(龍眞穴的地)가 아니더라도 향법(向法)만이라도 제대로 하여 천기(天氣)의 좋은 기운이라도 받게 하자는 것이 이기론(理氣論)입니다.

풍수지리(風水地理)에는 각종 향법(向法)이 많이 있고, 학설도 다양하나 일반적으로 가장 많이 쓰이는 방법이 포태법(胞胎法)에 의한 구빈 양균송의 팔십팔향법(八十八向法)과 구성법(九星法)입니다.

포태법(胞胎法)이나 구성법(九星法) 모두 용(龍)과 물과 좌향(坐向)을 하나로 조화시켜 취길피흉(取吉避凶)하는 법칙이라는 것은 똑같으나 그 결과는 서로 다를 수 있습니다. 여기서는 팔십팔향법(八十八向法)을 소개하도록 하겠습니다.

2. 팔십팔향법(八十八向法)

1) 팔십팔향법(八十八向法) 개요

팔십팔향법(八十八向法)의 연원은 당나라 때 구빈 양균송의 14진신 수법(進神水法)과 10퇴신법(退神法)에 두고 있습니다.

양균송은 이 법칙으로 불쌍한 백성들을 가난으로부터 구제해 주었다하여 선생의 별호를 구빈(救貧)이라고 불렀습니다. 이후로 후대 선사(先師)들이 본법을 계승 발전시켜 오늘날까지 전하고 있으며 우리나라에서 가장 많이 쓰이는 풍수지리 이법입니다.

옛사람들은 이법을 찬양하여 '능지팔십팔향(能知八十八向)이면 횡행천지(橫行天地)에 무기지(無棄地)'라 하여 팔십팔향법(八十八向法)만 잘 맞추어 쓰면 온 천지(天地)를 다녀도 버릴 땅이 없다고 하였습니다. 또 팔십팔향법(八十八向法)의 정확성을 극찬하여 '팔십팔향(八十八向)이 지정지덕(至正至德)하여 대지(大地)는 대발(大發)하고, 소지(小地)는 소발(小發)하는 진백발백중지결(眞百發百中之訣)'이라고 하였고, '의수입향(依水立向)이면 당변살위관(當變煞爲官)'이라 하여 물에 의지하여 향(向)을 세우면 살(殺)이 변하여 관(官)이 된다고 까지 신봉하고 추종하였습니다.

또한 무맥평지(無脈平地)에도 능지팔십팔향(能知八十八向)이면 부귀(富貴)는 난망(難望)이나 단연불사절(斷然不嗣絶)에 족이의식(足以衣食) '이라 하여 용맥(龍脈)이 없는 사절룡(死絶龍)이라도 팔십팔향법(八十八向法)으로 향(向)을 잘 놓게 되면 비록 부귀(富貴)는 못한다하더라도 자손보존(子孫保存)과 의식(衣食)은 충족(充足)된다고 하였습니다.

향법(向法)은 풍수지리의 기본공식입니다. 용혈사수(龍穴砂水)의 형세적 관찰과 판단은 보는 사람에 따라 다를 수 있으나 향법(向法)은 공식화되어 있기 때문에 누가 보아도 똑 같은 길흉화복(吉凶禍福)으로 평가됩니다.

2) 88향법(向法)에서의 나경(羅經) 사용법의 원칙

팔십팔향법(八十八向法)에 의해서 좌향(坐向)을 결정하고 운용하는데에는 다음과 같은 원칙이 있습니다.

(1) 나경(羅經) 24방위를 12동궁(同宮)으로 운용합니다.

24방위를 양(陽)인 사유(四維), 팔천간(八天干)과 음(陰)인 12지지(地支)를 음양배합(陰陽配合)하여 배열한 것이 동궁(同宮)입니다.

사유(四維)는 건곤간손(乾坤艮巽)이고, 팔천간(八天干)은 갑을병정경신임계(甲乙丙丁庚辛壬癸)이며, 12지지(地支)는 자축인묘진사오미신유술해(子丑寅卯辰巳午未申酉戌亥)입니다.

이를 음양배합(陰陽配合)하면, 임자(壬子), 계축(癸丑), 간인(艮寅), 갑묘(甲卯), 을진(乙辰), 손사(巽巳), 병오(丙午), 정미(丁未), 곤신(坤申), 경유(庚酉), 신술(辛戌), 건해(乾亥)입니다. 이때 오행(五行)은 지지오행(地支五行)을 따릅니다.

(2) 파구(破口)를 중심으로 사국(四局)을 결정합니다.

수지래거(水之來去) 즉, 물이 왔다가 가는 곳인 파구(破口)를 기준으로 사국(四局)을 결정합니다. 목화토금수(木火土金水) 오행(五行)중에서 중앙을 나타내는 토(土)를 빼고 목국(木局), 화국(火局), 금국(金局), 수국(水局)의 사국(四局)을 가지고 운용합니다.

의수입향법(依水入向法)인 88향법(向法)은 매국(每局)마다 묘궁(墓宮),

절궁(絶宮), 태궁(胎宮)의 육자상(六字上)으로 출수(出水)하는 것으로 가정합니다. 파구(破口)는 혈 앞을 지나는 물이 최종적으로 나가는 곳입니다.

목국(木局)은 파(破)가 정미(丁未), 곤신(坤申), 경유(庚酉)일 때

화국(火局)은 파(破)가 신술(辛戌), 건해(乾亥), 임자(壬子)일 때

금국(金局)은 파(破)가 계축(癸丑), 간인(艮寅), 갑묘(甲卯)일 때

수국(水局)은 파(破)가 을진(乙辰), 손사(巽巳), 병오(丙午)일 때

(3) 향(向)을 기준으로 국(局)을 정할 때는 삼합오행(三合五行)으로 합니다.

향(向)을 기준으로 사국(四局)을 정하는 것을 향상작국(向上作局)이라 하며, 이때 오행(五行)은 삼합오행(三合五行)입니다.

해묘미(亥卯未)는 삼합(三合)하여 목국(木局)이며, 향(向)이 건해(乾亥),갑묘(甲卯), 정미(丁未)일 때는 향상목국(向上木局)이 됩니다.

인오술(寅午戌)은 삼합(三合)하여 화국(火局)이며, 향(向)이 간인(艮寅),병오(丙午),신술(辛戌)일 때는 향상화국(向上火局)이 됩니다.

사유축(巳酉丑)은 삼합(三合)하여 금국(金局)이며, 향(向)이 손사(巽巳),경유(庚酉),계축(癸丑)일 때는 향상금국(向上金局)이 됩니다.

신자진(申子辰)은 삼합(三合)하여 수국(水局)이며, 향(向)이 곤신(坤申),임자(壬子),을진(乙辰)일 때는 향상수국(向上水局)이 됩니다.

(4) 득수(得水)한 물이 혈(穴)의 향(向)을 지나쳐, 음양교배(陰陽交配)하는 물을 기준합니다.

팔십팔향법(八十八向法)은 의수입향(依水入向)이 원칙이지만, 모든 물이 다 입향(立向)의 의지수(依支水)가 아닙니다. 오직 혈(穴)을 감싸고 돌아 향(向)과 마주보고 음양교배(陰陽交配)할 수 있는 물만이 의지수(依支水)입니다.

혈(穴)의 좌측에서 득수한 물이 혈(穴) 앞을 감싸고돌아 우측으로 파구(破口)되는 좌수도우(左水到右)하는 좌선수(左旋水)나, 혈(穴)의 우측에서 득수한 물이 혈(穴) 앞을 감싸고돌아 좌측으로 파구되는 우수도좌(右水到左)하는 우선수(右旋水)를 보고 입향(立向)을 합니다.

아무리 크고 좋은 물이라도 혈(穴) 앞을 지나지 않으면 용수교배(龍水交配)를 할 수 없으므로, 물의 대소에 구애받지 말고 항상 용혈(龍穴)을 감싸고 흐르는 물을 기준해야 합니다.

(5) 좌선룡(左旋龍)에 우선수(右旋水), 우선룡(右旋龍)에 좌선수(左旋水)가 원칙이지만, 지나친 제약을 받지 않습니다.

용(龍)이 혈(穴)을 결지하는 방법에 우선룡(右旋龍)에 좌선수(左旋水), 좌선룡(左旋龍)에 우선수(右旋水)가 원칙입니다. 그러나 실제 용진혈적(龍眞穴的)한 곳이라도 이를 가늠하기 어려운 곳이 많습니다. 따라서 용(龍)의 좌우선(左右旋)에 지나친 제약을 받지 말고 좌우 어떠한 물이든 확실하게 용혈(龍穴)을 감싸주는 물이 혈(穴)의 향(向)과 음양교배(陰陽交配)할 수 있는 물입니다.

(6) 내파(內破)가 우선이고, 외파(外破)는 차선입니다.

혈(穴)에 직접적인 영향을 줄 수 있는 물은 혈(穴)에서 제일 가까운 물입니다. 대부분 혈지(穴地)는 내파(內破)와 외파(外破)가 같은 방위에 있는 경우가 많으나 다른 경우도 있습니다. 이럴 경우 내파(內破)와 외파(外破)를 모두 만족시킬 수 있는 방위(方位)로 입향(立向)해야 합니다.

그러나 불가능할 경우에는 내파(內破)를 우선(右旋)하고, 외파(外破)는 다음입니다. 내파(內破) 기준 입향(立向)은 당대(當代) 혹은 빠른 시기의 길흉(吉凶)을 관장하고, 외파(外破) 기준 입향(立向)은 후대(後代) 혹은 늦은 시기의 길흉(吉凶)을 관장합니다.

(7) 파구(破口)는 혈(穴) 앞을 지나는 물이 최종적으로 나가는 곳입니다.

물은 산 따라 높은 곳에서 낮은 곳으로 흐르는 것이 원칙입니다. 비록 좌청룡 우백호가 낮아 물이 보이지 않더라도 청룡(靑龍) 또는 백호(白虎)를 따라 물길이 있다고 생각해야 합니다.

물이 흐른다는 것은 지세(地勢)가 그와 같은 형태로 되어 있다는 뜻입니다. 좌청룡(左靑龍) 우백호(右白虎)가 서로 교차한 지점에서 좌우수(左右水)가 합수(合水)되고 보국(保局) 밖으로 나갑니다.

따라서 혈(穴) 앞을 지나는 물이 다른 물과 합수(合水)되는 지점이 내당수(內堂水)가 최종적으로 나가는 파구(破口)입니다. 내파(內破)는 이곳의 방위를 나경(羅經) 천반봉침(天盤縫針)으로 측정하여 기준으로 삼아야 합니다.

3) 불립6향(不立六向)

파구(破口)에 따라 각 국(局)을 작국(作局)하고, 각 국(局)마다 입향(立向)할 수 없는 태향(胎向), 목욕향(沐浴向), 관대향(冠帶向), 임관향(臨官向), 쇠향(衰向), 병향(病向)을 불립육향(不立六向)이라 합니다.

예를 들어 파구(破口)가 정미방(丁未方)이면, 목국(木局)의 묘궁(墓宮)입니다. 이때 경유(庚酉)는 태향(胎向), 임자(壬子)는 목욕향(沐浴向), 계축(癸丑)은 관대향(冠帶向), 간인(艮寅)은 임관향(臨官向), 을진(乙辰)은 쇠향(衰向), 손사(巽巳)는 병향(病向)입니다. 만약 불립육향(不立六向)에 해당되는 방위로 향(向)을 놓으면, 용혈(龍穴)이 좋지 못한 곳에서는 패가상정(敗家傷丁), 즉 집안이 망하고 젊은 사람이 다칩니다. 설사 용진혈적지(龍盡穴的地)라 하더라도 이기(理氣)에 따른 재앙(災殃)은 면할 수 없습니다.

4) 팔십팔향법(八十八向法)의 종류

　팔십팔향법(八十八向法)에는 정생향(正生向), 정왕향(正旺向), 정양향(正養向), 정묘향(正墓向), 태향태류(胎向胎流), 절향절류(絶向絶流), 쇠향태류(衰向胎流), 자생향(自生向), 자왕향(自旺向), 문고소수(文庫消水), 목욕소수(沐浴消水)의 11개 종류가 있습니다.

　이들은 목국(木局), 화국(火局), 금국(金局), 수국(水局)에 각각 하나씩 있으므로 44개 향(向)이 되고, 쌍산배합(雙山配合)이기 때문에 모두 88향(向)이 됩니다. 나경(羅經)의 24방위로 파구(破口)와 향(向)을 측정하여 놓을 수 있는 좌향(坐向)의 종류는 이론상 576개입니다. 이중 88향(向)만 길한 것이고 나머지 488향(向)은 흉하다고 보는 것입니다.

　11개의 향법(向法)중 사국법(四局法)을 기준하여,

　정국(正局)으로 입향(立向)할 수 있는 향(向)은 정생향(正生向), 정왕향(正旺向), 정양향(正養向), 정묘향(正墓向), 태향태류(胎向胎流), 절향절류(絶向絶流), 쇠향태류(衰向胎流) 등 7개 향법(向法)입니다.

　향상작국(向上作局)을 하여 변국(變局)으로 입향(立向)할 수 있는 향법(向法)은 자생향(自生向), 자왕향(自旺向), 문고소수(文庫消水), 목욕소수(沐浴消水) 등 4개입니다.

　자생향(自生向)과 자왕향(自旺向)의 뜻은 스스로 생향(生向)과 왕향(旺向)을 얻는다는 의미에서 이름 붙여진 것이다. 향상작국(向上作局)은 향(向)을 중심으로 물의 득수처(得水處)와 파구처(破口處) 그리고 향(向)의 길흉화복(吉凶禍福)을 구체적으로 확인할 수 있는 수법(水法)입니다. 향상(向上)으로 득수처(得水處)와 향(向)은 길(吉)한 궁위(宮位)여야 하고, 파구(破口)는 흉(凶)한 궁위(宮位)여야 길(吉)합니다.

제8절 팔십팔향법(八十八向法)

1. 정생향(正生向)

물은 혈(穴)에서 보았을 때, 혈(穴)의 우측 왕궁(旺宮)에서 득수(得水)하여 혈 앞 명당을 지난 다음 좌측(左側)으로 파구(破口)되는 우수도좌(右水倒左) 우선수(右旋水)이어야 하며, 용은 좌선룡(左旋龍)이 원칙입니다. 사국(四局)의 묘궁[墓宮]으로 파구(破口)되고, 정국(正局) 12포태의 생향(生向)을 정생향(正生向)이라 합니다.

정생향(正生向) : 우선수(右旋水), 묘파(墓破), 생향(生向)			
四局	묘파墓破	향(向)	좌 향(坐 向)
목국	정미丁未	건해乾亥	손좌건향(巽坐乾向) 사좌해향(巳坐亥向)
화국	신술辛戌	간인艮寅	곤좌간향(坤坐艮向) 신좌인향(申坐寅向)
금국	계축癸丑	손사巽巳	건좌손향(乾坐巽向) 해좌사향(亥坐巳向)
수국	을진乙辰	곤신坤申	간좌곤향(艮坐坤向) 인좌신향(寅坐申向)

혈 우측 제왕궁(帝旺宮)에서 득수한 물은 임관수(臨官水), 관대수(冠帶水), 목욕수(沐浴水)의 길(吉)한 기운(氣運)을 가지고 혈(穴)앞 명당에 모여 생향(生向)에서 혈(穴)에 좋은 기운을 공급해주고 묘궁(墓宮)으로 파구됩니다. 이를 왕거영생(旺去迎生)이라 합니다. 물이 12포태(胞胎)의 왕궁(旺宮)에서 득수하고 생궁(生宮)에서 향(向)과 만나 묘궁(墓宮)으로 파구(破口)되니 생왕묘(生旺墓) 삼합(三合)이 이루어지면서 혈(穴)을 금성전요(錦城纏腰)하는 길국형세(吉局形勢)가 됩니다.

용진혈적(龍眞穴的)에 정생향(正生向)이면'부귀쌍전(富貴雙全) 처현자효(妻賢子孝)'라 하여, 자손이 크게 번창하고, 부귀하며 아내는 어질고 자식은 효도하며, 특히 등과급제(登科及第)하는 자손이 많이 나와 성인

(聖人)이나 장상(將相)이 되고, 오복(五福)이 따라옵니다.

그러나 좌수도우(左水倒右) 좌선수(左旋水)는 '소망패절(少亡敗絶) 도산가빈(倒産家貧)' 즉 어린 자식이 일찍 요절(夭折)하고 모든 가업이 도산(倒産)하여 망(亡)하게 됩니다.

정생향(正生向) 목국(木局)

정생향(正生向) 화국(火局)

정생향(正生向) 금국(金局)

정생향(正生向) 수국(水局)

2. 정왕향(正旺向)

물은 혈(穴)의 좌측 생궁(生宮)에서 득수(得水)하여 혈(穴) 앞 명당을 지난 다음 우측으로 파구되는 좌수도우(左水倒右)인 좌선수(左旋水)이

어야 하며, 용은 우선룡(右旋龍)이 원칙입니다. 사국(四局)의 묘궁(墓宮)
으로 파구(破口)되고, 정국 12포태의 왕향(旺向)을 정왕향(正旺向)이라
고 합니다.

정왕향(正旺向) : 좌선수(左旋水), 묘파(墓破), 왕향(旺向)			
四局	묘파墓破	향(向)	좌 향 (坐 向)
목국	정미丁未	갑묘甲卯	경좌갑향(庚坐甲向) 유좌묘향(酉坐卯向)
화국	신술辛戌	병오丙午	임좌병향(壬坐丙向) 자좌오향(子坐午向)
금국	계축癸丑	경유庚酉	갑좌경향(甲坐庚向) 묘좌유향(卯坐酉向)
수국	을진乙辰	임자壬子	병좌임향(丙坐壬向) 오좌좌향(午坐子向)

혈(穴)의 좌측 장생궁(長生宮)에서 득수한 물은 목욕수(沐浴水), 관대
수(冠帶水), 임관수(臨官水)의 길한 기운을 가지고 혈(穴) 앞 명당에 모
여 왕향(旺向)에서 혈(穴)에 좋은 기운을 공급해주고, 묘궁(墓宮)으로
파구(破口)됩니다. 이를 생래회왕(生來會旺)이라 합니다.

물이 12포태의 생궁(生宮)에서 득수(得水)하고 왕궁(旺宮)에서 향(向)
과 만나 묘궁(墓宮)으로 파구(破口)되니 생왕묘(生旺墓) 삼합(三合)이 이
루어지면서 혈(穴)을 옥대전요(玉帶纏腰)하는 길국형세(吉局形勢)가 됩
니다.

용진혈적(龍眞穴的)에 정왕향(正旺向)이면 주로 부귀쌍전(富貴雙全)에
필출(必出) 총명영재(聰明英才)하여 필발귀현(必發貴顯)에 발부왕정(發富
旺丁)합니다. 즉 필히 총명한 영재(英材)가 나와 귀현(貴顯)하고 자손번
창(子孫繁昌)과 부귀(富貴), 장수(長壽)하며, 특히 모든 자손(子孫)이 균
일하게 발복하는 것이 특징입니다.

그러나 우수도좌(右水倒左)는 묘절파왕(墓絶破旺)이 되어 대흉(大凶)
합니다.

정왕향(正旺向) 목국(木局)

정왕향(正旺向) 화국(火局)

정왕향(正旺向) 금국(金局)

정왕향(正旺向) 수국(水局)

3. 정양향(正養向)

물은 혈(穴)의 우측에서 득수(得水)하여 혈(穴) 앞 명당을 지난 다음 좌측으로 파구(破口)되는 우수도좌(右水倒左)인 우선수(右旋水)이어야 하며, 용은 좌선룡(左旋龍)이 원칙입니다. 사국(四局)의 절궁(絶宮)으로 파구(破口)되고, 정국(正局)의 12포태의 양향(養向)을 정양향(正養向)이라고 합니다.

정양향(正養向) : 우선수(右旋水), 절파(絶破), 양향(養向)			
四局	절파絶破	향(向)	좌 향 (坐 向)
목국	곤신坤申	신술辛戌	을좌신향(乙坐辛向) 진좌술향(辰坐戌向)
화국	건해乾亥	계축癸丑	정좌계향(丁坐癸向) 미좌축향(未坐丑向)
금국	간인艮寅	을진乙辰	신좌을향(辛坐乙向) 술좌진향(戌坐辰向)
수국	손사巽巳	정미丁未	계좌정향(癸坐丁向) 축좌미향(丑坐未向)

혈(穴)의 우측 임관궁(臨官宮)에서 득수한 물은 관대수(冠帶水), 목욕
수(沐浴水), 장생수(長生水)의 길한 기운을 가지고 혈(穴) 앞 명당에 모
여 양향(養向)에서 혈(穴)에 기운을 공급해주고 절궁(絶宮)으로 파구(破
口)됩니다. 이를 귀인녹마상어가(貴人祿馬上御街)라 하며 혈(穴)을 금성
환포(錦城環抱)하는 길국형세(吉局形勢)입니다.

용진혈적(龍眞穴的)에 정양향(正養向)이면 정재양왕(丁財兩旺) 공명현
달(功名顯達)이라 하여, 모든 자손과 재물이 왕성하게 번창하고 공명현
달(功名顯達)한 자손이 나오는, 발복(發福)이 가장 큰 지리(地理) 중 최
고의 향(向)입니다.

그러나 좌수도우(左水倒右)인 좌선수(左旋水)는 묘절충생대살(墓絶 衝
生大煞)이 되어 대흉(大凶)하게 됩니다.

정양향(正養向) 목국(木局)

정양향(正養向) 화국(火局)

정양향(正養向) 금국(金局)   정양향(正養向) 수국(水局)

4. 정묘향(正墓向)

물은 혈(穴)의 좌측에서 득수(得水)하여 혈(穴) 앞 명당을 지난 다음 우측으로 파구되는 좌수도우(左水倒右)인 좌선수(左旋水)이어야 하며, 용(龍)은 우선룡(右旋龍)이 원칙입니다. 사국(四局)의 절궁(絶宮)으로 파구(破口)되고, 정국(正局)의 12포태의 묘향(墓向)을 정묘향(正墓向)이라고 합니다.

四局	절파絶破	향(向)	좌 향 (坐 向)
목국	곤신坤申	정미丁未	계좌정향(癸坐丁向) 축좌미향(丑坐未向)
화국	건해乾亥	신술辛戌	을좌신향(乙坐辛向) 진좌술향(辰坐戌向)
금국	간인艮寅	계축癸丑	정좌계향(丁坐癸向) 미좌축향(未坐丑向)
수국	손사巽巳	을진乙辰	신좌을향(辛坐乙向) 술좌진향(戌坐辰向)

정묘향(正墓向) : 좌선수(左旋水), 절파(絶破), 묘향(墓向)

혈(穴) 좌측의 장대(長大)한 제왕궁(帝旺宮)에서 득수한 물이 쇠수(衰水), 병수(病水), 사수(死水)의 기운을 가지고 혈(穴) 앞 명당에 모여 묘향(墓向)에서 혈(穴)에 기운을 공급해주고, 절궁(絶宮)으로 파구(破口)

됩니다. 그리고 우측 작은 소수(小水)는 장생궁(長生宮)에서 득수(得水)한 물이 양수(養水), 태수(胎水)의 기운을 가지고 절궁(絶宮)에서 서로 합수(合水)하여 파구(破口)됩니다. 좌, 우측 물이 혈(穴)을 감싸고 양수협출(兩水夾出)하는 길국형세(吉局形勢)가 됩니다.

용진혈적(龍眞穴的)에 정묘향(正墓向)이면 발부발귀(發富發貴)에 복수쌍전(福壽雙全)이라 하여, 부귀(富貴)가 발현(發顯)하고 자손번창(子孫繁昌)하며 건강(健康) 장수(長壽)합니다.

그러나 우수도좌(右水倒左)하면 생수도충절위(生水到衝絶位)가 되어 대흉(大凶)하게 됩니다.

정묘향(正墓向) 목국(木局)

정묘향(正墓向) 화국(火局)

정묘향(正墓向) 금국(金局)

정묘향(正墓向) 수국(水局)

5. 태향태류(胎向胎流)

물은 혈(穴)의 우측에서 득수(得水)하여 명당에 모인 다음 혈(穴) 앞으로 파구(破口)되는 우선수(右旋水)이고 당문파(堂門破)이며, 좌선룡(左旋龍)이 원칙입니다. 사국(四局) 태궁(胎宮)의 천간자(天干字)로 파구(破口)되고, 정국(正局)의 12포태의 태향(胎向)을 태향태류(胎向胎流)라 합니다.

四局	태파胎破 천간자	향(向)	좌 향 (坐 向)
목국	경(庚)	경유庚酉	갑좌경향(甲坐庚向) 묘좌유향(卯坐酉向)
화국	임(壬)	임자壬子	병좌임향(丙坐壬向) 오좌자향(午坐子向)
금국	갑(甲)	갑묘甲卯	경좌갑향(庚坐甲向) 유좌묘향(酉坐卯向)
수국	병(丙)	병오丙午	임좌병향(壬坐丙向) 자좌오향(子坐午向)

태향태류(胎向胎流): 우선수(右旋水), 태궁(胎宮) 천간파(天干破), 태향(胎向)

혈 우측 관대궁(冠帶宮)에서 득수한 물이 목욕수(沐浴水), 장생수(長生水), 양수(養水)의 기운을 가지고 혈(穴) 앞에 모여 태향(胎向)에서 혈(穴)과 음양교합(陰陽交合) 후 향(向) 앞 태궁(胎宮)으로 빠져나가므로 당문파(堂門破)이고, 당면출살법(堂面出煞法)이라 합니다.

★ 당문파(堂門破): 물이 혈(穴) 앞으로 나가는 것을 말한다. 그러므로 향(向)과 파(破)가 같다. 당면소수(堂面消水)라는 말이다.

★ 당면출살법(當面出煞法): 당면(當面) 즉 혈(穴) 앞으로 물이 흘러 나가는 파구(破口)가 될 때에는, 백보전란(百步轉欄)에 불견직거(不見直去)해야 한다는 것이다. 이는 즉 청룡백호(靑龍白虎)가 가깝게 감싸 안아주어 파구(破口)가 완벽하게 관쇄(關鎖)되고, 물이 구불구불하게 천천히 흘러 밖으로 직선으로 나가는 것이 보여서는 안 된다는 것이다. 형세적으로 완벽하지 않으면, 견동토우(牽動土牛) 즉, 흙으로 만든 소를 이끌고 가는 것이니 아무런 이득도 없을뿐더러 소용없는 일인 것이다.

제2부 | 음택풍수(陰宅風水)

★ 88향법에서 물이 혈 앞으로 나가는 당문파(堂門破)는 태향태류(胎向
胎流), 절향절류(絶向絶流)가 있는데, 물이 나가는 방향이 지지자(地
支字)로 나가면 안 된다. 우수도좌(右水到坐)하여 천간자 수구(天干字
水口)로만 출수되어야만 한다.

88향(向)에는 포함되지 않았지만 묘향묘류(墓向墓流)도 당문파(堂門
破)이기 때문에 길(吉)하다는 이론이 있다. 이를 포함하면 길향이 모
두 96향이다. 이 경우의 물은 좌수도우(左水到右)하여 천간자 방위로
출수 되어야 한다.

　

당문파(堂門破)는 백보전란(百步轉欄)에 불견직거(不見直去)해야 합니
다. 즉 청룡백호(靑龍白虎)가 가깝게 감싸 안아 주어 파구(破口)가 완벽
하게 관쇄(關鎖)되고, 물이 구불구불하게 천천히 흘러 밖으로 직선으
로 나가는 것이 보여서는 안 됩니다.

용진혈적(龍眞穴的)에 태향태류(胎向胎流)는 주로 대부대귀(大富大貴)
에 인정흥왕(人丁興旺)하여 자손이 크게 번창(繁昌)합니다.

만약 물이 좌수도우(左水到右)하거나, 용혈(龍穴)이 빈약(貧弱)하거
나, 지지자(地支字)를 범하면 즉시 패절(敗絶)하여 망(亡)하니 함부로
사용할 수 없습니다. 물이 묘(墓) 앞으로 직선으로 빠져나가는 것이
보이면 하루아침에 망하게 됩니다.

태향태류(胎向胎流) 목국(木局)

태향태류(胎向胎流) 화국(火局)

태향태류(胎向胎流) 금국(金局)

태향태류(胎向胎流) 수국(水局)

6. 절향절류(絶向絶流)

물은 혈(穴) 우측에서 득수(得水)하여 명당에 모인 다음 혈(穴) 앞으로 파구(破口)되는 우선수(右旋水)이고 당문파(堂門破)이며, 좌선룡(左旋龍)이 원칙입니다. 사국(四局) 절궁(絶宮)의 사유자(四維字 : 乾坤艮巽)로 물이 파구(破口)되고, 정국(正局) 12포태의 절향(絶向)을 절향절류(絶向絶流)라 합니다.

四局	절파絶破 四維字	향(向)	좌 향(坐 向)
목국	곤(坤)	곤신坤申	간좌곤향(艮坐坤向) 인좌신향(寅坐申向)
화국	건(乾)	건해乾亥	손좌건향(巽坐乾向) 사좌해향(巳坐亥向)
금국	간(艮)	간인艮寅	곤좌간향(坤坐艮向) 신좌인향(辛坐寅向)
수국	손(巽)	손사巽巳	건좌손향(乾坐巽向) 해좌사향(亥坐巳向)

절향절류(絶向絶流) : 우선수(右旋水), 절궁(絶宮) 사유파(四維破), 절향(絶向)

혈(穴) 우측 목욕궁(沐浴宮)에서 득수(得水)한 물이 장생수(長生水), 양수(養水), 태수(胎水)의 기운을 가지고 혈(穴) 앞에 모여 절향(絶向)에서 혈(穴)과 음양교합(陰陽交合)후 향(向)앞 절궁(絶宮)으로 물이 빠져나가므로 당문파(堂門破)이며, 이를 당면출살법(當面出煞法)이라 합니다.

당문파(堂門破)는 백보전란(百步轉欄)에 불견직거(不見直去)해야 합니다. 즉 청룡백호(靑龍白虎)가 가깝게 감싸 안아 주어 파구(破口)가 완벽하게 관쇄(關鎖)되고, 물이 구불구불하게 천천히 흘러 밖으로 직선으로 나가는 것이 보여서는 안 됩니다.

용진혈적(龍眞穴的)에 절향절류(絶向絶流)는 주로 대부대귀(大富大貴)에 인정흥왕(人丁興旺)하여 자손이 크게 번창(繁昌)합니다. 만약 물이 좌수도우(左水到右)하거나, 용혈(龍穴)이 빈약(貧弱)하거나, 지지자(地支字)를 범하면 즉시 패절(敗絶)하여 절손(絶孫)이 될 우려가 있으니 함부로 사용할 수 없습니다. 물이 묘(墓) 앞으로 직선으로 빠져나가는 것이 보이면 하루아침에 망하게 됩니다.

절향절류(絶向絶流) 목국(木局)

절향절류(絶向絶流) 화국(火局)

절향절류(絶向絶流) 금국(金局)

절향절류(絶向絶流) 수국(水局)

7. 쇠향태류(衰向胎流)

물은 혈(穴) 좌측 또는 혈(穴) 앞에서 득수(得水)하여 명당으로 들어
오는 조입당전(朝入堂前)해서, 혈(穴) 우측을 감싸고돌아 혈좌(穴坐) 바
로 우측 태궁(胎宮) 천간자(天干字)로 파구(破口)됩니다. 우선룡(右旋龍)
이 원칙입니다. 사국(四局) 태궁(胎宮) 천간자(天干字)로 물이 파구(破口)
되고, 정국(正局) 12포태의 쇠향(衰向)을 쇠향태류(衰向胎流)라 합니다.

四局	태파태궁(胎宮) 천간파(天干破), 쇠향(衰向)		
四局	태파태궁 天干字	향(向)	좌 향(坐 向)
목국	경(庚)	을진乙辰	신좌을향(辛坐乙向) 술좌진향(戌坐辰向)
화국	임(壬)	정미丁未	계좌정향(癸坐丁向) 축좌미향(丑坐未向)
금국	갑(甲)	신술辛戌	을좌신향(乙坐辛向) 진좌술향(辰坐戌向)
수국	병(丙)	계축癸丑	정좌계향(丁坐癸向) 미좌축향(未坐丑向)

혈(穴) 좌측 목욕궁(沐浴宮)에서 득수(得水)한 물이 관대수(冠帶水),
임관수(臨官水), 제왕수(帝旺水)의 기운을 가지고 혈(穴)앞에 모여 쇠향
(衰向)에서 혈(穴)과 음양교합(陰陽交合)후 병(病), 사(死), 묘(墓), 절(絶)
의 흉한 기운을 모두 태궁(胎宮)으로 유출시킵니다. '조래좌수혈후파
(朝來左水穴後破)'라 하는데, 이 말은 혈(穴) 앞으로 들어 온 좌측의 물이
혈(穴)뒤에서 파구(破口)된다는 뜻입니다.

쇠향태류(衰向胎流)는 백호(白虎)는 없고 청룡(靑龍)이 혈장(穴場)을
완전하게 감아준 형태이며, 주산(主山)과 주룡(主龍)이 낮아 혈(穴) 우
측 뒤로 파구(破口)가 보여야 하기 때문에 산간지(山間地)에서는 불가
능하며 평양지(平洋地)에서만 가능합니다.

용진혈적(龍眞穴的)에 쇠향태류(衰向胎流)는 발부발귀(發富發貴)에 복
수쌍전(福壽雙全)합니다. 만약 물이 우수도좌(右水到坐)한다면, 절수도
충묘고대살(絶水到衝墓庫大煞)이 되어 패절(敗絶)합니다.

343

쇠향태류(衰向胎流) 목국(木局)

쇠향태류(衰向胎流) 화국(火局)

쇠향태류(衰向胎流) 금국(金局)

쇠향태류(衰向胎流) 수국(水局)

향상작국(向上作局)이란 무엇을 말하는 것인가?

사국(四局)을 정(定)하는 것을 작국(作局)이라 하는데, 물이 흘러 나가는 파구(破口)를 기준으로 결정을 합니다. 이를 향상작국(向上作局)과 대비하여 본국(本局)이라 말합니다. 변국(變局)과 대비하여 정국(正局)이라고도 합니다.

향상작국(向上作局)이란 향(向)을 기준으로 하여 사국(四局)을 정(定)하는 것을 말합니다. 본국(本局)을 '향(向)으로 기준을 변경'하여 작국(作局)을 한다하여 변국(變局)이라고도 합니다.

인신사해(寅申巳亥)의 방향(方向) 즉, 사유방향(四維方向)은 각국의 절향(絶向), 생향(生向), 임관향(臨官向), 병향(病向)이 됩니다.

자오묘유(子午卯酉)의 방향(方向)인 사정방향(四正方向)은 각국의 태향(胎向), 목욕향(沐浴向), 제왕향(帝旺向), 사향(死向)이 됩니다.

진술축미(辰戌丑未)의 방향(方向) 즉 사묘방향(四墓方向)은 각국의 양향(養向), 관대향(冠帶向), 쇠향(衰向), 묘향(墓向)이 됩니다.

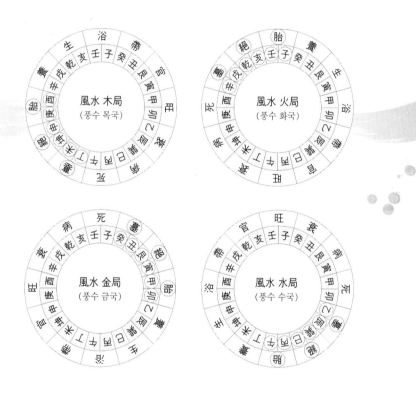

향상작국(向上作局)은 본국(本局)의 묘궁(墓宮)으로 파구(破口)되는 자생향(自生向)과 자왕향(自旺向), 본국(本局)의 태궁(胎宮)으로 파구(破口)되는 문고소수(文庫消水)와 본국(本局)의 태궁(胎宮) 천간자(天干字)로 파구(破口)되는 목욕소수(沐浴消水)가 있습니다.

변국		파구(破口)	향(向)
자생향	차고소수 자생향 借庫消水 自生向	묘파(墓破)	절향(絶向)
	향상작국 向上作局	향상양궁 파 向上養宮 破	향상생향 向上生向
자왕향	차고소수 자왕향 借庫消水 自旺向	묘파(墓破)	사향(死向)
	향상작국 向上作局	향상쇠궁 파 向上衰宮 破	향상왕향 向上旺向
문고소수	목욕소수 자생향 沐浴消水 自生向	태파(胎破)	절향(絶向)
	향상작국 向上作局	향상목욕궁 파 向上沐浴宮 破	향상생향 向上生向
목욕소수	목욕소수 자왕향 沐浴消水 自旺向	태궁 천간자 파	목욕향(沐浴向)
	향상작국 向上作局	향상목욕궁 파 向上沐浴宮 破	향상왕향 向上旺向

★ 묘파(墓破)면 정고(正庫), 절파(絶破)면 소고, 태파(胎破)면 대고(大庫)라고
  도 한다.

★ 변국(變局)에는 차고소수(借庫消水)와 목욕소수(沐浴消水)가 있는데, 여
  기서 소수(消水)란 말은 파구(破口)와 같은 말입니다. 따라서 차고소수(借
  庫消水)는 묘파(墓破)를 빌린다는 말이고, 목욕소수(沐浴消水)는 목욕파
  (沐浴破)라는 말입니다.

★ 차고소수(借庫消水) : 타국(他局)의 묘파(墓破)를 빌려서, 향(向)을 향상작
  국(向上作局)하는 향법(向法)이다. 차고소수(車庫消水) 자생향(自生向)을
  자생향(自生向)으로, 차고소수(車庫消水) 자왕향(自旺向)을 자왕향(自旺
  向)이라 부른다.

  • 절처봉생자생향(絶處逢生自生向) : 절향(絶向)은 향상작국(向上作局)
    의 자생향(自生向)이 된다는 말이다.

  • 화사위자왕향(化死位自旺向) : 사향(死向)이 향상작국(向上作局)의 자
    왕향(自旺向)이 된다는 말이다.

★ 목욕소수(沐浴消水) : 타국(他局)의 태파(胎破)를 빌려 쓰는 향법(向法)이다. 향상작국(向上作局)하면 태파(胎破)는 향상목욕궁(向上沐浴宮)이 파(破)가 되므로 목욕소수(沐浴消水)라 한다.

- 목욕소수(沐浴消水) 자생향(自生向) → 문고소수(文庫消水)
- 목욕소수(沐浴消水) 자왕향(自旺向) → 목욕소수(沐浴消水)

8. 자생향(自生向)

물은 혈(穴)의 우측에서 득수(得水)하여 좌측으로 파구(破口)되는 우수도좌(右水倒左)하는 우선수(右旋水)이어야 하며, 용(龍)은 좌선룡(左旋龍)이 원칙입니다. 정국(正局)의 묘파(墓破) 절향(絶向)입니다.

타국(他局)의 묘파(墓破)를 빌려 사용함으로 차고소수(借庫消水)라 하며, 스스로 남의 묘파(墓破)를 빌리고 절향(絶向)은 향상작국(向上作局)하여 스스로 생향(生向)을 만들었다하여 자생향(自生向)이라고 부릅니다. 정국(正局)으로는 절향(絶向)이지만 향상(向上)으로는 생향(生向)이므로 절처봉생자생향(絶處逢生自生向)이라 합니다.

자생향(自生向) : 우선수(右旋水),정국(正局) 묘파(墓破) 절향(絶向)				
本局	墓破	향(向)	向上作局	좌 향(坐 向)
목국	丁未	곤신坤申	向上水局	간좌곤향(艮坐坤向) 인좌신향(寅坐申向)
화국	辛戌	건해乾亥	向上木局	손좌건향(巽坐乾向) 사좌해향(巳坐亥向)
금국	癸丑	간인艮寅	向上火局	곤좌간향(坤坐艮向) 신좌인향(申坐寅向)
수국	乙辰	손사巽巳	向上金局	건좌손향(乾坐巽向) 해좌사향(亥坐巳向)

정국(正局)으로 보면, 물은 혈(穴)의 우측 목욕궁(沐浴宮)에서 득수(得水)하여 장생수(長生水), 양수(養水), 태수(胎水)의 기운을 가지고 혈(穴) 앞 명당에 모여 절향(絶向)에서 혈(穴)과 음양교합(陰陽交合)後 향(向) 좌측 묘궁(墓宮)으로 파구(破口)됩니다.

그러나 향상작국(向上作局)하면, 물은 혈(穴)의 우측 향상왕궁(向上
旺宮)에서 득수(得水)하여 향상임관수(向上臨官水), 향상관대수(向上冠帶
水), 향상목욕수(向上沐浴水)가 향상생궁(向上生宮)에서 혈(穴)의 향(向)
과 만나 향상양궁(向上養宮)으로 파구(破口)됩니다.

용진혈적(龍眞穴的)에 자생향(自生向)이면 조빈석부(朝貧夕富)에 부귀
왕정(富貴旺丁)이라 하여 발복(發福)이 매우 빠르고 자손 번창과 부귀
번영하는 매우 길한 향(向)입니다. 그러나 좌수도우(左水到右)는 묘절
충생대살(墓絶衝生大煞)이 되어 자식들이 일찍 요절하고 가업은 도산하
여 가난해지는 등 대흉(大凶)을 초래합니다.

목국(木局) 묘파(墓破) 절향(絶向)
향상수국(向上水局) 자생향(自生向)

화국(火局) 묘파(墓破) 절향(絶向)
향상목국(向上木局) 자생향(自生向)

금국(金局) 묘파(墓破) 절향(絶向)
향상화국(向上火局) 자생향(自生向)

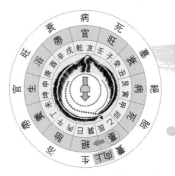

수국(水局) 묘파(墓破) 절향(絶向)
향상금국(向上金局) 자생향(自生向)

9. 자왕향(自旺向)

　물은 혈(穴)의 좌측에서 득수(得水)하여 우측으로 파구(破口)되는 좌수도우(坐水到右)하는 좌선수(左旋水)이어야 하고, 우선룡(右旋龍)이 원칙입니다. 정국(正局)의 묘파(墓破) 사향(死向)입니다.

　타국(他局)의 묘파(墓破)를 빌려 사용함으로 차고소수(借庫消水)라 하며, 다른 정국(正局)의 묘파(墓破)를 빌리고 사향(死向)은 향상작국(向上作局)하여 스스로 왕향(旺向)을 만들었다하여 자생향(自生向)이라고 부릅니다. 정국(正局)으로는 사향(死向)이지만 향상(向上)으로는 왕향(旺向)이므로 화사위자왕향(化死爲自旺向)이라고 합니다.

自旺向(자왕향) : 좌선수(左旋水),정국(正局) 묘파(墓破) 사향(死向)				
本局	墓破	향(向)	向上作局	좌 향(坐 向)
목국	丁未	병오丙午	向上火局	임좌병향(壬坐丙向) 자좌오향(子坐午向)
화국	辛戌	경유庚酉	向上金局	갑좌경향(甲坐庚向) 묘좌유향(卯坐酉向)
금국	癸丑	임자壬子	向上水局	병좌임향(丙坐壬向) 오좌자향(午坐子向)
수국	乙辰	갑묘甲卯	向上木局	경좌갑향(庚坐甲向) 유좌묘향(酉坐卯向)

　정국(正局)으로 보면, 물은 좌측 임관궁(臨官宮)에서 득수(得水)하여 제왕수(帝旺水), 쇠수(衰水), 병수(病水)의 기운을 가지고 혈(穴) 앞 명당에 모여 사향(死向)에서 혈(穴)과 음양교합(陰陽交合) 후 향(向) 우측 묘궁(墓宮)으로 파구(破口)됩니다. 그러나 향상작국(向上作局)하면, 물의 득수처(得水處)는 향상생궁(向上生宮)으로 향상목욕수(向上沐浴水), 향상관대수(向上冠帶水), 향상임관수(向上臨官水)의 기운이 되며 향상왕궁(向上旺宮)에서 혈(穴)의 향(向)과 만나 향상쇠궁(向上衰宮)으로 파구(破口)됩니다.

용진혈적(龍眞穴的)에 자왕향(自旺向)이면, 남총여수(男聰女秀) 부귀정재(富貴丁財)라 하여 남자는 총명하고 여자는 수려하며 자손 번창과 부귀 장수한다는 매우 길한 향(向)입니다. 그러나 우수도좌(右水到左)는 절수도충묘고대살(絶水到衝墓庫大煞)이 되어 대흉(大凶)합니다.

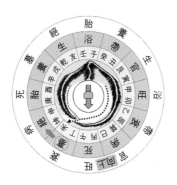

목국(木局) 묘파(墓破) 사향(死向)
향상화국(向上火局) 자왕향(自旺向)

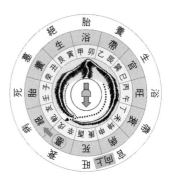

화국(火局) 묘파(墓破) 사향(死向)
향상금국(向上金局) 자왕향(自旺向)

금국(金局) 묘파(墓破) 사향(死向)
향상수국(向上水局) 자왕향(自旺向)

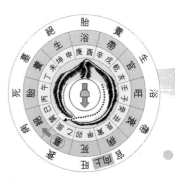

수국(水局) 묘파(墓破) 사향(死向)
향상목국(向上木局) 자왕향(自旺向)

10. 문고소수(文庫消水)

물은 좌측에서 득수(得水)하여 우측으로 파구(破口)되는 좌수도우(坐水到右)하는 좌선수(左旋水)이어야 하며, 우선룡(右旋龍)이 원칙입니다. 정국(正局)의 태파(胎破) 절향(絶向)입니다.

향상작국(向上作局)으로는 향상목욕궁(向上沐浴宮)으로 파구(破口)되므로 목욕소수(沐浴消水)라 하며, 목욕소수(沐浴消水)로서 향상생향(向上生向)이 되는 것을 문고소수(文庫消水)라 합니다.

문고소수(文庫消水) : 좌선수(左旋水),정국(正局) 태파(胎破)절향(絶向)				
本局	胎破	향(向)	向上作局	좌 향(坐 向)
木局	庚酉	곤신坤申	向上水局	간좌곤향(艮坐坤向) 인좌신향(寅坐申向)
火局	壬子	건해乾亥	向上木局	손좌건향(巽坐乾向) 사좌해향(巳坐亥向)
金局	甲卯	간인艮寅	向上火局	곤좌간향(坤坐艮向) 신좌인향(申坐寅向)
水局	丙午	손사巽巳	向上金局	건좌손향(乾坐巽向) 해좌사향(亥坐巳向)

정국(正局)으로 보면, 물은 좌측 본국(本局) 쇠궁(衰宮)에서 득수(得水)하여 병수(病水), 사수(死水), 묘수(墓水)의 기운을 가지고 혈(穴) 앞 명당에 들어와 절향(絶向)에서 혈(穴)과 음양교합(陰陽交合) 후 향(向) 우측 태궁(胎宮)으로 파구(破口)됩니다. 그러나 향상작국(向上作局)을 하면 물의 득수처(得水處)는 향상묘궁(向上墓宮)으로 향상절수(向上絶水), 향상태수(向上胎水), 향상양수(向上養水)의 기운이 되며 향상생궁(向上生宮)에서 혈(穴)의 향(向)과 만나 향상목욕궁(向上沐浴宮)으로 파구(破口)됩니다.

용진혈적(龍眞穴的)에 문고소수(文庫消水)는 총명(聰明)한 수재(秀才)가 나와 문장(文章)이 특출하고 부귀쌍전(富貴雙全)합니다. 만약 물이 우수도좌(右水到坐)인 우선수(右旋水)이거나, 조금만 어긋나도 음란(淫亂)으로 패절(敗絶)하므로 가벼히 써서는 안 됩니다.

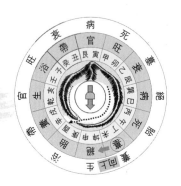

문고소수(文庫消水)
목국(木局) 태파(胎破) 절향(絶向)
향상수국(向上水局) 자생향(自生向)

문고소수(文庫消水)
화국(火局) 태파(胎破) 절향(絶向)
향상목국(向上木局) 자생향(自生向)

문고소수(文庫消水)
금국(金局) 태파(胎破) 절향(絶向)
향상화국(向上火局) 자생향(自生向)

문고소수(文庫消水)
수국(水局) 태파(胎破) 절향(絶向)
향상금국(向上金局) 자생향(自生向)

11. 목욕소수(沐浴消水)

물은 우측에서 득수(得水)하여 좌측으로 파구(破口)되는 우수도좌(右水到坐)인 우선수(右旋水)이어야 하며, 좌선룡(左旋龍)이 원칙입니다. 정국(正局) 태궁(胎宮)의 천간파(天干破) 목욕향(沐浴向)입니다.

향상작국(向上作局)으로는 향상목욕궁(向上沐浴宮) 천간파(天干破)로, 향상왕향(向上旺向)되는 것을 목욕소수(沐浴消水)라고 합니다.

목욕소수(沐浴消水) : 우선수(右旋水), 태궁(胎宮) 천간파(天干破), 목욕향(沐浴向)				
本局	胎宮	향(向)	向上作局	좌 향(坐 向)
木局	庚	임자(壬子)	向上水局	병좌임향(丙坐壬向) 오좌자향(午坐子向)
火局	壬	갑묘(甲卯)	向上木局	경좌갑향(庚坐甲向) 유좌묘향(酉坐卯向)
金局	甲	병오(丙午)	向上火局	임좌병향(壬坐丙向) 자좌오향(子坐午向)
水局	丙	경유(庚酉)	向上金局	갑좌경향(甲坐庚向), 묘좌유향(卯坐酉向)

정국(正局)으로 보면, 물은 혈(穴) 우측 쇠궁(衰宮)에서 득수(得水)하여 제왕수(帝旺水), 임관수(臨官水), 관대수(冠帶水)의 기운으로 혈(穴) 앞 명당에 들어와 목욕향(沐浴向)에서 혈(穴)과 음양교합(陰陽交合) 후 향(向) 좌측으로 돌아 장생수(長生水), 양수(養水)와 함께 태궁(胎宮)으로 파구(破口)됩니다. 그러나 향상작국(向上作局)을 하면, 향상묘궁(向上墓宮)에서 득수(得水)하여 향상사수(向上死水), 향상병수(向上病水), 향상쇠수(向上衰水)의 기운으로 향상왕궁(向上旺宮)에서 혈(穴)의 향(向)과 만나 향상임관(向上臨官水), 향상관대수(向上冠帶水)와 함께 향상목욕궁(向上沐浴宮)으로 파구(破口)됩니다.

용진혈적(龍眞穴的)에 목욕소수(沐浴消水)는 '필발부귀(必發富貴) 인정창성(人丁昌盛)'한다하여 부귀(富貴)하며 자손(子孫)이 번창(繁昌)합니다. 그러나 물이 좌선수(左旋水)이거나, 용혈(龍穴)이 부실하거나, 조금이라도 어긋나 물이 지지자(地支字)를 침범하면, 음탕한 자손으로 패가 망신한다하니 함부로 쓸 일이 아닙니다.

목욕소수(沐浴消水)
木局 태천간파 목욕향(沐浴向)
향상수국(向上水局) 자왕향(自旺向)

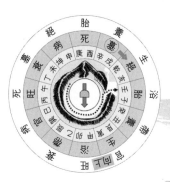

목욕소수(沐浴消水)
火局 태천간파 목욕향(沐浴向)
향상목국(向上木局) 자왕향(自旺向)

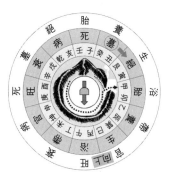

목욕소수(沐浴消水)
金局 태천간파 목욕향(沐浴向)
향상화국(向上火局) 자왕향(自旺向)

목욕소수(沐浴消水)
水局 태천간파 목욕향(沐浴向)
향상금국(向上金局) 자왕향(自旺向)

제3장

나경(羅經) 사용법

제1절 나경(羅經)의 개요(槪要)

1. 나경(羅經)의 유래(由來)

나경(羅經)은 우주의 삼라만상을 포함하고, 하늘과 땅의 이치를 다스린다는 『포라만상(包羅萬象) 경륜천지(經倫天地)』에서 『나(羅)』자와 『경(經)』자를 따와 붙여진 이름입니다.

나경(羅經)을 허리에 차고 다닌다하여 『패철(佩鐵)』이라고도 하고, 물위에 나뭇잎을 띄우고 자성(磁性)이 있는 쇠붙이를 띄워 방향을 가린다하여 『뜬쇠』라고도 불립니다.

풍수지리에서 유일하게 필요한 도구입니다. 용(龍), 혈(穴), 사(砂), 수(水), 향(向)의 정확한 위치를 측정하여 길(吉)한 방위(方位)와 흉(凶)한 방위(方位)를 판별하는데 사용합니다.

나경(羅經)은 단순히 땅만 보는 기구가 아니라, 우주의 순환이치를 담고 있어, 이를 제대로만 해석할 수 있다면 우주의 모든 이치를 알 수 있을 것입니다. 총36층으로 이루어졌으나 풍수지리(風水地理)에서는 보통 9층까지만 사용합니다.

이 책에서는 나경(羅經)이라는 용어를 사용하도록 하겠으며, 9층 나경(羅經)에 대해서 설명을 하도록 하겠습니다.

2. 나경(羅經)의 구조

우주천체가 원(圓)이듯이 나경(羅經)도 원형으로 되어 있습니다. 우주의 근원이 태극(太極)에 있으므로 나경(羅經)의 원리도 태극(太極)을 바탕으로 합니다. 태극은 음양으로 나누어지는데 나경(羅經)의 한가운데 원으로 된 부분이 태극(太極)입니다. 남북을 가르치는 자침(磁針)은 음양(陰陽)을 뜻합니다.

원(圓)을 기준으로 하여 밖으로 나가면서 글자가 배열되어 있습니다. 그 층을 순서대로 1층, 2층, 3층, 4층, 5층, 6층, 7층, 8층, 9층이라고 부릅니다.

제1층은 팔요황천살(八曜黃泉殺)을 나타냅니다.

제2층은 팔로사로황천살(八路四路黃泉殺)을 나타냅니다.

제3층은 삼합오행(三合五行)을 표시하였습니다.

제4층은 지반정침(地盤正針)입니다.

제5층은 천산72룡(穿山七十二龍)입니다.

제6층은 인반중침(人盤中針)입니다.

제7층은 투지60룡(透地六十龍)입니다.

제8층은 천반봉침(天盤縫針)입니다.

제9층은 120분금(分金)입니다.

3. 24방위(方位)

풍수(風水)에서는 24방위(方位)를 사용합니다. 24방위는 모두 360도로 원을 이루고, 1방위는 15도를 이룹니다.

24방위는 팔괘(八卦)와 천간(天干)과 지지(地支)로 이루어져 있습니다. 팔괘(八卦)는 건(乾), 태(兌), 리(離), 진(震), 손(巽), 감(坎), 간(艮), 곤(坤)이며, 후천팔괘(後天八卦)를 사용합니다. 감괘(坎卦)를 정북, 리괘(離卦)를 정남, 진괘(震卦)를 정동, 태괘(兌卦)를 정서로 하고, 간괘(艮卦)를 북동, 손괘(巽卦)를 동남. 곤괘(坤卦)를 남서, 건괘(乾卦)를 서북으로 하였습니다.

천간(天干)은 갑을(甲乙)은 동쪽, 병정(丙丁)은 남쪽, 경신(庚辛)은 서쪽, 임계(壬癸)는 북쪽을 나타냅니다.

지지(地支)는 자(子)는 정북, 오(午)는 정남, 묘(卯)는 정동, 유(酉)는 정서로 하고, 축(丑)인(寅)을 북동, 진(辰)사(巳)를 남동, 미(未)신(申)을 남서, 술(戌)해(亥)를 서북쪽으로 하였습니다.

24방위(方位)는, 자오묘유(子午卯酉)를 정북, 정남, 정동, 정서 사정방(四正方)으로 삼고, 건곤간손(乾坤艮巽)을 서북, 남서, 동북, 동남 사간방(四間方)으로 삼았습니다.

자오묘유(子午卯酉) 사정방(四正方)의 좌우에는 천간(天干)을 배치하였습니다. 즉 자(子)는 임계(壬癸)가 감싸고, 묘(卯)는 갑을(甲乙)이 감싸고, 오(午)는 병정(丙丁)이 감싸고, 유(酉)는 경신(庚辛)이 감쌉니다.

건곤간손(乾坤艮巽) 사유자(四維字)의 좌우에는 지지(地支)를 배치하였습니다. 즉 간(艮)은 축인(丑寅)이, 손(巽)은 진사(辰巳)가, 곤(坤)은 미신(未申)이, 건(乾)은 술해(戌亥)가 감쌉니다.

그리하여 임(壬), 자(子), 계(癸), 축(丑), 간(艮), 인(寅), 갑(甲), 묘(卯), 을(乙), 진(辰), 손(巽), 사(巳), 병(丙), 오(午), 정(丁), 미(未), 곤(坤), 신(申), 경(庚), 유(酉), 신(辛), 술(戌), 건(乾), 해(亥)의 24방이 되었습니다.

4. 나경(羅經)으로 방위를 측정하는 방법

1) 정반정침 (正盤正針)

묘지(墓地)나 택지(宅地) 또는 건물(建物)의 측정하고자 하는 곳에 먼저 나경(羅經)을 수평으로 놓고, 그 다음에 원(圓) 가운데 있는 자침(磁針)이 자오선(子午線)과 일치하도록 조절합니다. 이를 정반정침(正盤定針)이라고 합니다.

보통 나경(羅經)의 자침(磁針)은 북쪽을 가리키는 곳에 구멍을 뚫어 놓았거나, 빨강 색으로 칠해 놓았고, 또 자오선(子午線)에 선을 그려 놓아 자침(磁針)을 일치시키는데 편리하도록 하였습니다. 자침(磁針)의 구멍 뚫린 부분이 4층 자(子, 정북)의 중앙에, 반대쪽은 4층 오(午, 정남)의 중앙에 일치시키는 것입니다.

2) 측정방법(測定方法)

(1) 음택(陰宅)의 측정

• 정반정침(正盤定針)

기존의 묘(墓)가 있는 곳에서는 묘(墓) 앞이나 상석 중앙에 나경(羅經)을 정반정침(正盤定針)합니다. 새로운 자리는 묘지(墓地)의 혈심처(穴心處) 중앙에 정반정침(正盤定針)합니다.

• 묘(墓)의 좌향(坐向), 사(砂)와 물의 방위(方位)를 측정

4층 지반정침(地盤正針)으로 묘(墓)의 좌향(坐向)을 측정합니다. 6층 인반중침(人盤中針)으로는 주변에 있는 산인 사격(砂格)의 방위를 측정합니다. 8층 천반봉침(天盤縫針)으로는 득수처(得水處)와 수구(水口), 저수지, 호수 등 물의 방위를 측정합니다.

의수입향(依水入向) 즉, 물을 보고 향(向)을 결정하는 88향법(向法)을 쓸 때는 4층 지반정침(地盤正針) 대신 8층 천반봉침(天盤縫針)으로 좌향(坐向)을 봅니다.

• 입수룡(入首龍)의 측정

용맥(龍脈)의 측정은 먼저 묘(墓) 뒤 입수(入首) 중앙에 나경(羅經)을 정반정침(正盤定針)하고, 그 다음 4층 지반정침(地盤正針)으로 용(龍)이

내려오는 쪽을 보고, 용(龍)이 변화한 지점의 방위를 측정합니다. 이것이 입수일절룡(入首一節龍)이며 보통 입수룡(入首龍)이라고 합니다.

(2) 양택(陽宅)의 측정

지반정침(地盤正針)만 사용

양택(陽宅)에서 방위 측정은 4층 지반정침(地盤正針)만을 사용합니다. 이때 24방위를 3방위씩 나눈 팔괘방위(八卦方位)가 기본 단위가 됩니다.

즉 감(坎)은 임자계(壬子癸), 간(艮)은 축간인(丑艮寅), 진(震)은 갑묘을(甲卯乙), 손(巽)은 진손사(辰巽巳), 이(離)는 병오정(丙午丁), 곤(坤)은 미곤신(未坤申), 태(兌)는 경유신(庚酉辛), 건(乾)은 술건해(戌乾亥)가 됩니다.

● 동사택(東四宅), 서사택(西四宅)

손(巽), 진(震), 감(坎), 리(離)는 동사택(東四宅)의 방위를 나타내고, 건(乾), 곤(坤), 간(艮), 태(兌)는 서사택(西四宅)의 방위를 나타내어 양택(陽宅)에 활용하여 입택(立宅)과 방위(方位)의 길흉화복(吉凶禍福)을 살핍니다.

● 정반정침(正盤定針)과 기두(起頭) 설정

양택(陽宅)의 측정은 대지 중심점 혹은 건물의 중앙에 나경(羅經)을 정반정침(正盤定針)합니다. 그 다음 대지와 건물의 형평을 참작하여 기두(起頭)를 설정합니다. 기두(起頭)는 단독 주택의 경우 건물의 무게 중심처이고, 아파트나 사무실 등은 현관문이나 출입문이 됩니다.

• 주택 구성요소의 방위 측정

나경(羅經)을 정반정침(正盤定針)한 곳에서 기두(起頭)의 방위를 4층 지반정침(地盤正針)으로 측정하고, 대문, 방, 거실, 부엌, 수도, 하수구, 화장실 등의 방위를 측정합니다. 그 다음 가상법칙(家相法則)에 의해서 각 방위의 길흉화복(吉凶禍福)을 판단합니다.

제 2 절 제1층 팔요황천살(八曜黃泉殺)

팔요황천살(八曜黃泉殺)이란, 팔괘(八卦)에 의한 8방위 입수룡(入首
龍)의 팔괘오행(八卦五行)을, 방향(方向)의 정오행[正伍行 = 지지(地支五
行)]이 극(剋)하는 것을 말합니다.

1. 정오행(正五行)

천지(天地)가 음양(陰陽)으로 나뉘고, 음양(陰陽)이 음양운동(陰陽運
動)에 의해 오행(五行)이 발생하였습니다. 음양(陰陽)은 그 성정(性情)이
음양동정(陰陽動靜)하여 음양작용(陰陽作用)을 하게 되는데 이를 음양
운동(陰陽運動)이라 합니다.

우주를 떠돌던 오행(五行)이 땅으로 내려옴으로써 방향성을 가지게
되었습니다. 목(木)은 동방(東方), 화(火)는 남방(南方). 금(金)은 서방(西
方), 수(水)는 북방(北方), 목화금수(木火金水)를 중재(仲裁)하고 조절(調
節)하는 토(土)는 중앙(中央)에 위치하게 되었습니다.

오행(五行)이 분화(分化), 발전(發展)하여 천간(天干)으로는 갑을병정
무기경신임계(甲乙丙丁戊己庚辛壬癸)의 십천간(十天干)이 되고, 지지(地
支)로는 자축인묘진사오미신유술해(子丑寅卯辰巳午未辛酉戌亥)의 십이지
지(十二支地)가 되었습니다.

인묘(寅卯)는 동방(東方) 목(木)이고, 사오(巳午)는 남방(南方) 화(火)
이고, 신유(申酉)는 서방(西方) 금(金)이고, 해자(亥子)는 북방(北方) 수
(水)입니다. 오행(五行)일 때 중앙(中央)에서 중재(仲裁), 조절(調節)하던
진술축미(辰戌丑未) 토(土)는, 지지(地支)로 분화(分化), 발전(發展)하면
서 각 오행(五行)의 마디 사이에 위치합니다.

십이지지(十二支地)가 12방위를 가지게 되었고, 팔천간(八天干)과 사유(四維)와 음양배합(陰陽配合)하여 24방위를 만들었습니다. 동궁(同宮)은 지지(地支)의 오행(五行)을 따릅니다.

정오행(正五行)과 24방위(方位)

24 방위	건乾	해亥	임壬	자子	계癸	축丑	간艮	인寅	갑甲	묘卯	을乙	진辰	손巽	사巳	병丙	오午	정丁	미未	곤坤	신申	경庚	유酉	신辛	술戌
四維		건乾						간艮						손巽						곤坤				
천간			임(壬)		계(癸)				갑(甲)		을(乙)				병(丙)		정(丁)				경(庚)		신(辛)	
지지		亥		子		丑		寅		卯		辰		巳		午		未		申		酉		戌
오행 五行		水 (-)		水 (+)		土 (-)		木 (+)		木 (-)		土 (+)		火 (+)		火 (-)		土 (-)		金 (+)		金 (-)		土 (+)
		북(北)					동(東)						남(南)						서(西)					
		수(水)					목(木)						화(火)						금(金)					
												토(土)												

2. 팔괘오행 (八卦五行)

24방위를 후천팔괘(後天八卦)로 구분하고, 오행(五行)을 배치하였습니다. 이것이 팔괘오행(八卦五行)입니다.

팔괘오행(八卦五行)

팔괘 八卦	건(乾) ☰	감(坎) ☵	간(艮) ☶	진(震) ☳	손(巽) ☴	이(離) ☲	곤(坤) ☷	태(兌) ☱
궁위 (4층)	술건해 戌乾亥	임자계 壬子癸	축간인 丑艮寅	갑묘을 甲卯乙	진손사 辰巽巳	병오정 丙午丁	미곤신 未坤申	경유신 庚酉辛
팔괘 오행	金(+)	水(+)	土(+)	木(+)	木(-)	火(-)	土(-)	金(-)
음양	양(陽)				음(陰)			

3. 팔요황천살(八曜黃泉殺)

나경(羅經)의 1층에는 진(辰), 인(寅), 신(申), 유(酉), 해(亥), 묘(卯), 사(巳), 오(午) 8칸으로 나누어 표시되어 있습니다. 나경(羅經) 4층 지반정침(地盤正針)으로 측정한 팔괘룡(八卦龍)의 팔괘오행(八卦五行)을, 극(剋)하는 방향의 정오행(正五行) 지지(地支)를 나타낸 것으로 팔요황천살(八曜黃泉殺)이며, 팔요살(八曜殺), 황천살(黃泉殺)이라고도 부릅니다.

팔요황천살(八曜黃泉殺)은 악살(惡殺) 중에서도 가장 흉한 살(殺)이어서, 인상손재(人傷損財)하여 사람이 다치고, 재산(財産)을 다 날리고 망하게 되고, 절손(絶孫)까지 될 수 있다고 보는 죽음과 파멸을 뜻하므로, 장사(葬事)지낼 때 반드시 피해야 합니다.

팔요황천살(八曜黃泉殺) 조견표(早見表) : 입수룡의 팔괘오행을 방향의 정오행이 극함								
입수룡	팔괘 (八卦)	감(坎) ☵	간(艮) ☶	진(震) ☳	손(巽) ☴	이(離) ☲	곤(坤) ☷	태(兌) ☱	건(乾) ☰
	궁위 (4층)	임자계 壬子癸	축간인 丑艮寅	갑묘을 甲卯乙	진손사 辰巽巳	병오정 丙午丁	미곤신 未坤申	경유신 庚酉辛	술건해 戌乾亥
	팔괘 오행	水(+)	土(+)	木(+)	木(-)	火(-)	土(-)	金(-)	金(+)
황천살	방위 (1층)	진, 술 辰, 戌	인 寅	신 申	유 酉	해 亥	묘 卯	사 巳	오 午
	정오행	土(+)	木(+)	金(+)	金(-)	水(-)	木(-)	火(-)	火(+)
오행상극	토극수, 목극토, 금극목, 수극화, 화극금 (土剋水, 木剋土, 金剋木, 水剋火, 火剋金)							

1) 팔요황천살(八曜黃泉殺) 판별 기준(基準)

팔요황천살(八曜黃泉殺)은 입수룡(入首龍)의 좌(坐)를 기준으로 합니다. 입수룡(入首龍)의 좌(坐)는 나경(羅經) 4층 지반정침(地盤正針)으로 측정합니다. 측정한 입수룡(入首龍)에 따른 팔괘오행(八卦五行)은 다음과 같습니다.

> 임자계(壬子癸) 감룡(坎龍)이고 팔괘오행(八卦五行)은 양수(陽水)
> 축간인(丑艮寅) 간룡(艮龍)이고 팔괘오행(八卦五行)은 양토(陽土)
> 갑묘을(甲卯乙) 진룡(震龍)이고 팔괘오행(八卦五行)은 양목(陽木)
> 진손사(辰巽巳) 손룡(巽龍)이고 팔괘오행(八卦五行)은 음목(陰木)
> 병오정(丙午丁) 리룡(離龍)이고 팔괘오행(八卦五行)은 음화(陰火)
> 미곤신(未坤申) 곤룡(坤龍)이고 팔괘오행(八卦五行)은 음토(陰土)
> 경유신(庚酉辛) 태룡(兌龍)이고 팔괘오행(八卦五行)은 음금(陰金)
> 술건해(戌乾亥) 건룡(乾龍)이고 팔괘오행(八卦五行)은 양금(陽金)

2) 팔요황천살(八曜黃泉殺)의 종류

① 팔요황천살룡(八曜黃泉殺龍) : 용상팔살(龍上八殺)이라고도 합니다. 입수룡(入首龍)의 팔괘오행(八卦五行)을, 묘향(墓向)의 정오행(正五行)이 극(剋)하는 것입니다.

② 팔요황천살수(八曜黃泉殺水) : 황천수(黃泉水)라고도 합니다. 입수룡(入首龍)의 팔괘오행(八卦五行)을, 물의 방위 정오행(正五行)이 극(剋)하는 것입니다. 물의 방위란 물이 들어오거나 또는 저수지나 연못이 있는 경우를 말합니다.

③ 팔요황천살풍(八曜黃泉殺風) : 황천풍(黃泉風)이라고도 합니다. 입수룡(入首龍)의 팔괘오행(八卦五行)을, 바람의 방위 정오행(正五行)이 극(剋)하는 것입니다. 바람의 방위란 험한 골짜기가 있거나 주변 산이 패였거나 무너져 있어서[요함(凹陷)], 그곳으로 바람이 불어오는 경우를 말합니다.

④ 팔요황천일(八曜黃泉日) : 황천일(黃泉日)이라고도 합니다. 묘좌(墓坐)의 팔괘오행(八卦五行)을, 장사(葬事)지내는 일진(日辰)의 정오행(正五行)이 극(剋)하는 것입니다.

3) 팔요황천살(八曜黃泉殺)이 되는 이유

나경(羅經) 4층 지반정침(地盤正針)에 표시된 3방위의 팔괘오행(八卦五行)을, 1층에서 지시한 지지오행(地支五行)이 음양(陰陽)이 같으면서 극(剋)하기 때문에 흉(凶)하다고 보는 것입니다. 음양오행(陰陽五行)의 생극제화(生剋制化)로 나타나는 십신법(十神法)으로 편관(偏官) 또는 관살(官煞)에 해당됩니다.

임자계(壬子癸) 3방위는 감괘(坎卦)이고 오행(五行)은 양수(陽水)가 되는데, 진(辰)의 정오행(正五行)은 양토(陽土)로 토극수(土剋水)하므로 관살(官殺)이 되어 팔요황천살(八曜黃泉殺)이 됩니다.

축간인(丑艮寅) 3방위는 간괘(艮卦)이며 오행(五行)은 양토(陽土)입니다. 음양(陰陽)이 같으면서 이를 극(剋)하는 지지(地支)는 오행(五行)이 양목(陽木)인 인(寅)이 관살(官殺)이 되어 팔요황천살(八曜黃泉殺)이 됩니다.

나경(羅經)을 살펴보도록 하겠습니다.

나경(羅經)에서의 팔요황천살(八曜黃泉殺)																							
1층	辰			寅			申			酉			亥			卯			巳			午		
4층	壬	子	癸	丑	艮	寅	甲	卯	乙	辰	巽	巳	丙	午	丁	未	坤	申	庚	酉	辛	戌	乾	亥

4) 팔요황천살룡(八曜黃泉殺龍) 〔용상팔살(龍上八殺)〕

입수룡[入首龍=입수일절룡(入首一節龍)]의 팔괘오행(八卦五行)을 묘(墓)의 향(向) 정오행(正五行)이 극(剋)하는 것입니다.

예1. 입수일절룡(入首一節龍)을 나경(羅經) 4층 지반정침(地盤正針)으로 측정하니 감룡(坎龍) 즉 임자계(壬子癸) 3방위 중 하나라면, 묘(墓)의 향(向)을 술좌진향(戌坐辰向)이나 진좌술향(辰坐戌向)으로 놓으면 팔요황천살(八曜黃泉殺)에 해당합니다.

예2 입수일절룡(入首一節龍)을 나경(羅經) 4층 지반정침(地盤正針)으로 측정하니 곤룡(坤龍) 즉 미곤신(未坤申) 3방위 중 하나라면, 유좌묘향(酉坐卯向)을 놓으면 팔요황천살(八曜黃泉殺)에 해당합니다.

예3 입수일절룡(入首一節龍)이 나경(羅經) 4층 지반정침(地盤正針)으로 측정하니 술건해(戌乾亥) 3방위중 하나로 입수(入首)하여 건룡(乾龍)이라면, 자좌오향(子坐午向)을 놓으면 용상팔살(龍上八殺)에 걸려 인상재패(人傷財敗)합니다.

5) 팔요황천살수(八曜黃泉殺水) 〔황천수(黃泉水)〕

나경(羅經) 4층 지반정침(地盤正針)으로 측정한 입수룡(入首龍)의 팔괘오행(八卦五行)을, 물이 있는 방위의 정오행(正五行)이 극(剋)하는 것을 말합니다. 물은 나경(羅經) 8층 천반봉침(天盤縫針)으로 측정합니다. 황천수(黃泉水)는 혈(穴)을 향하여 들어오는 내수(來水) 즉 득수(得水)와 혈(穴)에서 보이는 호수나 저수지의 물을 보고, 물이 나가는 파구(破口)의 방위는 상관하지 않습니다.

예1 입수일절룡(入首一節龍)을 나경(羅經) 4층 지반정침(地盤正針)으로 측정하니 간룡(艮龍) 즉 축간인(丑艮寅) 3방향 중 하나이고, 물이 들어오는 득수처(得水處)나 물이 보이는 저수지의 방위를 나경(羅經)의 8층 천반봉침(天盤縫針)으로 측정하니 인(寅) 방위였다면 황천수(黃泉水)에 해당됩니다.

예2 입수일절룡(入首一節龍)을 나경(羅經) 4층 지반정침(地盤正針)으로 측정하니 진룡(震龍)으로 갑묘을(甲卯乙) 3방위 중 하나이고, 득수처(得水處)의 위치를 나경(羅經) 8층 천반봉침(天盤縫針)으로 측정하니 신(申) 방위라면 황천수(黃泉水)로 매우 흉(凶)하게 됩니다.

예 3 입수일절룡(入首一節龍)을 나경(羅經) 4층 지반정침(地盤正針)으로 측
정하니 이룡(離龍)으로 병오정(丙午丁) 3방위 중 하나이고, 나경(羅經)
8층 천반봉침(天盤縫針)으로 저수지의 위치를 측정하니 해(亥) 방위
에 있다면 저수지 물은 황천수(黃泉水)가 되어 매우 흉(凶)한 물이 됩
니다.

6) 팔요황천살풍(八曜黃泉殺風) 또는 황천풍(黃泉風)

나경(羅經) 4층 지반정침(地盤正針)으로 측정한 입수룡(入首龍)의 팔
괘오행(八卦五行)을 흠이 있는 사격(砂格)의 방위(方位) 정오행(正五行)
이 극(剋)하는 것을 말합니다. 사격(砂格)은 나경(羅經) 6층 인반중침(人
盤中針)으로 측정합니다.

혈(穴) 주위가 움푹 꺼지거나 골이 있으면 직사곡풍(直射谷風)이 불
어 매우 흉(凶)하게 되는데, 더욱이 그 방위가 입수룡(入首龍)의 좌(坐)
를 기준으로 황천방(黃泉方)에 있으면 황천풍(黃泉風)에 해당되어 필시
사람이 상하거나 재산이 망할 흉사(凶事)를 당하게 됩니다.

예 1 입수일절룡(入首一節龍)을 나경(羅經) 4층 지반정침(地盤正針)으로 측
정하니 경유신(庚酉辛) 태룡(兌龍)이고, 나경(羅經) 6층 인반중침(人盤
中針)으로 움푹 파인 곳이나 혈(穴)을 향하여 있는 골짜기를 측정하니
사(巳) 방위에 있다면, 움푹 파인 곳이나 골짜기에서 불어오는 바람은
황천풍(黃泉風)이 되어 매우 흉(凶)하게 됩니다.

예 2 입수일절룡(入首一節龍)을 지반정침(地盤正針)으로 측정하니 임자계
(壬子癸) 감룡(坎龍)이고, 험한 골짜기의 방위를 나경(羅經) 6층 인반
중침(人盤中針)으로 측정하니 진(辰) 또는 술(戌) 방위였다면 황천풍
(黃泉風)을 받아 매우 흉(凶)한 일을 당하게 됩니다.

7) 황천일(黃泉日)

나경(羅經) 4층 지반정침(地盤正針)으로 측정한 묘좌(墓坐)의 팔괘오행(八卦五行)을 장사(葬事)나 이장(移葬)을 하는 일진(日辰)의 정오행(正五行)이 극(剋)하는 것을 말합니다.

예 1 묘(墓)의 좌향(坐向)을 나경(羅經) 4층 지반정침(地盤正針)으로 측정하니 임좌병향(壬坐丙向), 자좌오향(子坐午向), 계좌정향(癸坐丁向) 중하나라면, 진일(辰日 : 甲辰, 丙辰, 戊辰, 庚辰, 壬辰)이나 술일(戌日 : 戊戌, 庚戌, 壬戌, 甲戌, 丙戌)에 장사 지내면 황천일(黃泉日)이 되어 흉(凶)하게 됩니다.

예 2 혈(穴)의 좌향(坐向)이 나경(羅經) 4층 지반정침(地盤正針)으로 측정하니 갑좌경향(甲坐庚向), 묘좌유향(卯坐酉向), 을좌신향(乙坐辛向) 중하나라면, 신일(申日 : 丙申, 戊申, 庚申, 壬申, 甲申)에 장사(葬事)지내면 황천일(黃泉日)이 됩니다.

제3절 제2층 팔로사로황천살(八路四路黃泉殺)

1. 팔로사로(八路四路)

팔로사로(八路四路)란 무엇인가를 살펴보겠습니다. 24방위 중에서 지지(地支) 12방위와 동궁(同宮)을 형성하는 천간(天干)을 나타내는 12 방위가 있습니다. 천간(天干)을 나타내는 12방위에서, 천간자(天干字) 8 좌(坐) 즉, 갑을병정경신임계(甲乙丙丁庚申壬癸)를 팔로(八路)라 하고, 사유자(四維字) 4좌(坐) 즉, 건곤간손(乾坤艮巽)을 사로(四路)라 합니다. 즉, 팔로사로(八路四路)라 함은 팔천간(八天干)과 사유(四維)를 말합니다.

팔로사로황천살(八路四路黃泉殺)이란 팔로(八路)나 사로(四路)가 받는 황천살(黃泉殺)을 말하는 것입니다. 묘(墓)의 향(向)이 팔로향(八路向)이 면 사로방(四路方)에서 황천살(黃泉殺)을 받고, 묘(墓)의 향(向)이 사로 향(四路向)이면 팔로방(八路方)에서 황천살(黃泉殺)을 받습니다.

2. 동궁(同宮)

천기(天氣)가 땅으로 내려와 지기(地氣)가 되고, 지기(地氣)는 십이지 지(十二支地)로 나타내며, 12방위(方位)가 되었습니다. 천기(天氣)와 지 기(地氣)의 범주에서는 천기(天氣)가 양(陽)이 되고 지기(地氣)가 음(陰) 이 되었습니다. 그래서 천간(天干)을 나타내는 사유팔간(四維八干)을 접 목하여, 방위(方位)에도 음양(陰陽)을 맞추어 임자(壬子), 계축(癸丑), 간 인(艮寅), 갑묘(甲卯), 을진(乙辰), 손사(巽巳), 병오(丙午) 정미(丁未), 곤 신(坤申), 경유(庚酉), 신술(辛戌), 건해(乾亥)가 되었습니다. 이것을 같은 방위(方位)를 의미한다고 해서 동궁(同宮)이라 합니다.

나경(羅經) 2층은 모두 24칸으로 나누어져 있으나 황천살(黃泉殺)을 가르키는 글자가 쓰여 있는 곳은 12곳입니다.

나경(羅經) 4층 지반정침(地盤正針)을 기준으로 8개의 천간자(天干字 : 甲,乙,丙,丁,庚,辛,壬,癸) 위에는 한 개의 사유방위(四維方位)가 표시되어 있고, 4개의 사유(四維 : 乾,艮,巽,坤) 위에는 2개의 천간방위(天干方位)가 표시되어 있습니다. 지지자(地支字 :子,丑,寅,卯,辰,巳,午,未,申,酉,戌,亥) 위에는 공란으로 되어 있습니다.

그런데 24방위 중 12지지자(地支字)에는 2층이 빈칸으로 되어 있어, 팔로사로황천살(八路四路黃泉殺)이 없는 것 같아도 천간(天干)과 지지(地支)가 동궁(同宮)을 이루므로, 지지자(地支字)도 같은 방향의 팔로사로황천살(八路四路黃泉殺)을 받습니다. 예를 들어 임(壬)과 자(子)는 동궁(同宮)이므로, 나경(羅經) 2층 임(壬)자 위에만 팔로사로황천살(八路四路黃泉殺)방위인 건(乾)이 표시되어 있다하더라도 자(子)도 건(乾)방향의 팔로사로황천살(八路四路黃泉殺)을 받는 것입니다.

팔로사로황천살(八路四路黃泉殺)에 해당하면, 상정손재(傷丁損財)하여 사람이 다치고, 재산의 손실이 있게 되어 망(亡)하게 되고, 절손(絕孫)까지 된다는 흉살(凶殺)입니다.

3. 팔로사로황천살(八路四路黃泉殺)

나경(羅經)의 1층은 입수룡(入首龍)에 대한 황천살(黃泉殺)의 방위 표시이고, 2층은 향(向)에 대한 황천살(黃泉殺)의 방위 표시입니다.

1) 팔로사로황천살(八路四路黃泉殺)의 판별 기준

팔로사로황천살(八路四路黃泉殺)은 묘(墓)의 향(向)을 기준으로 합니다. 지반정침(地盤正針)으로 묘(墓)의 좌향(坐向)이 정해지면, 묘(墓)의 향(向)에 대한 황천살(黃泉殺) 방위를 나타내는 것으로, 팔로사로황천살(八路四路黃泉殺)은 나경(羅經) 2층에 표시되어 있습니다.

예를 들어 나경(羅經) 4층 지반정침(地盤正針)으로 측정한 임좌병향(壬坐丙向)의 혈(穴)이 있다고 할 때, 나경(羅經) 4층 병(丙) 위의 2층에는 손(巽)이 표시되어 있습니다. 이 말은 나경(羅經) 8층 천반봉침(天盤縫針)으로 측정한 결과 손(巽) 방향에 물이 들어오거나 나가거나 또는 저수지나 연못이 있으면 팔로사로황천살(八路四路黃泉殺)을 받는다는 뜻이고, 또한 나경(羅經) 6층 인반중침(人盤中針)으로 주변의 사격(砂格)을 측정한 결과 손(巽) 방향에 골이 지거나 패였거나 함몰되어 있다면 팔로사로황천살(八路四路黃泉殺)을 받는다는 말입니다.

2) 팔로사로황천살(八路四路黃泉殺)의 종류(種類)

팔로사로황천살(八路四路黃泉殺)은 물과 바람에 적용하므로, 팔로사로황천풍(八路四路黃泉風)과 팔로사로황천수(八路四路黃泉水)가 있습니다.

① 팔로사로황천수(八路四路黃泉水)
묘(墓)의 향(向)을 기준하여 천반봉침(天盤縫針)으로 보았을 때, 황천살(黃泉殺) 방위로 물이 들어오거나 나가거나 또는 지호수(池湖水)가 있으면 팔로사로황천수(八路四路黃泉水)가 되어 매우 흉(凶)하게 됩니다. 상정손재(傷丁損財)하여 자손이 다치고, 재산을 잃고 망하게 됩니다.

② 팔로사로황천풍(八路四路黃泉風)
묘(墓)의 향(向)을 기준하여 인반중침(人盤中針)으로 보았을 때, 황천살(黃泉殺) 방위로 혈판의 파손된 부위나 험한 골짜기나 사

격(砂格)이 허물어지고 패여 있다면, 팔로사로황천풍(八路四路黃泉風)이 되어 흉(凶)하게 됩니다. 상정손재(傷丁損財)하여 자손이 다치고, 재산을 잃고 망하게 됩니다.

팔로사로황천살(八路四路黃泉殺) : 나경2층 [묘(墓)의 향(向)을 기준]

	坎(水)		艮(土)		震(木)		巽(木)		離(火)		坤(土)		兌(金)		乾(木)	
	䷜		䷳		䷲		䷸		䷝		䷁		䷹		䷀	
1층	辰 戌		寅		申		酉		亥		卯		巳		午	
2층	乾	艮	癸甲	艮	巽	乙丙	巽	坤	丁庚	坤	乾	辛壬				
3층	水	金	火	木	水	金	火	木	水	金	火	木				
4층	壬 子 癸 丑	艮 寅 甲 卯	乙 辰 巽 巳	丙 午 丁 未	坤 申 庚 酉	辛 戌 乾 亥										

바람과 물을 동시에 살핀다.

풍수(風水)에서는 움직임이 없는 산은 음(陰)이요 움직이는 바람과 물은 양(陽)입니다. 따라서 항상 바람(風)과 물(水)을 동시에 살펴보아야 합니다. 팔로사로황천살(八路四路黃泉殺)도 단순히 물뿐만 아니라 혈장(穴場)의 파손된 부위나 사격(砂格)의 요결(凹缺)처나 허(虛)함도 함께 살펴보아야 합니다. 사격(砂格)의 방위 측정은 나경(羅經) 6층 인반중침(人盤中針)으로 하고, 물의 방위 측정은 나경(羅經) 8층 천반봉침(天盤縫針)으로 합니다.

예 1 어느 묘(墓)의 좌향(坐向)을 나경(羅經) 4층 지반정침(地盤正針)으로 측정하니 경좌갑향(庚坐甲向)이고, 이때 물이 들어오는 득수처(得水處) 혹은 물이 나가는 파구처(破口處)를 8층 천반봉침(天盤縫針)으로 측정하니 간(艮) 방위였다면 팔로사로황천수(八路四路黃泉水)의 침범을 받아 매우 흉(凶)한 일을 당하게 됩니다. 또 6층 인반중침(人盤中針)으로 사격(砂格)을 측정하니 간(艮) 방위가 허(虛)하고 골이 나있다면 묘(墓)는 팔로사로황천풍(八路四路黃泉風)을 받아 해롭게 됩니다.

예2, 어느 혈지(穴地)의 좌향(坐向)을 4층 지반정침(地盤正針)으로 측정하니 곤좌간향(坤坐艮向)이고, 이때 물의 득수처(得水處)와 파구처(破口處)를 8층으로 측정하니 계(癸) 방위나 갑(甲) 방위에 있다면 팔로사로황천수(八路四路黃泉水)가 됩니다. 또 6층 인반중침(人盤中針)으로 측정한 산의 요결처(凹缺處)가 나경(羅經) 2층에서 표시한 계(癸) 방위나 갑(甲) 방위에 있다면 팔로사로황천풍(八路四路黃泉風)으로 흉(凶)하게 됩니다.

3) 팔간향기사유수래 사유향기팔간수래

(八干向忌四維水來 四維向忌八干水來])

팔간향(八干向)은 사유방(四維方)에서 오는 물을 꺼리고, 사유향(四維向)은 팔간방(八干方)에서 오는 물을 꺼린다.

묘(墓)의 향(向)이 천간자(天干字)인 팔로향(八路向)이라면 향(向) 옆의 사유자(四維字)인 사로방(四路方)에서, 또는 묘(墓)의 향(向)이 사유자(四維字)인 사로향(四路向)이라면 향(向) 양옆의 두 곳의 천간자(天干字)인 팔로방(八路方)에서, 물이 들어오거나, 나가거나, 저수지나 연못이 있으면 팔로사로황천수(八路四路黃泉水)에 해당됩니다.

묘(墓)의 향(向)이 천간자(天干字)인 팔로향(八路向)이라면 향(向) 옆의 사유자(四維字)인 사로방(四路方)에서, 또는 묘(墓)의 향(向)이 사유자(四維字)인 사로향(四路向)이라면 향(向) 양옆의 두 곳의 천간자(天干字)인 팔로방(八路方)에서, 험한 골짜기가 있거나 주변 산이 패였거나 무너져 있어서[요함(凹陷)], 그곳으로 바람이 불어오면 팔로사로황천풍(八路四路黃泉風)이 됩니다.

① 팔간향(八干向)인 갑을병정경신임계(甲乙丙丁庚申壬癸)향(向)은 사유방(四維方) 건곤간손(乾坤艮巽) 방(方)에서 물이 들어오면 꺼린다.

계축(癸丑), 갑묘향(甲卯向)은 간인(艮寅)방에서 물이 들어오는 것

을진(乙辰), 병오향(丙午向)은 손사(巽巳)방에서 물이 들어오는 것

정미(丁未), 경유향(庚酉向)은 곤신(坤申)방에서 물이 들어오는 것

신술(辛戌), 임자향(壬子向)은 건해(乾亥)방에서 물이 들어오는 것

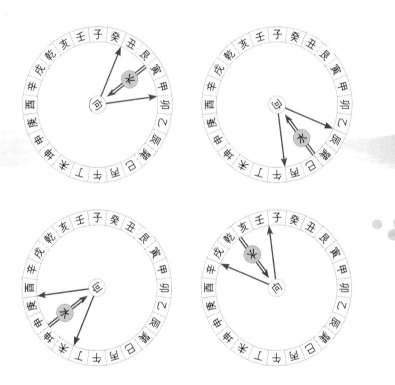

② 사유향(四維向)인 건곤간손(乾坤艮巽) 향(向)은 팔간방(八干方)인 갑을병정경신임계(甲乙丙丁庚申壬癸) 방(方)에서 물이 들어오면 꺼린다.

건해향(乾亥向)은 신술(辛戌), 임자(壬子)방에서 물이 들어오는 것

곤신향(坤申向)은 정미(丁未), 경유(庚酉)방에서 물이 들어오는 것

간인향(艮寅向)은 갑묘(甲卯), 계축(癸丑)방에서 물이 들어오는 것

손사향(巽巳向)은 을진(乙辰). 병오(丙午)방에서 물이 들어오는 것

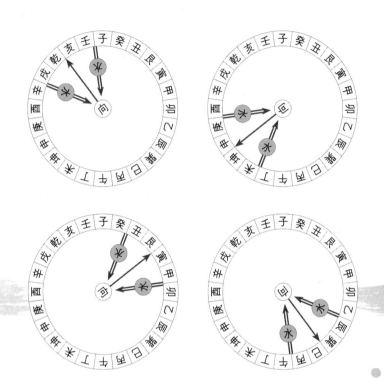

제4절 제3층 삼합오행(三合五行)

1. 십이포태법(十二胞胎法)

오행(五行)이란 목화토금수(木火土金水)를 말하며, 우주만물(宇宙萬物)의 기본적 작용이법(作用理法)입니다.

천지만물(天地萬物)은 생장소멸(生長消滅)하는 순환과정을 거치는데, 이 순환과정을 인생의 생로병사(生老病死A)에 비유하여 나타낸 것으로 십이포태법(十二胞胎法)이 있습니다. 십이포태법(十二胞胎法)은 사주 명리학을 비롯한 동양철학에서 길흉화복(吉凶禍福)을 논하는데 매우 다양하게 사용되고 있습니다. 풍수지리(風水地理)에서도 응용하여 사용합니다.

십이운성표(十二運星標)											
	절 絕	태 胎	양 養	생 生	욕 浴	대 帶	관 官	왕 旺	쇠 衰	병 病	사 死	묘 墓
목 木	신 申	유 酉	술 戌	해 亥	자 子	축 丑	인 寅	묘 卯	진 辰	사 巳	오 午	미 未
화 火	해 亥	자 子	축 丑	인 寅	묘 卯	진 辰	사 巳	오 午	미 未	신 申	유 酉	술 戌
금 金	인 寅	묘 卯	진 辰	사 巳	오 午	미 未	신 申	유 酉	술 戌	해 亥	자 子	축 丑
수 水	사 巳	오 午	미 未	신 申	유 酉	술 戌	해 亥	자 子	축 丑	인 寅	묘 卯	진 辰

2. 삼합(三合)이란?

삼합(三合)이란 십이포태법(十二胞胎法)에서 어느 오행(五行)의 생(生)하는 지지(地支 = 生地)와 왕(旺)한 지지(地支 = 旺地)와 보관되는 지지(地支 = 庫地, 墓地) 즉 생왕묘(生旺墓)가 모인 것을 의미합니다. 이 세 지지(地支)가 모여 있을 때는, 그 의미하는 오행(五行)의 일생(一生)이 모두 포함되므로, 그 오행(五行)의 세상이 된다 하겠습니다. 그러므로 그 오행(五行)의 기운이 전체적으로 장악(掌握)하고 있다고 보는 것입니다.

목국(木局)의 삼합(三合)은 해묘미(亥卯未), 화국(火局)은 인오술(寅午戌), 금국(金局)은 사유축(巳酉丑), 수국(水局)은 신자진(申子辰)입니다. 나경(羅經) 3층 오행(五行)은 이를 기록해 놓은 것입니다.

지지(地支) 삼합(三合)			
생지(生地)	왕지(旺地)	묘지(墓地)	삼합(三合)
인(寅)	오(午)	술(戌)	화국(火局)
신(申)	자(子)	진(辰)	수국(水局)
해(亥)	묘(卯)	미(未)	목국(木局)
사(巳)	유(酉)	축(丑)	금국(金局)

삼합오행(三合五行)에서 말하는 사국(四局)은 오행(五行)의 작용에서 나타나는 것이며, 88향법(向法)에서 말하는 사국(四局)은 물이 흘러 빠지는 파구(破口)를 기준으로 작국(作局)한 것입니다.

3. 동궁(同宮)의 적용

나경(羅經) 3층은 모두 24칸으로 나누어져 있습니다. 목화금수(木火金水)의 오행(五行)이 나경(羅經) 4층의 24방위중 12지지자(地支字) 위에만 표시되어 있지만, 동궁(同宮)인 팔천간(八天干), 사유(四維)도 같이 적용됩니다.

예를 들어 4층 동궁(同宮)인 임자(壬子)에는 지지(地支) 자(子)에만 오행인 수(水)가 기재되어 있지만, 동궁(同宮)인 임(壬)의 오행(五行)도 수(水)가 되고, 동궁(同宮)인 계축(癸丑)에도 지지(地支) 축(丑)에만 오행(五行)인 금(金)이 표시되어 있다하더라도 동궁(同宮)인 계(癸)의 오행(五行)도 금(金)이 됩니다.

따라서 삼합오행(三合五行)을 정리하면 목국(木局)은 건해(乾亥), 갑묘(甲卯), 정미(丁未)이고, 화국(火局)은 간인(艮寅), 병오(丙午), 신술(辛戌)이며, 금국(金局)은 손사(巽巳), 경유(庚酉), 계축(癸丑)이고, 수국(水局)은 곤신(坤申), 임자(壬子), 을진(乙辰)이 됩니다.

나경(羅經) 3층 삼합오행(三合五行)

층	坎(水)			艮(土)			震(木)			巽(木)			離(火)			坤(土)			兌(金)			乾(木)		
1층	辰戌			寅			申			酉			亥			卯			巳			午		
2층	乾		艮	癸甲		艮		巽		乙丙		巽		坤		丁庚		坤		乾		辛壬		
3층	水		金		火		木		水		金		火		木		水		金		火		木	
4층	壬	子	癸	丑	艮	寅	甲	卯	乙	辰	巽	巳	丙	午	丁	未	坤	申	庚	酉	辛	戌	乾	亥

4. 삼합오행(三合五行)에 대한 의견들

1) 삼합정좌법(三合定坐法)

12포태법(胞胎法)에서 물은 생방(生方)에서 득수(得水)하여 묘방(墓方)으로 파구(破口)되고 좌(坐)의 궁위가 왕위(旺位)에 있으면 삼합(三

합)이 되어 부귀왕정(富貴旺丁)하는 매우 길한 정좌법(定坐法)이 된다고 봅니다.

삼합정좌법(三合定坐法)			
사국(四局)	득수(得水) 생궁(生宮)	좌(坐) 왕궁(旺宮)	파구(破口) 묘궁(墓宮)
목국(木局)	해(亥)	묘(卯)	미(未)
화국(火局)	인(寅)	오(午)	술(戌)
금국(金局)	사(巳)	유(酉)	축(丑)
수국(水局)	신(申)	자(子)	진(辰)

2) 원관통규(元關通竅)

원관통규(元關通竅)라는 말이 있습니다. 원(元)은 향(向), 관(關)은 용(龍), 규(竅)는 수구(水口)입니다. 향(向)과 용(龍)이 수구(水口)와 통(通)한다는 말인데, 향(向)과 용(龍)과 파(破)가 삼합(三合)을 이루면 삼합연주귀무가(三合連珠貴無價)라 하여 값을 따질 수 없을 만큼 귀(貴)하다 하였으며, 양균송의 14진신수법(眞神水法)의 하나로 발복(發福)이 백발백중(百發百中)한다고 기록되어 있습니다.

오행(五行)으로 사국(四局)을 판별한 후, 용(龍)과 향(向)과 수구(水

口)가 서로 상통(上通)하는 법칙으로, 용(龍)은 물을 받아들임으로써 혈(穴)을 잉태하고 향(向)은 물을 따라 집과 묘를 놓는 방위를 말합니다.

원관통규(元關通竅) - 오행(五行)으로 사국(四局) 판별			
	생룡(生龍)	왕향(旺向)	묘파(墓破)
목국(木局)	건해룡(乾亥龍)	갑묘향(甲卯向)	정미파(丁未破)
화국(火局)	간인룡(艮寅龍)	병오향(丙午向)	신술향(辛戌破)
금국(金局)	손사룡(巽巳龍)	경유향(庚酉向)	계축향(癸丑破)
수국(水局)	곤신룡(坤申龍)	임자향(壬子向)	을진파(乙辰破)

해묘미(亥卯未) 삼합(三合) 목국(木局)에서, 건해룡(乾亥龍)이 갑묘향(甲卯向)을 가지고, 정미파(丁未破)를 가지면, 용(龍)과 향(向)과 파(破)가 생왕묘(生旺墓)로 구슬을 꿰어 놓은 듯 연결되니 값을 매길 수 없을 정도로 귀(貴)하다는 말입니다.

생룡(生龍), 왕향(旺向), 묘파(墓破)

인오술(寅午戌) 삼합(三合) 화국(火局), 사유축(巳酉丑) 삼합(三合) 금국(金局), 신자진(申子辰) 삼합(三合) 수국(水局)도 이와 같습니다.

3) 정생향(正生向)과 정왕향(正旺向)

사국 (四局)	목국(木局)		화국(火局)		금국(金局)		수국(水局)	
묘파(墓破)	정미(丁未)		신술(辛戌)		계축(癸丑)		을진(乙辰)	
절파(絶破)	곤신(坤申)		건해(乾亥)		간인(艮寅)		손사(巽巳)	
태파(胎破)	경유(庚酉)		임자(壬子)		갑묘(甲卯)		병오(丙午)	
	용(龍)	수(水) 향(向)	용(龍)	수(水) 향(向)	용(龍)	수(水) 향(向)	용(龍)	수(水) 향(向)
절(絶)	병오 丙午	곤신 坤申	경유 庚酉	건해 乾亥	임자 壬子	간인 艮寅	갑묘 甲卯	손사 巽巳
태(胎)	손사 巽巳	경유 庚酉	곤신 坤申	임자 壬子	건해 乾亥	갑묘 甲卯	간인 艮寅	병오 丙午
양(養)	을진 乙辰	신술 辛戌	정미 丁未	계축 癸丑	신술 辛戌	을진 乙辰	계축 癸丑	정미 丁未
장생(長生)	갑묘 甲卯	건해 乾亥	병오 丙午	간인 艮寅	경유 庚酉	손사 巽巳	임자 壬子	곤신 坤申
목욕(沐浴)	간인 艮寅	임자 壬子	손사 巽巳	갑묘 甲卯	곤신 坤申	병오 丙午	건해 乾亥	경유 庚酉
관대(官帶)	계축 癸丑	계축 癸丑	을진 乙辰	을진 乙辰	정미 丁未	정미 丁未	신술 辛戌	신술 辛戌
임관(臨官)	임자 壬子	간인 艮寅	갑묘 甲卯	손사 巽巳	병오 丙午	곤신 坤申	경유 庚酉	건해 乾亥
제왕(帝旺)	건해 乾亥	갑묘 甲卯	간인 艮寅	병오 丙午	손사 巽巳	경유 庚酉	곤신 坤申	임자 壬子
쇠(衰)	신술 辛戌	을진 乙辰	계축 癸丑	정미 丁未	을진 乙辰	신술 辛戌	정미 丁未	계축 癸丑
병(病)	경유 庚酉	손사 巽巳	임자 壬子	곤신 坤申	갑묘 甲卯	건해 乾亥	병오 丙午	간인 艮寅
사(死)	곤신 坤申	병오 丙午	건해 乾亥	경유 庚酉	간인 艮寅	임자 壬子	손사 巽巳	갑묘 甲卯
묘(墓)	정미 丁未	정미 丁未	신술 辛戌	신술 辛戌	계축 癸丑	계축 癸丑	을진 乙辰	을진 乙辰

삼합오행(三合五行)을 의수입향(依水入向)인 88향법(向法)으로 해석을 한 것입니다. 삼합오행(三合五行)이든 88향법(向法)이든 물이 흘러빠지는 파(破)가 묘궁(墓宮)이면 묘파(墓破)가 됩니다.

즉, 물이 흘러 빠지는 파(破)를 기준으로 사국(四局)을 판별한 후, 물이 흘러 빠지는 파(破)가 묘궁(墓宮)일 때, 우수도좌(右水到左)하는 우선수(右旋水)이고, 장생룡(長生龍)이면 정생향(正生向)을 놓고, 좌수도우(左水到右)하는 좌선수(左旋水)이고, 제왕룡(帝旺龍)이면 제왕향(帝旺向)을 놓는다는 것을 말하는 것입니다.

삼합오행(三合五行)에 파(破)를 기준으로 한 사국(四局)을 적용하여 용(龍)과 수(水)와 향(向)을 감결하면 앞과 같습니다.

★ 목국(木局) 해묘미(亥卯未) 삼합(三合)
- 해(亥) : 제왕룡(帝旺龍), 장생수(長生水) 장생향(長生向)
- 묘(卯) : 장생룡(長生龍), 제왕수(帝旺水) 제왕향(帝旺向)
- 미(未) : 묘파(墓破)

★ 화국(火局) 인오술(寅午戌) 삼합(三合)
- 인(寅) : 제왕룡(帝旺龍), 장생수(長生水) 장생향(長生向)
- 오(午) : 장생룡(長生龍), 제왕수(帝旺水) 제왕향(帝旺向)
- 술(戌) : 묘파(墓破)

★ 금국(金局) 사유축(巳酉丑) 삼합(三合)
- 사(巳) : 제왕룡(帝旺龍), 장생수(長生水) 장생향(長生向)
- 유(酉) : 장생룡(長生龍), 제왕수(帝旺水) 제왕향(帝旺向)
- 축(丑) : 묘파(墓破)

★ 수국(水局) 신자진(申子辰) 삼합(三合)
- 신(申) : 제왕룡(帝旺龍), 장생수(長生水) 장생향(長生向)
- 자(子) : 장생룡(長生龍), 제왕수(帝旺水) 제왕향(帝旺向)
- 진(辰) : 묘파(墓破)

삼합오행(三合五行) 목국(木局)의 경우 건해(乾亥), 갑묘(甲卯), 정미(丁未)가 서로 삼합(三合)을 이룹니다.

의수입향(依水入向)에서, 물이 정미방(丁未方) 묘파(墓破)이고, 자연의 흐름이 혈(穴) 뒤에서 보았을 때 혈(穴)의 오른쪽에서 왼쪽으로 흘러가는 우수도좌(右水到左) 우선수(右旋水)이면, 갑묘(甲卯) 장생룡(長生龍)일 때 향(向)은 건해(乾亥) 장생향(長生向)을 놓으라는 말입니다.

또 물이 정미방(丁未方) 묘파(墓破)이고, 자연의 흐름이 혈(穴) 뒤에서 보았을 때 혈(穴)의 왼쪽에서 오른쪽으로 흘러나가는 좌수도우(左水到右) 좌선수(左旋水)일 때, 건해(乾亥) 제왕룡(帝旺龍)이면 갑묘(甲卯) 제왕향(帝旺向)을 놓으라는 말입니다.

우선수(右旋水) 묘파(墓破)
장생룡(長生龍) 장생향(長生向)

좌선수(左旋水) 묘파(墓破)
제왕룡(帝旺龍) 제왕향(帝旺向)

삼합오행(三合五行) 화국(火局)의 경우 간인(艮寅), 병오(丙午), 신술(辛戌)이 서로 삼합(三合)을 이룹니다.

의수입향(依水入向)에서, 물이 신술방(辛戌方) 묘파(墓破)이고, 자연의 흐름이 혈(穴) 뒤에서 보았을 때 혈(穴)의 오른쪽에서 왼쪽으로 흘러가는 우수도좌(右水到左) 우선수(右旋水)이면, 병오(丙午) 장생룡(長生龍)

일 때, 향(向)은 간인(艮寅) 장생향(長生向)을 놓으라는 말입니다.

또 물이 신술방(辛戌方) 묘파(墓破)이고, 자연의 흐름이 혈(穴) 뒤에서 보았을 때 혈(穴)의 왼쪽에서 오른쪽으로 흘러나가는 좌수도우(左水到右) 좌선수(左旋水)일 때, 간인(艮寅) 제왕룡(帝旺龍)이면 병오(丙午) 제왕향(帝旺向)을 놓으라는 말입니다.

삼합오행(三合五行) 금국(金局)의 경우 손사(巽巳), 경유(庚酉), 계축(癸丑)이 서로 삼합(三合)을 이룹니다.

의수입향(依水入向)에서, 물이 계축방(癸丑方) 묘파(墓破)이고, 자연의 흐름이 혈(穴) 뒤에서 보았을 때 혈(穴)의 오른쪽에서 왼쪽으로 흘러가는 우수도좌(右水到左) 우선수(右旋水)이면, 경유(庚酉) 장생룡(長生龍)인 때, 향(向)은 손사(巽巳) 장생향(長生向)을 놓으라는 말입니다.

또 물이 계축방(癸丑方) 묘파(墓破)이고, 자연의 흐름이 혈(穴) 뒤에서 보았을 때 혈(穴)의 왼쪽에서 오른쪽으로 흘러나가는 좌수도우(左水到右) 좌선수(左旋水)일 때, 손사(巽巳) 제왕룡(帝旺龍)이면 경유(庚酉) 제왕향(帝旺向)을 놓으라는 말입니다.

삼합오행(三合五行) 수국(水局)의 경우 곤신(坤申), 임자(壬子), 을진(乙辰)이 서로 삼합(三合)을 이룹니다.

의수입향(依水入向)에서, 물이 을진방(乙辰方) 묘파(墓破)이고, 자연의 흐름이 혈(穴) 뒤에서 보았을 때 혈(穴)의 오른쪽에서 왼쪽으로 흘러가는 우수도좌(右水到左) 우선수(右旋水)이면, 임자(壬子) 장생룡(長生龍)일 때 향(向)은 곤신(坤申) 장생향(長生向)을 놓으라는 말입니다.

또 물이 을진방(乙辰方) 묘파(墓破)이고, 자연의 흐름이 혈(穴) 뒤에서 보았을 때 혈(穴)의 왼쪽에서 오른쪽으로 흘러가는 좌수도우(左水到右) 좌선수(左旋水)이면, 곤신(坤申) 제왕룡(帝旺龍)일 때 임자(壬子) 제왕향(帝旺向)을 놓으라는 말입니다.

위의 설명을 도표로 나타내 보면 다음과 같습니다.

局\向		정생향(正生向)	정왕향(正旺向)
		우수도좌(右水到左) 우선수(右旋水)	좌수도우(左水到右) 좌선수(左旋水)
수 (水)	파(破)	묘파(墓破) - 을진(乙辰)	
	용(龍)	장생룡-임자(壬子)	제왕룡-곤신(坤申)
	향(向)	정생향-곤신(坤申)	정왕향-임자(壬子)
목 (木)	파(破)	묘파(墓破) - 정미(丁未)	
	용(龍)	장생룡-갑묘(甲卯)	제왕룡-건해(乾亥)
	향(向)	정생향-건해(乾亥)	정왕향-갑묘(甲卯)
화 (火)	파(破)	묘파(墓破) - 신술(辛戌)	
	용(龍)	장생룡-병오(丙午)	제왕룡-간인(艮寅)
	향(向)	정생향-간인(艮寅)	정왕향-병오(丙午)
금 (金)	파(破)	묘파(墓破) - 계축(癸丑)	
	용(龍)	장생룡-경유(庚酉)	제왕룡-손사(巽巳)
	향(向)	정생향-손사(巽巳)	정왕향-경유(庚酉)

4) 길흉화복(吉凶禍福)의 추정(推定)

나경(羅經) 3층 삼합오행(三合五行)은 용혈(龍穴)의 특성을 좌(坐)를 기준으로 하여, 재물(財物)과 인정(人丁)을 판단하는 데, 혈(穴)의 발복 방법, 발복대상, 발복연대 등을 추정하는데 사용한다고 봅니다.

해묘미(亥卯未) 좌(坐)의 기본오행의 특성은 목(木)이며, 목(木)에 관한 직업이나 사업으로 흥하거나 망할 수 있으며, 3년이나 8년 후 혹은 3대나 8대 후, 해묘미(亥卯未)생 자손에게 해묘미(亥卯未)년에 발복(發福)이 나타난다고 봅니다.

인오술(寅午戌) 좌(坐)의 용(龍)과 혈(穴)의 기본 성질은 화(火)이며, 화(火)에 관한 직업이나 사업으로 흥하고 망할 수 있으며, 2년이나 7

년 후 혹은 2대나 7대 후, 인오술(寅午戌)생 자손에게 인오술(寅午戌)년에 발복이 나타난다고 봅니다.

사유축(巳酉丑) 좌(坐)의 용혈(龍穴)의 기본 정신은 금(金)이고, 금(金)에 관한 직업이나 사업으로 흥하거나 망할 수 있으며, 4년이나 9년 후 혹은 4대나 9대 후, 사유축(巳酉丑)생 자손에게 사유축(巳酉丑)년에 발복이 나타난다고 봅니다.

신자진(申子辰) 좌(坐)의 용(龍)과 혈(穴)의 기본 정신은 수(水)이고, 수(水)에 관한 직업이나 사업으로 흥하거나 망할 수 있으며, 1년이나 6년 후 혹은 1대나 6대 후, 신자진(申子辰)생 자손에게 신자진(申子辰)년에 발복이 나타난다고 봅니다.

제 5 절   제4층 지반정침(地盤正針)

1. 지반정침(地盤正針)의 활용(活用)

나경(羅經) 4층 지반정침(地盤正針)은 천지(天地)의 방위를 나타내는 기본 층으로, 나경(羅經)의 모든 층은 4층 지반정침(地盤正針)을 기준으로 하여 용도에 따라 분획(分劃)한 것들입니다.

4층 지반정침(地盤正針)의 사용은 다음과 같습니다.
첫째, 24방위의 정확한 위치를 측정
둘째, 입수룡(入首龍)을 비롯하여 용(龍)의 방위를 측정
셋째, 혈(穴)의 좌향(坐向)을 측정
넷째, 양택(陽宅) 가상(家相)의 방위 측정

2. 24방위(方位)와 동궁(同宮)의 적용

십이지지(十二支地)는 음(陰)이고 팔천간(八天干)과 사유(四維)는 양(陽)으로서, 음양(陰陽)이 서로 배합(配合)하니, 이를 동궁(同宮)이라고 하는데, 임자(壬子), 계축(癸丑), 간인(艮寅), 갑묘(甲卯), 을진(乙辰), 손사(巽巳), 병오(丙午), 정미(丁未), 곤신(坤申), 경유(庚酉), 신술(辛戌), 건해(乾亥)가 그것입니다.

3. 쌍산(雙山)

　내룡(來龍)을 나경(羅經)의 지반정침(地盤正針)으로 측정할 때, 동궁(同宮)을 쌍산(雙山)이라 합니다.

　내룡(來龍)의 중심선이 임자(壬子), 계축(癸丑), 간인(艮寅), 갑묘(甲卯) 등으로 동궁(同宮)의 중앙으로 들어오는 경우를 쌍산배합(雙山配合)된 용(龍)이라 합니다.

　내룡(來龍)을 지반정침(地盤正針)으로 측정하였을 때, 내룡(來龍)의 중심선이 해임(亥壬), 자계(子癸), 축간(丑艮), 인갑(寅甲) 등으로 들어온다면 음양(陰陽)이 불배합(不配合)되었기 때문에 쌍산불배합(雙山不配合)된 용(龍)이라 하며, 잠룡(潛龍)이라고도 합니다.

나경(羅經) 4층 지반정침(地盤正針)과 쌍산오행(雙山五行)

팔괘	坎(水)	艮(土)	震(木)	巽(木)	離(火)	坤(土)	兌(金)	乾(木)
1층	辰戌	寅	申	酉	亥	卯	巳	午
2층	乾 / 艮	癸甲 / 艮	巽	乙丙	巽 / 坤	丁庚 / 坤	乾	辛壬
3층	水 / 金	火 / 木	水	金	火 / 木	水 / 金	火	木
4층	壬 子 癸	丑 艮 寅	甲 卯 乙	辰 巽 巳	丙 午 丁	未 坤 申	庚 酉 辛	戌 乾 亥

4. 묘(墓)의 좌향(坐向)과 입수룡(入首龍)의 측정

• 묘(墓)의 좌향(坐向)을 측정

　기존의 묘(墓)가 있는 곳에서는 묘(墓) 앞이나 상석 중앙에 나경(羅經)을 정반정침(正盤定針)하고, 새로운 자리는 묘지(墓地)의 혈심처(穴心

處) 중앙에 정반정침(正盤定針)합니다. 4층 지반정침(地盤正針)으로 묘
(墓)의 좌향(坐向)을 측정합니다. 의수입향(依水入向) 즉, 물을 보고 향
(向)을 결정하는 88향법(向法)을 쓸 때는 4층 지반정침(地盤正針) 대신
8층 천반봉침(天盤縫針)으로 좌향(坐向)을 봅니다.

• 입수룡(入首龍)의 측정

용맥(龍脈)의 측정은 먼저 묘(墓) 뒤 입수(入首) 중앙에 나경(羅經)을
정반정침(正盤定針)하고, 그 다음 4층 지반정침(地盤正針)으로 용(龍)이
내려오는 쪽을 보고, 용(龍)이 변화한 지점의 방위를 측정합니다. 이것
이 입수일절룡(入首一節龍)이며 보통 입수룡(入首龍)이라고 합니다.

입수2절룡은 1절룡의 변화지점으로 옮겨, 다시 나경(羅經)을 정반
정침(正盤定針)합니다. 그리고 내려오는 용(龍)이 변화하는 지점의 방
위를 측정합니다. 입수3절룡, 입수4절룡 등도 같은 방법으로 측정하
면 됩니다.

단 현무봉(玄武峯)에서 소조산(小祖山) 또는 중조산(中祖山), 태조산
(太祖山)까지는 입수룡(入首龍)처럼 용맥의 한 절 한 절 변화한 지점을
측정하는 것은 의미가 없습니다. 따라서 산봉우리 정상에서 다음 봉
우리 정상까지 방위를 측정하여 어떤 방위로 산맥이 이어져 왔는지를
판단합니다.

이법론(理法論)에서 제일 많이 응용되는 부분은 입수일절룡(入首一節
龍)이므로 입수일절룡(入首一節龍)의 정확한 측정이 제일 중요하다고
하겠습니다.

5. 양택(陽宅)의 측정

양택(陽宅)에서 방위 측정은 4층 지반정침(地盤正針)만을 사용합니다. 이때 24방위를 3방위씩 나눈 팔괘방위(八卦方位)가 기본 단위가 됩니다.

즉 감(坎)은 임자계(壬子癸), 간(艮)은 축간인(丑艮寅), 진(震)은 갑묘을(甲卯乙), 손(巽)은 진손사(辰巽巳), 이(離)는 병오정(丙午丁), 곤(坤)은 미곤신(未坤申), 태(兌)는 경유신(庚酉辛), 건(乾)은 술건해(戌乾亥)가 됩니다.

• 정반정침(正盤定針)과 기두(起頭) 설정

양택(陽宅)의 측정은 대지 중심점 혹은 건물의 중앙에 나경(羅經)을 정반정침(正盤定針)합니다. 그 다음 대지와 건물의 형평을 참작하여 기두(起頭)를 설정합니다. 기두(起頭)는 단독 주택의 경우 건물의 무게 중심처이고, 아파트나 사무실 등은 현관문이나 출입문이 됩니다.

• 동사택(東四宅), 서사택(西四宅)

측정한 기두(起頭)가 감(坎), 진(震), 손(巽), 리(離)는 동사택(東四宅)의 방위를 나타내고, 간(艮), 곤(坤), 태(兌), 건(乾)은 서사택(西四宅)의 방위를 나타내는데, 이를 양택(陽宅)에 활용하여 입택(立宅)과 방위(方位)의 길흉화복(吉凶禍福)을 살핍니다.

• 주택 구성요소의 방위 측정

나경(羅經)을 정반정침(正盤定針)한 곳에서 기두(起頭)의 방위를 4층 지반정침(地盤正針)으로 측정하고, 대문, 방, 거실, 부엌, 수도, 하수구,

화장실 등의 방위를 측정합니다. 그 다음 가상법칙(家相法則)에 의해서
각 방위의 길흉화복(吉凶禍福)을 판단합니다.

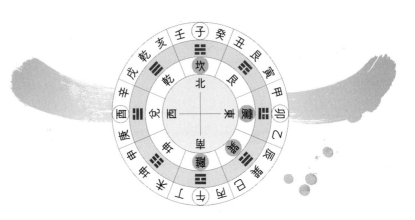

동사택(東四宅) : 진(震), 손(巽), 감(坎), 리(離)
서사택(西四宅) : 건(乾), 곤(坤), 태(兌), 간(艮)

제6절 제5층 천산칠십이룡(穿山七十二龍)

천산(穿山)이란 주산(主山)으로부터 혈(穴) 뒤 입수(入首)까지 내려오는 용맥(龍脈)이 산을 뚫고 오므로 천산(穿山)이라 합니다. 72룡(龍)은 혈(穴)로 들어오는 용맥(龍脈)을 72개로 세분하였기 때문입니다. 따라서 천산72룡(穿山七十二龍)이란 주산(主山)에서 혈(穴)로 들어오는 72개의 용맥(龍脈)을 말합니다.

천산72룡(穿山七十二龍)은 주산(主山)에서 용(龍)의 생기(生氣)가 어느 용맥(龍脈)을 타고 혈(穴)로 들어오는가를 가늠하는 것으로서, 방위(方位)를 측정하는 것이 아니라 기(氣)를 측정하는 것입니다. 천산용맥(穿山龍脈)은 기선(氣線)인 것입니다.

나경(羅經)의 5층은 천산72룡(穿山七十二龍)을 나타냅니다. 4층 지반정침(地盤正針)의 24방위를 각각 3칸으로 나누어 모두 72칸으로 되어 있습니다. 4층 지반정침(地盤正針) 지지자(地支字) 밑에는 3룡(龍)의 60갑자(甲子)가 등재되어 있고, 팔천간(八天干)과 사유(四維) 아래 중앙은 공칸으로 되어 있고, 좌우 양쪽에 2룡(龍)의 60갑자(甲子)가 등재되어 있습니다. 그러므로 모두 60갑자(甲子)와 12개의 공란을 합쳐 72룡(七十二龍)이라 합니다.

천산72룡(穿山七十二龍)을 왜 측정하는 목적은, 천산72룡(穿山七十二龍)은 주산(主山)에서 혈(穴)로 들어오는 용맥(龍脈)의 중심(中心)을 말하는 것으로, 어느 용맥(龍脈)을 타고 들어오는지? 그 용맥(龍脈)의 길흉화복(吉凶禍福)은 어떠한지를 살피기 위함입니다.

예를 들어, 용(龍)을 지반정침(地盤正針)으로 측정하니 자룡(子龍)이라면, 자룡(子龍)으로 내려오는 맥(脈)은 병자(丙子), 무자(戊子), 경자(庚子)로 더욱 세분됩니다. 이중 용맥(龍脈)의 중심(中心)이 어디에 해당되는지를 알아보고, 길흉화복(吉凶禍福)을 살피는 것입니다.

천산72룡(穿山七十二龍)의 측정은 용(龍)의 특성이 가장 잘 나타나는 과협처(過峽處)나 결인속기처(結咽束氣處)의 제일 높은 지점에 나경(羅經)을 정반정침(正盤定針)하고, 4층 지반정침(地盤正針)으로 용맥(龍脈)을 살핀 다음 중심으로 오는 맥(脈)을 5층 천산72룡(穿山七十二龍)으로 측정합니다. 중심맥이 60갑자중 병자순(丙子旬)이나 경자순(庚子旬)으로 들어오면 왕상맥(旺相脈)으로 매우 길한 용맥(龍脈)이 되고, 갑자순(甲子旬)과 임자순(壬子旬)은 고허맥(孤虛脈)으로 소길다흉(小吉多凶)한 용맥(龍脈)이고, 무자순(戊子旬)은 패기맥(敗氣脈)으로 매우 흉(凶)하며, 공칸은 공망맥(空亡脈)으로 더욱 흉(凶)합니다.

• 갑자순(甲子旬), 병자순(丙子旬) 등

천간지지(天干地支)를 배열하여 60갑자(甲子)가 만들어집니다.

천간(天干) 갑(甲)과 맺어지는 지지(地支)는 자(子),술(戌),신(申),오(午),진(辰),인(寅)입니다. 따라서 갑자(甲子), 갑술(甲戌), 갑신(甲申), 갑오(甲午), 갑진(甲辰), 갑인(甲寅)입니다.

지지(地支) 자(子)와 맺어지는 천간(天干)은 갑(甲),병(丙),무(戊),경(庚),임(壬)입니다. 따라서 갑자(甲子), 병자(丙子), 무자(戊子), 경자(庚子), 임자(壬子)입니다.

갑자순(甲子旬)은 갑자(甲子)로 시작하는 60갑자(甲子)의 순서이고,
병자순(丙子旬)은 병자(丙子)로 시작하는 60갑자(甲子)의 순서이고,
무자순(戊子旬)은 무자(戊子)로 시작하는 60갑자(甲子)의 순서이고,
경자순(庚子旬)은 경자(庚子)로 시작하는 60갑자(甲子)의 순서이고,
임자순(壬子旬)은 임자(壬子)로 시작하는 60갑자(甲子)의 순서이다.

60갑자(甲子) - 지지(地支) 기준

	자子	축丑	인寅	묘卯	진辰	사巳	오午	미未	신申	유酉	술戌	해亥
갑자순 甲子旬	갑자 甲子	을축 乙丑	병인 丙寅	정묘 丁卯	무진 戊辰	기사 己巳	경오 庚午	신미 辛未	임신 壬申	계유 癸酉	갑술 甲戌	을해 乙亥
병자순 丙子旬	병자 丙子	정축 丁丑	무인 戊寅	기묘 己卯	경진 庚辰	신사 辛巳	임오 壬午	계미 癸未	갑신 甲申	을유 乙酉	병술 丙戌	정해 丁亥
무자순 戊子旬	무자 戊子	기축 己丑	경인 庚寅	신묘 辛卯	임진 壬辰	계사 癸巳	갑오 甲午	을미 乙未	병신 丙申	정유 丁酉	무술 戊戌	기해 己亥
경자순 庚子旬	경자 庚子	신축 辛丑	임인 壬寅	계묘 癸卯	갑진 甲辰	을사 乙巳	병오 丙午	정미 丁未	무신 戊申	기유 己酉	경술 庚戌	신해 辛亥
임자순 壬子旬	임자 壬子	계축 癸丑	갑인 甲寅	을묘 乙卯	병진 丙辰	정사 丁巳	무오 戊午	기미 己未	경신 庚申	신유 辛酉	임술 壬戌	계해 癸亥

천산 72룡(穿山七十二龍) 나경(羅經)의 모습

4층	壬	子					癸		丑			艮		寅			甲		卯	
5층	癸亥	甲子	丙子	戊子	庚子	壬子	乙丑	丁丑	己丑	辛丑	癸丑	丙寅	戊寅	庚寅	壬寅	甲寅	丁卯	己卯	辛卯	癸卯

4층	乙	辰					巽		巳			丙		午			丁		未	
5층	乙卯	戊辰	庚辰	壬辰	甲辰	丙辰	己巳	辛巳	癸巳	乙巳	丁巳	庚午	壬午	甲午	丙午	戊午	辛未	癸未	乙未	丁未

4층	坤	申					庚		酉			辛		戌			乾		亥	
5층	己未	壬申	甲申	丙申	戊申	庚申	癸酉	乙酉	丁酉	己酉	辛酉	甲戌	丙戌	戊戌	庚戌	壬戌	乙亥	丁亥	己亥	辛亥

• 천산 72룡(穿山七十二龍)을 나경(羅經)에서 쉽게 찾아보는 법

  ◦ 병자순(丙子旬), 경자순(庚子旬)의 모든 용맥(龍脈)은 왕기맥(旺氣脈), 상기맥(相氣脈)으로 길격(吉格)입니다.

○ 갑자순(甲子旬), 임자순(壬子旬)은 냉기맥(冷氣脈), 퇴기맥(退氣脈)으로, 고허맥(孤虛脈)이 되어 소길다흉(小吉多凶)하므로 사용할 수 있는 용맥(龍脈)도 있지만 대체로 흉(凶)이 많습니다.

○ 4층 지반정침(地盤正針)에서 지지자(地支字)의 가운데 용맥(龍脈)은 무자순(戊子旬)인데, 패기맥(敗氣脈)으로 취용할 수 없습니다.

○ 사유(四維)와 팔천간(八天干)의 가운데 용맥(龍脈)은 공란인 대공망(大空亡)으로 사용할 수 없습니다.

천산72룡(穿山七十二龍)의 길흉화복(吉凶禍福)

	자 子	축 丑	인 寅	묘 卯	진 辰	사 巳	오 午	미 未	신 申	유 酉	술 戌	해 亥	화복 禍福
갑자순 냉기맥 冷氣脈	甲子	乙丑 *	丙寅 *	丁卯 *	戊辰 *	己巳 *	庚午 *	辛未 *	壬申 *	癸酉 *	甲戌	乙亥	소길다흉 小吉多凶
병자순 왕기맥 旺氣脈	丙子	丁丑	戊寅	己卯	庚辰	辛巳	壬午	癸未	甲申	乙酉	丙戌	丁亥	길격 吉格
무자순 패기맥 敗氣脈	戊子	己丑	庚寅	辛卯	壬辰	癸巳	甲午	乙未	丙申	丁酉	戊戌	己亥	대흉 大凶
경자순 상기맥 相氣脈	庚子	辛丑	壬寅	癸卯	甲辰	乙巳	丙午	丁未	戊申	己酉	庚戌	辛亥	길격 吉格
임자순 퇴기맥 退氣脈	壬子 *	癸丑	甲寅	乙卯	丙辰	丁巳 *	戊午 *	己未	庚申	辛酉 *	壬戌	癸亥 *	소길다흉 小吉多凶
대공망 공망맥 空亡脈													대흉 大凶

※ 표는 길흉상반(吉凶相半)으로 사용할 수 있는 용맥이다.

제7절 제6층 인반중침(人盤中針)

나경(羅經) 6층 인반중침(人盤中針)은 혈(穴) 주변의 사격(砂格)의 방위를 측정하는데 사용합니다. 모두 24방위로, 지반정침(地盤正針)에 비해 반위(7.5도) 뒤쪽 - 시계반대방향 뒤쪽-에 있습니다. 그 이유는 물은 양(陽)이기 때문에 반위(半位) 앞서고, 산은 음(陰)이기 때문에 7.5도 역행(逆行)된 것입니다. 24방위의 한 궁위는 15도입니다.

묘(墓)나 혈지(穴地)의 중앙에 나경(羅經)을 정반정침(正盤定針)하고 6층 인반중침(人盤中針)으로 사격(砂格)의 방위를 측정합니다. 주변 사격(砂格)들이 혈(穴)을 도와줄 수 있는 방위에 있는지 없는지를 각종 이법(理法)으로 살펴보는데 사용합니다.

1. 이십팔성수(二十八星宿)와 성수오행(星宿五行)

하늘에는 수 천억 개의 별들이 있고, 그 중에서 인간이 살고 있는 지상(地上)에 조응(照應)하는 별은 해(日)와 달(月)을 비롯하여 금성(金星), 수성(水星), 목성(木星), 토성(土星), 화성(火星) 등과 자미원(紫微垣, 亥方), 천시원(天市垣, 艮方), 태미원(太微垣, 巽方), 소미원(小微垣, 兌方)과 28성수(星宿)가 있습니다. 사격(砂格)은 주로 28성수(星宿)로 봅니다.

이십팔성수(二十八星宿)						
칠정 七政	목요성	금요성	토요성	일요성	월요성	화요성	수요성
동방7수	각(角)	항(亢)	저(氐)	방(房)	심(心)	미(尾)	기(箕)
북방7수	두(斗)	우(牛)	여(女)	허(虛)	위(危)	실(室)	벽(壁)
서방7수	규(奎)	루(婁)	위(胃)	묘(昴)	필(畢)	자(觜)	삼(參)
남방7수	정(井)	귀(鬼)	류(柳)	성(星)	장(張)	익(翼)	진(軫)

이러한 별들은 지상에 조림(照臨)하여 산의 형태를 만들고, 산은 혈(穴)에 비추어 인간의 길흉화복(吉凶禍福)에 관계합니다. 천상의 별과 지상의 산이 서로 조응(照應)하여 혈(穴)에 비추는 방위가 바로 6층 인반중침(人盤中針)입니다. 이를 서로 작용시키는 오행(五行)은 성수오행(星宿五行)이라는 특수오행입니다.

성수오행(星宿五行)과 이십팔성수(二十八星宿)					
성수 오행	목(木)	화(火)	토(土)	금(金)	수(水)
24 方位	건乾 곤坤 간艮 손巽	갑甲 경庚 병丙 임壬 자子 오午 묘卯 유酉	을乙 신辛	정丁 계癸 진辰 술戌 축丑 미未	인寅 신申 사巳 해亥
28 星宿	규奎 정井 두斗 각角	미尾 자觜 익翼 실室 허虛/위危 성星/장張 방房/심心 묘昴/필畢	저氐 위胃	유柳 여女 항亢 루婁 우牛 귀鬼	기箕 삼參 진軫 벽壁

2. 사격(砂格)의 측정 방법

나경(羅經) 4층 지반정침(地盤正針)으로 혈(穴)의 좌(坐)를 측정하고, 또 6층 인반중침(人盤中針)으로 사격(砂格)의 방위를 측정합니다.

측정한 좌(坐)와 사격(砂格)의 방위를 성수오행(星宿五行)에 대입시키고, 성수오행(星宿五行)의 상생상극(相生相剋)으로 육친관계(六親關係)를 살펴서, 사격(砂格)의 길흉화복(吉凶禍福)을 판별합니다.

상생(相生)이란 목생화(木生火), 화생토(火生土), 토생금(土生金), 금생수(金生水), 수생목(水生木)를 말합니다. 상극(相剋)이란 목극토(木剋土), 토극수(土剋水), 수극화(水剋火), 화극금(火剋金), 금극목(金剋木)을 말합니다.

오행(五行)의 상생상극(相生相剋)을 육친(六親)으로 살펴보고, 사격(砂格)을 길흉(吉凶)을 따져보면 다음과 같습니다.

생아자(生我者)는 나를 생(生)하는 오행(五行)으로 인수(印綬)이며, 사격(砂格)이 혈(穴)을 도와주기 때문에 길(吉)합니다.

아생자(我生者)는 내가 생(生)하는 오행(五行)으로 식상(食傷)이며, 혈(穴)의 기운을 사격(砂格)이 설기(泄氣)하여 흉(凶)합니다.

아극자(我剋者)는 내가 극(剋)하는 오행(五行)으로 재성(財星)이며, 혈(穴)이 사격(砂格)을 지배하기 때문에 길(吉)합니다.

극아자(剋我者)는 나를 극(剋)하는 오행(五行)으로 관살(官殺)이며, 사격(砂格)이 혈(穴)을 극(剋)하기 때문에 흉(凶)합니다.

비화자(比和者)는 나와 같은 오행(五行)으로 비견(比肩)이며, 혈(穴)과 사격(砂格)이 동등하여 서로 돕기 때문에 길(吉)합니다.

성수오행(星宿五行)의 육친법(六親法) 조견표(早見表)

사격 砂格	좌 坐	건곤간손 乾坤艮巽 목 木	갑경병임 甲庚丙壬 자오묘유 子午卯酉 화 火	을신정계 乙辛丁癸 토 土	진술축미 辰戌丑未 금 金	인신사해 寅申巳亥 수 水
건곤간손 乾坤艮巽	목 木	비화자 길 比和者 吉	생아자 길 生我者 吉	극아자 흉 剋我者 凶	아극자 길 我剋者 吉	생아자 흉 我生者 凶
갑경병임 甲庚丙壬 자오묘유 子午卯酉	화 火	아생자 흉 我生者 凶	비화자 길 比和者 吉	생아자 길 生我者 吉	극아자 흉 剋我者 凶	아극자 길 我剋者 吉
을신정계 乙辛丁癸	토 土	아극자 길 我剋者 吉	아생자 흉 我生者 凶	비화자 길 比和者 吉	생아자 길 生我者 吉	극아자 흉 剋我者 凶
진술축미 辰戌丑未	금 金	극아자 흉 剋我者 凶	아극자 길 我剋者 吉	아생자 흉 我生者 凶	비화자 길 比和者 吉	생아자 길 生我者 吉
인신사해 寅申巳亥	수 水	생아자 길 生我者 吉	극아자 흉 剋我者 凶	아극자 길 我剋者 吉	아생자 흉 我生者 凶	비화자 길 比和者 吉

예1 나경(羅經) 4층 지반정침(地盤正針)으로 혈(穴)의 좌향(坐向)을 측정하니 자좌오향(子坐午向)이고, 6층 인반중침(人盤中針)으로 사격(砂格)을 측정하니 진(辰) 방향에 수려하고 단정하게 있다면, 좌(坐)의 자(子)는 성수오행(星宿五行)이 화(火)이고, 사격(砂格) 진(辰)의 성수오행(星宿五行)은 금(金)이 되어, 화극금(火克金)으로 혈(穴)이 사격(砂格)을 지배하므로 길(吉)하게 됩니다.

예2 나경(羅經) 4층 지반정침(地盤正針)으로 측정한 혈(穴)의 좌향(坐向)이 계좌정향(癸坐丁向)이고, 6층 인반중침(人盤中針)으로 측정한 사격(砂格)은 축(丑)방위에 깨지고 부서지고 흉(凶)하게 있다면, 계좌(癸坐)는 성수오행(星宿五行)이 토(土)이고, 축방(丑方)의 사격(砂格)은 성수오행(星宿五行)이 금(金)이므로, 토생금(土生金)하여 사격(砂格)이 혈(穴)의 기운을 빼앗아 가므로 흉(凶)하게 됩니다. 흉(凶)한 사격(砂格)이어서 흉(凶)한 기운을 주므로 흉(凶)한데, 이법적(理法的)으로도 흉(凶)하니 매우 흉(凶)하다 할 수 있습니다.

수려(秀麗)하고 단정(端正)한 사격(砂格)이, 길(吉)한 방위(方位)에 있다면 크게 길(吉)하고, 흉(凶)한 방위(方位)에 있으면 이법적(理法的)인 길(吉)함도 없고, 흉(凶)도 없습니다.

험하게 파쇄(破碎)된 흉측한 사격(砂格)이, 흉(凶)한 방위(方位)에 있다면 그 흉(凶)함은 더욱 크게 작용하고, 아무리 길(吉)한 방위(方位)에 있다 하더라도 흉(凶)을 가져옵니다.

따라서 사격(砂格)의 방위(方位)도 중요하지만, 먼저 사격(砂格)의 형상(形象)이 길격(吉格)이어야 합니다.

제8절 제7층 투지육십룡(透地六十龍)

투지(透地)란 입수(入首)에서 혈(穴)까지 생기(生氣)가 흐르는 선(線)을 들여다보는 것을 말하며, 쌍산(雙山)에 다섯 룡(龍)씩 세분하여 60 룡(龍)이니 투지60룡(透地六十龍)이라 합니다.

천산(穿山)은 주산(主山) 현무봉(玄武峯)에서 혈장(穴場)의 입수(入首)까지 내려온 생기(生氣)가 흐르는 선(線)을 말하고, 투지(透地)는 입수(入首)에서 혈(穴)까지 들어가는 기선[氣線 : 생기가 흐르는 선]을 말합니다.

투지(透地)는 방위(方位)를 측정하는 것이 아니라, 기선(氣線)을 측정하는 것입니다.

나경(羅經) 7층의 투지60룡(透地六十龍)은 4층 지반정침(地盤正針)의 쌍산(雙山)방위에 각각 5개룡씩 이루어져 있어 모두 60룡이 되고, 60 갑자(甲子)가 등재되어 있습니다.

투지60룡(透地六十龍)은 주산(主山)이나 현무봉(玄武峯)에서 혈장(穴場)의 입수(入首)까지 도달한 기맥(氣脈)이, 기선[氣線 : 생기가 흐르는 선]을 타고 최종 혈(穴)까지 유입될 때, 화갱살요공망맥(火坑煞曜空亡脈)을 피하고 주보왕상맥(珠寶旺相脈)만을 혈(穴)의 광중(壙中)까지 정확하게 입맥(入脈)시켜 재혈(裁穴)할 수 있도록 인위적으로 조정하는 것으로 일명 내입수(內入首)라 합니다.

나경(羅經)에 있는 4층 지반정침(地盤正針)과 7층 투지60룡(透地六十龍)을 나열하면 다음과 같습니다.

투지60룡(透地六十龍) 도표

4층	壬		子		癸		丑		艮		寅		甲		卯	
7층	甲子	丙子	戊子	庚子	壬子	乙丑	丁丑	己丑	辛丑	癸丑	丙寅	戊寅	庚寅	壬寅	甲寅	丁卯	己卯	辛卯	癸卯	乙卯

4층	乙		辰		巽		巳		丙		午		丁		未	
7층	戊辰	庚辰	壬辰	庚辰	丙辰	己巳	辛巳	癸巳	乙巳	丁巳	庚午	壬午	甲午	丙午	戊午	辛未	癸未	乙未	丁未	己未

4층	坤		申		庚		酉		辛		戌		乾		亥	
7층	壬申	甲申	丙申	戊申	庚申	癸酉	乙酉	丁酉	己酉	辛酉	甲戌	丙戌	戊戌	庚戌	壬戌	乙亥	丁亥	己亥	辛亥	癸亥

5룡(龍) 중에서 두 번째 왕기맥(旺氣脈)인 병자순(丙子旬)과, 네 번째 상기맥(相氣脈)인 경자순(庚子旬)만을 주보맥(珠寶脈)으로 사용할 수 있습니다. 나머지는 갑자순(甲子旬)은 냉기맥(冷氣脈), 무자순(戊子旬)은 패기맥(敗氣脈), 임자순(壬子旬)은 퇴기맥(退氣脈)으로 화갱살요공망맥(火坑煞曜空亡脈)이라 하여 흉(凶)합니다.

천산72룡(穿山七十二龍)은 자연의 상태로 있는 용맥(龍脈)을 측정하는 것이기 때문에 임의로 조정할 수 없습니다. 반면에 투지60룡(透地六十龍)은 지사(地師)가 주보왕상맥(珠寶旺相脈)만을 선택하여 사용할 수 있기 때문에 재혈(裁穴)과 천광(穿壙)하는데 매우 중요합니다.

투지60룡(透地六十龍)의 측정은 혈(穴) 뒤 입수(入首)의 중앙 분수척상(分水脊上)에 나경(羅經)을 정반정침(正盤定針)하고 혈(穴)을 보고 천광(穿壙)할 자리의 중심을 투지60룡(透地六十龍)의 주보맥(珠寶脈)인 병자순(丙子旬)과 경자순(庚子旬)에 맞추어 결정합니다.

이 용맥(龍脈)을 정확하게 맞추는 데는 다소의 경험이 필요합니다. 초보자의 경우 실이나 줄을 이용하여 입수(入首) 중앙에 막대기를 꽂아 실을 매어 달고 혈(穴)에 와서 7층 주보맥(珠寶脈)과 일치하도록 하여 천광(穿壙)할 자리의 중심을 결정하는 것도 한 방법입니다.

雙山 五子旬		壬 子	癸 丑	艮 寅	甲 卯	乙 辰	巽 巳	丙 午	丁 未	坤 申	庚 酉	辛 戌	乾 亥	길흉화복 吉凶禍福
갑자순 甲子旬	냉기맥 冷氣脈	甲 子	乙 丑	丙 寅	丁 卯	戊 辰	己 巳	庚 午	辛 未	壬 申	癸 酉	甲 戌	乙 亥	매사불성 每事不成
병자순 丙子旬	주보왕기맥 珠寶旺氣脈	丙 子	丁 丑	戊 寅	己 卯	庚 辰	辛 巳	壬 午	癸 未	甲 申	乙 酉	丙 戌	丁 亥	부귀발복 富貴發福
무자순 戊子旬	패기맥 敗氣脈	戊 子	己 丑	庚 寅	辛 卯	壬 辰	癸 巳	甲 午	乙 未	丙 申	丁 酉	戊 戌	己 亥	손재극자 損財剋子
경자순 庚子旬	주보상기맥 珠寶相氣脈	庚 子	辛 丑	壬 寅	癸 卯	甲 辰	乙 巳	丙 午	丁 未	戊 申	己 酉	庚 戌	辛 亥	부귀발복 富貴發福
임자순 壬子旬	퇴기맥 退氣脈	壬 子	癸 丑	甲 寅	乙 卯	丙 辰	丁 巳	戊 午	己 未	庚 申	辛 酉	壬 戌	癸 亥	매사불성 每事不成

투지60룡(透地六十龍)의 길흉화복(吉凶禍福)

제 9 절 제8층 천반봉침(天盤縫針)

8층 천반봉침(天盤縫針)은 득수처(得水處), 수구처(水口處), 지호수(池湖水) 등의 정확한 위치를 측정하는데 사용합니다.

8층 천반봉침(天盤縫針)에는 모두 24방위가 표시되어 있고, 지반정침(地盤正針)에 비해 순행방향으로 반위(半位 7.5도) 앞서 있습니다.

천지만물(天地萬物)은 음양조화(陰陽造化)로 생장소멸(生長消滅)하기에, 풍수(風水)에서도 음(陰)인 용(龍)과 양(陽)인 물이 서로 음양조화(陰陽造化)를 이루어야 혈(穴)을 결지(結地)할 수 있으며, 물은 움직이는 양(陽)이기에 순행방향으로 반위(半位)가 앞서는 것입니다.

득수처(得水處)의 측정은 혈(穴) 앞 명당으로 들어오는 물이 처음 보이는 곳인 시견처(視見處)를 말합니다. 이를 구체적으로 설명하면 혈(穴) 앞을 지나는 물이 우측에서 나와 좌측으로 흐르는지, 좌측에서 나와 우측으로 흐르는지를 살핀 다음 혈(穴)에서 앞을 보고 몸은 돌리지 말고 고개만 좌나 우로 돌려 처음 보이는 곳이 득수처(得水處)입니다. 대개 향에서 120도 정도이므로 8궁위 떨어진 곳이 해당됩니다.

예를 들어 자좌오향(子坐午向)이 있고, 혈(穴) 앞을 흐르는 물이 좌측(左側)에서 나와 우측(右側)으로 빠져나간다면, 혈(穴)에서 오(午) 방향을 보고서서 좌측으로 고개를 돌려보면 8궁위 떨어진 인(寅) 방위가 해당될 것입니다. 이곳이 득수처(得水處)입니다.

파구처(破口處)의 측정은 혈(穴)을 둘러싼 청룡백호(靑龍白虎)의 끝이 서로 만나거나 교차(交叉)하는 지점입니다. 청룡백호(靑龍白虎)가 감싸 안은 공간인 보국(保局) 안에 있는 물이 최종적으로 빠져나가는 곳을 말합니다. 그러나 실제 파구(破口)의 위치를 정확하게 측정하는 것은 쉬운 일이 아닙니다. 이때는 청룡백호(靑龍白虎)가 감싸 안은 보국(保

局) 안에 물을 가득 부었다고 상상하고, 물이 밖으로 빠져나간다면 혈(穴)에서 보았을 때 어느 곳이 가장 마지막으로 보이게 되는지를 가늠하여, 그 위치를 파구처(破口處)로 삼아 방위를 측정합니다.

파구(破口)의 위치는 매우 중요합니다. 목국(木局), 화국(火局), 금국(金局), 수국(水局)의 사국(四局)을 정하는 기준이 됩니다. 팔십팔향법(八十八向法)에서 좌향(坐向)을 결정할 때 제일 먼저 살펴야 하는 것이 바로 파구(破口)의 방위(方位)입니다. 파구(破口)의 방위를 잘못 측정하면 모든 이법(理法)이 틀리게 되므로, 길흉화복(吉凶禍福) 역시 큰 차이가 나게 됩니다.

목국(木局)은 물이 정미(丁未), 곤신(坤申), 경유(庚酉)방위로 나가고, 화국(火局)은 신술(辛戌), 건해(乾亥), 임자(壬子)방위로 나가고, 금국(金局)은 계축(癸丑), 간인(艮寅), 갑묘(甲卯)방위로 나가고, 수국(水局)은 을진(乙辰), 손사(巽巳), 병오(丙午)방위로 나갑니다. 이처럼 물이 빠져나가는 것을 기준으로 정한 것이 사국(四局)입니다. 저수지나 연못, 호수 등은 혈(穴)에서 보이는 부분에서 중앙을 측정합니다.

의수입향(依水入向) 즉 물을 보고 향(向)을 결정하는 88향법(向法)을 쓸 때는 4층 지반정침(地盤正針) 대신 8층 천반봉침(天盤縫針)으로 좌향(坐向)을 봅니다. 이는 물을 보고 향(向)을 정하기 때문입니다. 만약 4층 지반정침(地盤正針)으로 향(向)을 결정한다면 8층과는 7.5도 차이가 생겨 정확한 물의 기운을 얻을 수 없다고 봅니다.

제10절 제9층 120분금(百二十分金)

분금법(分金法)은 장사(葬事)에서 최종적 마무리 작업입니다. 내광(內壙)에 하관(下棺)할 때 고허살요공망맥(孤虛煞曜空亡脈)은 피하고 왕상분금(旺相分金)만을 취하여 영혼의 명복과 그 자손의 부귀왕정(富貴旺丁)을 도모하는 층입니다.

나경(羅經)의 9층에는 4층 지반정침의 24좌산(坐山) 위에 각각 5분금씩 모두 120분금이 등재되어 있습니다.

120분금중 갑을맥(甲乙脈)은 고(孤)하고, 병정맥(丙丁脈)은 왕(旺)하며, 무기맥(戊己脈)은 살요(煞曜)이고, 경신맥(庚辛脈)은 상(相)이며, 임자맥(壬癸脈)은 허(虛)합니다.

이 5분금중 3분금은 공란(空欄)이고 2분금만 60갑자(甲子)가 쓰여 있습니다. 등재되어 있는 글자[60갑자]는 천간자(天干字)가 모두 병(丙), 정(丁), 경(庚), 신(辛)으로만 되어 있습니다. 이는 왕상분금(旺相分金)인 병,정,경,신 (丙,丁,庚,辛) 천간자(天干字)로 시작되는 분금만을 표시한 것입니다. 고허살요공망(孤虛煞曜空亡) 분금인 갑, 을, 무, 기, 임, 계(甲,乙,戊,己,壬,癸)의 천간자(天干字)로 시작되는 분금(分金)은 아예 기록하지 않고 공란으로 하였습니다. 따라서 좌(坐)를 정하고 그 좌(坐)에서 9층에 있는 2개의 분금만을 사용할 수 있습니다.

이때 두개의 분금(分金) 중 납음오행(納音五行)을 보아, 망명(亡命)의 생년(生年) 납음오행을 생(生)하여 주거나, 비화(比和)하거나, 망명(亡命)의 납음오행(納音五行)이 분금(分金)의 납음오행(納音五行)을 극(剋)하면 길(吉)합니다. 두개의 분금 중 이에 해당되는 하나를 골라 사용합니다.

120분금(分金)의 배치도(配置圖)													
〈나경 9층에는 丙, 丁, 庚, 辛의 왕상맥(旺相脈)만 기재됨〉													
天干＼4층		子 癸	丑 艮	寅 甲	卯 乙	辰 巽	巳 丙	午 丁	未 坤	申 庚	酉 辛	戌 乾	亥 壬
甲乙	고허맥 孤虛脈	甲子	乙丑	甲寅	乙卯	甲辰	乙巳	甲午	乙未	甲申	乙酉	甲戌	乙亥
丙丁	왕기맥 旺氣脈	丙子	丁丑	丙寅	丁卯	丙辰	丁巳	丙午	丁未	丙申	丁酉	丙戌	丁亥
戊己	공망맥 空亡脈	戊子	己丑	戊寅	己卯	戊辰	己巳	戊午	己未	戊申	己酉	戊戌	己亥
庚辛	상기맥 相氣脈	庚子	辛丑	庚寅	辛卯	庚辰	辛巳	庚午	辛未	庚申	辛酉	庚戌	辛亥
壬癸	고허맥 孤虛脈	壬子	癸丑	壬寅	癸卯	壬辰	癸巳	壬午	癸未	壬申	癸酉	壬戌	癸亥

만약 2개의 분금(分金)중 어느 것도 망명(亡命)의 납음오행(納音五行)을 생(生)하거나, 비화(比和)하거나 극(剋)을 당하지 않아서 사용할 수가 없다면, 망명(亡命)의 납음오행(納音五行) 대신 사손(嗣孫)인 장손(長孫) 또는 다른 자손(子孫)의 생년(生年) 납음오행(納音五行)을 맞추게 됩니다.

생아자(生我者) 즉 분금(分金)의 납음오행(納音五行)이 망명(亡命)의 납음오행(納音五行)을 생(生)하여 주면, 인수생조(印綬生助)로 길(吉)합니다.

비화자(比和者) 즉 분금(分金)의 납음오행(納音五行)이 망명(亡命)의 납음오행(納音五行)과 같으면, 비화형제(比和兄弟)로 길(吉)하다.

아극자(我剋者) 즉 망명(亡命)이 산명(山命) 즉 분금(分金)의 납음오행(納音五行)을 극(剋)하면, 처재(妻財)로 길(吉)합니다.

극아자(剋我者) 즉 산명(山命)이 망명(亡命)을 극(剋)하면, 관극살요(官剋煞曜)로 크게 흉(凶)합니다.

생아자(生我者) 즉 망명(亡命)이 산명(山命)을 생(生)하면, 식상설기(食傷洩氣)하여 흉(凶)합니다.

1. 납음오행(納音五行)

납음오행(納音五行)								
甲子 乙丑	해중금 海中金	丙寅 丁卯	노중화 爐中火	戊辰 己巳	대림목 大林木	庚午 辛未	노방토 路傍土	壬申 癸酉	검봉금 劍鋒金
甲戌 乙亥	산두화 山頭火	丙子 丁丑	간하수 澗下水	戊寅 己卯	성두토 城頭土	庚辰 辛巳	백납금 白蠟金	壬午 癸未	양류목 楊柳木
甲申 乙酉	천중수 泉中水	丙戌 丁亥	옥상토 屋上土	戊子 己丑	벽력화 霹靂火	庚寅 辛卯	송백목 松柏木	壬辰 癸巳	장류수 長流水
甲午 乙未	사중금 砂中金	丙辛 丁酉	산하화 山下火	戊戌 己亥	평지목 平地木	庚子 辛丑	벽상토 壁上土	壬寅 癸卯	금박금 金箔金
甲辰 乙巳	복등화 覆燈火	丙午 丁未	천하수 天河水	戊申 己酉	대역토 大驛土	庚戌 辛亥	채천금 釵釧金	壬子 癸丑	상자목 桑柘木
甲寅 乙卯	대계수 大溪水	丙辰 丁巳	사중토 砂中土	戊午 己未	천상화 天上火	庚申 辛酉	석류목 石榴木	壬戌 癸亥	대해수 大海水

　이때 주의할 점은 오행(五行)의 크기입니다. 분금(分金)과 망명(亡命)의 오행(五行)은 서로 적당한 크기로 상생(相生)과 상극(相剋)이 이루어져야 합니다. 상생(相生)이 좋다고는 하지만 큰 오행(五行)이 작은 오행(五行)을 상생(相生)해주면 오히려 흉(凶)하게 되고, 상극(相剋)이 나쁘다고 하지만 작은 오행(五行)이 큰 오행(五行)을 상극(相剋)하면 큰 해(害)는 없습니다.

　예를 들어 수생목(水生木)이라 하나, 대해수(大海水)와 같이 큰물이 석류목(石榴木)과 같이 작은 나무를 생(生)해주면 오히려 죽이는 꼴이 되고, 금극목(金剋木)이라 하나, 금박금(金箔金)과 같이 작은 쇠가 대림목(大林木)같이 큰 나무를 자를 수는 없고, 오히려 작은칼이 부러지고 맙니다.

[납음오행을 쉽게 찾는 법]

★ 천간(天干)

갑을(甲乙) - (1)   병정(丙丁) - (2)

무기(戊己) - (3)   경신(庚辛) - (4)

임계(壬癸) - (5)

★ 지지(地支)

자축오미(子丑午未) - (1)   인묘신유(寅卯申酉) - (2)

진사술해(辰巳戌亥) - (3)

천간(天干)과 지지(地支)를 합한 수가 1이면 목(木), 2이면 금(金), 3이면 수(水), 4이면 화(火), 5이면 토(土)입니다. 합한 수가 5를 넘으면 5를 뺀 나머지 숫자로 계산하면 됩니다.

예1. 갑자(甲子)의 납음오행(納音五行)은 천간 갑(甲)은 1이고 지지 자(子) 또한 1이므로 합하면 2이므로 금(金)에 해당됩니다. 납음오행표에서 갑자(甲子)는 해중금(海中金)으로 똑같습니다.

2. 분금(分金)의 사용 방법

분금(分金) 사용에 대한 예를 들어보겠습니다.

임자병향(壬坐丙向)의 혈(穴)에 1929년 기사생(己巳生)인 사람이 사망하여 장사(葬事)를 지내려 합니다.

4층 지반정침(地盤正針) 임좌(壬坐)에 있는 9층의 분금(分金)은 정해(丁亥)와 신해(辛亥)입니다. 기사년(己巳年)생인 망명(亡命)의 납음오행(納音五行)은 대림목(大林木)입니다. 분금(分金) 정해(丁亥)는 옥상토(屋上土), 신해(辛亥)는 채천금(釵釧金)입니다.

망명(亡命)의 납음오행(納音五行)을 생(生)하여 주는 오행(五行)이거나, 서로 같은 오행(五行)이거나. 망명(亡命)이 산명(山命, 분금의 납음오행)을 극(剋)하는 것을 찾아야 합니다. 정해(丁亥) 분금(分金)은 목극토(木剋土)하여 망명(亡命)이 산명(山命)을 극(剋)하여 지배하므로 길(吉)합니다.

신해(辛亥)분금은 금극목(金剋木)하여 산명(山命, 분금의 납음오행)이 망명(亡命)의 납음오행(納音五行)을 극(剋)하므로 흉(凶)하게 됩니다. 따라서 임좌병향(壬坐丙向)으로 천광(穿壙)한 내광(內壙) 안에서 시신을 머리 쪽은 9층 정해(丁亥)로 하고, 아래쪽은 정해(丁亥)와 대칭인 정사(丁巳)로 일직선 되게 맞추면 됩니다.

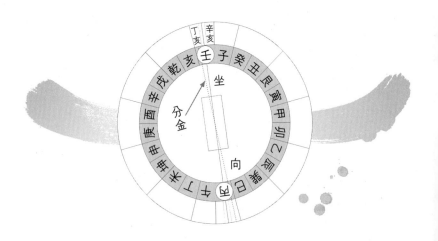

제4장

장택법
(葬宅法)

풍수(風水)의 목적은 생기(生氣)가 뭉쳐있는 진혈(眞穴)을 찾는 것이고, 이 진혈(眞穴)을 이용하여 우리 인간의 삶에 도움이 되고자 하는 것입니다. 양택(陽宅)은 주택을 지어 생활을 하는 것이고, 음택(陰宅)은 망자(亡者)를 장사(葬事)지내는 것입니다.

장택법(葬擇法)은 장사(葬事)를 지낼 때, 망자(亡者)에게 미치는 모든 요소들이 조화(造化)를 이루어 망자(亡者)가 생기(生氣)를 잘 받도록 하는 것입니다.

장택법(葬擇法)의 중요한 요소로는, 진혈(眞穴)이 있어야 함은 두 말의 여지가 없습니다. 또한 망자(亡者)와의 관계에서 망자(亡者)가 꺼리는 방향을 피하는 회두극좌(回頭剋坐)가 있고, 매장일시(埋葬日時)를 정하고, 혈(穴)을 얼마나 깊이 파야하는가 하는 혈심법(穴深法), 혈(穴)을 파는 천광법(穿壙法)에 따라 천광(穿壙)을 하고, 상주(喪主)와 참배객들이 하관시(下棺時) 보지 못하는 호충살(呼沖殺)이 있습니다. 그리고 하관(下官)을 하고 매장(埋葬)을 합니다.

이처럼 회두극좌(回頭剋坐), 매장일시(埋葬日時), 호충살(呼沖殺) 등은 천문이기(天文理氣)의 분야이고, 혈심법(穴深法), 천광법(穿壙法), 하관(下官), 매장(埋葬)은 지리(地理)의 분야에 속하며, 망자(亡者)와 상주(喪主)는 인사(人事)이므로, 장택법(葬擇法)은 천문(天文), 지리(地理) 인사(人事)가 서로 조화(造化)를 이루도록 하는 절차이며, 이처럼 천문(天文), 지리(地理), 인사(人事)가 서로 조화(造化)를 이뤄야 비로소 완전한 진혈(眞穴)이 되어, 시신(屍身)에서 좋은 생기(生氣)가 발(發)하여 후손(後孫)이 발복(發福)하게 되는 것 입이다.

고서(古書)를 살펴보겠습니다.

[청오경(青鳥經)]

★ 혈길장흉 여기시동. [穴吉葬凶 與棄屍同]
혈(穴)이 좋더라도 장일(葬日)이 나쁘거나 장법(葬法)에 맞지 않으면 시체(屍體)를 아무렇게나 버리는 것과 마찬가지다.

장사(葬事)란 비록 자리를 잘 잡았다고 하더라도 천시(天時)와 인사(人事)를 그르치면 아무소용이 없다는 말입니다.

[설심부(雪心賦)]

★ 년월유일단지실 반위길지심앙 [年月有一端之失 反爲吉之深殃]

년월(年月)에 약간의 실수라도 있으면, 길(吉)한 혈(穴)이 큰 재앙(災殃)으로도 된다.

진혈(眞穴)도 매장(埋葬)할 때의 년월(年月)이 통하지 않거나 일진(日辰)이 나쁘면, 명당(明堂)도 도리어 흉(凶)하게 된다는 것입니다.

[금낭경(錦囊經) 귀혈편(貴穴篇)]

지리적으로 아무리 좋은 형세(形勢)를 가진 혈장(穴場)이라도 망자(亡者)를 매장(埋葬)하는 과정에서 장법(葬法)이 올바르지 못하면 여러 조건들이 파괴되기 때문에 시신(屍身)을 버리는 것과 같다고 다시 언급하였습니다.

이처럼, 좋은 혈(穴)일 지라도 장법(葬法)에 어긋난다면, 길(吉)한 것이 도리어 흉(凶)하게 되고 재앙(災殃)이 있을 수 있으며 시신(屍身)을 버리는 것과 같으므로, 장법(葬法)이 중요하다 하겠습니다.

제1절 회두극좌(回頭剋坐)

사람은 태어나면서부터 우주에서 고유한 위치를 차지하게 되는데, 태어난 해에 따라 누구나 세 가지 방향은 피해야 하는 것을 회두극좌 (回頭剋坐)라 합니다.

죽은 자의 생년(生年)이 중궁(中宮)에서 갑자(甲子)를 일으켜 순행(順行)하며 도궁(到宮)되는 좌향(坐向)을 놓지 않는 것을 뜻합니다. 사람은 태어난 해에 따라 24방위 중에서 3방위를 피해야 하는 것입니다.

망자(亡者)의 생년(生年)이 감궁(坎宮)에 해당하는 기사(己巳), 무인 (戊寅), 정해(丁亥), 병신(丙申), 을사(乙巳), 갑인(甲寅), 계해(癸亥)년에 태어났다면, 임좌병향(壬坐丙向), 자좌오향(子坐午向), 계좌정향(癸坐丁向)을 피하는 것입니다.

망자(亡者)의 생년(生年)이 오황(五黃) 중궁(中宮)에 해당하면, 남자는 이흑(二黑) 곤궁(坤宮) 남서(南西)로, 여자는 팔백(八白) 간궁(艮宮) 동북 (東北)으로 봅니다.

만약 망자(亡者)가 남자이고 임오생(壬午生)이라면 오황(五黃) 중궁 (中宮)에 해당하여, 이흑(二黑) 곤궁(坤宮)으로 보고, 미좌축향(未坐丑向), 곤좌간향(坤坐艮向), 신좌인향(申坐寅向)을 피해야 합니다.

만약 망자(亡者)가 여자이고 기유생(己酉生)이라면 오황(五黃) 중궁 (中宮)에 해당하여, 팔백(八白) 간궁(艮宮)으로 보고, 축좌미향(丑坐未向), 간좌곤향(艮坐坤向), 인좌신향(寅坐申向)을 피해야 합니다.

회두극좌(回頭剋坐)

진손사 좌 (辰巽巳 坐) ④ 四祿	병오정 좌 (丙午丁 坐) ⑨ 九紫	미곤신 좌 (未坤申 坐) ② 二黑
손(巽), 음목(陰木)	리(離), 음화(陰火)	곤(坤), 음토(陰土)
丁巳 戊申 己亥 庚寅 辛巳 壬申	壬戌 癸丑 甲辰 乙未 丙戌 丁丑 戊辰	乙卯 丙午 丁酉 戊子 己卯 庚午

감묘을 좌 (甲卯乙 坐) ③ 三碧	중 (中) ⑤ 五黃	경유신 좌 (庚酉辛 坐) ⑦ 七赤
진(震), 양목(陽木)	궁(宮), 토(土)	태(兌), 음금(陰金)
丙辰 丁未 戊戌 己丑 庚辰 辛未	戊午 己酉 庚子 辛卯 壬午 癸酉 甲子	庚申 辛亥 壬寅 癸巳 甲申 乙亥 丙寅

축간인 좌 (丑艮寅 坐) ⑧ 八白	임자계 좌 (壬子癸 坐) ① 一白	술건해 좌 (戌乾亥 坐) ⑥ 六白
간(艮), 양토(陽土)	감(坎), 양수(陽水)	건(乾), 양금(陽金)
辛酉 壬子 癸卯 甲午 乙酉 丙子 丁卯	癸亥 甲寅 乙巳 丙申 丁亥 戊寅 己巳	己未 庚戌 辛丑 壬辰 癸未 甲戌 乙丑

제 2 절 장택일(葬擇日)

🍃 중상일(重喪日), 복일(復日), 중일(重日)

중상일(重喪日)은 상(喪)이 거듭 된다는 뜻으로 장사(葬事)는 절대 불가(不可)하여 3일장 예정이라도 5일장으로 해야 합니다. 복일(復日)과 중일(重日)은 중복(重複)된다는 의미이므로, 흉사(凶事)에는 더욱 흉(凶)하고, 길사(吉事)에는 더욱 길(吉)하다는 날로 피해야 합니다.

月(음력)	1월 寅	2월 卯	3월 辰	4월 巳	5월 午	6월 未	7월 申	8월 酉	9월 戌	10월 亥	11월 子	12월 丑
중상일	갑 甲	을 乙	기 己	병 丙	정 丁	기 己	경 庚	신 辛	기 己	임 壬	계 癸	기 己
중일	갑경 甲庚	을신 乙辛	무기 戊己	병임 丙壬	정계 丁癸	무기 戊己	갑경 甲庚	을신 乙辛	무기 戊己	병임 丙壬	정계 丁癸	무기 戊己
복일	사해 巳亥											

🍃 정상기방(停喪忌方)

시신(屍身)을 묘지(墓地)로 운반하기 위해 상여(喪輿)나 영구차를 대기시킬 경우 안방을 기준 하여 상여(喪輿)나 영구차를 세우는 것을 꺼리는 방위(方位)를 말합니다. 또 묘지(墓地)에서는 광중(壙中)을 기준 하여 상여(喪輿) 또는 관(棺)을 내려놓지 않는 방위를 정상기방(停喪忌方)이라고 합니다(년(年)과 일(日)을 기준 합니다.).

장사 년,일 葬事 年,日	사유축 巳酉丑	신자진 申子辰	인오술 寅午戌	해묘미 亥卯未
정상기방 停喪忌方	축간인 (丑艮寅) 동북방	진손사 (辰巽巳) 동남방	술건해 (戌乾亥) 서북방	미곤신 (未坤申) 서남방

정상기방(停喪忌方)을 피하려면 동서남북 방향에 상여(喪輿)나 관(棺)을 안치하면 됩니다.

제주불복방(祭主不伏方)

장사(葬事) 년(年),월(月)의 지지(地支)를 기준 하여 묘(墓)를 중심으로 상주(喪主)가 있어서는 안 되는 방위입니다.

장사 년,월 葬事 年,月	신자진 申子辰	사유축 巳酉丑	인오술 寅午戌	해묘미 亥卯未
제주불복방 祭主不伏方	사오미, 남 巳午未, 南	인묘진, 동 寅卯辰, 東	해자축. 북 亥子丑, 北	신유술, 서 申酉戌, 西

제3절 하관시(下棺時)

장사일(葬事日)의 간지(干支)를 살펴봅니다. 천간(天干)으로 시간을 정하는 것을 천을귀인시(天乙貴人時)이라 합니다. 지지(地支)로 시간을 정하는 것을 황도시(黃道時)라 합니다.

황도시(黃道時)에 천을귀인시(天乙貴人時)를 겸하면 좋고, 마땅치 않으면 그냥 황도시(黃道時)만 가려 씁니다.

황도시(黃道時)는 일진(日辰)의 지지(地支)를 기준으로 합니다.

황도시(黃道時) – 일진(日辰)의 지지(地支) 기준											
하관일	자子	축丑	인寅	묘卯	진辰	사巳	오午	미未	신申	유酉	술戌	해亥
하관시	午	巳	辰	午	辰	辰	午	巳	辰	午	辰	辰
	申	申	巳	未	巳	午	未	申	巳	未	巳	午
					申	未					申	未

원래 황도(黃道)에는 청룡황도(靑龍黃道), 명당황도(明堂黃道), 금궤황도(金櫃黃道), 천덕황도(天德黃道), 옥당황도(玉堂黃道), 사명황도(司命黃道) 6가지가 있으나, 그 중에서 천덕황도(天德黃道)만은 취하지 않고 나머지 5가지 황도(黃道)에서 택하면 됩니다. 위의 도표가 5가지 황도(黃道)중에서 하관(下官)에 쓸 수 있는 시간을 추려놓은 것입니다.

천을귀인시(天乙貴人時)는 일진(日辰)의 천간(天干)을 기준으로 합니다.

천을귀인시(天乙貴人時) – 일진(日辰)의 천간(天干) 기준									
하관일	갑 甲	을 乙	병 丙	정 丁	무 戊	기 己	경 庚	신 辛	임 壬	계 癸
하관시	未	申	酉	酉	未	申	未	午	巳	巳
	丑	子	亥	亥	丑	子	丑	寅	卯	卯

12시를 24시로 보면 다음과 같습니다.

- 자시(子時) 23:30 - 01:30
- 축시(丑時) 01:30 - 03:30
- 인시(寅時) 03:30 - 05:30
- 묘시(卯時) 05:30 - 07:30
- 진시(辰時) 07:30 - 09:30
- 사시(巳時) 09:30 - 11:30
- 오시(午時) 11:30 - 13:30
- 미시(未時) 13:30 - 15:30
- 신시(申時) 15:30 - 17:30
- 유시(酉時) 17:30 - 19:30
- 술시(戌時) 19:30 - 21:30
- 해시(亥時) 21:30 - 23:30

원래 자시(子時)는 23:00~01:00 이고, 축시(丑時)는 01:00~03:00입니다. 그러나 우리나라는 현재 일본 동경시를 기준으로 사용하기 때문에 실제시간은 일본보다 30분 정도 늦습니다. 그러므로 실제적인 자시(子時)가 23:30~01:30분이고, 축시(丑時)가 01:30~03:30 분이 되는 것입니다. 다른 시(時)도 마찬가지로 30분 늦게 적용을 해야 우리나라의 실제 시간이 됩니다.

제4절 호충(呼沖)과 회도살(回倒殺)

1. 호충(呼沖)

장일(葬日)의 일간(日干)과 참배객의 생년 년간(年干)이 동일(同一)하고 지지(地支)가 상충(相沖)하는 정충(正沖)과, 장일(葬日)의 일간(日干)과 참배객의 생년이 간충(干沖) 지충(支沖)하는 동순충(同旬沖)인 사람은 시신을 광중(壙中)에 하관(下官) 하는 순간을 피해야 합니다. 그렇지 않으면 화(禍)를 당하며 상주(喪主)도 이에 해당됩니다.

葬日	甲子	乙丑	丙寅	丁卯	戊辰	己巳	庚午	辛未	壬申	癸酉
호충 生年	甲午	乙未	丙申	丁酉	戊戌	己亥	庚子 甲子	辛丑 乙丑	壬寅 丙寅	癸卯 丁卯
葬日	甲戌	乙亥	丙子	丁丑	戊寅	己卯	庚辰	辛巳	壬午	癸未
호충 生年	甲辰	乙巳	丙午	丁未	戊申	己酉	庚戌 甲戌	辛亥 乙亥	壬子 丙子	癸丑 丁丑
葬日	甲申	乙未	丙戌	丁亥	戊子	己丑	庚寅	辛卯	壬辰	癸巳
호충 生年	甲寅	乙卯	丙辰	丁巳	戊午	己未	庚申 甲申	辛酉 乙酉	壬戌 丙戌	癸亥 丁亥
葬日	甲午	乙未	丙申	丁酉	戊戌	己亥	庚子	辛丑	壬寅	癸卯
호충 生年	甲子	乙丑	丙寅	丁卯	戊辰	己巳	庚午 甲午	辛未 乙未	壬申 丙申	癸酉 丁酉
葬日	甲辰	乙巳	丙午	丁未	戊申	己酉	庚戌	辛亥	壬子	癸丑
호충 生年	甲戌	乙亥	丙子	丁丑	戊寅	己卯	庚辰 甲辰	辛巳 乙巳	壬午 丙午	癸未 丁未
葬日	甲寅	乙卯	丙辰	丁巳	戊午	己巳	庚申	辛酉	壬戌	癸亥
호충 生年	甲申	乙酉	丙戌	丁亥	戊子	己丑	庚寅 甲寅	辛卯 乙卯	壬辰 丙辰	癸巳 丁巳

호충(呼沖)에서 장사일(葬事日)의 지지(地支)를 삼합(三合)으로 확대하여, 삼합(三合)하여 이루는 화국(化局)과 충(沖)되는 삼합(三合)의 지지(地支)를 말하기도 합니다.

예를 들어, 자(子)일이라면 신자진(申子辰) 삼합(三合) 수국(水局)이므로 상충(相沖)하는 화국(火局)인 인오술(寅午戌)에 해당되는 호랑이띠, 말띠, 개띠는 모두 보지 말아야 합니다.

일(日)	호충(呼沖)
인오술(寅午戌)	신자진(申子辰)
신자진(申子辰)	인오술(寅午戌)
사유축(巳酉丑)	해묘미(亥卯未)
해묘미(亥卯未)	사유축(巳酉丑)

2. 회도살(回倒殺)

진술축미(辰戌丑未)일은 자오묘유(子午卯酉)(쥐,말,토끼,닭) 생(生)이, 자오묘유(子午卯酉)일은 인신사해(寅申巳亥)(호랑이,원숭이,뱀,돼지) 생(生)이, 인신사해(寅申巳亥)일은 진술축미(辰戌丑未)(용,개,소,양) 생(生)이 하관(下官)을 보지 말라는 것입니다.

일(日)	회도살(回倒殺) (띠)
자오묘유(子午卯酉)	인신사해(寅申巳亥)
진술축미(辰戌丑未)	자오묘유(子午卯酉)
인신사해(寅申巳亥)	진술축미(辰戌丑未)

회도살(回到殺) 또는 회도살(回倒殺)이라고 씁니다. 도(到)는 이르다, 속이다는 뜻이고, 도(倒)는 넘어지다, 거꾸로 라는 뜻입니다. 회도살(回

倒殺)로 쓰는 것이 맞다고 생각합니다.

회도살(回倒殺)이 어디에서 온 것인가를 알아보면, 구궁도(九宮圖)에서 나온 것으로 생각됩니다. 구궁도(九宮圖)에 따라 갑자(甲子), 을축(乙丑), 병인(丙寅), 정묘(丁卯) 이렇게 60갑자(甲子)를 행도(行道)하면, 자오묘유(子午卯酉)끼리, 진술축미(辰戌丑未)끼리, 인신사해(寅申巳亥)끼리 한 방위에 모이게 됩니다.

따라서 자오묘유(子午卯酉)의 궁위 다음에는 진술축미(辰戌丑未)의 궁위가 오고, 진술축미(辰戌丑未)의 궁위 다음에는 인신사해(寅申巳亥)의 궁위가 옵니다.

그러므로 인신사해(寅申巳亥)는 자오묘유(子午卯酉)가 거꾸로 돌아가는 것입니다. 자오묘유(子午卯酉)는 진술축미(辰戌丑未)가 거꾸로 돌아가는 것이며, 진술축미(辰戌丑未)는 인신사해(寅申巳亥)가 거꾸로 돌아가는 역순(逆順)의 궁위(宮位)이기 때문에 회도살(回倒殺)이라 합니다.

제5절 혈심법(穴深法)

　진혈(眞穴)일지라도 어느 정도 깊이로 시신(屍身)을 매장(埋葬)해야 하는지, 그래서 혈(穴)을 어느 정도 깊이로 파야 할 것인가를 혈심법(穴深法)이라 합니다. 일반적으로 높은 산에서는 깊어야 하고 평지는 얕아야 하는데, 대략 150센티미터에서 180센티미터(5-6자) 사이가 정석이라고 말을 합니다.

　그러나 매장시(埋葬時) 혈(穴)의 깊이에 관한 것으로 혈지(穴地)의 지질구조상 일정한 깊이로 천광(穿壙)을 해야 한다는 규정을 둘 수가 없습니다. 그렇기 때문에 천광(穿壙)은 이법적(理法的)인 혈심법(穴深法)에 구애받지 않고 우선 겉흙[부토(腐土)]을 걷어내고 생토(生土)를 찾은 다음 이 생토(生土)에서 다시 혈토(穴土)가 나올 때까지 파내려 갑니다. 이때에 혈토(穴土)까지 못 미치면 허장(虛葬)이 되고 지나치게 파내려 갔다면 파혈(破穴)이 되므로 주의해야 합니다.

부토층 : 낙엽 등이 썩어서 흙과 같이 섞여 있다.

부토층으로 모래, 자갈 또는 암석으로 갈려있다.

생토층 : 새 흙으로 삽이나 괭이로 쉽게 팔 수 있다.

혈토막 : 혈토를 보호하는 흙으로 돌처럼 딱딱하다.

혈토층 : 곡갱이나 호미로 찍어서 파는 땅으로 단단하다. 혈토를 손으로 문질러 보면 분가루처럼 미세하게 분해되고 홍황자윤하다.

생토층

바위 + 모래 + 자갈층

제6절 천광법(穿壙法)

천광(穿壙)이란 시신(屍身)을 묻을 무덤 자리를 파는 것 즉, 광중(壙中)을 파는 것을 말하며 개혈(開穴)이라고도 합니다.

혈지(穴地)에다 외광(外壙)과 내광(內壙)을 파는 작업으로, 좌향(坐向)의 중심을 정중앙으로 하고 금정틀을 놓고 금정틀 안쪽을 파내려 가되 혈심법(穴深法)에 구애받지 말고 홍황자윤(紅黃滋潤)한 진혈토(眞穴土)가 나올 때까지 흙을 파냅니다. 다만 진혈지(眞穴地)가 아니면 혈토(穴土)가 나오지 않는 법이니 그 혈지(穴地)에서는 1m30cm-1m50cm 정도 파서 생토(生土)가 나오면 그곳에 내광(內壙)을 짓습니다. 내광(內壙)의 깊이와 넓이는 시신(屍身)의 크기에 따라 약간 다르기는 하나 대략 넓이 50cm, 길이 185cm, 깊이 35cm 정도면 충분합니다.

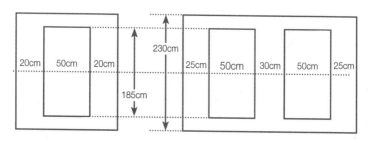

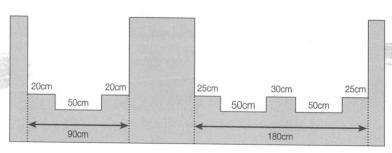

제7절　하관(下棺)과 매장(埋葬)

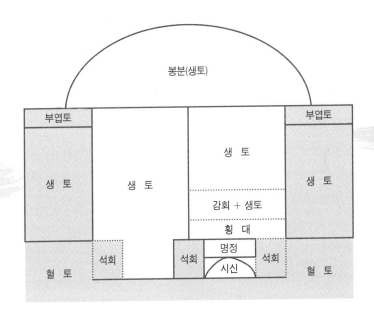

① 내광(內壙)에 시신(屍身)을 분금(分金)을 맞추어 안치(安置)한 다음 한지등 종이로 시신(屍身)이 움직이지 않도록 고정합니다. 고정이 되지 않고 틈이 벌어지면 육탈(肉脫) 후에 백골(白骨)이 분금(分金)을 벗어날 수 있습니다. 그리고 생토방(生土方)에서 취토(取土)한 흙을 시신(屍身)의 가슴이 약간 보일 정도로 8부정도 채웁니다. 이때 흙은 혈토(穴土) 혹은 생토(生土)가 여의치 않으면 타 지역의 흙이라도 좋은 흙을 채워야 합니다.

② 그 위에 명정(銘旌)을 덮습니다. 명정(銘旌)은 썩는 것이라야 하는데 그렇지 않으면 육탈(肉脫) 후에 백골(白骨)과 엉켜 흉(凶)하게 됩니다.

③ 그 다음 횡대(橫帶, 칠성판)를 덮습니다. 횡대(橫帶)를 하지 않으면 내광(內壙)과 봉분(封墳)을 다질 때 시신(屍身)이 상할 염려가 있습니다.

④ 강회와 생토(生土)를 섞은 흙을 채웁니다.(강회:생토=2:3정도) 이는 충해(蟲害)와 목근(木根,나무뿌리)의 침해를 방지하고 내광(內壙)의 습기를 조절 해주는 역할을 하게 됩니다.

⑤ 사토방(死土方)에서 취토(取土)한 깨끗한 흙(生土)으로 외광(外壙)을 채우는데 중간 중간 잘 밟아 평토(平土)합니다.

⑥ 사토방(死土方)에서 취토(取土)한 흙으로 봉분을 만듭니다.

⑦ 합장(合葬)할 경우를 대비해서 광중(壙中)을 만들어 놓을 때는 생토(生土)로 채웁니다.

※ 진혈지(眞穴地)의 완전한 혈토(穴土)에는 목근(木根:나무뿌리)이나 개미, 뱀 등 충해(蟲害)가 침범할 수 없기 때문에 석회를 안 해도 됩니다. 석회석을 하는 이유는 목근(木根)과 뱀, 개미 등의 침범을 방지하기 위해서이고, 석회는 수분의 흡수와 방출을 원활하여 습도 조절을 해주는데 반하여, 석곽(石槨)은 땅속 흙과 돌의 온도 차이로 인하여 이슬 등 습기가 생겨 유골이 수침(水浸)을 당하므로 흉하게 됩니다.

- ● 취토방(取土方)

하관(下官) 때에 광중(壙中)에 처음 넣을 몇 줌의 흙을 떠는 생토방(生土方)과 성분(成墳)할 때의 사토방(死土方)은 다음과 같습니다.

월	정월	2월	3월	4월	5월	6월	7월	8월	9월	10월	11월	12월
생토방 生土方	자 子	사 巳	묘진 卯辰	오 午	신 申	술 戌	오 午	미 未	유 酉	오 午	신 申	술 戌
사토방 死土方	오 午	해 亥	술해 戌亥	오 午	인 寅	진 辰	자 子	축 丑	묘 卯	자 子	인 寅	진 辰

저자소개

전 순 조

- 중앙대학교 법과대학 법학과 졸업
- 여산 동양철학연구소장

아름다운 삶을 위한

풍수지리

초판 1쇄 인쇄 2015년 4월 15일
초판 1쇄 발행 2015년 4월 20일

저　　자	전 순 조
펴 낸 이	임 순 재
펴 낸 곳	**한올출판사**
등　　록	제11-403호
주　　소	서울시 마포구 성산동 133-3 한올빌딩 3층
전　　화	(02)376-4298(대표)
팩　　스	(02)302-8073
홈 페 이 지	www.hanol.co.kr
e - 메 일	hanol@hanol.co.kr

값 25,000원 ISBN 979-11-5685-066-3